Zecharia Sitchin wurde in der damaligen UdSSR geboren und wuchs in Palästina auf, wo er Alt- und Neuhebräisch, weitere semitische und europäische Sprachen lernte, das Alte Testament sowie die Geschichte und Archäologie des Nahen Ostens studierte. Nach einem Studium an der London School of Economics war er viele Jahre als einer der führenden Journalisten in Israel tätig. Heute lebt und arbeitet er als anerkannter Altertumsforscher in den USA.

Von Zecharia Sitchin sind außerdem erschienen:

Die Kriege der Menschen und Götter (Band 04805)
Versunkene Reiche (Band 04827)
Am Anfang war der Fortschritt (Band 04828)
Das erste Zeitalter (Band 77108)
Der zwölfte Planet (Band 77159)

Vollständige Taschenbuchausgabe Februar 1998
Droemersche Verlagsanstalt Th. Knaur Nachf., München

Titel der Originalausgabe: »Divine Encounters«

Umschlaggestaltung: Agentur ZERO, München
Umschlagfoto: Bavaria Bildagentur, Gauting
Bildteil: Ventura Publisher im Verlag
Reproduktion, Druck und Bindung: Ebner Ulm
Printed in Germany
ISBN 3-426-77271-X

5 4 3 2 1

Zecharia Sitchin

GESANDTE DES KOSMOS

Wie die Anunnaki den Menschen schufen und auf seinem Weg begleiteten

Aus dem Amerikanischen von Ulrike Kutzer

Knaur

1. Die ersten Begegnungen

Göttliche Begegnungen stellen das größte menschliche Erlebnis dar – das Maximale, das möglich ist, solange man lebt, wie Moses, der dem Herrn auf dem Berg Sinai begegnete; und das endgültige, letzte und abschließende, wie das der ägyptischen Pharaonen, die ein ewiges Leben nach dem Tod vermuteten, und sich zu den Göttern in deren heiligen Ort begaben.

Die menschlichen Erfahrungen von göttlichen Begegnungen sind, wie in Schriften und Texten des frühgeschichtlichen Nahen Ostens festgehalten, eine höchst erstaunliche und faszinierende Saga. Es ist ein kraftvolles Drama, das Himmel und Erde umfaßt, Anbetung und Hingabe einschließt, Ewigkeit und Sterblichkeit auf der einen Seite, Liebe, Sexualität, Eifersucht und Mord auf der anderen; Aufstieg in den Weltraum und Reisen in die Unterwelt. Eine Bühne, auf der die Schauspieler Götter und Göttinnen sind, Engel und Halbgötter, Erdlinge und Androiden; ein Drama, ausgedrückt in Prophezeiungen und Visionen, in Träumen, Omen, Orakeln und Offenbarungen. Es ist die Geschichte des Menschen, der, von seinem Schöpfer getrennt, danach sucht, eine urzeitliche Nabelschnur wiederherzustellen und nach den Sternen greift.

Göttliche Begegnungen stellen die äußerste menschliche Erfahrung dar, weil sie auch die allererste menschliche Erfahrung waren. Denn als Gott den Menschen erschuf, traf der Mensch Gott in eben dem Moment, in dem er erschaffen wurde. Wir lesen in der Genesis, dem ersten Buch der Hebräischen Bibel (1. Mose), wie der erste Mensch, *Der Adam*, zum Leben erweckt wurde:

Und Gott sagte:
Laß uns den Menschen schaffen
nach unserem Bilde, nach unserem Gleichnis...
Und Gott erschuf Adam nach seinem Bild,
nach dem Bild der Elohim erschuf Er ihn.

Wir können nur vermuten, daß der Neugeborene in dem Moment, in dem er auf die Welt gebracht wird, sich kaum der Natur und der Bedeutung dieser ersten göttlichen Begegnung bewußt wird. Desgleichen, so erscheint es, war sich Adam nicht dem folgenden, entscheidenden Zusammentreffen bewußt, als der Herr und Gott (in der Schöpfung als *Jahwe* bezeichnet) sich entschloß, einen weiblichen Partner für Adam zu erschaffen:

> Da ließ Jahwe Elohim einen tiefen Schlaf
> fallen auf den Menschen, und er schlief ein.
> Und Er nahm seiner Rippen eine
> und schloß die Stätte zu mit Fleisch.
> Und Jahwe Elohim baute ein Weib aus der Rippe,
> die Er von dem Menschen nahm.

Der erste Mann war folglich während dieser Prozedur in tiefem Schlaf und sich deshalb dieser entscheidenden göttlichen Begegnung nicht bewußt, während der Herr Jahwe seine chirurgischen Fähigkeiten vorführte. Aber Adam wurde bald darüber informiert, was geschehen war, denn der Herr »brachte die Frau zum Manne« und stellte sie ihm vor. Die Bibel gibt dann einen kurzen Kommentar dazu, warum Mann und Frau »ein Fleisch« werden, wenn sie heiraten, und beendet die Geschichte mit der Beobachtung, daß sowohl der Mann als auch seine Frau »nackt, aber nicht beschämt« waren. Während diese Situation den ersten Ehestifter nicht zu kümmern schien, warum deutet die Bibel sie anders? Wenn die anderen Kreaturen, die im Garten Eden umherschweifen, »die Tiere des Feldes und die Vögel des Himmels«, unbekleidet waren, was sollte Adam und Eva veranlaßt haben (was es nicht tat), sich ihrer Nacktheit zu schämen? War es, weil diejenigen, nach deren Bild Adam erschaffen worden war, Kleider trugen? Das ist ein Punkt, den man im Kopf behalten sollte – ein Hinweis, ein von der Bibel gelieferter, unbeabsichtigter Hinweis, hinsichtlich der Identität der Elohim.

Niemand nach Adam und Eva konnte die Erfahrung machen, die ersten Menschen auf der Erde mit den dazugehörigen ersten göttlichen Begegnungen gewesen zu sein. Doch was sich im Garten Eden ereignete, hat als Teil der menschlichen Sehnsucht Bestand bis in unsere Zeit. Sogar auserwählte Propheten müssen sich danach gesehnt haben, derart privilegiert zu sein, denn dort, im Garten Eden, sprach Gott direkt zu den ersten Menschen und instruierte sie bezüglich ihrer Ernährung: sie können von allen Früchten des Gartens essen, außer von denen des Baumes der Erkenntnis.

Die Kette der Ereignisse, die zur Vertreibung aus dem Paradies führte, erhebt eine bleibende Frage: Wie haben Adam und Eva Gott gehört – wie kommuniziert Gott mit Menschen bei solchen oder anderen Begegnungen? Können die Menschen den göttlichen Sprecher sehen, oder hören sie nur die Botschaft? Und wie wird die Nachricht überbracht – von Angesicht zu Angesicht? Telepathisch? In einer holographischen Vision? Durch das Medium Traum?

Wir werden die antiken Versionen auf eine Antwort hin untersuchen. Aber soweit die Ereignisse im Garten Eden betroffen sind, läßt der biblische Text eine physische Anwesenheit Gottes vermuten. Der Platz war kein menschlicher Standort; vielmehr war es ein göttliches Gebiet, ein Obstgarten, der bewußt »in Eden, im Osten« gepflanzt wurde, wo Gott »Adam, den Er geformt hatte, einsetzte«, um Ihm als Gärtner zu dienen, »ihn [den Garten] zu beackern und zu erhalten«.

Es ist in diesem Garten, wo Adam und Eva durch das Eingreifen der göttlichen Schlange ihre Sexualität entdecken, nachdem sie von den Früchten des Baumes der Erkenntnis, »die einen weise machen«, gegessen haben. Als sie von der verbotenen Frucht gegessen hatten, »wußten sie, daß sie nackt waren, und sie nähten Feigenblätter zusammen und machten sich daraus Schürzen«.

Nun betritt der Herr – Jahwe Elohim in der hebräischen Bibel – die Bühne:

Und sie hörten die Stimme Gottes, des Herrn,
wandernd im Garten in der Kühle des Tages;
Und Adam und seine Frau versteckten sich
vor der Anwesenheit des Herrn Gottes
inmitten der Bäume des Gartens.

Gott ist physisch im Garten von Eden anwesend, und das Geräusch, wenn er durch den Garten spaziert, kann von den Menschen gehört werden. Können sie die Gottheit sehen? Die biblische Geschichte sagt nichts dazu; sie macht jedoch klar, daß Gott sie sehen kann – oder, in diesem Fall, sie zu sehen erwartete, es aber nicht konnte, weil sie sich versteckten. So benutzte Gott seine Stimme, um sie zu erreichen: »Und der Herr ruft nach Adam und sagt zu ihm: Wo bist Du?«

Ein Gespräch folgt. Die Geschichte erhebt viele Fragen von großer Bedeutung. Sie deutet an, daß Adam von Anfang an sprechen konnte; das bringt die Frage auf, wie – in welcher Sprache – sich Gott und Mensch verständigten. Lassen Sie uns im Moment nur die biblische Geschichte verfolgen: Adams Erklärung, daß er sich versteckte, als er Gott hörte, »weil ich nackt bin«, führt zum Befragen des Paares durch die Gottheit. In der nun folgenden Unterhaltung tritt die Wahrheit zutage, und die Sünde, verbotene Früchte gegessen zu haben, wird zugegeben (jedoch erst, nachdem Adam und Eva die Schlange der Tat beschuldigt hatten). Der Herr und Gott verkündet daraufhin seine Bestrafung: Die Frau soll mit Schmerzen Kinder gebären, Adam wird sich für seine Nahrung plagen und sein Brot im Schweiße seines Angesichtes verdienen müssen.

Zu dieser Zeit ist die Begegnung sicherlich von Angesicht zu Angesicht, denn nun macht Gott für Adam und seine Frau nicht nur Fell-Mäntel, sondern bekleidet sie mit den Mänteln auch selbst. Obwohl die Geschichte zweifelsohne beabsichtigt, dem Leser die Signifikanz des Kleider-tragens als »Göttlich« oder als Hauptunterscheidungskriterium zwischen Mensch und Tier zu verdeutlichen, kann die biblische Passage nicht nur symbolisch gedeutet werden. Sie läßt uns ganz klar wissen, daß am Anfang, als *Der Adam im Garten Eden* war, die Menschen ihrem Schöpfer von Angesicht zu Angesicht begegneten.

Nun zeigt sich Gott unerwartet beunruhigt. Während er wiederum zu unbenannten anderen Göttern spricht, drückt Jahwe Elohim seine Besorgnis aus, daß »jetzt, wo Adam einer von uns geworden ist, Gutes und Schlechtes unterscheiden kann, was, wenn er auch noch seine Hand ausstrecken wird, vom Baum des Lebens essen und ewig leben wird?«

Die Verlagerung des Blickpunktes kommt so plötzlich, daß seine Bedeutung leicht verloren geht. Wenn sie sich mit dem Menschen befaßt – seiner Erschaffung, Erzeugung, seinem Aufenthalt und seinem Vergehen – gibt die Bibel abrupt die Bedenken Gottes wieder. Dabei wird die beinahe göttliche Natur des Menschen wiederum hervorgehoben. Die Entscheidung, Den Adam zu erschaffen, entstammt der Annahme, ihn »nach dem Bild und dem Gleichnis« des göttlichen Schöpfers zu gestalten. Das resultierende Wesen, das Werk der Elohim, wurde »nach dem Bilde der Elohim« hervorgebracht. Und nun, nachdem er vom Baum der Erkenntnis gegessen hat, ist der Mensch in noch einem entscheidenden Aspekt gott-ähnlich geworden. Bei Betrachtung vom Standpunkt der Gottheit aus, »ist Adam einer von uns geworden«, mit Ausnahme der Unsterblichkeit. Und daher stimmen die anderen unbenannten Götter von Jahwe mit der Entscheidung überein, Adam und Eva aus dem Garten Eden zu vertreiben, und sie stellen Cherubim mit einem »sich drehenden, flammenden Schwert« auf, um den Rückweg der Menschen zu verhindern, sollten sie dies je versuchen.

So beschloß der Schöpfer des Menschen dessen Sterblichkeit. Aber unerschrocken hat der Mensch seit jeher nach der Unsterblichkeit durch göttliche Begegnungen gesucht.

Basiert diese Sehnsucht nach Begegnungen auf der Erinnerung an reale Ereignisse oder ist sie eine illusorische Suche aufgrund purer Mythen? Wieviele der biblischen Geschichten sind Tatsache, wieviele Fiktion?

Die verschiedenen Versionen, die die Erschaffung der ersten Menschen erzählen und das Wechseln zwischen dem Plural Elohim (Gottheiten) und einem einzelnen Jahwe als dem/den Schöpfer(n), sind nur einer der Hinweise darauf gewesen, daß die Herausgeber oder Redakteure der hebräischen Bibel einige frühere Texte zur Verfügung hatten, die vom Thema handelten. In der Tat beginnt das Kapitel 5 der Genesis mit der Aussage, daß das kurze Verzeichnis der Generationen, die Adam folgten, auf dem »Buch der Generationen von Adam« basiert (beginnend mit »dem Tag, an dem Elohim den Adam nach dem Bild der Elohim erschaffen hatte«). Vers 14, in Numeri 21 (IV Moses) bezieht sich auf »das Buch der Kriege von Jahwe«. Josua 10:13 verweist den Leser auf nähere Details von wundersamen Begebenheiten, auf das »Buch von Jashar«, das ebenfalls als eine bekannte Quelle im 2. Buch Samuel 1:18 aufgelistet ist. Dies sind nur flüchtige Hinweise auf eine weitaus ausführlichere Ansammlung von frühen Texten.

Der Wahrheitsgehalt der hebräischen Bibel (Altes Testament) – seien es die Geschichten der Schöpfung, der Sintflut und Noahs Arche, der Patriarchen, des Exodus – wurde im 19. Jahrhundert stark angezweifelt. Viel von dieser Skepsis und diesem Unglauben wurden durch archäologische Funde gedämpft und widerlegt, die in zunehmendem Maße die biblischen Aufzeichungen und Daten in umgekehrter Reihenfolge gültig machen – von der jüngsten Vergangenheit zu früheren Zeiten, und tragen damit die Bestätigung weiter und weiter zurück, von historischen zu prähistorischen Zeiten. Von Ägypten und Nubien in Afrika, bis zu den Überresten der Hethiter in Anatolien (der heutigen Türkei), von der Mittelmeerküste und den Inseln Kreta und Zypern im Osten, zu den westlichen Grenzen Indiens und besonders zu den Ländern des Fruchtbaren Halbmondes, der in Mesopotamien (dem heutigen Irak) begann und Kanaan (das heutige Israel) umfaßte, als eine alte Stätte nach der anderen – viele seinerzeit nur aus der Bibel bekannt – entdeckt wurde; Texte, die auf Tontafeln oder Papyrus geschrieben waren, sowie Inschriften auf Steinmauern oder Monumenten haben Königreiche, Könige, die Ereignisse und die in der Bibel aufgeführten Städte zu neuem Leben erweckt. Außerdem haben solche Schriften, die an Stätten wie Ras-Shamra (dem kanaaischen Ugarit) oder erst kürzlich bei Ebla gefunden wurden, in vielen Fällen eine Ähnlichkeit mit den gleichen Quellen gezeigt, auf die sich die Bibel bezieht. Unbelastet jedoch von den monotheistischen Zwängen der hebräischen Bibel, nannten die Schriften von Israels Nachbarn im frühgeschichtlichen Nahen Osten die Namen der verschiedenen »Wir« der biblischen Elohim. Dadurch zeichnen diese Schriftstücke ein Panorama von prähistorischen Zeiten auf und heben den Vorhang zu einer faszinierenden Aufführung von Göttern und Menschen in einer Reihe Göttlicher Begegnungen.

Bis zum Beginn gezielter archäologischer Ausgrabungen in Mesopotamien, dem »Land zwischen den Flüssen« Tigris und Euphrat, vor etwa 150 Jahren, war das Alte Testament die einzige Quelle für Informationen über die assyrischen und babylonischen Reiche, ihre großen Städte und stolzen Könige. Als frühere Gelehrte den Wahrheitsgehalt der biblischen Daten hinsichtlich der Existenz von solchen Königreichen vor 3.000 Jahren erwogen, wurde ihre Leichtgläubigkeit durch die biblische Behauptung, daß das Königreich noch früher mit einem »mächtigen Jäger von Jahwes Gnaden« namens Nimrod begann, noch weiter strapaziert; und daß es in grauer Vorzeit königliche Hauptstädte (und damit eine fortgeschrittene Zivilisation) im »Land von Shine'ar« gab. Diese Behauptung war mit der noch unglaublicheren Geschichte des Turmes zu Babel verbunden (Genesis Kapitel 11), als die Menschen mittels Tonziegeln mit der Errichtung eines »Turmes, dessen Spitze die Himmel erreichen kann« begannen. Der Ort war eine Ebene in dem »Land von Shine'ar«.

Dieses »mythische« Land wurde gefunden, seine Städte wurden von Archäologen freigelegt, seine Sprache und Texte dank des Hebräischen und ihres Vorläufers, des Akkadischen, entschlüsselt, seine Monumente, Skulpturen und Kunstwerke in den großen Museen der Welt gesichert. Heutzutage nennen wir dieses Land Sumer; seine Bürger nannten es Shumer (»Land der Wächter«). In das alte Sumer müssen wir gehen, um die biblische Schöpfungsgeschichte und die göttlichen Begegnungen im frühgeschichtlichen Nahen Osten zu verstehen; denn dort ist es, in Sumer, wo die Aufzeichnungen jener Ereignisse begannen.

Sumer (das biblische Shine'ar) war das Land, in dem die erste bekannte und vollständig dokumentierte Zivilisation nach der Sintflut enstanden ist, die plötzlich, vor etwa 6.000 Jahren, auftauchte. Sie lieferte der Menschheit beinahe jede »Erstmaligkeit« für alles, was für eine entwickelte Zivilisation von Bedeutung war – nicht nur das erste Herstellen von

Ziegeln (wie oben erwähnt) und die ersten Brennöfen, sondern auch die ersten hohen Tempel und Paläste, die ersten Priester und Könige; das erste Rad, den ersten Ofen, die erste Medizin und Pharmakologie; erste Musiker und Tänzer, Künstler und Handwerker, Kaufleute und Karawanenführer, Gesetzestexte und Richter, Gewichte und Maße. Die ersten Astronomen und Observatorien gab es dort und die ersten Mathematiker. Und vielleicht am wichtigsten von allem: Bereits 3800 v.Chr. nahm dort das Schreiben seinen Anfang und machte damit Sumer zum Land der ersten Schreiber, die auf Tontafeln in der keilförmigen Schrift (»cuneiform«) die erstaunlichsten Geschichten von Göttern und Menschen (wie die Tafel 'Erschaffung des Menschen', Abb. 1) niederschrieben. Gelehrte betrachten diese antiken Texte als Mythen. Wir jedoch halten sie für Aufzeichnungen von Geschehnissen, die im Grunde so stattgefunden haben.

Die Spaten der Archäologen haben nicht nur die Existenz von Sumer/Shine'ar bestätigt. Die Funde brachten auch vorgeschichtliche Schriften aus Mesopotamien zutage, die den biblischen Geschichten von der Schöpfung und der Sintflut glichen. 1876 veröffentlichte George Smith vom Britischen Museum, nachdem er zerbrochene Tafeln, die in der königlichen Bibliothek von Nineveh (der assyrischen Hauptstadt) gefunden wurden, zusammengefügt hatte, die Chaldean Genesis, und zeigte ohne Zweifel, daß die biblische Schöpfungsgeschichte zuerst in Mesopotamien Jahrtausende zuvor geschrieben worden war.

1902 gab L.W. King, ebenfalls vom Britischen Museum, in seinem Buch »Die Sieben Tafeln der Schöpfung« einen umfassenderen Text in der alten babylonischen Sprache heraus, der sich über sieben Tontafeln erstreckte – so lang und detailiert war er. Bekannt als das »Epos der Schöpfung« oder als *Enuma elish* nach den eröffnenden Worten, beschrieben die ersten sechs Tafeln die Erschaffung des Himmels, der Erde und allem auf der Erde, einschließlich des Menschen, und gleicht so den sechs »Tagen« der Schöpfung in der Bibel. Die siebte Tafel war der Begeisterung der obersten babylonischen Gottheit Marduk gewidmet, als er sein großartiges Werk begutachtete (was dem biblischen siebten »Tag« glich, an dem Gott »von all seiner Arbeit, die er getan hatte, ausruhte«). Gelehrte wissen jetzt, daß diese und andere »Mythen« in assyrischer und babylonischer Version, Übersetzungen von früheren sumerischen Texten waren (abgeändert, um den assyrischen und babylonischen obersten Göttern zu huldigen). Wie der große Gelehrte Samuel N. Kramer so ausgezeichnet in seinem gleichnamigen Buch von 1959 erklärt hat: *Die Geschichte beginnt in Sumer*.

Es begann alles, so erfahren wir aus verschiedenen Texten, vor sehr langer Zeit mit der Landung einer Gruppe von fünfzig ANUNNAKI – ein Begriff, der wörtlich »Jene, die vom Himmel auf die Erde kommen« bedeutet – in den Gewässern des Persischen Golfs oder des Arabischen Meeres. Sie wateten unter der Führung von E.A (»dessen Heim das Wasser ist«,), einem brillianten Wissenschaftler, an den Strand und gründeten die erste außerirdische Kolonie auf Erden, die sie E.RI.DU (»Haus, in der Ferne erbaut«) nannten. Andere Siedlungen folgten aufgrund der Mission der Besucher: durch Filterung der Gewässer des Persischen Golfs Gold zu erhalten – Gold, das dringend auf dem Heimatplanten der Anunnaki benötigt wurde, damit ihre schwindende Atmosphäre durch einen Schild von gelösten Goldpartikeln geschützt werden konnte. Als sich die Expedition ausbreitete und die Handlungen in Gang gesetzt wurden, erhielt E.A. den zusätzlichen Titel und das Epithet EN.KI – »Herr der Erde«.

Aber es lief nicht gut. Der Heimatplanet (NIBIRU genannt) erhielt das erforderliche Gold nicht. Es wurde beschlossen, die Pläne zu ändern, und man bestand auf der mühsamen Art der Goldgewinnung – durch Abbau in den AB.ZU – Südost-Afrika. Mehr Anunnaki kamen auf der Erde an (am Ende waren es 600); eine andere Gruppe, die IGI.GI (»Die, die beobachten und sehen«) blieben im Raum und betrieben dort einen Pendelverkehr, Raumschiffe und Raumstationen (sie beliefen sich, so behaupten die sumerischen Texte, insgesamt auf 300). Um sicherzugehen, diesmal keine Fehler zu begehen, sandte ANU (»der Himmlische«), der Herrscher von NIBIRU, einen Halbbruder von Enki/Ea zur Erde, EN.LIL

(»Herr des Befehls«). Dieser war ein strenger Disziplinist und standhafter Verwalter; und während Enki losgeschickt wurde, um den Abbau der Golderze in den »Abzu« zu überwachen, übernahm Enlil das Kommando der sieben Städte der Götter in E.DIN (»Heimat der Gerechten«), den Ort, wo mehr als 400.000 Jahre später die sumerische Zivilisation aufblühte. Jeder dieser Städte wurde eine spezielle Funktion zugewiesen: ein Kontrollzentrum, ein Raumflughafen, ein Zentrum für Metallurgie, sogar ein medizinisches Zentrum unter der Aufsicht von NIN.MAH (»Große Dame«), einer Halbschwester von Enki und Enlil.

Die Erkenntnisse, von uns präsentiert und analysiert in den Büchern I – V der Erdchroniken und dem Begleitbuch *Am Anfang war der Fortschritt*, deutet auf eine gewaltige elliptische Umlaufbahn von Nibiru hin, die 3600 Erdenjahre dauert, eine Zeitspanne, die in Sumerisch SAR genannt wurde. Sumerische Schriften aus prähistorischen Zeiten, die »Königslisten«, messen die Zeit für die Anunnaki in Sars. Gelehrte, die diese Texte entdeckt und übersetzt haben, empfinden die Dauer von Regierungsabschnitten namentlich genannter Anunnaki-Befehlshaber als »legendär« oder »fantastisch«, denn solche individuellen »Regierungszeiten« bestanden 28 800 oder 36 000 oder sogar 43 200 Jahre. Aber tatsächlich geben die Listen der sumerischen Könige an, daß dieser oder jener Befehlshaber für die Dauer von acht oder zehn oder zwölf Sars im Amt war. Umgerechnet in Erdenjahre werden diese Zahlen zu den fantastischen 28 800 (8 × 3600) Jahre und so weiter; aber in der Zeitrechung der Anunnaki waren dies nur acht oder zehn *ihrer* Jahre, eine absolut vernünftige (und sogar kurze) Zeitspanne.

Darin, in den *Sars*, liegt das Geheimnis der scheinbaren Unsterblichkeit der vorgeschichtlichen »Götter«. Ein Jahr, laut Definition, ist die Zeit, die der Planet, auf dem jemand lebt, benötigt, um einmal um die Sonne zu kreisen. Die Umlaufbahn von Nibiru dauert 3600 Erdenjahre; aber für die, die auf Nibiru leben, ist das nur eines von ihren Jahren. Die Sumerer und andere Texte aus dem Nahen Osten sprechen sowohl vom Leben als auch vom Sterben jener Götter; es ist nur so, daß in den Augen der Erdlinge (denn das ist, wörtlich genommen, was Adam im Hebräischen wörtlich bedeutet – Adam, »Er von der Erde«) die Lebenszyklen der Anunnaki unsterblich erschienen.

Die Anunnaki kamen auf der Erde 120 Sars vor der Sintflut an – 432.000 Erdenjahre vor jener Wasserlawine, die einen Wendepunkt in mehr als nur physikalischer Hinsicht darstellte. Der Mensch, Der Adam, war noch nicht auf der Erde, als die Anunnaki eintrafen. Über 40 Sars plagten sich die Anunnaki, die zu den Abzu gesandt wurden, damit, Gold abzutragen; doch dann meuterten sie. Ein Text in Akkadisch (der Muttersprache von Babylonisch, Assyrisch und Hebräisch), Atra Hasis genannt, beschreibt die Meuterei und die Gründe für sie in anschaulichen Einzelheiten. Enlil rief nach Diziplinarmaßnahmen, um die Anunnaki zum Weiterarbeiten zu zwingen und die Anstifter der Meuterei zu bestrafen. Enki war für Milde. Anu wurde befragt; er sympathisierte mit den Meuterern. Wie sollte dieser Konflikt gelöst werden?

Enki, der Wissenschaftler, hatte eine Lösung. *Laßt uns einen niederen Arbeiter erschaffen*, sagte er, der die mühevolle Arbeit ausführen wird. Die anderen anwesenden Führer der Anunnaki wunderten sich: Wie kann ein Adamu erschaffen werden? Worauf Enki diese Antwort gab:

Die Kreatur, deren Name Du äußerst,
sie existiert!

Er fand das »Wesen« – einen Hominiden, ein Produkt der irdischen Evolution – im südöstlichen Afrika, »oberhalb der Abzu«. Alles, was wir tun müssen, um einen intelligenten Arbeiter daraus zu machen, fügte Enki hinzu, war
»ihn an das Bild der Götter zu binden.«

Die versammelten Götter, die Führer der Anunnaki, stimmten begeistert zu. Auf Enkis Anraten hin forderten sie Ninmah, die oberste Medizinerin, auf, ihnen bei der Aufgabe zu assistieren. »Du bist die Hebamme der Götter«, sagten sie zu ihr. »Erschaffe die Menschheit! Erschaffe einen Mischling, damit er das Joch trage; laß ihn das Joch, das ihm von Enlil zugewiesen wird, tragen, laß den primitiven Arbeiter sich für die Götter plagen!«

Im Kapitel 1 der Genesis ist die Diskussion, die zu diesem Entschluß führte, in einem Vers zusammengefaßt: »Und Elohim sagt: Laß uns Adam nach unserem Bilde machen, nach unserem Gleichnis.« Und mit der angedeuteten Zustimmung der Anwesenden »Uns«, wurde die Aufgabe ausgeführt: »Und Elohim erschuf Adam nach seinem Bilde; nach dem Bilde der Elohim erschuf er ihn.«

Der Begriff Bild – das Element oder der Prozeß, durch den das existierende »Wesen« auf das Niveau, das von den Anunnaki gewünscht wurde, gehoben werden konnte, verwandt mit ihnen, außer in Kenntnis und Langlebigkeit – kann am besten verstanden werden, indem man sich verdeutlicht, wer oder was die (bereits) existierende »Kreatur« war. Wie andere Texte (z.B. einer, der von den Gelehrten »Der Mythos von Vieh und Korn« genannt wird) erklären:

Als die Menschheit zuerst erschaffen wurde,
kannten sie das Verzehren von Brot nicht,
wußten nichts über das Tragen von Gewändern.
Sie aßen Pflanzen mit ihren Mündern wie Schafe;
Sie tranken Wasser aus dem Graben.

Dies ist eine passende Beschreibung von den Hominiden, die wild wie andere Tiere und mit ihnen herumstreiften. Sumerische Darstellungen, die in Steinzylinder eingraviert sind (sogenannte Zylindersiegel), zeigen solche Hominiden, die sich mit Tieren vermischen, aber aufrecht auf zwei Füssen stehen – eine Illustration des Homo erectus (bedauerlicherweise von modernen Wissenschaftlern ignoriert) (Abb. 2).

Auf dieses Wesen, das bereits existierte, schlug Enki vor, »auf ihn das Bild der Götter zu binden«, und durch genetische Technik einen Erdling, den Homo sapiens, zu erschaffen.

Ein Hinweis auf den Prozeß der genetischen Übertragung wird in der Yahwist Version (wie Gelehrte sie bezeichnen) im Kapitel 2 der Genesis gegeben, in der wir lesen, daß »Jahwe Elohim Adam aus dem Ton der Erde formte und in seine Nüstern den Lebensatem einbließ; und Der Adam wurde ein lebendes Wesen.« In der Atra Hasis und anderen mesopotamischen Texten wird ein sehr viel komplexerer Vorgang darüber beschrieben. Es war ein schöpferischer Prozeß, nicht ohne frustierende Versuche und Irrtümer, bis das Verfahren perfektioniert war und das gewünschte Ergebnis von Enki und Ninmah (der manche Texte, zur Ehre ihrer erinnerungswürdigen Rolle, den Beinamen NIN.TI verliehen – »Dame des Lebens«) erzielt wurde.

In einem Labor namens Bit Shimti – »Haus, wo der Wind des Lebens eingehaucht wird« – wurde die »Essenz« des Blutes von einem jungen Anunnaki-Mann mit dem Ei eines weiblichen Homo erectus gemischt. Das befruchtete Ei wurde danach in die Gebärmutter einer Anunnaki-Frau eingepflanzt. Als nach einer gespannten Zeit des Wartens der »Model-Mensch« geboren wurde, hielt Ninmah das Neugeborene hoch und rief: »Ich habe geschaffen! Meine Hände haben es gemacht!«

Sumerische Künstler stellten diesen atemberaubenden Augenblick auf einem Zylindersiegel dar, als Ninmah/Ninti das neue Wesen für alle sichtbar emporhielt (Abb. 3). Damit ist dies, festgehalten in einer Gravierung auf einem kleinen Steinzylinder, die gemalte Aufzeichnung der ersten Göttlichen Begegnung!

Im alten Ägypten, wo die Götter Neteru (»Wächter«) genannt und anhand des Hieroglyphensymbols des Minenbeils identifiziert werden konnten, wurde die Erschaffung des ersten Menschen dem widderköpfigen Gott Khnemu (»Er, der verbindet«) zugeschrieben, von dem die Schriften sagen, daß er der »Schöpfer des Menschen... der Vater, der am Anfang war« gewesen sei. Auch ägyptische Künstler, wie die Sumerer vor ihnen, stellten bildlich den Moment der ersten Begegnung dar (Abb. 4); man sieht Khnemu, der das neu erschaffene Wesen hochhält, assisiert von seinem Sohn Thoth (dem Gott der Wissenschaft und Medizin).

Der Adam, wie eine Version der Genesis erzählt, wurde tatsächlich alleine erschaffen. Doch sobald dieser Modell-Mann die Richtigkeit der Schöpfung von »Retortenbabys« bewiesen hatte, wurde ein Projekt der Massenreplikation gestartet. Nachdem sie noch mehr Mixturen des TI.IT – »Das, was mit Leben ist«, den biblischen »Ton« – genetisch herstellten, um primitive Arbeiter beiderlei Geschlechtes zu produzieren, legte Ninmah sieben Klumpen des »Tons« in eine »männliche Form« und sieben in eine »weibliche«. Die befruchteten Eier wurden dann in die Gebärmuttern von weiblichen Anunnaki-Geburtsgöttinnen eingepflanzt. Auf diesen Prozeß des Gebärens von sieben männlichen und sieben weiblichen »Mischlingen« während jeden Durchlaufs bezieht sich die »Elohist Version« (wie die Gelehrten sie nennen) der Genesis, wenn sie erklärt, daß, als die Menschheit von Elohim erschaffen wurde, »er sie männlich und weiblich erschuf«.

Aber wie bei jeder Kreuzung (z.B. dem Maultier, dem Ergebnis einer Kreuzung zwischen einem Hengst und einer Eselin) konnten sich die »Mischlinge« nicht vermehren. Die biblische Geschichte verschleiert, wie die neuen Wesen die Kenntnis erwarben – in der biblischen Terminologie die Fähigkeit sich fortzupflanzen – mit einer allegorischen Scheinantwort den 2. Akt des genetischen Eingriffs. Der Hauptakteur in der dramatischen Entwicklung ist weder Jahwe-Elohim noch Adam und Eva, sondern die Schlange, der Anstifter der entscheidenden biologischen Veränderung.

Das hebräische Wort für »Schlange« in der Genesis ist Nahash. Der Begriff hatte jedoch zwei weitere Bedeutungen. Er kann »Er, der Geheimnisse kennt oder löst« bedeuten; er kann ebenso für »Er aus Kupfer« stehen. Die beiden letzten Bedeutungen scheinen von dem sumerischen Epithet für Enki, BUZUR, zu stammen, welches sowohl »Er, der Geheimnisse löst« und »Er von den Metallminen« bedeutet. Tatsächlich war das gängige sumerisches Symbol für Enki das der Schlange. In einer früheren Arbeit (*Am Anfang war der Fortschritt*) haben wir vermutet, daß das verwandte Symbol der verschlungenen Schlangen (Abb. 5a), das als Symbol der Heilung bis zu diesem Tag überdauert hat, von der Doppelhelix der DNA (Abb. 5b) – (und somit von genetischer Herstellung) bereits im alten Sumer beeinflußt wurde. Wie wir später zeigen werden, führte Enkis Gebrauch von Gentechnologie im Garten von Eden ebenfalls zu dem Doppelhelix-Motiv in Darstellungen des Lebensbaumes. Enki vermachte sein Wissen und dieses Symbol seinem Sohn Ningishzidda (Abb. 5c), den wir als den ägyptischen Gott Thoth identifiziert haben; die Griechen nennen ihn Hermes; sein Stab trug das Emblem der verschlungenen Schlangen (Abb. 5d).

Wenn wir diese Doppel- und Dreifachbedeutungen von Enkis Epitheton (Schlange – Kupfer – Heilung – Genetik) verfolgen, erscheint es uns angebracht, die biblische Geschichte von der Seuche in Erinnerung zu rufen, die die Israeliten während ihrer Wanderung durch die Wüste Sinai heimsuchte: Sie hörte auf, nachdem Moses eine »Kupferschlange« gemacht hatte und sie hochhielt, um göttliche Hilfe zu holen.

Es ist wirklich höchst erstaunlich, anzunehmen, daß diese zweite göttliche Begegnung, als der Menschheit die Fähigkeit sich zu vermehren gegeben wurde, für uns auch von einem altertümlichen »Photographen« festgehalten wurde – einem Künstler, der die Szene als Negativabdruck auf kleine Steinzylinder eingravierte, Bilder, die wieder als Positiv gesehen wurden, nachdem der Zylinder auf nassem Ton ausgerollt worden war. Aber solche Darstellungen sind auch gefunden worden. Zusätzlich zu denen, die die Erschaffung Des Adams schilderten. Eine zeigt »Adam« und »Eva« links und rechts von einem Baum sitzend, die Schlange hinter Eva (Abb. 6a). Eine andere stellt einen großen Gott dar, der auf einem thronartigen Erdwall sitzt, aus dem zwei Schlangen austreten – unzweifelhaft Enki (Abb. 6b). Er wird rechts flankiert von einem Mann, dessen spriessende Äste penisförmig sind, und links von einer Frau, deren Äste die Form einer Vagina haben, und die einen kleinen Obstbaum hält (vermutlich den »Baum der Erkenntnis«). Beobachtet werden die Vorgänge von einem drohenden großen Gott – aller Wahrscheinlichkeit nach der wütende Enlil.

All diese Texte und Darstellungen, die die biblische Erzählung ergänzen, haben sich somit zusammengefügt, um ein detailiertes Bild, einen Ablauf von Ereignissen mit ausgewiesenen Hauptteilnehmern in der Geschichte der göttlichen Begegnungen zu zeichnen. Trotzdem bestehen Gelehrte im großen und ganzen darauf, all diese Beweise als »Mythologie« abzutun. Für sie ist der Bericht der Ereignisse im Garten Eden nur ein Mythos, eine erfundene Allegorie, die an einem nicht vorhandenen Platz stattfindet.

Aber was wäre, wenn solch ein Paradies, ein Platz mit bewußt gepflanzten, früchtetragenden Bäumen, wirklich in einer Zeit existiert hätte, in der überall sonst die Natur allein der Gärtner war? Was, wenn es in den frühesten Zeiten einen Ort namens »Eden« gegeben hätte, einen wirklichen Ort, die Ereignisse tatsächliche Begebenheiten waren?

Frage irgend jemanden, wo Adam erschaffen wurde, und die Antwort wird aller Wahrscheinlichkeit nach sein: im Garten Eden. Aber das ist nicht der Ort, an dem die Geschichte der Menschheit beginnt.

Die mesopotamische Erzählung, zuerst von den Sumerern aufgezeichnet, plaziert die erste Phase an einen Ort »über dem Abzu« – weiter nördlich als da, wo sich die Goldminen befanden. Als verschiedene Gruppen von »Mischlingen« hervorgebracht und zu dem Dienst, zu dessen Zweck sie erschaffen wurden, gezwungen worden waren – die Arbeiten in den Minen zu übernehmen – riefen die Anunnaki von den sieben Ansiedlungen in E.DIN auch nach solchen Helfern. Da sich jene in Südafrika widersetzten, brach ein Kampf aus. Ein Text, den die Gelehrten »Mythos von Pickax« nennen, beschreibt, wie sich die Anunnaki vom E.DIN unter der Führung von Enlil, einige der »Erschaffenen«ergriffen und sie nach Eden brachten, um dort den Anunnaki zu dienen. Eine Abhandlung, genannt »Mythos von Vieh und Korn«, macht deutlich, daß, »als Anu die Anunnaki veranlaßt hat, von den Höhen der Himmel zur Erde zu kommen«, wachsendes Getreide, Lämmer und Zicklein noch nicht geboren worden waren. Auch nachdem die Anunnaki in ihrer »Schöpfungs-Kammer« Nahrung für sich selbst hergestellt hatten, waren sie nicht gesättigt. Es war erst

nachdem Anu, Enlil, Enki und Ninmah
die schwarzköpfigen Leute geformt hatten,
vermehrten sie die Vegetation, die fruchtbar ist,
in dem Land... In Edin plazierten sie sie.

Die Bibel erzählt im Gegensatz zur generellen Auffassung dieselbe Geschichte. Wie in Enuma elish ist die biblische Reihenfolge (Kapitel 2, Genesis): Zuerst die Gestaltung des Himmels und der Erde; danach die Erschaffung des Adam (die Bibel sagt nicht, wo). Die Elohim pflanzten dann »einen Garten in Eden, östlich« (von dort, wo Adam erschaffen wurde); und erst danach »stellte Elohim den Adam, den er erschaffen hatte, dorthin« (in den Garten Eden).

Und Jahwe Elohim nahm den Adam
und stellte ihn in den Garten Eden,
ihn zu bebauen und auf ihn zu achten.

Ein interessantes Licht wird auf die »Geographie der Schöpfung« (um einen Begriff zu prägen) und folglich auf die anfänglichen göttlichen Begegnungen durch das »Buch der Jubiläen« geworfen. In Jerusalem, während der Zeit des Zweiten Tempels verfaßt, war es in jenen Jahrhunderten, als das Testament von Moses bekannt, weil es damit begann, die Frage zu beantworten: Wie konnten die Menschen von diesen frühen Ereignissen, die sogar der Schöpfung der Menschheit vorangingen, wissen? Die Anwort war, daß Moses all dies am Berg Sinai offenbart wurde, als ein Engel der göttlichen Anwesenheit es Moses im Auftrag des Herrn diktierte. Der Name »Buch der Jubiläen«, der von seinen griechischen Übersetzern für die Arbeit benutzt wurde, entstammt der chronologischen Struktur des Buches, die auf einer Zählung der Jahre anhand von »Jubiläen« basiert, deren Jahre »Tage« und »Wochen« genannt werden.

Indem man sich offensichtlich der Quellen bediente, die zu der Zeit zur Verfügung standen (zusätzlich zur kanonischen Bibel), wie die Bücher, die die Bibel erwähnt und andere Texte, die mesopotamische Büchereien aufführten, die es aber noch zu entdecken gilt, berichtet das »Buch der Jubiläen«, die geheimnisvolle Zählweise der »Tage« benutzend, daß Adam von den Engeln erst in den Garten Eden gebracht wurde, »nachdem Adam vierzig Tage in dem Land, in dem er erschaffen worden war, verbracht hatte«; und »seine Frau brachten sie am achtzigsten Tag«. Mit anderen Worten: Adam und Eva wurden an einem anderen Ort erschaffen!

Das »Buch der Jubiläen«, das später von der Vertreibung aus Eden handelt, liefert ein anderes Stück wertvoller Information. Es berichtet uns, daß »Adam und seine Frau vom Garten Eden fortgingen, und sie lebten in dem Land ihrer Geburt, dem Land ihrer Erschaffung«. Mit anderen Worten: sie gingen von Eden zurück zu dem Abzu, im südöstlichen Afrika. Erst dort, im zweiten Jubiläum, »erkannte« Adam seine Frau Eva, und »in der dritten Woche im zweiten Jubiläum gebar sie Kain, und in der vierten brachte sie Abel zur Welt, und in der fünften gebar sie eine Tochter, Awan«. (Die Bibel berichtet, daß Adam und Eva danach andere Söhne und Töchter hatten; nichtkanonische Bücher besagen, daß es insgesamt 63 waren.)

Solch eine Folge von Ereignissen, die den Beginn der menschlichen Vermehrung aus einer einzigen, ursprünglichen Mutter nicht in das mesopotamischen Eden, sondern in den Abzu im südöstlichen Afrika plaziert, werden nun durch wissenschaftliche Entdeckungen, die zu den »Jenseits von Afrika«-Theorien, hinsichtlich Ursprung und Ausbreitung der Menschheit, geführt haben, völlig bestätigt. Nicht nur Fossilienfunde der frühesten Hominiden, sondern auch genetische Beweise hinsichtlich der Endlinie des Homo sapiens bestätigen Südost-Afrika als die Gegend, aus der die Menschheit stammt. Und was den Homo sapiens angeht, so haben anthropologische und genetische Forschungen eine »Eva« – eine einzelne Frau, von der alle heutigen Menschen abstammen – in dieselbe Gegend vor etwa 200 000/250 000 Jahren plaziert. (Diese Funde, zuerst auf mitochondrialer DNA basierend, die nur über die Mutter von Generation zu Generation weitergegeben wird, wurden 1994 durch genetische Forschungen mit Kern-DNA, die von beiden Eltern vererbt wird, bestätigt.) Von dort aus erreichten später die verschiedenen Zweige des Homo sapiens (Neanderthaler, Cro-Magnons) Asien und Europa.

Daß das biblische Eden ein und derselbe Ort war, der von den Anunnaki besiedelt war und zu dem sie die primitiven Arbeiter aus dem Abzu brachten, versteht sich aus sprachwissenschaftlicher Sicht beinahe von selbst. Der Name Eden, so zweifelt fast niemand mehr, stammt von dem sumerischen E.DIN, vermittelt über die Verbindung Edinnu im Akkadischen (der Muttersprache des Assyrischen, Babylonischen und Hebräischen). Außerdem liefert die Bibel durch die Beschreibung des Wasserüberflusses im Paradies (ein eindrucksvoller Aspekt für Leser in einem Teil des Nahen Ostens, der vollkommen von der kurzen Regenzeit im Winter abhängig ist) mehrere geographische Hinweise, die ebenfalls auf Mesopotamien deuten; sie behauptet, daß der Garten Eden an der Spitze einer Gegend gelegen hätte, die als Zusammenfluß von vier Flüssen diente:

Und ein Fluß strömte aus Eden,
den Garten zu wässern;
Und von dort wurde er geteilt
und wurde zu vier großen Strömen.
Der Name des ersten ist Pishon,
welcher sich windet
von Havilah, wo das Gold ist –
das Land, dessen Gold gut ist –
und dort ist [auch] Bellium- und Onyxgestein.
Und der Name des zweiten Flusses ist Gihon;
es ist der, der
das ganze Land Kush einkreist.
Und der Name des dritten Flusses ist Hiddekel,
der, der östlich von Assyrien fließt.
Und der vierte ist der Prath.

Es ist klar, daß zwei der Flüsse des Paradieses, der Hiddekel und der Prath, zwei Hauptflüsse in Mesopotamien sind (sie gaben dem Land den Namen, der »das Land zwischen den Flüssen« bedeutet), Tigris und Euphrat genannt. Es herrscht völlige Übereinstimmung zwischen allen Gelehrten, daß der biblische Name für diese beiden Flüsse aus dem Sumerischen (über das Akkadische als Zwischenglied) stammt: Idiqbat und Purannu.

Obwohl die beiden Flüsse verschiedene Verläufe nehmen, an manchen Stellen beinahe zusammenstoßen, an anderen weit voneinander entfernt sind, entspringen sie in den Bergen von Anatolien, nördlich von Mesopotamien; und weil dort das Quellgebiet ist, wie die Wissenschaftler behaupten, suchten Forscher an diesem »Knotenpunkt« nach den beiden anderen Flüssen. Aber keine passenden Möglichkeiten für den Gihon und Pishon, als zwei weitere Flüsse, die von der Bergkette flossen und die beiden anderen trafen, sind gefunden worden. Die Suche erstreckte sich daher auf entferntere Länder. Kush hielt man für Äthiopien oder Nubien in Afrika und den Gihon (»Der Strömer«) für den Nil mit seinen Stromschnellen. Eine beliebte Annahme ist, daß der Pishon (wahrscheinlich »der, der zur Ruhe gekommen ist«) der Fluß Indus gewesen ist, und das setzt somit Havilah dem indischen Subkontinent gleich oder sogar dem »von Land umgebenen Luristan«. Das Problem solcher Vermutungen ist, daß weder der Nil noch der Indus mit dem Tigris und Euphrat in Mesopotamien zusammenfließen.

Die Namen *Kush* und *Havilah* werden in der Bibel mehr als einmal sowohl als geographische Begriffe, als auch als Namen von Nationenstaaten gefunden. In der Tafel der Nationen (Genesis, Kapitel 10) wird Havilah zusammen mit Seba, Sabtha, Raamah, Sabtecha, Sheba und Dedan aufgelistet. Das waren alles Nationenstaaten, welche verschiedene Bibelstellen mit den Völkern Ismaels, dem Sohn Abrahams und der Magd Hagar, verbanden, und es besteht kein Zweifel, daß ihr Herrschaftsgebiet in Arabien lag. Diese Überlieferungen wurden von modernen Wissenschaftlern bekräftigt, die die Standorte der Sippen in Arabien identifiziert haben. Sogar der Name Hagar war, so fand man heraus, eine antike Stadt in Ost-Arabien. Eine aktuelle Studie von E.A. Knauf (*Ismael*, 1985) entziffert überzeugend den Namen *Havilah* als Hebräisch für »Sand-Land« und identifiziert ihn als den geographischen Namen für Süd-Arabien.

Das Problem dieser überzeugenden Schlußfolgerungen ist, daß es keinen Fluß in Arabien gibt, der als der biblische *Pishon* bezeichnet werden könnte, weil Gesamt-Arabien dürr ist, ein riesiges Wüstenland.

Kann die Bibel so falsch liegen, könnte die ganze Geschichte des Gartens Eden und folglich der Ereignisse und göttlichen Begegnungen darin nur ein Mythos sein ?

Ausgehend von dem festen Glauben an den Wahrheitsgehalt der Bibel, stellten wir uns die folgende Frage: Warum geht die biblische Geschichte so weit, die Geographie und Mineralogie des Landes (Havilah), in dem der Pishon war, zu beschreiben; das Land und den kreisförmigen Verlauf des Gihon zu erwähnen; lediglich den Ort (»östlich von Assyrien«) des Hiddekel zu identifizieren; und den vierten Fluß, Prath, nur zu benennen, ohne irgendwelche zusätzlichen Ortsangaben? Warum diese geringer werdende Folge von Informationen?

Die Antwort, die uns einfiel, war, daß während keine Veranlassung bestand, dem Leser der Genesis zu sagen, wo der Euphrat war und eine bloße Erwähnung Assyriens genug war, um den Fluß Tigris (Hiddekel) zu erkennen, war es notwendig zu erklären, daß der Gihon – offenbar damals ein wenig bekannter Fluß – der Fluß war, der das Land Kush umgab; und daß der anscheinend völlig unbekannte Pishon in einem Land namens Havilah floß, welches bar jeder Orientierungspunkte anhand der Produkte, die von dort kamen, identifiziert werden konnte.

Diese Gedanken ergaben einen Sinn, als in den späten 1980ger Jahren bekannt wurde, daß eine genaue Untersuchung der Wüste Sahara (in West-Ägypten) mit bodendurchdringendem Radar von Satelliten und mit anderen Instrumenten an Bord des Space Shuttle Columbia, trockene Flußbette von Flüssen, die einst in dieser Gegend geflossen waren, unter den Lagen von Sand enthüllten. Nachfolgende Forschungen vom Boden aus ergaben, daß diese Region gut bewässert gewesen war, mit größeren Flüssen und Nebenflüssen, seit vielleicht 200 000 Jahren bis vor etwa 4000 Jahren, als sich das Klima zu verändern begann.

Diese Entdeckung in der Sahara läßt uns fragen: Könnte dasselbe auch in der arabischen Wüste geschehen sein? Könnte es sein, daß, als das Kapitel 2 der Genesis geschrieben wurde – offenbar zur Zeit, als Assyrien bereits bekannt war – der Pishon vollkommen unter dem Sand verschwunden war, in gleichem Maß wie sich das Klima in den vergangenen Jahrtausenden veränderte?

Eine Bestätigung des Wahrheitsgehaltes dieser Vermutungen fand recht dramatisch im März 1993 statt. Es gab eine

Bekanntmachung von Farouk El-Baz, dem Direktor des Zentrums für entfernte Sichtungen an der Unversität Boston, über die Entdeckung eines verlorenen Flusses unter dem Sand der arabischen Halbinsel – ein Fluß, der über mehr als 530 Meilen von den Bergen West-Arabiens östlich bis zum Persischen Golf floß. Dort formte er ein Delta, das einen Großteil des heutigen Kuwait umfaßte und bis zur heutigen Stadt Basra reichte, und ging dort – »floß zusammen« – mit dem Tigris und Euphrat. Es war ein Fluß, der über seine gesamte Länge etwa 50 Fuß tief und an manchen Stellen mehr als drei Meilen breit war.

Nach der letzten Eiszeit, zwischen 11 000 und 6000 Jahren v. Chr., so folgert die Universität Boston, war das arabische Klima naß und regnerisch genug, um solch einen Fluß zu erhalten. Aber vor etwa 5000 Jahren trocknete der Fluß aufgrund klimatischer Veränderungen aus, die von der Dürre und den wüstenartigen Bedingungen der Halbinsel herrührten. Mit der Zeit bedeckten vom Wind getriebene Sanddünen das Flußbett und löschten jedes Indiz des einst mächtigen Flusses aus. Hochauflösende Bilder von Landsat Satelliten enthüllten jedoch, daß sich die Dünenmuster änderten, als der Sand eine Linie, die sich auf Hunderte von Meilen erstreckte, kreuzte, eine Linie, die in einer mysteriösen Ablagerung von Schotter in Kuwait und nahe Basra endete – Schotter von Felsen, die von den Hijaz- Bergen in West-Arabien stammten. Bodenuntersuchungen bestätigten dann die Existenz des antiken Flusses. (Abb. 7)

Dr. El-Baz hat dem verschwundenen Fluß den Namen Kuwait-Fluß gegeben. Wir vermuten, daß er im Altertum Pishon genannt wurde, und die arabische Halbinsel durchfloß, die in der Tat eine alte Quelle von Gold und wertvollen Steinen gewesen war.

Und was ist mit dem Fluß Gihon – »der, der sich durch das ganze Land von Kush windet«? *Kush* wird zweimal in der Tabelle der Nationen aufgeführt, zuerst mit den Hamitisch-afrikanischen Ländern Ägypten, Put (Nubien/Sudan) und Kanaan; und ein zweites Mal als eines der mesopotamischen Länder, wo Nimrod Herrscher war, er, »dessen Königreiche

Babylon und Erch und Akkad waren, alle in dem Land Shine'ar (Sumer)«. Das mesopotamische Kush lag aller Wahrscheinlichkeit nach östlich von Sumer, in der Gegend der Zagros Berge. Es war das Heimatland des Kushshu-Volkes, der akkadische Name für die Kassiten, die im zweiten Jahrtausend vor Christi von den Zagros-Bergen herunterströmten und Babylon besetzten. Der antike Name wurde als Kushan für das Gebiet von Susa (das »Schuschan« des biblischen Buches Esther) bis in persische und sogar römische Zeiten beibehalten.

Es gibt einige bemerkenswerte Flüsse in diesem Teil der Zagros Berge, aber sie wurden von Gelehrten nicht besonders beachtet, denn keiner von ihnen teilt ein Quellgebiet mit dem Tigris und Euphrat (die Hunderte von Meilen nordöstlich beginnen). Hier kam jedoch ein anderer Gedanke ins Spiel: Könnten die Alten von Flüssen gesprochen haben, die sich nicht in ihren Quellgebieten treffen, sondern erst bei ihrem Zusammenfluß in den Persischen Golf? Wenn dem so wäre, würde der Gihon – der vierte Fluß von Eden – ein Fluß gewesen sein, der sich mit dem Tigris, dem Euphrat und dem neu entdeckten »Kuwait-Fluß« an der Spitze des Persischen Golfes verbindet!

Wenn man das Problem derart betrachtet, zeigt sich die offensichtliche Möglichkeit für den Gihon leicht. Es ist der Fluß Karun, der tatsächlich der Hauptfluß im antiken Land Kushshu war. Um die 500 Meilen lang, macht er eine ungewöhnliche Schleife und beginnt seinen gewundenen Verlauf in der Zardeh-Kuh Bergkette im heutigen Südwest-Iran. Anstatt hinunter nach Süden zum Persischen Golf zu fließen, strömt er »aufwärts« (wenn man auf eine moderne Karte schaut), durch tiefe Schluchten, in nordwestliche Richtung . Dann macht er eine Schleife und fließt, sobald er die hohen Berge von Zagros verläßt in einem Zickzack-Kurs nach Süden, und fällt in Richtung auf den Golf ab. Schließlich, während seiner letzten 100 Meilen, schwillt er an und windet sich sanft in Richtung auf den Zusammenfluß mit keinen anderen als Tigris und Euphrat in dem sumpfigen Delta, das sie an der Spitze des Persischen Golfes formen (dem sogenannten Shatt-el-Arab, heutzutage umkämpft von Iran und Irak).

Die Lokalisation, der gewundene Verlauf, die Strömung, der Zusammenfluß mit den anderen drei Flüssen an der Spitze des Persischen Golfes, all das läßt uns vermuten, daß der Fluß Karun sehr wohl der biblische Gihon sein könnte, der das Land Kush umfloß. Solch eine Identifizierung, zusammen mit den Entdeckungen eines großen Flusses in Arabien im Raumzeitalter, wodurch sich der Standort des Garten Edens im südlichen Mesopotamien abzeichnet und nachweisen läßt, bestätigt die physische Existenz eines solchen Ortes und bildet eine gesunde Grundlage für Tatsachen, und nicht für Mythen, in den Erzählungen der göttlichen Begegnungen.

Die Bestätigung des südlichen Mesopotamien, dem antiken Sumer, als E.DIN, dem echten biblischen Eden, schafft mehr als eine bloße Übereinstimmung zwischen sumerischen Schriften und der biblischen Erzählung. Es benennt auch die Gruppe, mit der die Menschheit Göttliche Begegnungen hatte. E.DIN war der Aufenthaltsort (»E«) der DIN (»die Rechtmässigen / Göttlichen«). Außer *Anunnaki* wurden sie auch DIN.GIR genannt, was »Die Rechtmässigen von den Raketenschiffen« bedeutet und piktographisch als Zwei-Phasen-Rakete geschrieben wurde, deren Kommandoeinheit zum Landen abgetrennt werden konnte. (Abb. 8a). Als sich die Schrift von Piktographen zur Keilschift weiterentwickelte, wurde das Zeichen durch ein Sternsymbol ersetzt, was »die Himmlischen« bedeutete; später in Assyrien und Babylon wurde das Symbol auf zwei gekreuzte Keile vereinfacht (Abb. 8b) und seine Aussprache in Akkadisch wechselte zu *Ilu*, »die Hochfliegenden«.

Die mesopotamischen Schöpfungs-Texte liefern nicht nur die Antwort auf das Rätsel, wer die verschiedenen Gottheiten, die an der Erschaffung Adams beteiligt waren, gewesen sind und die Bibel veranlaßte, das plurale *Elohim* (»Die Göttlichen«) in einer monotheistischen Version der Ereignisse zu benutzen und das »Uns« in »Laßt uns den Menschen nach unserem Bilde, nach unserem Gleichnis schaffen« beizubehalten; sie liefern auch den Hintergrund für dieses Vorgehen.

Die Beweise lassen wenig Zweifel daran, daß die Elohim der Genesis die sumerischen Anunnaki oder DIN.GIR waren. Sie waren es, denen das Kunststück der Erschaffung Des Adams zugeschrieben wurde, und es waren ihre verschiedenen (und oft gegensätzlichen) Führer – Anu, Enki, Enlil, Ninmah – die die »Uns« waren, denen der erste Homo sapiens begegnete.

Die Vertreibung aus dem Garten Eden beendete das erste Kapitel in dieser Beziehung. Der Verlust des Paradieses aber die Erlangung von Kenntnis und Zeugungsfähigkeit brachte es mit sich, daß die Menschheit von nun an dazu bestimmt war, an die Erde gebunden zu sein:

Im Schweiße Deines Angesichtes
sollst Du Brot essen,
bis Du zur Erde zurückkehrst,
von der Du genommen bist.
Denn Staub bist Du
und zu Staub sollst Du zurückkehren.

Aber so sah die Menschheit ihr Schicksal nicht. Weil sie nach dem Bild und dem Gleichnis und mit den Genen der *Dingir/ Elohim* erschaffen wurde, sah sie sich als Teil des Himmels – der anderen Planeten, der Sterne, des Universums. Sie strebt danach, sich zu den Göttern an ihren himmlischen Ort zu gesellen, ihre Unsterblichkeit zu erlangen. Um das zu tun, so sagen uns die alten Schriften, fuhr der Mensch fort, nach Göttlichen Begegnungen zu suchen – ohne waffentragende Cherubim, die den Weg blockieren.

Die erste Sprache

Konnten Adam und Eva sprechen, und in welcher Sprache unterhielten sie sich mit Gott? Bis vor einigen Jahrzehnten behaupteten moderne Gelehrte, daß die menschlische Sprache mit dem Cro-Magnon-Mensch vor etwa 35 000 Jahren begann und daß sich die Sprachen örtlich in den verschiedenen Stämmen nicht früher als vor 8000 bis 12000 Jahre entwickelten.

Dies entspricht nicht der biblischen Sichtweise, nach der Adam und Eva in einer verständlichen Sprache miteinander sprachen, und daß vor dem Turm zu Babel »die gesamte Erde eine Sprache und eine Art von Worten besaß«.

In den sechziger und siebziger Jahren führten Wortvergleiche die Gelehrten zu dem Schluß, daß all die Tausende von verschiedenen Sprachen – inklusive der der eingeborenen Indianer in Amerika – in drei primäre Gruppen eingeteilt werden können. Spätere Fossilienfunde in Israel enthüllten, daß vor 60 000 Jahren die Neanderthaler schon so sprechen konnten wie wir. Die Schlußfolgerung, daß es tatsächlich eine einzige Muttersprache etwa 100 000 Jahre zuvor gegeben habe, wurde Mitte 1994 in aktualisierten Studien der Universität von Kalifornien in Berkeley bestätigt.

Die Fortschritte in genetischer Forschung jetzt auf Sprechweise und Sprache angewandt,legen nahe, daß diese Fähigkeiten, die Menschen von Affen unterscheiden, genetischen Ursprungs sind. Gen-Studien deuten an, daß es in der Tat eine »Eva« gegeben hat, die einzige Mutter von uns allen – und daß sie vor 200 000 – 250 000 Jahren erschien und sprechen konnte.

Einige Fundamentalisten würden annehmen, daß die Muttersprache Hebräisch, die heilige Sprache der Bibel, war. Möglich, aber nicht wahrscheinlich: Hebräisch leitet sich ab aus dem Akkadischen (der ersten »semitischen« Sprache), dem das Sumerische voraus ging. War dann Sumerisch, die Sprache der Leute, die sich in Shine'ar niedergelassen hatten? Aber das war nach der Sintflut, wohingegen sich die mesopotamischen Texte auf eine vorsintflutliche Sprache beziehen. Die Anthropologistin Kathleen Gibson von der Universität Texas in Houston glaubt, daß die Menschen sich Sprache und Mathematik zur gleichen Zeit aneigneten. War die erste Sprache die der Anunnaki selbst, die sie den Menschen gelehrt haben, wie alles andere Wissen auch?

2. Als das Paradies verloren ging

Die Vertreibung von Adam und Eva aus dem Garten Eden erschien auf den ersten Blick ein vorsätzliches und entschiedenes Abbrechen der Verbindung von Adam und seinen Schöpfern zu sein, aber es war schließlich doch nicht so endgültig. Wäre es endgültig gewesen, hätten die Aufzeichnungen von göttlichen Begegnungen hier aufgehört. Stattdessen war die Vertreibung nur der Anfang einer neuen Phase in einer Beziehung, die als Versteckspiel charakterisiert werden kann und in der direkte Begegnungen selten und Träume oder Visionen zu göttlichen Kunstgriffen wurden.

Der Anfang dieser post-paradiesischen Beziehung war alles andere als günstig; es war in der Tat ein sehr tragischer. Unbeabsichtigt brachte sie neue Menschen zustande, den Homo sapiens sapiens. Und wie sich herausstellte, legte sowohl die Tragödie als auch ihre unerwarteten Konsequenzen, den Keim für die göttliche Desillusionierung an der Menschheit.

Nicht die Vertreibung aus dem Paradies, ein beliebtes Thema für Predigten über »den Fall des Menschen«, war der Grund, die Menschheit durch die Sintflut vom Angesicht der Erde wegzuwischen, es war vielmehr die unglaubliche Tat des Brudermordes. Als die ganze Menschheit aus vier Personen bestand (Adam, Eva, Kain und Abel), brachte ein Bruder, den anderen um!

Um was ging es bei all dem? Es ging um göttliche Begegnungen...

Die Geschichte, wie sie die Bibel erzählt, beginnt beinahe als Idylle:

Und Adam kannte Eva, sein Weib,
und sie empfing und gebar Kain;
und sie sagte:
»Mit Hilfe Jahwes habe ich einen Mann geboren «
Und wieder gebar sie, seinen Bruder Abel.
Und Abel wurde ein Schäfer der Herden
und Kain ein Bauer des Landes.

Auf diese Weise, macht die Bibel, in nur zwei Versen den Leser mit einer völlig neuen Phase menschlicher Erfahrung bekannt und bereitet die Bühne für die nächste göttliche Begegnung vor. Trotz des scheinbaren Bruchs zwischen Gott und dem Menschen, wacht Jahwe noch über die Menschheit. Irgendwie – die Bibel gibt nicht genau an, wie – sind Getreide und Tiere domestiziert worden, und Kain wurde ein Landwirt und Abel ein Schäfer. Die erste Tat der Brüder ist, die ersten Früchte und Jährlinge in Dankbarkeit Jahwe zu opfern.

Die Handlung führt zu der Erkenntnis, daß der Dank bei der Gottheit die beiden Arten der Nahrungsgewinnung ermöglichte. Das Vorrecht einer göttlichen Begegnung wurde erwartet; aber:

Jahwe schaute gnädig auf Abel und sein Opfer;
aber auf Kain und sein Opfer schaute er nicht.
Da wurde Kain sehr zornig,
und blickte düster vor sich hin.

Vielleicht alarmiert von dieser Entwicklung, spricht Gott direkt zu Kain und versucht, dessen Ärger und Enttäuschung zu zerstreuen. Aber umsonst: Als die beiden Brüder alleine im Feld waren, »fiel Kain über seinen Bruder her und tötete ihn«.

Jahwe forderte bald Rechenschaft von Kain. »Was hast Du getan?« rief der Herr in Wut und Verzweiflung; »Das Blut Deines Bruders schreit vom Ackerboden zu mir.« Kain wurde damit bestraft, ein Wanderer auf der Erde zu werden; aber auch die Erde wird verflucht, ihre Fruchtbarkeit aufzugeben. Nachdem er die Größe seines Verbrechens erkennt, hat Kain Angst davor, von einem unbenannten Rächer getötet zu werden. »Und Jahwe machte ein Zeichen an Kain, daß niemand ihn erschlüge, der immer ihn fände.«

Was war dieses »Zeichen an Kain«? Die Bibel sagt es nicht und zahllose Vermutungen sind nur das, was sie sind – Vermutungen. Unsere eigene Vermutung (in *Versunkene Reiche*) ist, daß das Zeichen eine genetische Veränderung gewesen sein könnte, wie das Entfernen des Barthaares in der Linie von Kain – ein Zeichen, das jedem sofort auffallen müßte. Weil dies ein Kennzeichen der Indianer ist, haben wir angenommen, daß Kain »vom Angesicht Jahwes wegging und sich im Lande Nod, östlich von Eden, niederließ«, seine Reisen ihn und seine Nachkommen, weiter nach Asien und dem Fernen Osten führten, er den Pazifik überquerte und sich in Mittelamerika niederließ. Als seine Wanderungen endeten, hatte Kain einen Sohn, den er Enoch nannte, und er baute eine Stadt »genannt nach dem Namen seines Sohnes«. Wir haben gezeigt, daß die aztekischen Legenden ihre Hauptstadt Tenochtitlan, »Stadt von Tenoch«, zu Ehren ihrer Vorfahren nannten, die über den Pazifik gekommen waren. Da sie vielen Namen ein »T« voransetzten, könnte die Stadt in der Tat nach *Enoch* benannt worden sein.

Was auch immer Kains Bestimmung oder die Natur seines Zeichens war, es ist klar, daß dieser letzte Akt des Kain-Abel-Dramas eine direkte göttliche Begegnung erforderte, einen engen Kontakt zwischen Gott und Kain, damit das »Zeichen« angebracht werden konnte.

Dies, wie die sich entfaltende Beziehung zwischen Mensch und Gott zeigen wird, war ein seltenes Ereignis nach der Vertreibung aus dem Paradies. Laut Genesis geschah es nicht vor dem siebten vorsintflutlichen Herrscher (einer Reihe, die mit Adam begann und mit Noah endete), daß die Elohim in einer direkten göttlichen Begegnung erschienen; sie hatte mit Enoch zu tun, der im Alter von 365 (eine Anzahl Jahre, die mit der Zahl der Tage eines Jahres übereinstimmt) »mit den Elohim wanderte« und dann verschwunden war, »denn die Elohim hatten ihn mitgenommen«.

Aber wenn Gott sich so selten zeigte, und doch die Menschen – laut Bibel – ihn fortgesetzt »hörten«, welcher Art waren die Kanäle dieser indirekten Begegnungen?

Um Antworten für solch frühe Zeiten zu finden, müssen wir in außerbiblischen Büchern nach Informationen suchen, von denen das *Buch der Jubiläen* eines ist. Von Gelehrten »Pseudepigraphe des Alten Testament« genannt, beinhalten sie *Das Buch von Adam und Eva*, das in verschiedenen übersetzten Versionen von Armenisch und Slawisch, bis Syrisch, Arabisch und Äthiopisch, überlebte (aber nicht im originalen Hebräisch). Laut dieser Quelle wurde Eva der Totschlag von

Abel durch Kain in einem Traum vorhergesagt, in dem sie sah, wie »Abels Blut in Kains Mund gegossen wurde«. Um zu verhindern, daß dieser Traum wahr wird, wurde beschlossen, »für jeden von beiden verschiedene Wohnungen zu errichten, und sie machten Kain zu einem Landwirt und Abel zu einem Schäfer«.

Aber die Trennung war nutzlos. Wiederum hatte Eva einen Traum (dieses Mal spricht der Text von »einer Vision«). Von ihr geweckt, schlug Adam vor, »zu gehen und nachzusehen, was ihnen zugestossen ist«. »Und sie gingen beide, und fanden Abel von Kain ermordet.«

Die Ereignisse, wie sie in dem *Buch von Adam und Eva* aufgezeichnet sind, beschreibt dann die Geburt von *Sheth* (was im Hebräischen »Ersatz« bedeutet) »an Stelle von Abel«. Wo nun Abel tot und Kain verbannt war, war Seth (wie sein Name in Übersetzungen der Bibel buchstabiert wird) der Erbe und Nachfolger Adams. So kam es, daß, als Adam krank wurde und dem Tode nahe war, er Seth offenbarte, »was ich hörte und sah, nachdem deine Mutter und ich aus dem Paradies vertrieben worden waren«.

Und es kam zu mir der Erzengel Michael,
ein Gesandter Gottes.
Und ich sah einen Wagen wie der Wind,
und seine Räder waren wie in Flammen.
Und ich wurde emporgehoben
in das Paradies der Gerechten
und sah den Herrn sitzen;
aber sein Gesicht war ein flammendes Feuer,
das nicht ertragen werden konnte.

Obwohl er den ehrfurchterregenden Anblick nicht aushalten konnte, vernahm er Gottes Stimme, die ihm sagte, daß er sterben müsse, weil er im Garten Eden gesündigt hatte. Dann nahm der Erzengel Michael Adam von der Vision des Paradieses fort und brachte ihn dahin zurück, von wo er gekommen war. Zum Abschluß des Berichtes ermahnt Adam Seth, Sünden zu vermeiden, gerecht zu sein und Gottes Geboten und Gesetzen zu folgen, die Seth und seinen Nachkommen überliefert werden, »wenn der Herr in Flammen des Feuers erscheinen wird«.

Da der Tod von Adam das erste natürliche Verscheiden eines Sterblichen war, wußten Eva und Seth nicht, was sie tun sollten. Sie nahmen den sterbenden Adam und trugen ihn zu der »Gegend des Paradieses« und saßen dort an den Toren zum Paradies bis Adams Seele seinen Körper verließ. Sie saßen verwirrt, trauernd und weinend. Dann verdunkelten sich die Sonne und der Mond und die Sterne, »die Himmel öffneten sich«, und Eva erblickte himmlische Visionen. Als sie ihre Augen emporhob, sah sie einen »Wagen von Licht vom Himmel kommen und von vier hellen Adlern getragen«. Und sie hörte, wie der Herr die Engel Michael und Uriel anwies, Leinentücher zu bringen und sowohl Adam als auch Abel (der noch nicht begraben worden war) einzuhüllen; so wurden Adam und Abel für das Begräbnis geweiht. Dann wurden die beiden von den Engeln getragen und beerdigt, »gemäß dem Gebot Gottes, an der Stelle, wo der Herr den Erdstaub erhielt« zur Erschaffung Adams.

Es gibt eine Fülle an relevanten Informationen in dieser Geschichte. Sie setzt prophetische Träume als einen Weg für göttliche Kontaktaufnahme fest, eine göttliche Begegung durch telepathische oder andere unterbewußte Mittel. Sie führt in das Reich der Göttlichen Begegnungen einen Vermittler ein: Einen »Engel«, ein Begriff, bekannt aus der hebräischen Bibel, dessen wörtliche Bedeutung »Abgesandter, Bote« ist. Und sie bringt noch eine andere Form Göttlicher Begegnungen ins Spiel, die der »Visionen«, in denen »der Wagen des Herrn« gesehen wird – ein »ehrfurchterregender Anblick« von einem »Wagen wie der Wind«, dessen »Räder wie in Flammen waren«, als Adam ihn sah und wie ein »Wagen von Licht, von vier hellen Adlern getragen«, als Eva ihn erblickte.

Da das *Buch von Adam und Eva* wie andere pseudepigraphische Bücher in den letzten Jahrhunderten vor dem christlichen Zeitalter geschrieben wurde, kann man natürlich einwenden, daß seine Informationen hinsichtlich Träumen und Visionen auf dem Wissen und Glauben aus einer den Schreibern viel näheren Zeit, als der der vorsintflutlichen Ereignisse basieren könnte. Im Falle prophetischer Träume (davon später mehr) würde solch ein zeitlicher Rückgriff nur dazu dienen, die Tatsache zu verstärken, daß solche Träume wirklich für einen unbestrittenen Informationsweg zwischen den Gottheiten und Menschen, während der aufgezeichneten Geschichte gehalten wurden.

Hinsichtlich Visionen von göttlichen Wagen könnte man ebenfalls einwenden, daß das, was der Autor des Buches von Adam und Eva prähistorischen, vor-sintflutlichen Zeiten zugeschrieben hatte, auch spätere Geschehnisse wiedergab, wie Ezechiels Vision eines göttlichen Wagens (am Ende des siebten Jahrhunderts vor Christus), ebenso wie eine Vertrautheit mit umfassenden Hinweisen auf solche Luftfahrzeuge in mesopotamischen und ägyptischen Schriften. Aber was dies betrifft, über Visionen oder Sichtungen, die wir heutzutage UFOs nennen, existiert tatsächliches, physikalisches Beweismaterial aus den Tagen vor der Sintflut – illustrierte Beweise, deren Echtheit unverleugbar ist.

Lassen Sie uns klarstellen: Wir beziehen uns nicht auf sumerische Schilderungen (beginnend mit dem Piktograph für GIR) und andere Darstellungen aus dem frühgeschichtlichen Nahen Osten in der nach-sinflutlichen Ära. Wir sprechen über wirkliche Darstellungen – Zeichnungen, Bilder – aus einer Ära, die der Sintflut voranging (die sich, nach unseren Berechnungen, um die 13 000 Jahre zuvor ereignete), und die ihr nicht eine kurze Zeit, sondern tausende und zehntausende von Jahren voranging!

Die Existenz von bildlichen Darstellungen von so weit zurück in der Frühgeschichte ist kein Geheimnis. Was praktisch ein Geheimnis ist, ist die Tatsache, daß außer Tieren und einigen menschlichen Gestalten, jene Zeichnungen und Bilder auch darstellten, was wir heuzutage UFOs nennen.

Wir beziehen uns auf das, was als Höhlenkunst bekannt ist, die vielen Zeichnungen, die in Höhlen in Europa gefunden wurden, wo der Cro-Magnon-Mensch seine Heimat hatte. Solche »dekorierten Höhlen«, wie Gelehrte sie nennen, sind besonders im Südwesten Frankreichs und in Nordspanien gefunden worden. Mehr als siebzig solcher verzierter Höhlen wurden gefunden (eine, dessen Eingang jetzt unter Wasser im Mittelmeer ist, erst 1993); dort benutzten Steinzeit-Künstler die Höhlenwände als riesige Leinwände, und manchmal verwendeten sie kunstvoll die natürlichen Konturen und Vorsprünge der Wände, um dreidimensionale Effekte zu erzielen. Sie benutzten manchmal scharfe Steine, um die Bilder einzugravieren, manchmal Ton zum Formen und Gestalten, aber meistens ein limitiertes Sortiment von Pigmenten – Schwarz, Rot, Gelb und ein mattes Braun, so erschufen sie verblüffend schöne Kunstwerke, gelegentlich die Menschen als Jäger darstellend und manchmal ihre Jagdwaffen (Pfeile, Lanzen). Die Darstellungen sind im großen und ganzen solche von Eiszeittieren: Bisons, Rentiere, Steinböcke, Pferde, Ochsen, Kühe, Katzen und hier und da auch Fische und Vögel (Abb. 9). Die Zeichnungen, Gravierungen und Bilder sind manchmal lebensgroß und immer naturgetreu. Es besteht kein Zweifel, daß die anonymen Künstler das malten, was sie wirklich gesehen hatten. Zeitweise umspannten sie Jahrtausende, von vor etwa 30 000 bis 13 000 Jahren.

In vielen Fällen befinden sich die komplexeren, lebhafter kolorierten Darstellungen in den tieferen Teilen der Höhlen, die natürlich auch die dunkelsten Stellen waren. Welche Mittel die Künstler benutzten, um die inneren Nischen der Höhlen zu beleuchten, so daß sie malen konnten, weiß niemand, denn es wurden keine Reste von Holzkohle oder Fackeln oder ähnlichem gefunden. Auch, nach dem Fehlen von Überbleibseln zu urteilen, waren diese Höhlen keine Wohnungen. Viele Gelehrte tendieren daher dazu, diese dekorierten Höhlen als Schreine anzusehen, wo die Kunst eine primitve Religion ausdrückte – eine Bitte an die Götter, indem man Tiere und Jagdszenen malte, um kommende Jagdexpeditionen erfolgreich zu gestalten.

Die Vermutung, die Höhlenkunst als religiöse Kunst zu betrachten, stammt auch von plastischen Funden. Diese bestehen hauptsächlich aus »Venus«-Figuren – weibliche Statuetten, bekannt als die Venus von Willendorf (Abb. 10a), deren Zeitpunkt bei annähernd 23 000 vor Christi liegt. Da die Künstler auch die weibliche Gestalt perfekt natürlich gestalten konnten, wie dieser Fund aus Frankreich von etwa 22 000 vor Christi zeigt (Abb. 10b), glaubt man, daß diejenigen [Venusfiguren] mit übertriebenen Geschlechtsteilen dazu bestimmt waren, Fruchtbarkeit zu symbolisieren oder »das Gebet nach« – Fruchtbarkeit zu erbitten.

Die Entdeckung einer weiteren »Venus« bei Laussel in Frankreich, aus der gleichen Periode, verstärkt die Theorie der Gottverehrung mehr, als die menschliche Variante, weil die Frau in ihrer rechten Hand das Symbol eines Halbmondes hält (Abb. 11). Obwohl manche andeuten, daß sie bloß das Horn eines Bisons hält, ist die Symbolik einer himmlischen Verbindung (hier mit dem Mond) unverkennbar, unabhängig davon, aus welchem Material der Halbmond gemacht wurde.

Viele Forscher (z.B. Johannes Maringer in: *The Gods of Prehistoric Man*) halten »es für sehr wahrscheinlich, daß die weiblichen Figuren Götzenbilder von einem »Große Mutter«-Kult waren, der von nicht-nomadischen Steinzeit-Mammut-Jägern praktiziert wurde.«

Andere, wie Marlin Stone (*When God Was A Woman*) betrachteten das Phänomen als »Dämmerung des Steinzeit-Garten von Eden« und verbanden diese Anbetung einer Mutter-Göttin mit den späteren Göttinnen des sumerischen Pantheon. Einer der Spitznamen von Ninmah, die Enki bei der Erschaffung des Menschen assistiert hatte, war *Mammi*: es besteht kein Zweifel, daß dies der Ursprung des Wortes für »Mutter« in beinahe allen Sprachen war. Daß sie bereits vor etwa 30 000 Jahren verehrt wurde, ist kein Wunder – denn die Anunnaki waren seit einer langen Zeit auf der Erde gewesen, und *Ninmah/Mammi* unter ihnen.

Die Frage ist jedoch, wie der Steinzeitmensch, genauer der Cro-Magnon Mensch, von der Existenz dieser »Götter« wußte?

Hier, so glauben wir, kommt eine andere Art von »Zeichnungen«, die in den Steinzeithöhlen gefunden wurden, ins Spiel. Falls sie überhaupt erwähnt werden (was selten ist), werden sie als »Markierung« erwähnt. Aber es handelte sich nicht um Kratzer oder unzusammenhängende Linien. Diese

»Markierungen« stellen definierte Formen dar – Formen von Objekten, die heutzutage als UFOs bezeichnet werden...

Der beste Weg, um es auf den Punkt zu bringen, besteht darin, diese »Markierungen« zu reproduzieren. Abb. 12 gibt Darstellungen durch Steinzeitkünstlern wieder – die darstellenden Reporter ihrer Zeit – in den Höhlen von Altamira, La Pasiega und El Castillo in Spanien und denen von Pont-de-Gaume und Pair-non-Pair in Frankreich. Diese sind bei weitem alles Illustrationen dieser Art, aber diejenigen, die aus unserer Sicht die offensichtlichsten Steinzeitdarstellungen von »himmlischen Wagen« sind. Da alle anderen Schilderungen in den verzierten Höhlen tatsächlich gesehene Tiere etc. sind und höchst akkurat von den Höhlenartisten wiedergegeben wurden, gibt es keinen Grund anzunehmen, daß sie im Falle der »Markierungen« Objekte darstellten, die abstrakte Vorstellungen waren. Wenn die Darstellungen von fliegenden Objekten handelten, müssen die Künstler sie tatsächlich gesehen haben.

Dank dieser Künstler und deren Werke können wir versichert sein, daß, als Adam und Eva – in vorsintflutlichen Zeiten – behaupteten, »himmlische Wagen« gesehen zu haben, sie Fakten, nicht Fiktion, aufzeichneten.

Biblische und außerbiblische Aufzeichnungen im Lichte sumerischer Quellen zu lesen, trägt wesentlich zu unserem Verständnis solcher prähistorischer Ereignisse bei. Wir haben bereits solche Quellen hinsichtlich der Geschichte über die Erschaffung von Adam und Eva und dem Garten Eden untersucht. Lassen Sie uns nun die Kain-Abel-Tragödie betrachten. Warum fühlten sich die beiden verpflichtet, Jahwe die ersten Früchte und Jährlinge anzubieten, warum beachtete er nur die Opfer von Abel, dem Hirten, und warum beeilte sich der Herr dann, Kain zu beschwichtigen, indem er ihm versprach, daß er, Kain, über Abel herrschen würde?

Die Antworten liegen in der Erkenntnis, daß, wie in der Geschichte der Erschaffung, die biblische Version mehr als eine sumerische Gottheit auf einen einzigen, monotheistischen Gott komprimiert.

Sumerische Schriften schließen zwei ein, die sich mit Disputen und Konflikten zwischen Ackerbau und Viehzucht befassen. Sie halten beide den Schlüssel zum Verständnis dessen, was passiert war indem man zu einer Zeit vor der Domestizierung von Korn und Vieh zurückgeht, eine »Zeit, als Getreide noch nicht hervorgebracht worden war, noch nicht wuchs... als ein Lamm noch nicht geworfen war, als es noch keine Geiß gab«. Aber die »schwarz-häuptigen Leute« waren bereits gestaltet und in Eden plaziert worden; so entschlossen sich die Anunnaki, den NAM.LU.GAL.LU – »zivilisierte Menschheit« – das Wissen von und die Werkzeuge zur »Bestellung des Landes« und das »Halten von Schafen« zu geben, jedoch nicht, zum Nutzen der Menschheit, sondern »zum Nutzen der Götter«, um deren Nahrungsgrundlage sicherzustellen. Die Aufgabe, die beiden Formen der Domestizierung hervorzubringen, fiel Enki und Enlil zu. Sie gingen nach DU.KU, dem »Reinigungsplatz«, der »Schöpfungskammer der Götter«, und erschufen Lahar (»wollenes Vieh«) und Anshan (»Getreide«). »Für Lahar errichteten sie Schafspferche... Anshan reichten sie Pflug und Joch«. Sumerische Zylindersiegel stellten die Überreichung des allerersten Pfluges für die Menschheit dar (Abb. 13a) – vermutlich durch Enlil, der Anshan, den Bauer, erschaffen hatte (obwohl eine Überreichung durch Enlils Sohn Ninurta, dem der Spitzname 'der Pflüger' gegeben wurde, nicht ausgeschlossen werden sollte); und eine Pflugszene, in welcher der Pflug von einem Bullen gezogen wird (Abb. 13b).

Nach einer anfänglich idyllischen Periode begannen Lahar und Anshan zu streiten. Ein Text, von Gelehrten *Der Mythos von den Rindern und dem Getreide* genannt, enthüllt, daß trotz der Bemühung, die beiden durch die »Gründung eines Hauses«, eines seßhaften Lebensweges, für Anshan (dem Bauern) und durch die Errichtung von Pferchen auf dem Weideland für Lahar (dem Schäfer) zu trennen, und trotz der übergroßen Menge an Getreide und reichlichen Schafpferche, die beiden zu streiten anfingen. Der Streit begann, als die beiden jenen Überfluß »dem Lagerhaus der Götter« darboten. Zuerst rühmte jeder seine eigenen Leistungen und setzte die des anderen herab. Aber der Streit wurde derart heftig, daß sowohl Enlil als auch Enki einschreiten mußten. Laut sumerischem Text erklärten sie Anshan – den Bauer – als den der Lahar übertraf.

Noch deutlicher in der Wahl der zwei Nahrungserzeuger und den beiden Lebensarten ist eine Schrift, bekannt als *Der Disput zwischen Emesh und Enten,* in der die beiden wegen einer Entscheidung zu Enlil kommen, wer von ihnen der wichtigere sei. Emesh ist derjenige, der »weite Boxen und Pferche machte«; Enten, der Kanäle gegraben hat, um das Land zu bewässern, behauptet, daß er der »Bauer der Götter« sei. Als sie ihre Opfer zu Enlil brachten, trachtet jeder danach, den Vorzug zu erhalten. Enten prahlt, wie er »Gut an Gut grenzen« ließ, seine Bewässerungskanäle »brachten Wasser im Überfluß«, und wie er »das Getreide in den Furchen wachsen« und »sich hoch in den Kornspeichern häufen« ließ. Emesh zeigt auf, daß er »das Mutterschaf das Lamm, die Ziege das Zicklein gebären ließ, Kuh und Kalb vermehren, Fett und Milch steigern ließ«, und auch, wie er Eier aus Nestern, für die Vögel gemacht, erhielt und Fische aus dem Meer fing.

Aber Enlil weist Emeshs Einspruch zurück, verweist ihn sogar: »Wie kannst Du Dich selber mit Deinem Bruder Enten vergleichen!« sagt er ihm, denn es ist Enten, »der für die lebenswichtigen Gewässer der ganzen Länder verantwortlich ist«. Und Wasser bedeutet Leben, Wachstum, Überfluß. Emesh akzepiert die Entscheidung,

Das gepriesene Wort von Enlil,
dessen Bedeutung tiefgründig ist;
ein Urteil, das unveränderlich ist,
niemand wagt es zu übertreten!

Und so, »in dem Disput zwischen Emesh und Enten«, hat Enten, der ehrliche Bauer der Götter, sich selbst als den Gewinner ausgewiesen, und Emesh beugte sein Knie vor Enten, brachte ihm ein »Gebet dar« und gab ihm viele Geschenke.

Es ist bemerkenswert, daß in den oben zitierten Zeilen Enlil Emesh einen Bruder von Enten nennt – die gleiche Beziehung wie die zwischen Kain und Abel. Dieses und andere Ähnlichkeiten zwischen sumerischen und biblischen Geschichten zeigen an, daß erstere die Inspiration für die letzteren waren. Der Vorzug von dem Bauern vor dem Schäfer durch Enlil kann auf die Tatsache zurückgeführt werden, daß er derjenige war, der die Landwirtschaft einführte, während Enki für die Zähmung von Tieren verantwortlich war. Gelehrte tendieren dazu, die sumerischen Namen als »Winter« für Enten und »Sommer« für Emesh zu übersetzen. Streng genommen bedeutet EN.TEN »Herr des Ruhens«, die Zeit nach der Ernte und folglich die Wintersaison, ohne eine deutliche Affinität zu einer bestimmten Gottheit. E.MESH (»Haus von Mesh«) auf der anderen Seite ist klar mit Enki assoziiert, dessen eines Epithet MESH war (Vermehrung); er war folglich der Gott des Schaf-Hütens.

Alles in allem besteht wenig Zweifel, daß die Kain-Abel-Rivalität einen Konkurrenzkampf zwischen den zwei göttlichen Brüdern wiederspiegelt. Dieser flammmte von Zeit zu Zeit auf, als Enlil auf der Erde ankam, um die Führung von Enki zu übernehmen (der zu den Abzu verwiesen war), und bei nachfolgenden Gelegenheiten. Beide waren Söhne von Anu, Nibirus Herrscher. Enki war der Erstgeborene, und folglich der natürliche Erbe des Thrones. Aber Enlil, obwohl später geboren, wurde von der offiziellen Gattin (und vermutlichen Halbschwester) von Anu geboren – eine Tatsache, die Enlil zu dem legalen Erbe des Thrones machte. Geburtsrecht harmonierte nicht mit den Erbfolge-Regeln; und obwohl Enki das Ergebnis akzeptierte, trat die Rivalität und Wut oft zutage.

Eine selten gestelle Frage ist, woher Kain die genaue Vorstellung zum Töten erlangte? Im Garten von Eden waren Adam und Eva Vegatarier, die nur Früchte der Bäume aßen. Kein Tier wurde von ihnen geschlachtet. Vertrieben aus dem Garten, gab es nur vier Menschen, keiner von ihnen war bis jetzt gestorben (und sicherlich nicht als das Ergebnis eines falschen Spiels). Was brachte unter solchen Umständen Kain dazu, »über seinen Abel herzufallen und ihn zu töten?«

Die Antwort, so scheint es uns, liegt nicht bei den Menschen, sondern inmitten der Götter. Ebenso wie die Konkurrenz zwischen den menschlichen Brüdern die Rivalität zwischen den göttlichen Brüdern widerspiegelt, so ahmte das Töten von einem Menschen durch einen anderen, das Töten von einem »Gott« durch einen anderen, nach. Nicht von Enki durch Enlil oder umgekehrt – ihre Rivalität erreichte niemals solche Heftigkeit – aber dennoch das Töten von einem Führer der Anunnaki, durch einen anderen.

Die Geschichte ist wohl dokumentiert in der sumerischen Literatur. Gelehrte nennen sie *Den Mythos von Zu*. Er berichtet von Ereignissen, die nach der Umgestaltung des Kommandos auf der Erde stattfanden, mit einer reichlichen Produktion von Golderzen in den Abzu unter Enkis Leitung und ihrer Verarbeitung, Schmelzung und Veredelung im Edin unter Enlils Aufsicht. Sechshundert Annunaki sind mit all diesen Tätigkeiten auf der Erde beschäftigt; andere dreihundert (die IGI.GI, »die, die beobachten und sehen«) bleiben oben, bemannen die Raumfähre und das Raumschiff, die das gereinigte Gold nach Nibiru transportieren. Das Missions-Kontrollzentrum befindet sich in Enlils Hauptquartier in Nippur; es wird DUR.AN.KI genannt, »Die Bindung Himmel-Erde«. Dort, auf einer errichteteten Plattform, werden die lebenswichtigen Instrumente, himmlische Karten und das Umlaufbahndaten-Schaltbrett (»Tafeln der Schicksale«) in der DIR.GA gehalten, einem verboten gehaltenen innersten Allerheiligtum.

Die Igigi, darüber klagend, daß sie keine Ruhepause von ihren Pflichten bekommen, schicken einen Gesandten zu Enlil. Er ist ein AN.ZU, »einer, der die Himmel kennt«, und wird kurz ZU genannt. Zugelassen in die Dirga, findet er heraus, daß die Tafeln der Schicksale, der Schlüssel zur ganzen Mission sind. Bald fängt er an, üble Gedanken zu hegen, »um einen Angriff anzuzetteln«: Die Tafeln der Schicksale zu stehlen und »die Verordnungen der Götter zu beherrschen«.

Bei der ersten Gelegenheit führte er seinen Plan aus und hob »in seinem Vogel« ab, um sich in dem »Berg der Himmelskammern« zu verstecken. In Duranki kam alles zum Stillstand; der Kontakt zu Nibiru war unterbrochen, alle Arbeiten wurden verwüstet. Als ein Versuch nach dem anderen, die Tafeln zurückzuerlangen, fehlschlug, unternahm Ninurta, Enlils Sohn und Krieger, eine gefährliche Mission. Luftgefechte mit Waffen, die leuchtende Strahlen aussenden, folgten. Endlich gelang es Ninurta, Zus schützenden Kraftfeld-Schild zu durchdringen und Zus »Vogel« abzuschießen. Zu wurde gefangen genommen und vor Gericht vor die »sieben Anunnaki, die richten« gebracht. Er wurde für schuldig befunden und zum Tode verurteilt. Sein Besieger, Ninurta, führte das Urteil aus.

Die Exekution von Zu wurde auf altertümlichen gemeißelten Reliefs, die in Zentral-Mesopotamien gefunden wurden, dargestellt (Abb. 14). Das passierte alles lange bevor die Menschheit erschaffen worden war; aber wie diese Schriften zeigen, wurde die Geschichte in nachfolgenden Jahrtausenden aufgezeichnet und war bekannt. Falls es dies war, woher Kain das Wissen zum Töten hatte, war Jahwes Wut verständlich, denn Zu wurde nach einem Prozeß getötet; Abel wurde ermordet.

Sumerische Schriften, der Ursprung und die Inspiration für die Geschichten der Bibel, füllen nicht nur die dürftigen biblischen Versionen mit Details; sie liefern auch den Hintergrund für das Verständnis der Ereignisse. Ein weiterer Aspekt der menschlichen Erfahrung, bis zu diesem Zeitpunkt, kann durch die göttlichen Aufzeichnungen erklärt werden. Die Sünden von Adam/Eva und von Kain werden durch nichts strengeres als die Vertreibung bestraft. Auch das scheint eine Anunnaki-Art der Bestrafung, der erschaffenen Menschen zu sein. Sie wurde einst Enlil selbst zu bemessen, der ein junges Anunnaki-Kindermädchen vergewaltigte (das am Ende seine Frau wurde).

Indem man die biblischen und sumerischen Texte kombiniert, sind wir in der Lage, die Aufzeichnung der Anfänge der Menschheit, unterstützt von moderner Wissenschaft, in einen Zeitrahmen zu setzen.

Gemäß der sumerischen Königslisten vergingen seit der Ankunft der Anunnaki auf der Erde, bis zur Sintflut 120 Sars (»Göttliche Jahre« oder Umlaufbahnen von Nibiru), die 432 000 Erdenjahren gleichen. Im Kapitel 6 der Genesis, in der

Einleitung der Geschichte von Noah und der Sintflut, wird die Zahl »einhundertundzwanzig Jahre« auch angegeben. Es wurde generell behauptet, daß es sich auf die Grenze bezieht, die Gott der Länge eines Menschenlebens gesetzt hat; aber wie wir in Der 12. Planet gezeigt haben, lebten die Herrscher nach der Sintflut viel länger – Sem, der Sohn Noahs, 600 Jahre; sein Sohn Arpakhshad 438, sein Sohn Shelach 433, und so weiter bis Terah, Abrahams Vater, der 205 Jahre wurde. Ein aufmerksames Lesen der biblischen hebräischen Verse, vermuten wir, sprach sogar von den Jahren der Gottheit, die bis zu diesem Zeitpunkt 120 Jahre alt geworden war – eine Zählung von göttlichen Jahren, nicht jener von Erdlingen.

Von jenen 432 000 Erdenjahren waren die Anunnaki alleine 40 Sars auf der Erde, als sich die Meuterei ereignete. Dann, etwa 288 000 Erdenjahre vor der Sintflut, das heißt vor ungefähr 300 000 Jahren, erschufen sie den Primitiven Arbeiter. Nach einem Interval, dessen Länge in jenen Quellen nicht angegeben wird, gaben sie dem neuen Wesen die Fähigkeit zu zeugen und schickten das *Erste Paar* nach Südostafrika zurück.

Ein Punkt, der normalerweise ignoriert wird, den wir aber höchst bedeutsam finden, ist, daß sich durch all die Erzählungen über die Erschaffung des Menschen, in der Garten von Eden Episode und – höchst faszinierend – in der Geschichte von Kain und Abel die Bibel auf den Menschen als *den* Adam bezieht, ein Gattungsbegriff, der eine bestimmte Spezies definiert. Nur im Kapitel 5 der Genesis, das mit den Worten beginnt »Dies ist das Buch der Genealogie von Adam«, läßt die Bibel das »Der« fallen. Erst hier beginnt sie, sich mit einem bestimmten Vorvater der menschlichen Generationen zu befassen; aber signifikanterweise läßt diese Auflistung Kain und Abel aus und geht von der Person, Adam genannt, geradewegs weiter zu seinem Sohn Seth, dem Vater von Enosh. Und nur für Seths Sohn Enosh, wird der hebräische Begriff, der »Mensch« bedeutet, gebraucht; denn das bedeutet Enosh: »Er, der menschlich ist.« Bis zum heutigen Tag, lautet das hebräische Wort für »Menschheit« Enoshut, »das, was ähnlich ist, das, was abstammt von Enosh.«

Das Bindeglied zwischen der biblischen Erzählung und seinem sumerischen Ursprung zeigt sich interessanterweise in diesem Namen des Sohns von Adam, Enosh, den die Bibel als den wahren Vorfahren der Menschheit, wie er im vorgeschichtlichen Nahen Osten entstand, betrachtet. Eine Liste von Monaten und von den Göttern, die mit ihnen assoziiert werden (bekannt als IV R 33), die mit Nisan beginnt als dem mit Anu und Enlil verbundenen Monat (der erste Monat des babylonisch-assyrischen Jahres), verzeichnet neben dem Monat Ayar die Bezeichnung »sha Ea bel tinishti« – »Das von Ea, dem Herrn der Menschheit«. Hier hat der akkadische Begriff tinishti die gleiche Bedeutung wie Enoshut im Hebräischen (das sich vom Akkadischen ableitet). Der akkadische Begriff, wiederum, hatte im Sumerischen eine Parallele mit dem Begriff AZA.LU.LU, was am besten als »die Leute, die dienen« übersetzt werden kann; und dies übermittelt – und erklärt – einmal mehr, die biblische Auslegung von Enoshs Namen, seiner Bedeutung und seiner Zeit.

In Hinblick auf Enosh, erklärt die Bibel (Genesis 4:26), daß es in seiner Zeit war, als die Menschheit »begann, den Namen Jahwes anzurufen«. Es muß eine wichtige Entwicklung gewesen sein, eine neue Phase in der Geschichte der Menschheit, denn das Buch der Jubiläen gibt mit beinahe identischen Worten an, daß es Enosh war, »der anfing, den Namen des Herrn auf Erden anzurufen«. Mensch hat Gott entdeckt!

Wer war dieser neue Mensch, der »Enosh-Mensch«, aus wissenschaftlicher Sicht? War er der Vorfahre von, was wir Neanderthaler nennen, der erste wahre Homo sapiens? Oder war er bereits der Ahne des Cro-Magnons, der erste wirkliche Homo sapiens sapiens, der immer noch auf der Erde umherwandert, wie die momentan existierenden menschlichen Wesen? Der Cro-Magnon-Mensch (benannt nach dem Ort in Frankreich, wo seine Skelett-Reste gefunden wurden) erschien in Europa vor einigen 35 000 Jahren, und ersetzte da den Neanderthaler (benannt nach der Fundstätte in Deutschland) der dort bis zu 100 000 Jahre zurückverfolgt werden kann. Aber, wie Knochenreste, die in den letzten Jahren in Höhlen in Israel entdeckt wurden, enthüllen, wanderten

Neanderthaler vor mindestens 115 000 Jahren durch den Nahen Osten, und Cro-Magnons hatten in der Gegend bereits vor 92 000 Jahren gelebt. Wie nun, passen Adam und Eva, die ersten erschaffenen Menschen, und Adam und Eva, die Vorfahren von Seth und Enosh in all dies? Welches Licht werfen die sumerischen Königslisten und die Bibel auf die Angelegenheit, und wie steht dies alles mit modernen wissenschaftlichen Entdeckungen in Zusammenhang?

Während Fosslienreste, aus Afrika, Asien und Europa, nahelegen, daß Hominiden zuerst im südöstlichen Afrika erschienen und sich dann vor möglicherweise einer halben Million Jahre, auf die anderen Kontinente verzweigten, erschien der wahre Vorfahre der heutigen Menschheit in Südost-Afrika etwas später. Der Gen-Pool, von dem die gegenwärtigen Menschen abstammten, was Gelehrte (Jan Klein et.al. in *Scientific American* vom Dezember 1993) »Haupt-Histokompatibilitätskomplex – MHC« nennen, zeigt eine obere (älteste) Grenze von 400 000 Jahren vor der Gegenwart. Zur gleichen Zeit deuten die genetischen Marker, die zuerst anhand von mitochondrialer DNA, die allein von der Frau weitergegeben wird, untersucht wurden und dananch durch nukleare DNA, die von beiden Elternteilen vererbt wird (Berichte vom April 1994 auf dem jährlichen Treffen der American Association der Physical Anthropologists) an, daß wir alle von einer einzigen »Eva» abstammen, die in Südost-Afrika vor 200 000 bis 250 000 Jahren gelebt hat und von einem Adam etwas früher.

Die sumerischen Tatsachen, so können wir schlußfolgern, legen die Erschaffung von Dem Adam auf vor etwa 300 000 Jahren fest – sie liegen damit gut innerhalb der oberen Grenze von 400 000 Jahren, die moderne Wissenschaftler vermuten. Wie lange der Aufenthalt im Garten Eden, das Erlangen der Zeugungsfähigkeit, die Vertreibung zurück nach Südost-Afrika und die Kain-Abel-Geburt dauerte, besagen die alten Schriften nicht. 50 000 Jahre? 100 000 Jahre? Was auch immer der exakte Zeitsprung sein mag, es erscheint klar, daß die »Eva«, die sich zurück in Südost-Afrika befand und Dem Adam Nachkommen gebar, chronologisch gut in die gegenwärtigen wissenschaftlichen Daten paßt.

Mit jenen frühen Menschen, die von der Bühne abgegangen waren, kam die Zeit für den Homo sapiens – für den speziellen Adam und seiner Ahnenreihe – zu erscheinen. Laut Bibel legen die vorsintflutlichen Herrscher, die sich Lebensspannen erfreuten, die sich in den meisten Fällen auf beinahe 1000 Jahre erstreckten, Rechenschaft über 1656 Jahre von Adam (dem besonderen Vorfahren) bis zur Sintflut ab:

Alter von Adam, als er Seth zeugte	130 Jahre
Alter von Seth, als er Enosh zeugte	105 Jahre
Alter von Enosh, als er Kenan zeugte	90 Jahre
Alter von Kenan, als er Mahalalel zeugte	70 Jahre
Alter von Mahalalel, als er Jared zeugte	65 Jahre
Alter von Jared, als er Henoch zeugte	162 Jahre
Alter von Henoch, als er Methusalem zeugte	65 Jahre
Alter von Methusalem, als er Lamech zeugte	187 Jahre
Alter von Lamech, als er Noah zeugte	182 Jahre
Alter von Noah, als sich die Sintflut ereignete	600 Jahre
Gesamtzeit von Adams Geburt bis zur Sintflut	656 Jahre

Es hat keinen Mangel an Versuchen gegeben, diese 1656 Jahre mit den sumerischen 432000 in Einklang zu bringen, besonders, weil die Bibel zehn vorsintflutliche Herrscher von Adam bis Noah auflistet und die sumerische Königsliste auch zehn vorsintflutliche Herrscher nennt, von denen der letzte von ihnen, Ziusudra, auch der Held der Sintflut war. Vor mehr als einem Jahrhundert zum Beispiel, zeigte Julius Oppert (in einer Studie *Die Daten der Genesis* genannt), daß die zwei Zahlen einen Faktor von 72 gemeinsam haben (432000 : 72 = 6000, und 1656 : 72 = 23) und beschäftigte sich dann mit mathematischer Akrobatik, um eine gemeinsamen Ausgangsquelle für beide Werte zu finden. Etwa ein Jahrhundert später bemerkt der 'Mythologe' Joseph Campbell (*The Masks of God*) mit Faszination, daß 72 die Zahl der Jahre darstellt, um die sich die Erde in ihrer Umlaufbahn um die Sonne bei 1° Abweichung verzögert (das Phänomen wird Precession genannt) und sah so eine Verbindung zu den Sternzeichen von jeweils 2160 Jahren (72 × 30° = 2160). Diese und andere geniale Lösungen helfen nicht dabei, zu erkennen, daß es ein Fehler ist, 432 000 mit 1656 zu vergleichen, solange all die vorgeschichtlichen Schriften als pure 'Mythen' abgetan werden. Würden die antiken Aufzeichnungen als verläßliche Angaben behandelt werden, müßte man erkennen, daß der primitive Arbeiter (immer noch nur DER Adam) nicht 120 Sars vor der Sintflut, sondern nur 80 Sars vor der wässerigen Tortur entwickelt wurde, das heißt, nur 288.00 Erdenjahre vor der Sintflut. Außerdem, wie wir weiter oben in diesem Kapitel gezeigt haben, waren DER Adam und Adam nicht ein und dieselbe Person. Zuerst gab es da das Zwischenspiel im Garten Eden, dann die Vertreibung. Wie lange dieses Zwischenspiel andauerte, sagt die Bibel nicht.

Weil, wie wir gezeigt haben, die biblische Geschichte auf sumerische Quellen basiert, ist die einfachste Lösung dieses Problems auch die plausibelste. Im sumerischen sexagesimalen (»Basis 60«) mathematischen System, könnte das Keilzeichen für »1« abhängig von der Position des Zeichens, eins oder sechzig bedeuten, , so wie »1« eins oder zehn oder einhundert bedeuten könnte, je nach der Position der Ziffer im dezimalen System (einmal abgesehen davon, daß wir, durch den Gebrauch von »0«, um die Position anzuzeigen, die Unterscheidung einfach machen, und 1, 10, 100 etc. schreiben). Könnte es dann nicht sein, daß die Verfasser der hebräischen Bibel, das Zeichen »1« in den sumerischen Quellen, eher für eine Eins als eine sechzig hielten?

Basierend auf einer solchen Annahme werden die Zahlen 1656 (die Geburt Adams), 1526 (die Geburt von Seth) und 1421 (die Geburt von Enosh) zu je 99 360, 91 560 und 85 260. Um zu bestimmen, vor welcher Zeit dies war, müssen wir die 13 000 Jahre seit der Sinnflut addieren; die Zahlen werden dann zu folgenden:

Adam, geboren	vor	112 360 Jahren
Seth, geboren	vor	104 560 Jahren
Enosh, geboren	vor	98 260 Jahren

Die Lösung, die hier von uns angeboten wird, führt zu erstaunlichen Resultaten. Sie plaziert die Adam-Seth-Enosh – Linie geradewegs in den Zeitabschnitt, als Neanderthaler und dann Cro-Magnons durch die Länder der Bibel zogen, während sie sich nach Asien und Europa ausbreiteten. Das bedeutet, daß das Individuum (nicht die Gattung) Adam der biblische Mensch war, den wir Neanderthaler nennen und daß Enosh, dessen Name »Menschlich« bedeutet, der biblische Begriff für denjenigen war, den wir Cro-Magnon nennen, – der erste Homo sapiens sapiens, in der Tat der Vorvater von Enoshut, der heutigen Menschheit.

Es war dann, behauptet die Bibel, daß die Menschheit »begann, den Namen von Jahwe anzurufen«. Der Mensch war bereit für erneute göttliche Begegnungen; und einige, die sich dann ereigneten, waren wahrhaft erstaunlich.

Die ersten Amerikaner

Die lange bestehende Vorstellung, daß Amerika von Jägern besiedelt worden war, die während der letzten Eiszeit die gefrorene Bering-Meerenge überquert hatten, war uns allen lange nicht plausibel erschienen, denn sie erforderte Vertrautheit mit einem eisfreien, wärmeren tausende von Meilen entfernten Jagdkontinent, von Menschen, die, per definitionem, nichts von »Amerika« gewußt hatten. Falls sie von solch einem Land gewußt hätten, mußten ihnen andere vorangegangen sein!

Diese Vorstellung, nach der die ersten Amerikaner die Pazifik-Küste herunterkamen und ihre erste Siedlung auf einer nordamerikanischen Stätte namens Clovis gründeten, wird mittlerweile komplett angezweifelt, in erster Linie wegen der Entdeckung viel früherer Siedlungen in den östlichen Teilen Nordamerikas, und noch mehr aufgrund von Siedlungen in Südamerika, die 20 000, 25 000 und sogar 30 000 Jahre zurück datieren, beide Stätten nahe dem Pazifik und der Atlantikküste.

Dies geschah lange vor solchen Kandidaten, wie Afrikanern und Phöniziern (die mit Sicherheit in Mittelamerika gewesen waren) oder Wikingern (die wahrscheinlich Nordamerika erreicht hatten); in der Tat, es war lange vor der Sintflut und liegt damit im Zeitrahmen der vorsintflutlichen Nachkommen Adams.

Laut örtlicher Überlieferungen, kamen die Einwanderer über das Meer. Die jüngste Schätzung, von vor etwa 30 000 Jahren aus Asien über den Pazifischen Ozean, erfordert Seefahrerkenntnisse zu einer so frühen Zeit. Das wird von Wissenschaftlern nicht mehr für sonderbar gehalten, seit bis zum gegenwärtigen Zeitpunkt nachgewiesen ist, daß die ersten Siedler in Australien dort – per Boot – vor etwa 37 000 Jahren ankamen. Australien und die Pazifischen Inseln werden nun als die logischen Sprungbretter auf dem Weg von Asien nach Amerika angesehen.

Felsenkunst der australischen Eingeborenen beinhaltet Darstellungen von Booten. Ebenso tun dies Felsenmalereien vom Cro-Magnon Menschen in Europa – wie wir im nächsten Kapitel zeigen.

3. Die drei, die zum Himmel aufstiegen

Göttliche Begegnungen können, wie gerade die ersten Erfahrungen der Menschheit gezeigt haben, viele Formen haben. Ob in Form eines direkten Kontaktes, durch Emissäre, oder durch bloßes Hören der Stimme des Gottes in Träumen oder Visionen, einen Aspekt haben alle Erlebnisse, die bis dahin beschrieben wurden,gemeinsam: Sie finden alle auf der Erde statt.

Und doch gab es eine weitere Form der göttlichen Begegnung, die höchste, und dementsprechend vorbehalten für nur ganz wenige auserwählter Sterblicher: Emporgehoben zu werden, um die Götter im Himmel zu treffen.

In viel späterer Zeit waren die ägyptischen Pharaonen damit befaßt, Sterberituale zu erarbeiten, um sich der Reise zur Wohnstätte der Göttlichen erfreuen zu können. Aber in den Tagen vor der Sintflut, stiegen auserwählte Einzelmenschen zum Himmel auf und lebten, um darüber zu erzählen. Ein Aufstieg ist in der Genesis aufgezeichnet; von zweien wird in sumerischen Texten erzählt.

Alle drei setzen die sumerische Behauptung, es hätte eine entwickelte Zivilisation vor der Sintflut gegeben, als glaubwürdig voraus, eine Zivilisation, die ausgelöscht wurde und unter Tonnen von Schlamm begraben wurde, durch die Lawine von Wasser, die Mesopotamien verschlang. Diese sumerische Aussage wurde von späteren Generationen nicht in Zweifel gezogen. Ein assyrischer König (Ashurbanipal) brüstete sich damit, daß er »die rätselhaften Worte in den Felszeichnungen aus den Tagen vor der Flut verstehen könne« und assyrische und babylonische Texte sprachen oft von anderen Kenntnissen und davon, Personen zu kennen, von Ereignissen und städtischen Siedlungen, lange vor der Sintflut. Auch die Bibel beschreibt eine fortgeschrittene Zivilisation mit Städten, Handwerk und Kunst in Beziehung zur Ahnenreihe von Kain. Obwohl keine solchen Details überliefert sind im Zusammenhang mit der Ahnenreihe von Seth, impliziert gerade die Erzählung von Noah und die Konstruktion der Arche, einen Entwicklungsstand, in der die Menschen bereits seetüchtige Schiffe bauen konnten.

Daß solch eine Zivilisation sich in Mesopotamien in städtischen Zentren ausdrückte (das Herz dieses Fortschrittes), hingegen im europäischen Zweig der Cro-Magnons nur in prachtvollem, künstlerischen Schaffen, ist gut möglich. Tatsächlich stellen einige der Bilder, die von den Höhlenkünstlern gemalt oder gezeichnet wurden, unerklärliche Strukturen oder Objekte dar (Bild 15).

Sie werden bedeutsam, wenn man die Möglichkeit akzeptiert, daß Cro-Magnons seetüchtige Schiffe mit Masten gesehen hatten (oder vielleicht sogar mit ihnen reisten) – eine Möglichkeit, die erklären könnte wie der Mensch vor 20 000 oder sogar 30 000 Jahren die beiden Ozeane überquerte und Amerika von der Alten Welt aus erreichte. (Legenden der Ur-Amerikaner über prähistorische Ankünfte auf dem Seeweg über den Pazifik, schließen die Erzählung von Naymlap ein, den Anführer einer kleinen Armada von Balsaholz-Booten, die in ihrem Führungsboot einen grünen Stein mit sich führten, durch den sie die göttlichen Instruktionen hinsichtlich Navigation und Landfall hören konnten).

Tatsächlich gehen die sumerischen Erzählungen der zwei auserwählten Personen, die zum Himmel aufstiegen, zu den Ursprüngen der menschlichen Zivilisation zurück und erklären, wie es dazu kam (vor der Sintflut). In der ersten wird die Geschichte nacherzählt, die Gelehrte »Die Legende von Adapa« nennen. Ein faszinierender Aspekt dieser Geschichte ist der, daß Adapa, vor dem himmlischen Aufstieg, beteiligt war an einer unfreiwilligen Ozeanüberquerung zu einem unbekannten Land, weil sein Boot vom Kurs abgetrieben wurde – eine Episode, die sich vielleicht widerspiegelt in den Erinnerungen der Früh-Amerikaner und in den Cro-Magnon Höhlendarstellungen.

Enstsprechend dem alten Text war Adapa ein Schützling von Enki. Es war ihm erlaubt, in Enkis Stadt Eridu zu leben (der ersten Niederlassung der Anunnakani auf Erden) und er »besuchte täglich das Heiligtum von Eridu«. Enki (der in diesem Text mit seinem Anfangsbeinamen E.A. bezeichnet wird), wählte ihn aus »als ein Modell der Menschen, gab ihm Weisheit, aber kein ewiges Leben«. Es ist nicht nur die Ähnlichkeit zwischen den Namen Adapa und Adam, sondern auch diese Aussage, die zahlreiche Gelehrte zu der Annahme führte, in der alten Erzählung von Adapa den Vorläufer (oder die Inspiration) für die Geschichte von Adam und Eva im Garten Eden zu sehen, denen erlaubt wurde, vom Baum der Erkenntnis zu essen, aber nicht vom Baum des Lebens. Im Verlauf beschreibt der Text Adapa als einen Wichtigtuer (eher im Sinn von »Vielbeschäftigter« gemeint) beauftragt, die Dienste, für die die einfachen Arbeiter nach Eden gebracht wurden, zu beaufsichtigen: Er überwacht die Bäcker, stellt die Wasserversorgung sicher, hat die Übersicht über die Fischerei für Eridu und kümmert sich als Salbungspriester, mit reinen Händen, um die Opfergaben und vorgeschriebenen Riten.

Eines Tages »bestieg er am heiligen Kai, dem Kai des Neuen Mondes (der Mond war damals der Himmelskörper, der mit Ea/Enki assoziiert wurde) das Segelboot«, vielleicht weil er bloß zum Fischen gehen wollte. Aber dann geschah das Unheil:

Dann blies ein Wind hernieder
und ohne Ruder driftete sein Boot ab.
Mit dem Riemen steuerte er sein Boot
[er wurde abgetrieben] in die offene See.

Die folgenden Zeilen in der Tontafel waren beschädigt, so daß uns einige Details von dem fehlen, was einst mit Adapa geschah, als er sich selbst abgetrieben im offenen Meer (dem persischen Golf) wiederfand.

Wenn die Zeilen wieder lesbar werden, lesen wir, daß ein größerer Sturm, der Südwind zu wehen begann. Er änderte offensichtlich unerwartet die Richtung und statt daß er von der See in Richtung Land blies, wehte er in Richtung offene See. Sieben Tage blies der Sturm und führte Adapa in eine unbekannte, entfernte Gegend. Dort gestrandet ließ er sich häuslich nieder, »an einem Ort, der das Zuhause der Fische ist.« Uns wird nicht mitgeteilt, wie er an dieser südlichen

Örtlichkeit gestrandet war, noch wie er schließlich gerettet wurde.

In seiner himmlischen Heimstatt fragte sich Anu, gemäß der Sage, warum der Südwind, »nicht sieben Tage lang zum Land hin geweht hatte.« Sein Wesir Ilabrat antwortete ihm, dies wäre deswegen geschehen, weil Adapa, der Nachkomme von Ea, die Flügel des Südwindes gebrochen habe. Verwirrt sagte Anu (»dabei von seinem Throne aufstehend«) »laß ihn hierher bringen!«

»Da übernahm Ea, der weiß was zum Himmel gehört«, die Verantwortung über die Vorbereitungen für die himmlische Reise. »Er veranlaßte, daß Adapa sein Haar ungekämmt trug und kleidete ihn in Trauertracht. Dann gab er Adapa den folgenden Rat:

Du bist im Begriff vor den König zu treten
Du wirst den Weg zum Himmel nehmen.
Wenn du bei der Pforte des Anu ankommst,
werden die Götter Dumuzi und Gizzida am Tor stehen.
Wenn sie dich sehen, werden sie fragen:
Mensch, auf wessen Geheiß siehst du so aus,
für wen denn trägst du das Trauergewand?

Auf diese Frage, instruierte Ea Adapa, mußt du folgende Antwort geben: »Zwei Götter sind von unserem Land verschwunden, deshalb bin ich hier«. Wenn sie dich fragen, wer die zwei Götter seien, fuhr Ea fort, mußt du sagen, »Es sind Dumuzi und Gizzida.«

Und da die zwei Götter, deren Namen du nennst, als diejenigen, der verschwundenen Götter, über die du trauerst, genau dieselben zwei sind, die das Tor von Anu bewachen, so erklärte Ea, »werden sie sich gegenseitig ansehen und lachen und bei Anu ein gutes Wort für dich einlegen.«

Diese Strategie, erklärte Ea, würde ihn hinter das Tor bringen und »Anu dazu veranlassen, dir sein gutmütiges Gesicht zu zeigen. Aber, in dem Moment, in dem du Innen bist«, warnte Ea, »wird Adapas wahrer Test kommen:

So wie du vor Anu stehst,
werden sie dir Brot anbieten;

es ist der Tod, esse es nicht!
Sie werden dir Wasser anbieten,
es ist der Tod, trinke es nicht!
Sie werden dir ein Kleidungsstück anbieten;
zieh es an.
Sie werden dir Öl anbieten;
salbe dich damit!

Du darfst diese Instruktionen nicht geringschätzen«, warnte Ea Adapa; »halte dich eng an das, was ich sagte!«

Bald danach kam der Abgesandte von Anu. Anu, sagte er, gab die folgende Anleitung: »Adapa, er der den Flügel des Südwindes brach – bringe ihn zu mir!« Und während er so sprach,
veranlaßte er, daß Adapa den Weg zum Himmel nahm,
und zum Himmel stieg er auf.

»Als er zum Himmel kam«, fährt der Text fort, »und sich dem Tor von Anu näherte«, standen Dumuzi und Gizzida da, so wie Ea es vorhergesagt hatte. Sie fragten Adapa, ebenso wie vorhergesagt, und Adapa antwortete wie er instruiert worden war, und die beiden Götter brachten ihn vor die Anwesenheit von Anu. Als er seiner angesichtig wurde, rief Adapa, »komm näher, Adapa; warum brachst du den Flügel des Südwindes?« Als Antwort gab Adapa die Geschichte seiner Seereise wieder und stellte dadurch sicher, daß Anu wahrnahm, es war alles im Rahmen von Eas Diensten. Während Anu dies alles hörte, klang sein Ärger auf Adapa ab,wuchs stattdessen aber in Bezug auf Ea an. »Er war es, der das tat!«

Ein quälender Aspekt der Erzählung bis zu diesem Zeitpunkt, ist der Mangel an Klarheit über die wahren Umstände der Seereise. War die Ankunft in einem entfernten Land, das Resultat eines zufälligen aus dem Kurs laufens oder doch in irgendeiner Weise beabsichtigt? Die beschädigten Zeilen, die mit diesem Teil der Erzählung zusammenfallen, machen eine Entscheidung darüber unmöglich; aber ein Gefühl, daß die ganze Entschuldigung über einen »gebrochenen Flügel« des Südwindes eine Schutzbehauptung für einen gezielten Plan von Ea war, erscheint uns plausibel, wenn wir den alten Text wieder und wieder lesen. Anu jedenfalls, hegte solche Verdächtigungen genau dann und da, denn als er Adapas Geschichte anhörte, war er ratlos und fragte:

Warum enthüllte Ea einem
unwerten Menschen die Wege des Himmels
und die Pläne der Erde –
und stellte ihn dadurch dar,
als einen Mann von Rang und Namen
und machte einen Shem für ihn?

»Und«, so fragte Anu und setzte dabei die rhetorischen Fragen fort: »Wie steht es mit uns, was sollen wir mit ihm tun?«

Da Adapa für den ganzen Zwischenfall keine Schuld zugesprochen werden konnte, wollte er ihn belohnen. Er veranlaßte, daß Adapa Brot, »das Brot des Lebens« angeboten wurde; aber Adapa, dem von Ea gesagt worden war, daß es das Brot des Todes sein würde, widerstand davon zu essen. Sie brachten ihm Wasser, »das Wasser des Lebens«, aber Adapa, von Ea vorgewarnt, es sei das Wasser des Todes, widersetzte sich es zu trinken. Aber als sie ein Gewand brachten, zog er es an und als sie Öl brachten, salbte er sich damit.

Adapas merkwürdiges Verhalten erstaunte Anu. »Anu sah ihn an und lachte über ihn.« »Nun komm, Adapa«, sagte Anu, »warum hast du nicht gegessen, warum hast du nicht getrunken?« Darauf erwiderte Adapa: »Ea, mein Meister, befahl mir, »du sollst nicht essen, du sollst nicht trinken«.

Als Anu das hörte, erfüllte Zorn sein Herz.« Er entsandte einen Abgesandten, »einen der die Gedanken der großen Anunnaki kennt«, um die Angelegenheit mit dem Herrn Ea zu diskutieren. Der Abgesandte, so erzählt die teilweise beschädigte Tafel, wiederholte die Ereignisse im Himmel Wort für Wort. Die Tafel wird dann zu beschädigt und unleserlich, so daß wir Eas Erklärung für seine komischen Anweisungen nicht kennen (die offenbar beabsichtigten, seine Entscheidung aufrecht zu erhalten, Adapa Wissen, aber nicht Unsterblichkeit zu geben).

Gleichgültig, wie die Diskussion endete, Anu entschied Adapa zur Erde zurückzuschicken; und nachdem Adapa tatsächlich das Öl verwendete, sich selbst damit zu salben, erließ Anu, daß es Adapas Bestimmung sein sollte, eine Ahnenreihe von Priestern zu begründen, sobald er wieder in Eridu wäre, die Meister darin sein sollten, Krankheiten zu heilen. Auf dem Weg zurück

gewann Adapa Einblick
vom Horizont des Himmels,
zum Zenith des Himmels
und er sah seine überwältigende Größe.

Die interessante Frage, was das Transportmittel war, mit dem Adapa die Rundreise gemacht hatte, in deren Verlauf er die überwältigende Weite des Himmels sah, wird von dem alten Text nur indirekt beantwortet, als Anu sich laut fragt, warum Ea »einen Shem« für Adapa machte. Dieses akkadische Wort wird gewöhnlich übersetzt mit »Name«. Aber wie wir in »Der Zwölfte Planet« ausgeführt haben, erlangte der Begriff (»MU« im Sumerischen) diese Bedeutung durch die Form eines Steines der errichtet worden war, um »dem Namen eines Königs zu gedenken« – einer Form, die die unmißverständliche Himmelskammer der Anunnaki nachahmte. Was Anu sich daher also fragte, war, warum besorgte Ea ein Raketenschiff für Adapa?

Mesopotamische Darstellungen zeigen »Adlermenschen« – Anunnaki Astronauten in ihren Uniformen – wie sie ein raketengleiches *Shem* flankieren und begrüßen (Abb. 16a). Eine andere solche Darstellung zeigt zwei »Adlermenschen«, wie sie das Tor von Anu bewachen (vielleicht illustrieren sie die Götter Dumuzi und Gizzida aus der Adapa Sage). Der Sturz des Tores (Abb. 16b) ist geschmückt mit dem Zeichen der geflügelten Scheibe, dem himmlischen Symbol von Nibiru, wodurch deutlich wird, wo sich das Tor befand. Das himmlische Symbol von Enlil (die sieben Punkte, die für die Erde als dem siebten Planeten standen, von außen nach innen gezählt) und das himmlische Symbol von Enki, der Halbmond, zusammen mit der Darstellung des gesamten Sonnensystems (eine zentrale Gottheit, umgeben von einer Familie von 11 Planeten) vervollständigt den himmlischen Hintergrund. Wir halten auch die geflügelten »Adlermenschen«, deren Darstellungen unzweifelhaft spätere Erwähnungen über geflügelte Engel inspirierten, die den Baum des Lebens flankierten, für bedeutungsvoll. Sie beschwören die Doppelhelix der DNA herauf (Abb. 16c), eine Erinnerung an die Geschichte über den Garten Eden.

Mesopotamische Könige, die sich mit ihrem großen Wissen brüsteten, behaupteten, sie »wären Sprößlinge des weisen Adapa«. Solche Ansprüche weisen hin auf die Tradition, die Adapa nicht nur einen Priesterstatus zuerkannte, sondern, daß er auch in wissenschaftlichen Kenntnissen unterrichtet wurde, die im Altertum mit der Priesterschaft assoziiert wurden, und in den heiligen Bezirken, von einer Generation von Priestern an die nächste weitergegeben wurden. Tafeln, die die literarische Arbeit katalogisierten, aufbewahrt in Regalen in der Bibliothek des Ashurbanipal in Ninive, erwähnen in ihren unbeschädigten Abschnitten, wenigstens zwei »Bücher« die sich auf Adapas Wissen beziehen. Eines, dessen Titel am Anfang beschädigt ist, befand sich auf einem Regal, neben einem Text »Schriften von vor der Flut«, und die zweite Zeile besagt »... die Adapa nach Diktat schrieb«. Die Annahme, daß Adapa Wissen niedergeschrieben hat, das ihm von einer Gottheit diktiert wurde, wird verstärkt durch den Titel eines anderen Werkes das Adapa von sumerischen Quellen zugeschrieben wird.

Es war betitelt als U.SAR Dingir ANUM Dingir ENLILA – »Schriften, die Zeit betreffend, [vom] göttlichen Anu und göttlichen Enlil« – und bestätigt die Traditionen, daß Adapa unterrichtet wurde, nicht nur von Ea/Enki, sondern auch von Anu und Enlil und daß sein Wissen von, Krankheiten zu heilen, über Astronomie, bis hin zu Zeitmessung und Kalenderkunde reichte.

Ein anderes Buch (d.h. ein Satz von Tafeln) von Adapa, das auf den Regalen der Bücherei von Ninive aufgereiht war, wurde bezeichnet als »Himmelsschiff, das dem Weisen von Anu, Adapa [gegeben wurde].« Die Texte der Legende von Adapa beziehen sich wiederholt auf die Tatsache, daß Adapa »die Wege des Himmels« gezeigt wurden, die ihn befähigten von der Erde zum himmlischen Wohnsitz von Anu zu reisen. Die Implikation, daß Adapa eine himmlische Straßenkarte gezeigt wurde, sollte als auf Fakten basierend genommen werden, denn – unglaublich – wenigstens eine solche Straßenkarte ist gefunden worden. Sie ist dargestellt auf einer Tonscheibe, unzweifelhaft einer Kopie eines früheren Kunstwerkes, das auch in den Ruinen der königlichen Bücherei von Ninive gefunden wurde und nun im britischen Museum in London aufbewahrt wird. Unterteilt in acht Segmente, stellte es (was klar aus den unbeschädigten Teilen hervorgeht, Abb 17a) präzise geometrische Formen dar (einige, wie etwa eine Ellipse, waren von anderen alten Artefakten her nicht bekannt), Pfeile und Begleittexte auf Akkadisch, die verschiedene Planeten, Sterne und Konstellationen betrafen. Von besonderem Interesse ist ein fast intaktes Teilstück (Abb 17b), dessen Bemerkungen (hier ins Deutsche übersetzt) über Raumflug-Instruktionen, es als die Route des Enlil von einem bergigen Planeten (Nibiru) zur Erde identifizieren. Jenseits der Erde (dem »Weg von Enlil«) liegen vier Himmelskörper (die andere Texte als Sonne, Mond, Merkur und Venus identifizieren). Dazwischen passiert der Flug sieben Planeten.

Die Zahlangabe von sieben Planeten ist bedeutsam. Wir betrachten die Erde als den dritten Planeten, weil wir von der Sonne nach außen zählen: Merkur, Venus, Erde. Aber für jemanden, der von den äußeren Grenzen des Solarsystems ankommt, würde die Zählung bei Pluto als dem ersten beginnen, Neptun wäre der zweite, Uranus der dritte, Saturn und Jupiter als vierter und fünfter, Mars als sechster und die Erde wäre der siebte. Tatsächlich wurde die Erde auf Rollsiegeln und Monumenten so dargestellt (durch die Symbole der sieben Punkte) häufig mit Mars (dem sechsten) als einem Sechsgepunkteten »Stern« und Venus (dem achten) als ein achtgepunkteter Stern.

Ebenso bedeutsam, wenn auch in anderer Hinsicht, ist die Tatsache, daß die Route zwischen den Planeten, die im Sumerischen mit DILGAN (Jupiter) und APIN (Mars) bezeichnet werden, hindurchführt. Mesopotamische, astronomische Texte bezeichnen den Mars als den Planeten, »wo der richtige

Kurs gesetzt wird«, wo eine Wendung gemacht wird, wie es die Zeichnungen auf dem Segment andeuten. In »Am Anfang war der Fortschritt« haben wir beträchtliche alte und moderne Beweise aufgeführt, die die Schlußfolgerung stützen, daß auf dem Mars eine alte Raumstation existiert hat.

Die fehlenden Textstellen oder die beschädigten Teile der Adapa Legende, könnten Licht in einen rätselhaften Aspekt der Erzählung gebracht haben: Wenn Ea all das vorhersah, was in der himmlischen Wohnstätte passieren würde, was war dann der Zweck für die Winkelzüge, unter denen er Adapa hinaufsandte, wenn ihm am Ende das ewige Leben vorenthalten wurde?

Erzählungen über die Nach-Sintflut-Zeiten (so wie die von Gilgamesch) legen nahe, daß die Nachkommenschaft eines Menschen und eines Gottes (oder einer Göttin), sich selbst als der Unsterblichkeit wert erachteten und wichtigtuerisch darlegten, sich den Göttern anzuschließen, um diese zu erhalten. War Adapa so ein »Halbgott« und quälte er Ea, ihn mit Unsterblichkeit auszustatten? Der Hinweis von Adapa als ein »Nachkomme von Ea« wird von einigen wörtlich übersetzt, als »Sohn von Ea«, geboren für Enki, von einer menschlichen Mutter. Dies würde Eas Handlungsweise erklären, vorzugeben, daß Adapas Wunsch gewährt würde, während er in Wirklichkeit auf das gegenteilige Ergebnis hinarbeitete.

Adapa trug ohne Zweifel auch den Titel »Sohn von Eridu« (Enkis Zentrum). Es war ein ehrenvoller Titel, der, durch die Schule in Eridus renommierten Akademien Intelligenz und Erziehung bedeutete. Zu sumerischen Zeiten waren die »Weisen von Eridu« eine Klasse für sich, vorgeschichtliche Gelehrte von geheiligter Erinnerung. Ihre Namen und Besonderheiten wurden aufgelistet und mit großem Respekt und Ehrfurcht in zahllosen Texten wiedergegeben.

Laut solcher Quellen gab es sieben Weise von Eridu. In ihrer Studie assyrischer Quellen (»Die Beschwerungsserie Bit Meshri und die Himmelfahrt Henochs« im Journal of Near Eastern Studies), war Rykle Borger fasziniert von der Tatsache, daß der Text beim siebten Weisen (in Zufügung zu Namen und Ausrufung des Ruhmes, wie dies für alle galt, die aufgelistet waren) angibt, daß er es war, »der zum Himmel aufstieg«.

Im assyrischen Text wird er als Utu-Abzu bezeichnet; Professor Borger schlußfolgerte, er wäre der assyrische »Enoch«, denn nach der biblischen Aufzeichnung, war es der siebte Patriarch in Vor-Sintflutzeiten, den die Bibel Henoch nennt, der von Gott zur himmlischen Heimstatt geholt wurde.

Während die biblische Erzählung die Vor-Sintflut Patriarchen, die Enoch/Henoch vorausgegangen waren und die ihm nachfolgten, nach Namen, Alter, in welchem ihr erstgeborener Sohn gezeugt worden war und dem Alter in dem sie starben, auflistet, macht sie hinsichtlich Enoch, dem siebten Patriarchen folgende Aussage (wir zitieren von der üblichen Übersetzung):

Und Enoch lebte sechzig und fünf Jahre
und zeugte Metushelah.
Und Enoch ging mit Gott
dreihundert Jahre
nachdem er Metushelah gezeugt hatte
und zeugte Söhne und Töchter.
Und all die Tage von Enoch
betrugen dreihundertfünfundsechzig Jahre,
denn Enoch ging mit Gott und war weggegangen,
denn Gott hatte ihn genommen.

Selbst dieser kurze biblische Bericht beinhaltet mehr, als die Übersetzung vermuten läßt, denn im originalen hebräischen Text, wird ausgesagt, daß »Enoch mit den Elohim ging und von den Elohim emporgehoben wurde«. Wie wir dargelegt haben, wurde der hebräische Elohim Begriff für DIN.GIR in den sumerischen Quellen der Genesis verwendet. Demzufolge waren es die Anunnaki mit denen Enoch »ging« und von denen er emporgehoben wurde. Sowohl diese Worterklärung, als auch die wissenschaftlichen Daten, die nur vom mathematischen Sexagesimalsystem der Sumerer kommen konnten und dem sumerischen Kalender, der seinen Ursprung in Nippur hatte, sind Hinweise auf die altertümlichen Quellen ihrer Entstehung, ohne die wir nicht mehr über Enoch wüßten, als die lakonische Bibelaussage.

Die erste dieser Zusammenstellungen ist das *Buch der Jubiläen*, das wir bereits erwähnten. Es liefert die Details, die in der biblischen Auflistung der 10 Vor-Sintflut Patriarchen fehlt und behauptet, daß Enochs »Gehen mit den Elohim« sein »Zusammensein mit den Engeln Gottes über sechs Jubiläen von Jahren dauerte und sie ihm alles zeigten, was auf Erden und in den Himmeln ist«:

Er war der erste unter den Menschen, die geboren sind auf der Erde,
der Schreiben lernte und Kenntnisse und Weisheit erhielt,
und der die Zeichen des Himmels in einem Buch niederschrieb,
entsprechend der Ordnung ihrer Monate...
Und er war der erste der ein Zeugnis gab,
und er bezeugte den Söhnen Adams von den
Generationen auf Erden, und er zählte die Wochen der
Jubiläen nach und machte die Tage der Jahre bekannt;
und brachte die Monate in eine Ordnung und zählte die
Sabbathe des Jahres nach, wie die Engel es ihm kundtaten.
Und ebenso, was er in einer Vision während seines Schlafes sah,
was war und was sein wird, wie es den Kindern
der Menschen passieren wird, durch all ihre Generationen hindurch.

Gemäß dieser Version von Henochs Göttlichen Begegnungen, »wurde er« von den Engeln »aus der Mitte der Kinder der Menschen genommen«, die »ihn in den Garten Eden leiteten in Erhabenheit und Ehre«. Entsprechend dem *Buch der Jubiläen*, verbrachte Henoch da seine Zeit damit, »die Verurteilungen und Beurteilungen der Welt niederzuschreiben«, auf dessen Bericht hin »Gott die Wasser der Flut über das gesamte Land Eden brachte«.

Womöglich noch größere Details liefert das pseudepigraphische *Buch Henoch*, in dem die Erzählung von Henoch nicht Teil der patriarchalischen Geschichte ist, sondern grundlegender Gegenstand einer größeren Arbeit. Zusammengestellt in den Jahrhunderten, die der christlichen Ära unmittelbar vorausgingen und basierend sowohl auf altertümlichen, mesopotamischen, als auch biblischen Quellen, schmückt es das alte Material mit einer Engelskunde aus, die zu Zeiten des Autors üblich war.

Das hebräische Original des *Buches Henoch* ging verloren, hat aber mit Sicherheit existiert, denn Bruchstücke davon wurden, gemischt mit aramäischem Dialekt (Aramäisch war damals die übliche Alltagssprache) unter den Tote-Meer-Rollen gefunden. Aus ihm wurde über weite Strecken zitiert und ins Griechische und Lateinische übersetzt und drückt dadurch aus, daß es von nahezu allen Schreibern des Neuen Testaments als heilige Schrift angesehen wurde. Insgesamt gesehen ist die Aufzeichnung hauptsächlich wegen der viel späteren Übersetzungen ins Äthiopische (bekannt als »1 Enoch«) und Slavische (»2 Enoch«, manchmal Das Buch der Geheimnisse von Enoch genannt) erhalten geblieben.

Das Buch Henoch beschreibt im Detail nicht eine, sondern zwei Himmels-Reisen: Die erste, in der die Geheimnisse des Himmels erfahren wurden, die Rückkehr und das Vermitteln der erworbenen Kenntnisse an seine Söhne stattfand. Die zweite Reise fand nur in eine Richtung statt: Henoch kehrte nicht von ihr zurück und darauf basiert die biblische Aussage, Henoch sei gegangen, denn die Elohim hätten ihn mit sich genommen. Im *Buch Henoch* ist es ein Kreis von Engeln, der die göttlich-verfügten Aufgaben vollzieht.

Die Bibel sagt aus, daß Henoch geschätzt »ging mit den Elohim«, bevor er nach oben geholt wurde; das *Buch Henoch* führt diese Vor-Aufstiegsperiode weiter aus. Es beschreibt Henoch als einen Schreiber mit prophetischen Gaben. »Vor diesen Dingen wurde Henoch versteckt, und keiner der Kinder von Adam wußte, wo er versteckt war und wo er sich aufhielt... während der Tage, die er mit den Heiligen verbrachte.« Seine Göttlichen Begegnungen begannen mit Träumen und Visionen. »Ich sah in meinem Schlaf, was ich nun sagen werde mit meiner Zunge«, sagte er vom Beginn seiner Verwicklungen mit den Göttlichen. Es war mehr als ein Traum, es war eine Vision:

Und die Vision wurde mir so nahegebracht:

In der Vision luden mich Wolken ein
und ein Nebel rief mich;
der Verlauf der Sterne und die Blitze
trieben mich an und drängten mich;
die Winde und die Vision veranlaßten mich zu fliegen,
und erhoben mich nach oben,
und trugen mich hinauf zum Himmel.

Im Himmel angekommen, erreichte er eine Mauer »die aus Kristallen gebaut ist und umgeben ist von Feuerzungen.« Er bewältigte das Feuer und kam zu einem aus Kristall erbauten Haus, dessen Decke den sternenbesetzten Himmel nachahmt, und die Wege der Sterne aufzeigte. In seiner Vision sah er dann ein zweites Haus, größer und erhabener als das erste. Den Feuern trotzend, die es entflammten, sah er darin einen Kristallthron, der auf einem Strom aus Feuer ruhte; »seine Erscheinung war kristallin und dessen Räder wie eine strahlende Sonne«.

Auf dem Thron saß die Große Herrlichkeit, aber noch nicht einmal die Engel konnten sich ihm nähern und Sein Gesicht erblicken, wegen des Funkelns und der Erhabenheit Seiner Herrlichkeit. Henoch warf sich zu Boden, versteckte sein Gesicht und zitterte. Aber dann »nannte mich der Herr mit Seinem eigenen Mund und sagte, 'Komme hierher, Henoch, und höre meine Worte'.« Dann brachte ihn ein Engel näher und er hörte den Herrn zu ihm sagen, daß er ein Fürsprecher für die Menschen werden würde und ihm die Geheimnisse des Himmels gelehrt werden würden, weil er ein Schreiber und rechtschaffener Mann sei.

Es war nach dieser Traumvision, daß Henochs Reisen tatsächlich stattfanden.

Die Reisen begannen eines nachts, 90 Tage vor seinem 365. Geburtstag.

So, wie es Henoch später seinen Söhnen erzählte:
»War ich alleine im Haus. Ich war in großer Sorge,
weinte, ruhte mich aus und fiel
auf meinem Lager in Schlaf.
Und da erschienen mir zwei Männer, außerordentlich groß,

so, wie ich nie welche auf der Erde gesehen habe.
Ihre Gesichter strahlten wie die Sonne,
ihre Augen waren wie brennendes Licht,
und Feuer kam aus ihren Mündern.
Ihre Kleidung, purpur in der Erscheinung, unterschied
sich voneinander; und ihre Arme waren wie goldene Flügel.
Sie standen am Kopfende meines Lagers,
und riefen mich bei meinem Namen.«

So geweckt aus seinem Schlaf, fuhr Henoch fort, »sah ich klar diese beiden Männer vor mir stehen.« Unähnlich der ersten Traumvision, war diese mehr, als nur eine traumgleiche Vision; dieses Mal geschah es wirklich!

»Ich stand auf von meinem Lager und verbeugte mich vor ihnen«, erzählte Henoch weiter, »und ich war ergriffen von Furcht und bedeckte mein Gesicht vor Schrecken.« Dann begannen die zwei Emissäre zu sprechen und sagten: »Habe Mut, Henoch, fürchte dich nicht, denn der Ewige Herr hat uns zu dir gesandt. Siehe, heute sollst du mit uns hinauf zu den Himmeln gehen.«

Sie instruierten Henoch, sich für die Himmelsreise vorzubereiten, indem er seinen Söhnen und Bediensteten all das mitteilte, was sie während seiner Abwesenheit zu tun hätten, und daß keiner ihn suchen solle, »bis der Herr ihn zu ihnen zurückkehren ließe«. Er rief seine beiden ältesten Söhne, Methusalem und Regim, zu sich und sagte ihnen: »Ich weiß weder wohin ich gehen werde, noch was mir widerfahren wird.« Deshalb instruierte er sie, rechtschaffen und gerecht zu sein und den Glauben an den einen Allmächtigen Gott zu bewahren. Er sprach noch zu seinen Söhnen, als »die zwei Engel ihn auf ihre Flügel nahmen und ihn hinauftrugen zum Ersten Himmel.« Es war ein wolkiger Platz und er sah dort »ein sehr großes Meer, größer als das irdische Meer.« Bei diesem ersten Halt wurden Henoch die Geheimnisse der Meteorologie gezeigt, danach wurde er hinauf getragen zum Zweiten Himmel, wo er Gefangene sah, die gepeinigt wurden, ihre Sünde hatte darin bestanden, »den Geboten des Herrn nicht zu gehorchen.« Im Dritten Himmel, wohin die zwei Engel ihn daraufhin führten, sah er das Paradies mit dem Baum des Lebens. Der Vierte Himmel war der Ort mit dem längsten Aufenthalt, wo Henoch die Geheimnisse von Sonne und Mond gezeigt wurden, von den Sternen und den Konstellationen der Tierkreiszeichen und vom Kalender. Der Fünfte Himmel war »das Ende von Himmel und Erde« und der Verbannungsplatz der »Engel, die sich mit Frauen verbunden haben.« Es war ein »chaotischer und schrecklicher Ort«, von dem aus »sieben Sterne des Himmels« gesehen werden konnten »zusammengefügt«. Hier wurde der erste Teil der Himmelsreise abgeschlossen.

Während der zweiten Etappe der Reise, begegnete Henoch den verschiedenen Klassen von Engeln in aufsteigender Rangfolge: Cherubim und Seraphim und großen Erzengeln, insgesamt sieben Rängen. Nachdem er den Sechsten und den Siebten Himmel passierte, wurde der Achte erreicht; da konnten bereits die Sterne, die die Konstellationen ausmachen, gesehen werden. und als Henoch noch höher emporstieg, konnte er vom Neunten Himmel »die himmlischen Heimstätten der zwölf Zeichen des Zodiaks« sehen. Schließlich erreichte er den Zehnten Himmel, wo er vor »das Angesicht des Herrn gebracht wurde«, ein Anblick, so sagte Henoch später, der zu überwältigend war, um beschrieben werden zu können.

Verängstigt fiel Henoch nieder und verbeugte sich vor dem Herrn. Und dann hörte er den Herrn sagen, »erhebe dich Henoch, habe keine Furcht, erhebe dich und stehe vor meinem Angesicht und gewinne Ewigkeit.« Und der Herr befahl dem Erzengel Michael Henochs irdische Bekleidung zu wechseln, ihn in göttliche Gewänder zu kleiden und ihn zu salben. Dann befahl der Herr dem Erzengel Pravuel, »die Bücher aus dem heiligen Lager zu bringen und eine Riedfeder zum Schnellschreiben, und sie Henoch zu geben, so daß er alles niederschreiben möge, was der Erzengel ihm vorlesen würde, »all die Gebote und Lehren.« Dreißig Tage und dreißig Nächte lang diktierte Pravuel und Henoch schrieb all die Geheimnisse der »Wirkungsweisen des Himmels, der Erde und des Meeres, und all der Elemente« nieder, »ihre Passagen und Gänge und dem Donnergrollen des Donners; und der

Sonne und des Mondes, den Umlaufbahnen und dem Wechsel der Sterne, den Jahreszeiten, Jahren, Tagen und Stunden« und »allen menschlichen Dingen, der Weise jedes menschlichen Liedes... und aller Dinge die geeignet waren zu lernen.« Die Schriften füllten dreihundert und sechzig Bücher.

Dann ließ der Herr Henoch zu seiner Linken sitzen, neben dem Erzengel Gabriel und erzählte Henoch, wie Himmel und Erde und alles darüber hinaus erschaffen worden war. Dann sagte der Herr Henoch, daß er zur Erde zurückgebracht würde, so daß er alles, was er gelernt hatte, an seine Söhne übergeben solle, und ihnen die handgeschriebenen Bücher geben, um sie von Generation zu Generation weiterzugeben. Aber sein Aufenthalt auf Erden wäre nur für einen Zeitraum von dreißig Tagen, »und nach dreißig Tagen werde ich meinen Engel nach dir schicken, und er wird dich holen von der Erde und von deinen Söhnen, zu mir.«

Und so brachten die zwei Engel Henoch am Ende seines Aufenthalts im Himmel, zurück zu seinem Heim, zurück zu seinem Lager in der Nacht. Henoch holte seine Söhne und seinen ganzen Haushalt zu sich und übergab ihnen seine Erfahrungen und beschrieb ihnen die Inhalte der Bücher: Die Maßangaben und Beschreibungen der Sterne, die Länge des Sonnenkreises, den Wechsel der Jahreszeiten, in Abhängigkeit von den Sonnenwenden und den Tag- und Nachtgleichen und andere Geheimnisse, den Kalender betreffend. Dann trug er seinen Söhnen auf, geduldig und freundlich zu sein, den Armen Almosen zu geben, rechtschaffen und treu zu sein und alle Gebote des Herrn einzuhalten.

Henoch redete und instruierte fortwährend bis zum letzten Moment, währenddessen dem die Kunde seiner Himmelsreise und seiner Lehren sich in der Stadt verbreitet hatten und sich eine Menge von zweitausend Menschen versammelte, um ihn zu hören. So sendete der Herr eine Finsternis über die Erde und die Finsternis hüllte die Menge ein, und alle, die sich in Henochs Nähe befanden. In dieser Dunkelheit hoben die Engel Henoch schnell empor, und trugen ihn fort »zum höchsten Himmel«.

Und all die Menschen sahen,

aber keiner konnte verstehen,
wie Henoch geholt worden war.
Und sie gingen zurück zu ihren Häusern,
jene, die solches gesehen hatten
verherrlichten Gott.
Und Methusalem und seine Brüder,
all die Söhne Henochs, beeilten sich
und errichtete einen Altar an dem Ort,
woher und wohin Enoch
in den Himmel hinauf genommen worden war.

Der zweite und letzte Aufstieg von Henoch in den Himmel fand exakt an dem Tag – und in der Stunde – statt, an dem er geboren worden war, im Alter von 365 Jahren, teilt der Schreiber des Buches Henoch am Ende seines Buches mit.

War diese Geschichte von Henochs Aufstieg(en) zum Himmel das Äquivalent oder die Inspiration zu den sumerischen Erzählungen über Adapa?

Bestimmte Details, die in beiden Geschichten vorkommen, weisen in diese Richtung. Zwei Engel, eine Parallele zu den Göttern Dumuzi und Gizzida in der Adapa Legende, bringen den Erdling »vor das Angesicht des Herrn.« Die Bekleidung des Besuchers wird von irdischer in göttliche getauscht. Er wird gesalbt. Und schließlich wird ihm großes Wissen vermittelt, das er in »Büchern« niederschreibt. In beiden Beispielen schreibt der Besucher das auf, was ihm diktiert wird. Diese Details erscheinen innerhalb eines Rahmens, der ohne Zweifel die sumerischen Ursprünge der Henoch »Legende« darstellt.

Wir haben bereits herausgearbeitet, daß die biblische Erzählung ihre sumerische Quelle enthüllt, indem Henochs Göttliche Begegnungen »den Elohim« zugeschrieben wird. Das sumerische Sexagesimal System offenbart sich selbst durch einige Schlüsselzahlen in Henochs Geschichte, wie etwa in den Sechzig Tagen des ersten Himmels-Aufenthalts und den 360 »Büchern« (Tafeln), die Henoch diktiert wurden. Am faszinierendsten jedoch ist die Behauptung, daß die Göttliche Heimstatt, Ort der höchsten Göttlichen Begegnung, der

Zehnte Himmel war. Dies widerspricht allen Hinweisen von Sieben göttlichen Himmeln, mit dem Siebten, als dem höchsten, ein Hinweis, der auf der Annahme basiert, die Altvorderen hätten nur sieben Himmelskörper gekannt (Sonne, Mond, Merkur, Venus, Mars, Jupiter, Saturn), die am Himmel beobachtet werden konnten, wie sie die Erde umgaben. Die Sumerer wußten jedoch viel früher, als die Griechen oder die Römer über die vollständige Zusammensetzung des Solarsystems Bescheid und redeten von einer Familie aus zwölf Mitgliedern: Sonne und Mond; Merkur, Venus, ERDE, Mars Jupiter, Saturn, Uranus, Neptun, Pluto (wir verwenden die modernen Namen); und ein zehnter Planet, Nibiru, der Planet, der der Wohnsitz von Anu war, dem »König« oder »Lord« aller Anunnaki »Götter«.

(Es ist bemerkenswert, daß im jüdischen, mittelalterlichen Mystizismus, bekannt als *Kaballah,* die Heimstatt Gott des Allmächtigen die zehnte *Sefira* ist, ein »Glanz« oder Himmelsort, ein zehnter Himmel. Die *Sefirot* (Plural) waren gewöhnlich dargestellt als konzentrische Kreise, oft dem Abbild von *Kadmon* (»dem Alten«) überlagert. – Abb. 18 – dessen Zentrum *Yesod* (»Gründung«), zehnter *Ketter* (»Krone« Gottes, der Höchste) genannt wird. Darunter erstreckt sich das *Ein Soff* – Unendlichkeit, unendlicher Raum).

Dies sind alles eindeutige Verbindungen zu sumerischen Quellen. Aber ob es die Geschichte über Adapa war, die in Henochs Aufzeichnung wiedergegeben wird, ist unsicher, denn man kann mehr Ähnlichkeiten zwischen Henoch und einer zweiten sumerischen Person aus Vorsintflut-Zeiten finden, EN.ME.DUR.ANNA (»Meister der Göttlichen Tafeln des Bundes Himmel-Erde«), auch bekannt als EN.ME.DUR.AN.KI (»Meister der Göttlichen Tafeln des Bundes Himmel-Erde«).

Wie die biblische Regentenliste über zehn Vorsintflut-Patriarchen, so benennt auch die frühere Sumerische Königsliste zehn Vorsintflut-Herrscher. In der biblischen Liste war Henoch der Siebte. In der sumerischen Liste, war Enmeduranki der siebte. Und, wie bei Henoch, wurde auch Enmeduranki von zwei Göttlichen himmelswärts geholt, um verschiedene Wissenschaften gelehrt zu bekommen. Wohingegen im Fall von Adapa, die Möglichkeit, daß er der Siebte (Weise) war, nicht absolut gegeben ist (einige mesopotamische Quellen listen ihn auf, als den ersten von Ericus sieben Weisen), die siebte Position von Enmeduranki ist sicher; daher rührt die Lehrmeinung, daß er das sumerische Gegenstück zum biblischen Henoch darstellt. Er kam aus Sippar, wo sich in Vor-Sintflut-Zeiten der Raumflughafen der Anunnaki befand, mit Utu (»Shamash« in späterer Zeit), einem Enkel von Enlil, als seinem Kommandeur.

Die sumerische Königliste zeichnet eine »Regierungszeit« von 21 600 Jahren (sechs Sars) für Enmeduranki in Sippar auf – ein Detail von großer Bedeutung. Zum ersten enthüllt es, daß die Anunnaki zu einem bestimmten Zeitpunkt ausgewählte Menschen (Halbgötter) als qualifiziert erachteten, wie ein EN -»Häuptling«- in einer der Vor-Sintflut Siedlungen zu handeln (in diesem Fall Sippar) – ein Aspekt des Phänomens der Halbgötter. Zum zweiten in Zusammenhang mit unserer Vermutung, die sumerische und biblische vorsintflutliche, patriarchalische Lebensspanne zu vereinen, sollte zur Kenntnis genommen werden, daß 21 600 durch 60 geteilt, 360 ergibt. Obwohl die Bibel Henoch eine irdische Anwesenheit von 365 Jahren zuschreibt, gibt das *Buch Henoch* 360 als Zahl der Bücher an, die von Henoch geschrieben wurden, in denen er die Kenntnisse wiedergibt, die ihm gegeben wurden. Diese Details werfen nicht nur ein bezeichnendes Licht auf die Ähnlichkeiten zwischen Henoch und Enmeduranki, sondern unterstützen ebenso unsere Lösung für die sumerisch/biblische Behandlung der vorsintflutlichen Zeitspannen.

Der Text, der den Aufstieg und die Ausbildung von Enmeduranki im Detail beschreibt, wurde zusammengesetzt aus Einzelstücken der Tafeln, zum größten Teil aus der königlichen Bibliothek von Ninive, dann zusammengestellt und veröffentlicht in einer redigierten Version von W.G.Lambert (»Enmeduranki und abgeleitetes Material«, im *Journal of Cuneiform Studies*).Die Basisquelle ist die Aufzeichnung von vorsintflutlichen Ereignissen, eines babylonischen Königs, auf Tontafeln geschrieben, als Unterstützung seines Anspruchs auf den Thron, denn er war ein »entfernter Sproß des Königtums, Samen bewahrt aus Zeiten vor der Flut, Nachkomme von Enmeduranki, der in Sippar regierte.« Nachdem er auf diese Weise seine eindrucksvolle alte Verbindung mit einem vorsintflutlichen Herrscher geltend gemacht hatte, fuhr der babylonische König fort, die Geschichte von Enmeduranki zu erzählen:

Enmeduranki war ein Prinz aus Sippar,
geliebt von Anu, Enlil und Ea.
Schamasch im Strahlenden Tempel
ernannte ihn zum Priester.
Schamasch und Adad [nahmen ihn] mit
zur Versammlung [der Götter].

Schamasch war, wie erwähnt, ein Enkel von Enlil und zu vorsintflutlichen Zeiten Kommandeur des Raumflughafens in Sippar und danach in dem auf der Halbinsel Sinai. Sippar, das nach der Sintflut wiederaufgebaut wurde, aber kein Raumflughafen mehr war, wurde dennoch verehrt als Verbindungsglied mit der himmlischen Justiz des DIN.GIR (»Die Rechtschaffenen/Gerechten der Raketenschiffe«) und war der Ort des sumerischen obersten Gerichtshofes. Adad (Ischkur im Sumerischen) war der jüngste Sohn von Enlil, dem Kleinasien als sein Herrschaftsgebiet zugesichert wurde. Die Texte beschrieben ihn, als seiner Nichte Ischtar und seinem Neffen Schahasm nahe verbunden. Es waren diese beiden, Adad und Schamasch, die Enmeduranki zu dem Platz, wo die Götter vermutlich zur Beurteilung und Bewilligung versammelt waren, begleiteten.

Schamasch und Adad [kleideten? reinigten?] ihn,
Schamasch und Adad setzten ihn
auf einen großen Thron aus Gold.
Sie zeigten ihm, wie man
Öl auf Wasser beobachtet –
ein Geheimnis von Anu, Enlil und Ea.
Sie gaben ihm eine göttliche Tafel,
die Kibdu, ein Geheimnis von Himmel und Erde.
Sie legten in seine Hand ein Instrument aus Zedernholz,

das Lieblingsstück der großen Götter...
Sie lehrten ihn, Berechnungen
mit Zahlen anzustellen.

Nachdem Enmeduranki »die Geheimnisse von Himmel und Erde« gelehrt worden waren, einschließlich insbesondere die Kenntnisse der Medizin und Mathematik, wurde er nach Sippar zurückgebracht, mit Anweisungen, dem Volk seine Göttliche Begegnung zu offenbaren und der Menschheit das Wissen verfügbar zu machen, indem die Geheimnisse von einer Priestergeneration an die nächste weitergegeben würden, vom Vater auf den Sohn:

Der erfahrene Gelehrte,
der die Geheimnisse der großen Götter hütet,
wird seinen bevorzugten Sohn mit einem Eid
vor Schamasch und Adad binden.
Mit den Göttlichen Tafeln, wird er ihn,
durch einen Griffel in die Geheimnisse
der Götter einweisen.

Die Tafel mit diesem Text, die nun im Britischen Museum in London aufbewahrt wird, hat ein Postskriptum:

So wurde die Folge von Priestern erschaffen,
denen es erlaubt war,
sich Schamasch und Adad zu nähern.

Laut dieser Wiedergabe des Himmelsaufstiegs von Enmeduranki, befand sich sein Wohnsitz in Sippur (dem nachsintflutlichen »Kultzentrum« von Schamasch), und es war da, wo er die Göttlichen Tafeln verwendete, um seinen Nachfolge-Priestern das geheime Wissen zu lehren. Dieses Detail knüpft eine Verbindung zu den Ereignissen während der Sintflut, denn laut mesopotamischen Quellen, von denen auch Berossus berichtet (ein babylonischer Priester, der im 2.Jh v.Chr. eine »Weltgeschichte« in griechisch zusammenstellte), wurden die Tafeln, die das Wissen beinhalten, das der Menschheit von den Anunnaki vor der Sintflut offenbart wurde, aus Sicherheitsgründen in Sippar aufbewahrt.

Tatsächlich beinhalten die zwei Erzählungen – vom sumerischen Enmeduranki und dem biblischen Henoch – wesentlich stärkere Verknüpfungspunkte, als die aus der Sintflut. Denn, wenn wir uns die Geschichte-hinter-der-Geschichte ansehen, stoßen wir auf eine Folge von Ereignissen, deren grundlegender Beweggrund Göttlicher Sex war und die ihren Höhepunkt in einem Plan fand, dessen erklärte Absicht es war, die Menschheit auszurotten.

Vor Kopernikus und NASA

Bis zur Veröffentlichung von Nikolaus Kopernikus'astronomischem Werk *Die sechs Bücher über die Umläufe der Himmelskörper,* aus dem Jahr 1534 (und für viele darauffolgende Jahre), war die etablierte Lehrmeinung, daß die Sonne, der Mond und andere bekannte Planeten, die Erde umkreisen. Die katholische Kirche, die Kopernikus für diese Häresie verdammte, gab ihren Irrtum offiziell erst 450 Jahre später bekannt, 1993.

Die ersten Objekte am Himmel, die nach der Erfindung des Telekops entdeckt wurden, waren die vier großen Jupitermonde – von Galilei, im Jahr 1610.

Uranus, der Planet jenseits des Saturn, der von der Erde aus nicht mit freiem Auge gesehen werden kann, wurde 1781 mit Hilfe eines verbesserten Teleskops gefunden. Neptun wurde 1846 jenseits des Uranus gefunden. Und Pluto der äußerste aller bekannten Planeten, wurde erst 1930 gefunden.

Und doch hatten die Sumerer vor tausenden von Jahren bereits ein vollständiges Sonnensystem dargestellt (siehe Abb. 13 und Detail »A« unten), mit der Sonne – nicht der Erde – als Mittelpunkt; ein Sonnensystem, das Uranus, Neptun und Pluto einschließt, und einen weiteren großen Planeten (»Nibiru«) der sich zwischen Jupiter und Mars bewegt.

Es war erst in den siebziger Jahren, daß uns die NASA Satelliten-Nahaufnahmen unserer Nachbarplaneten zur Verfügung stellten. Und erst im Jahr 1986 und 1989 flog Voyager-2 an Uranus und Neptun vorbei. Dennoch beschrieben sumerische

Texte (von uns zitiert in »Der zwölfte Planet«) diese äußeren Planeten genauso, wie sie von der NASA vorgefunden wurden.

Der erste Ring, der Saturn umgibt, wurde nicht vor 1659 entdeckt (von Christiaan Huygens). Doch der Abdruck eines assyrischen Zylindersiegels auf einem Tonumschlag, der eine Tafel einschloß, die im Himmelshintergrund die Sonne, den Mond (Halbmond) und die Venus (acht-gepunkteter Stern) zeigt, stellt auch einen kleinen Planeten dar – Mars – (durch Stroh, das den Asteroidengürtel versinnbildlichte?) abgetrennt von einem größeren (Jupiter), gefolgt von einem großen beringten Planeten – Saturn!

4. Die Nefilim: Sex und Habgier

Die biblischen Aufzeichnungen der menschlichen Vorgeschichte, bewegen sich in schnellen Ausschnitten durch die Generationen, die Henoch folgen – sein Sohn Methusalem, der Lamech zeugte, der Noah »Ruhepause« zeugte, bringt uns zum Hauptereignis – der Sintflut.

Die Sintflut war tatsächlich eine Geschichte größeren Ausmaßes, wie es Nachrichtensprecher heutzutage formulieren würden, ein globales Ereignis, eine Wasserscheide, sowohl figurativ, als auch wörtlich zu verstehen, in Bezug auf menschliche und göttliche Angelegenheiten. Aber versteckt hinter der Erzählung der Sintflut, verbirgt sich eine Episode Göttlicher Begegnungen von völlig neuer Art – eine Episode ohne die die Geschichte der Sintflut, ihre logische, biblische Grundlage verlieren würde.

Die biblische Erzählung über die Sintflut, die große Flut, beginnt in Kapitel 6 der Genesis, mit acht rätselhaften Versen. Ihr vermuteter Sinn war es, zukünftigen Generationen zu erklären, wie es kam – wie konnte so etwas je geschehen?! – daß *der* Erschaffer der Menschheit, sich gegen sie wandte und schwor, den Menschen vom Angesicht der Erde zu tilgen. Es wird angenommen, daß der fünfte Vers dafür sowohl eine Erklärung, als auch eine Rechtfertigung bietet: »Und Jahwe sah, daß die Niederträchtigkeit des Menschen auf Erden groß war und daß jeder seiner innersten Gedanken von Übel war.« Deshalb (Vers 6) »bereute Jahwe, daß er den Menschen auf Erden geschaffen hatte, und es betrübte ihn von Herzen.«

Aber diese Erklärung der Bibel, die den anklagenden Finger gegen die Menschheit erhebt, vermehrt nur das Puzzle der ersten vier Verse aus dem Kapitel, deren Thema ganz und gar nicht die Menschheit ist, sondern die Göttlichkeiten selbst und deren Brennpunkt die ehelichen Verbindungen zwischen »den Söhnen der Götter« und »den Töchtern Adams« ist.

Und wenn man sich fragt, was hat all das mit der Entschuldigung für die Sintflut, als Bestrafung für die Menschheit zu tun, dann besteht die Antwort in einem Wort: SEX...

Nicht menschlicher Sex, sondern göttlicher Sex. Göttliche Begegnungen zum Zweck von Geschlechtsverkehr.

Die Anfangsverse der Sintfluterzählung in der Bibel, die vorgeschichtliche Sünden und das verhängnisvolle Fegefeuer nacherzählen, waren bis zum heutigen Tag ein Vergnügen der Prediger: Dies waren Zeiten, die ein Beispiel setzten, Zeiten »wo Riesen auf der Erde weilten, in diesen Tagen und ebenso danach, als die Göttersöhne zu den Töchtern der Menschen eingingen und sie ihnen Kinder gebaren.«

Das obige Zitat folgt der üblichen Übersetzung. Aber es handelt sich dabei nicht um das, was die Bibel sagt. Sie spricht nicht von »Riesen«, sondern Nefilim, was wörtlich »Jene, die herabgestiegen sind« bedeutet, »Söhne der Elohim« (nicht »Gottessöhne«), die aus den Himmeln zur Erde heruntergekommen waren. Und die vier anfangs unverständlichen Verse, ein Rest (wie alle Gelehrten zustimmen) einer um einiges längeren Ursprungsquelle, werden verständlich, hat man erst einmal verstanden, daß der Gegenstand dieser Verse, nicht die Menschheit ist, sondern die Götter selbst. Ordentlich übersetzt, beschreibt die Bibel darin die Umstände, die der Sintflut vorausgingen und die dazu führten.

Und es geschah,
als die Erdlinge an Zahl zunahmen
auf dem Angesicht der Erde,
und ihnen Töchter geboren wurden,
daß die Söhne der Elohim
die Töchter der Erdlinge,
als für sich passend erkannten.
Und sie unter sich nahmen,
welche Frau auch immer sie auswählten.
Die Nefilim waren auf der Erde,
in jenen Tagen, und auch danach,
als die Söhne der Elohim
den Töchtern Adams beiwohnten,
und sie ihnen Kinder gebaren.

Der biblische Begriff Nefilim, die Söhne der Elohim, die sich damals auf der Erde befanden, stellt eine Parallele zu den sumerischen Anunnaki dar (»Jene, die vom Himmel auf die Erde kamen«); die Bibel selbst (Moses IV 13:33) erklärt dies, indem sie darauf hinweist, daß die Nefilim »Söhne von Anak« waren (die hebräische Übersetzung von Anunnaki). Die Zeit, die der Sintflut vorausging, war demnach eine Zeit, in der die jungen, männlichen Anunnaki Sex mit jungen, menschlichen Frauen zu haben begannen; und da sie genetisch zusammenpaßten, hatten sie Kinder von ihnen – Nachkommen, halb sterblich und halb-»göttlich«: Halbgötter.

Daß solche Halbgötter auf der Erde anwesend waren, ist reichlich belegt in Texten aus dem Nahen Osten, sei es bei Einzelpersonen (so wie dem sumerischen Gilgamesch) oder langen Dynastien (so wie verlautet bei dem Geschlecht von 30 Halbgöttern in Ägypten, die den Pharaonen vorausgingen); beide Beispiele jedoch gehören in die Nachsintflutzeit.

Aber im Vorwort der Bibel zur Sintflutgeschichte finden wir die Behauptung, daß das »Nehmen von Weibern« aus den Reihen der menschlichen Frauen, durch die »Söhne der Elohim«, – Söhne der DIN.GIR – bereits vor der Sintflut begonnen hatte.

Die sumerischen Quellen, die sich mit Vorsintflut Zeiten, den Ursprüngen der Menschheit und ihrer Zivilisation beschäftigen, beinhalten die Erzählung von Adapa, und wir sind bereits auf die Frage gestoßen, ob die Bezeichnung »Nachkomme von Ea«, einfach bedeutet, er sei ein Mensch gewesen, ein Abstämmling von dem Adam, den Ea zu erschaffen half, oder buchstäblich, (wie es manche Gelehrte auffassen), ob er ein tatsächlicher Sohn Eas sei, der ihm durch Geschlechtsverkehr mit einer menschlichen Frau geboren wurde, was Adapa zu einem Halbgott machen würde. Falls dies Ea/Enki veranlaßt haben sollte, Sex mit einer anderen, als seiner offiziellen Ehefrau, der Göttin Ninki, gehabt zu haben, so muß keine Augenbraue angehoben werden: verschiedene sumerische Texte gehen ausführlich auf Enkis sexuelle Leistungsfähigkeit ein. In einem Fall umwarb er Inanna/Ishtar, die Enkelin seines Halbbruders Enlil. Neben anderen Eskapaden, war es seine Absicht, einen Sohn von seiner Halbschwester Ninmah zu erhalten; aber als nur eine

Tochter geboren wurde, setzte er die sexuellen Beziehungen zur nächsten, nächsten und übernächsten Generation von Göttinnen fort.

War Enmeduranki – nach allem, was man hört, der siebte und nicht der letzte (zehnte) Herrscher einer Stadt der Götter, lange vor der Sintflut – solch ein Halbgott? Dieser Punkt wird durch die sumerischen Texte nicht geklärt, aber wir nehmen an, daß dem so ist (in diesem Fall war sein Vater dann Utu/Schamasch). Andererseits, warum hätte man eine Stadt der Götter (in diesem Falle Sippar) unter seine Obhut stellen sollen, wenn alle vorherigen sechs Herrscher in Folge, Anunnaki-Führer waren? Und wie hätte er Sippar 21 600 Jahre regieren können, wäre er nicht ein genetisch Begünstigter der relativen »Unsterblichkeit« der Anunnaki gewesen?

Obwohl die Bibel selbst nicht sagt, wann die Mischehen begannen, außer der Aussage, daß es »sich zutrug, als die Erdlinge an Zahl zunahmen« und sich über die Erde ausbreiteten, enthüllen die pseudepigraphischen Bücher, daß die sexuellen Verstrickungen junger Götter mit menschlichen Frauen, zu Zeiten Henochs ein größeres Thema wurden – lange vor der Sintflut (nachdem Henoch der siebte der zehn vorsintflutlichen Patriarchen war). Laut dem *Buch der Jubiläen* betraf eine der damit in Zusammenhang stehende Angelegenheit, die Henoch »bezeugte«, daß »Engel des Herrn, die herabgestiegen waren auf Erden und gesündigt hatten, mit den Töchtern der Menschen, jenen die begonnen hatten sich zu vereinigen und sich auf diese Weise befleckten, mit den Töchtern der Menschen.« Laut dieser Quelle, war dies eine größere Sünde, begangen von den »Engeln des Herrn«, eine »Unzucht«, »gegen das Gesetz ihrer Verordnung, dem zuwider sie fortfuhren, mit den Töchtern der Menschen zu huren und sich Weiber nahmen nach ihrer Wahl und so den Beginn der Unsauberkeit verursachten.

Das *Buch Henoch* wirft mehr Licht auf das, was geschah:

Und es geschah, als die Kinder der Menschen
sich vermehrt hatten, daß in diesen Tagen
ihnen schöne und gutaussehende Töchter geboren wurden.
Und die Engel, die Kinder des Himmels,

sahen dies und gelüsteten nach ihnen,
und sagten zu sich:
'Kommt, laßt uns Weiber auswählen aus den
Töchtern der Menschen und uns Kinder zeugen.'

Laut dieser Quelle, handelte es sich bei dieser Entwicklung nicht um die Taten Einzelner, von einem jungen Anunnaki hier und einem anderen dort, der von Begierde übermannt wurde. Es gibt einen Hinweis, daß das sexuelle Verlangen verstärkt wurde von dem Wunsch Nachkommen zu haben, und daß die Auswahl menschlicher Frauen eine gezielte Entscheidung einer Gruppe von Anunnaki war, die gemeinsam handelten. Tatsächlich, nimmt man den Text weiterhin genau unter die Lupe, lesen wir, daß, nachdem die Idee weiter gediehen war, Semjaza, der ihr Führer war, zu ihnen sagte:

»Ich fürchte, er wird dieser Tat nicht zustimmen, und ich alleine werde die Strafe für eine große Sünde zu bezahlen haben.«

Und sie antworteten alle und sagten:
»Laßt uns alle einen Eid schwören und uns alle,
durch gegenseitige Verwünschungen binden,
diesen Plan nicht aufzugeben, sondern dieses Ding zu tun.«

So versammelten sie sich alle und banden sich selbst durch einen Eid, »dieses Ding zu tun«, obwohl es eine Verletzung des »Gesetzes ihrer Verordnung« war. Die intrigierenden Engel, so erfahren wir, wenn wir weiterlesen, stiegen herab auf den Berg Hermon (»den Berg des Eides«), am südlichen Rand der Berge des Libanons. »Die Zahl jener betrug 200, die in den Tagen von Jared auf den Gipfel des Berges Hermon herniederkamen.« Die 200 unterteilten sich selbst in Untergruppen zu zehn Personen; das *Buch Henoch* enthält die Namen der Gruppenführer, »der Anführer von Zehnen.« Die ganze Affäre war soweit eine gut organisierte Anstrengung von sexuell benachteiligten und kinderlosen »Söhnen der Elohim«, die Situation zu heilen.

Es ist offenkundig, daß in den pseudepigraphischen Büchern die sexuelle Beteiligung von göttlichen Wesen mit menschlichen Frauen nicht mehr als Begierde, Unzucht und Befleckung war – eine Sünde der »gefallenen Engel.« Die gängige Vorstellung ist die, daß dies der Standpunkt der Bibel selbst sei; tatsächlich aber trifft dies nicht zu. Diejenigen denen die Schuld gegeben wird und die deshalb ausgelöscht werden sollen, sind die Kinder von Adam, nicht die Söhne der Elohim. Die letzteren werden in Wahrheit wohlwollend erwähnt: Vers 4 erinnert sich ihrer als »den mächtigen Söhnen von Olam, den Leuten der Shem« – den Leuten des Raketenschiffes.

Einen Einblick in die Motivation, die Überlegungen und Empfindungen, die über die Heiraten untereinander und ihre Beurteilung angestellt wurden, können von einem in gewisser Weise ähnlichen Vorkommnis abgeleitet werden (Richter Kapitel 21). Wegen des sexuellen Mißbrauchs an der Frau eines Reisenden, durch den Stamm Benjamin, führten die anderen israelitischen Stämme Krieg gegen die Benjaminiten. Dezimiert und mit wenig verbliebenen, gebärfähigen Frauen, stand der Stamm vor der Auslöschung. Die Möglichkeit Frauen aus anderen Stämmen zu heiraten war verwehrt, denn alle anderen Stämme hatten geschworen, ihre Töchter nicht den Benjaminiten zu geben. So versteckten sich die Benjaminiten anläßlich eines nationalen Festes an einer Straße, die zur Stadt Schiloh führte; und als die Töchter von Schiloh die Straße entlang tanzten, »nahm sich jeder Mann sein Weib« und führte es zum Wohnort der Benjaminiten. Überraschenderweise wurden sie für diese Entführung nicht bestraft; denn in Wirklichkeit war dieser ganze Vorfall ein Plan, der von den Ältesten Israels ausgeheckt worden war, ein Weg dem Stamm der Benjaminiten zu helfen, trotz des boykottierenden Schwures.

Stand solch eine »tu, was du tun mußt, während ich weg sehe« – Taktik hinter der Eid-Abnahme Zeremonie auf dem Gipfel des Berges Hermon? Sah wenigstens einer der bedeutenden Führer, einer der Alten der Anunnaki (Enki?) weg, während ein anderer (vielleicht Enlil?) so erzürnt war?

Ein wenig bekannter sumerischer Text mag von Bedeutung für diese Frage sein. Von E. Chiera (in *Sumerian Religious Texts*) als »mystische Tafel« angesehen, erzählt es die

Geschichte eines jungen Gottes namens Martu, der sich über sein ehefrauenloses Leben beklagt; und wir lesen, daß die Heirat mit menschlichen Frauen beides war üblich und keine Sünde – vorausgesetzt sie wurde mit Erlaubnis durchgeführt und mit Zustimmung der jungen Frau:

In meiner Stadt habe ich Freunde,
sie haben Frauen genommen.
Ich habe Kameraden,
sie haben Frauen genommen.
In meiner Stadt, habe ich, anders
als meine Freunde, keine Frau genommen;
Ich habe keine Frau, ich habe keine Kinder.

Die Stadt über die Martu sprach, wurde Nin-ab genannt, eine »Stadt im besiedelten großen Land.« Dies geschah, so erklärt der sumerische Text, in der entfernten Vergangenheit, als »die Stadt Nin-ab existierte, Shed-tab existierte nicht; die heilige Tiara existierte, die heilige Krone nicht.« Mit anderen Worten, Priesterschaft existierte, aber noch nicht das Königtum. Aber es war eine Zeit, als »es Beiwohnung gab... und das Hervorbringen von Kindern.«

Der höchste Priester der Stadt, so informiert uns der Text, war ein fähiger Musiker; er hatte eine Frau und eine Tochter. Als sich die Menschen zu einem Fest trafen und den Göttern das gegrillte Fleisch der Opfergaben anboten, sah Martu die Tochter des Priesters und begehrte sie.

Offenbar bedurfte es einer besonderen Erlaubnis, sie zur Frau zur nehmen, denn – um die Worte aus dem *Buch der Jubiläen* zu verwenden – es war eine »Handlung gegen das Gesetz ihrer Verordnungen.« Die oben zitierte Beschwerde von Martu war an seine Mutter gerichtet, eine namentlich nicht genannte Göttin. Sie wollte wissen, ob das Mädchen, das er begehrte »seinen Blick schätzte.« Als es so bestimmt war, gaben die Götter Martu die benötigte Erlaubnis. Der Rest des Textes beschreibt, wie die anderen jungen Götter ein Hochzeitsfest vorbereiteten und wie die Bewohner von Ninab vom Schlag einer Kupfertrommel zusammengerufen wurden, um die Zeremonie zu bezeugen.

Wenn wir die verfügbaren Texte als Versionen der selben prähistorischen Aufzeichnung lesen, können wir uns die Zwangslage der jungen Anunnaki Männer und ihre unangenehme Lösung vorstellen. Es gab 600 Anunnaki, die zur Erde gekommen waren und weitere 300 waren für das Shuttlefahrzeug, das Raumschiff und andere Vorrichtungen, wie die Raumstation, eingesetzt. Darunter waren wenig Frauen. Es gab Ninmah, die Tochter von Anu und einer Halbschwester von Enki und Enlil (alle drei von verschiedenen Müttern), die Medizinoffizier war, und mit ihr gab es noch eine Gruppe von weiblichen Anunnaki-Pflegerinnen (eine Darstellung auf einem sumerischen Rollsiegel portraitiert die Gruppe – Abb. 19).

Eine von ihnen wurde schließlich Enlils offizielle Gemahlin (und erhielt den Titel NIN.LIL, »Dame der Befehlsgebung«), aber erst nach dem Zwischenfall der Verabredungsvergewaltigung, für die Enlil verdammt wurde – ein Zwischenfall, der ebenso den Engpaß an Frauen unter den ersten Anunnaki Gruppen verdeutlicht.

Einen Einblick in die sexuellen Gewohnheiten in Nibiru selbst, kann den Aufzeichnungen in zahlreichen Götterlisten entnommen werden, die Anu selbst betreffend, die die Sumerer und nachfolgende Nationen aufbewahrt hatten. Er hatte vierzehn Söhne und Töchter von seiner offiziellen Ehefrau Antu; aber zusätzlich hatte er sechs Konkubinen, deren (vermutlich zahlreiche) Nachkommen durch Anu nicht aufgelistet wurden. Enlil, aus Nibiru, war der Vater eines Sohnes von seiner Halbschwester Ninmah (auch bekannt als Ninti aus der Die-Erschaffung der-Menschen-Geschichten und später als Ninharsag); sein Name war Ninurta. Aber, obwohl er ein Enkel von Anu war, war seine Gemahlin Bau (der auch der Epithetname GULA, »die Große« gegeben wurde) eine der Töchter Anus, was für Ninurta bedeutete, eine seiner Tanten zu heiraten. Auf Erden war Enlil, als er erst einmal Ninlil geehelicht hatte, absolut monogam. Sie hatten insgesamt sechs Kinder, vier Töchter und zwei Söhne; der jüngste Sohn, Ishkur im Sumerischen und Adad im Akkadischen, wurde in einigen Götterlisten auch Martu genannt – was andeutet, daß

Shala, seine offizielle Gattin, ebensogut ein Erdling gewesen sein könnte, die Tochter des Hohepriesters, wie die Erzählung von Martus Heirat dies berichtet.

Enkis Gemahlin wurde NIN.KI (»Dame der Erde«) genannt und war auch bekannt als DAM.KI.NA (»Gemahlin, die zur Erde kam«). Zurück auf Nibiru gebar sie ihm einen Sohn, Marduk; Mutter und Sohn schlossen sich bei nachfolgenden Reisen auf der Erde, Enki an. Aber während Enki ohne sie auf der Erde war, enthielt er sich nichts vor... Ein Text, von Gelehrten als »Enki und Ninharsag: Ein paradisischer Mythos« bezeichnet, beschreibt, wie Enki seiner Halbschwester den Hof machte und da er einen Sohn von ihr wollte, »den Samen in ihren Leib ergoß.« Aber sie gebar im nur Töchter, die Enki ebenso der Vereinigung für wert befand. Schließlich belegte Ninharsag Enki mit einem Fluch, der ihn lähmte und ihn dazu zwang einer raschen Zuteilung von Ehemännern für die jungen weiblichen Göttinnen zuzustimmen. Dies hinderte Enki jedoch nicht, bei anderer Gelegenheit, eine Enkelin von Enlil, Ereshkigal, gewaltsam mit dem Boot zu seinem Wohnsitz in Südafrika »als Preis zu entführen«.

All diese Beispiele dienen dazu, den entsetzlichen Mangel an Frauen unter den Anunnaki, die auf die Erde gekommen waren, zu veranschaulichen. Nach der Sintflut wurde , mit der 2. und 3. vorhandenen Generation von Anunnaki, ein besseres Männer-Frauen Verhältnis erzielt, wie die sumerischen Götterlisten bestätigen. Aber der Mangel an Frauen war in den langen vorsintflutlichen Zeiten offensichtlich akut.

Als die Entscheidung getroffen wurde primitive Arbeiter zu erschaffen, gab es absolut keine Absicht auf Seiten der Anunnaki Führung, ebenso Sexgespielinnen für die männlichen Anunnaki zu erschaffen. Aber, mit den Worten der Bibel, »als die Erdlinge an Zahl zuzunehmen begannen auf dem Angesicht der Erde und ihnen Töchter geboren wurden«, da entdeckten die jungen Anunnaki, daß die Reihe der genetischen Manipulationen diese Frauen kompatibel gemacht hatten, und daß Beischlaf mit ihnen Kinder hervorbringen würde.

Die planetarische Mischheirat erforderte strikte Erlaubnis. Im Verhaltenskodex der Anunnaki wurde Vergewaltigung als ernsthafte Straftat betrachtet (selbst Enlil, der Oberkommandierende, wurde zum Exil verurteilt, als er die junge Pflegerin vergewaltigte; ihm wurde vergeben, als er sie heiratete), die neue Form der göttlichen Begegnung wurde strikt geregelt und erforderte Erlaubnis, die, so erfahren wir aus dem sumerischen Text, nur gegeben wurde, wenn die menschliche Frau »den Blick« des jungen Gottes »schätzte.«

So nahmen 200 der Jungen die Angelegenheit in ihre eigenen Hände, schworen einen Eid, es gemeinsam zu tun und dem Ergebnis als Gruppe entgegenzusehen und stürzten sich unter die Töchter der Menschen, um sich Ehefrauen zu holen. Das Ergebnis – völlig unvorhergesehen, als Der Adam erschaffen wurde – war eine neue Sorte von Menschen: Halbgötter.

Enki, der selbst der Vater von Halbgöttern gewesen sein mag, betrachtete die Angelegenheit mit mehr Nachsicht, als Enlil; so sah es auch Ninmah, Enkis Mitschöpferin Des Adams, denn es war in ihrer Stadt, dem medizinischen Zentrum, mit Namen Shuruppak, in dem der sumerische Held der Sintflut residierte. Die Tatsache, daß er in der sumerischen Königsliste als der zehnte Vorsintflut-Führer aufgeführt war, legt nahe, daß Halbgöttern, Schlüsselpositionen als Bindeglieder zwischen den Göttern und dem Volk zukamen: Als Könige und Priester.

Diese Praxis wurde nach der Sintflut beibehalten; besonders die Könige prahlten damit, daß sie der »Samen« dieses oder jenen Gottes seien (und einige behaupteten dies, selbst wenn es nicht zutraf, allein um ihren Anspruch auf den Thron zu legitimieren.)

Die neue Art göttlicher Begegnungen, die in einer neuen (wenn auch begrenzten) Art von Menschen resultierte, warf Probleme nicht nur für die Führung der Anunnaki auf, sondern auch für die Menschheit selbst. Die Bibel erkennt den Geschlechtsverkehr zwischen Anunnaki und Menschen als den wichtigsten Anteil von Ereignissen, die der Sintflut vorausgingen und dazu führten, wie dargestellt, im rätselhaften Vorwort über die Erzählung von der Flut, mit den Versen, die die Mischheiraten aufzeichnen. Die Entwicklung wird dargestellt als Problem für Jahwe, eine Ursache für Kummer und

Bedauern darüber, die Erdlinge erschaffen zu haben. Aber wie die detaillierteren pseudepigraphischen Quellen nahelegen, schuf die neue Art göttlicher Begegnungen auch Probleme für die Sexualpartner und ihre Familien.

Das erste Beispiel, von dem berichtet wird, betrifft d e n Helden der Sintflut und seine Familie – Noah und seine Eltern. Der Bericht erhebt auch die Frage, ob der Held der Sintflut (in den sumerischen Texten Ziusudra genannt und, Utnapishtim in der akkadischen Version) tatsächlich ein Halbgott war.

Gelehrte haben lange geglaubt, daß es unter den Quellen für das *Buch Henoch* einen verlorenen Text geben müsse, der das Buch Noah genannt wurde.Seine Existenz wurde vermutet, aufgrund zahlreicher früher Schriften; aber was nur angenommen wurde, wurde zur sicheren und verifizierten Tatsache, als Bruchstücke eines solchen Buches Noah unter den Tote Meer-Rollen (= Qumranrollen) aus den Höhlen der Qumram Gegend, nicht weit weg von Jericho, gefunden wurden.

Entsprechend den wichtigen Abschnitten des Buches, stieg in Lamech ein quälender Verdacht auf, nachdem der kleine Junge Noah, den Bath-Enosh (die Ehefrau von Lamech) geboren hatte, so ungewöhnlich war:

> Sein Körper war weiß wie Schnee und rot wie die Blüten
> einer Rose und das Haar seines Kopfes und seine Locken,
> waren weiß wie Wolle und seine Augen waren hell.
> Und wenn er seine Augen öffnete, erstrahlte das ganze
> Haus wie die Sonne und das ganze Haus war sehr hell.
> Und daraufhin erhob er sich in den Händen der Hebamme,
> öffnete seinen Mund und unterhielt sich mit dem Herrn der
> Gerechtigkeit.

Schockiert rannte Lamech zu seinem Vater Methusalem und sagte:

> Ich habe einen merkwürdigen Sohn gezeugt,
> verschieden und
> ungleich dem Menschen
> und ähnlich den Söhnen der Götter

im Himmel; und seine Natur ist unterschiedlich und er ist nicht wie wir...
Und es scheint mir, daß er nicht von mir entsprungen ist, sondern von den Engeln.

Mit anderen Worten, Lamech hatte den Verdacht, daß die Schwangerschaft seiner Frau nicht durch ihn, sondern durch einen der »Söhne der Götter im Himmel«, einen der »Wächter« hervorgerufen worden war!

Der aufgelöste Lamech kam zu seinem Vater Methusalem, nicht nur, um dieses Problem mit ihm zu teilen, sondern auch um spezielle Unterstützung zu erbitten. Wir erfahren an diesem Punkt, daß Henoch, der von den Elohim geholt worden war, um bei ihnen zu sein, noch am Leben war und es ihm gut ging, er lebte an einem »Wohnort unter den Engeln« – nicht in den entfernten Himmeln, sondern »an den Enden der Erde«. So bat Lamech seinen Vater, dort seinen Vater Henoch zu erreichen und ihn zu bitten herauszufinden, ob einer der »Wächter« sich mit Lamechs Frau gepaart hatte. Als Methusalem den Ort erreichte, den er jedoch nicht betreten durfte, rief er nach Henoch und nach einiger Zeit, als Henoch den Ruf vernahm, antwortete er. Daraufhin erzählte er Henoch von der ungewöhnlichen Geburt und Lamechs Zweifel über die wahre Identität von Noahs Vater. Henoch bestätigte zwar, daß Mischheirat, die Halbgott-Kinder hervorbrachte, tatsächlich in Zeiten des Jared begonnen hatte, versicherte seinem Sohn aber nichtsdestotrotz, daß Noah ein Sohn Lamechs sei und daß sein ungewöhnliches Aussehen und sein hervorragender Geist Zeichen seien, daß »da eine Sintflut kommen wird und große Zerstörung für ein Jahr«, aber Noah und seiner Familie ist es bestimmt, gerettet zu werden. All dies, sagte Henoch, wisse er weil »der Herr es mir gezeigt hat und ich es auf den himmlischen Tafeln gelesen habe.

Laut dem hebräisch-aramäischen Fragment des Buches Noah, das unter den Qumranrollen entdeckt wurde, war die erste Reaktion Lamechs, angesichts seines höchst ungewöhnlichen Sohnes, seine Frau Bath-Enosh zu befragen (»Tochter/Abkömmling von Enosch«).

Wie von T.H.Gaster (*The Dead Sea Scriptures*) und H.Dupont-Sommer (*The Essene Writings from Qumran*) übersetzt, beginnt Kolumne II des Rollenfragments mit dem Bekenntnis, daß er, sobald er den neugeborenen Noah sah,

ich dachte in meinem Herzen, daß die Empfängnis
von einem der Wächter war, einem der Heiligen...
Und mein Herz veränderte sich in mir, wegen des Kindes.
dann drängte ich, Lamech und ging zu Bath-Enosch
meiner Frau, und ich sagte zu ihr:
Ich möchte, daß du schwörst,
beim Allerhöchsten, beim obersten Herrn, dem König aller
Welten, dem Führer der Söhne des Himmels,
daß du mir die Wahrheit sagst, ob...

Aber wenn man den ursprünglichen hebräisch-aramäischen Text der Rolle überprüft, findet man, daß da, wo die modernen Übersetzer den Begriff Wächter verwenden – wie die Übersetzer es getan haben – der ursprüngliche Text (Abb 20) tatsächlich von Nefilim spricht (das Wort ist von uns unterstrichen).

(Die Fehlübersetzung des Wortes »Wächter« resultiert aus der Anlehnung an die griechischen Versionen, bevor der hebr.-aram. Text entdeckt wurde, welche das Ergebnis von griech.-ägypt. Übersetzern in Alexandria waren, die den Begriff verwendeten, um die gleiche Bedeutung zu gebrauchen, wie die ägyptische für »Gott« NeTer, was wörtlich »Wächter« bedeutet. Der Begriff ist nicht ohne Verbindung zum alten Sumer, oder besser SHumer, was Land der Wächter (Hüter) bedeutete).

Lamech befürchtete nun, daß das Kind nicht von ihm war. Als er seine Frau bat, ihm unter Eid die Wahrheit zu sagen, antwortete sie ihm flehend, er möge sich ihrer »empfindlichen Gefühlslage erinnern« obwohl »die Situation in der Tat alarmierend ist.« Als Lamech diese zweideutige und zudem ausweichende Antwort hörte, wurde er noch »aufgeregter und war aus tiefstem Herzen beunruhigt.« Wiederum befragte er seine Frau nach der Wahrheit »und ohne jede Lüge.« So sagte sie, »ich lasse meine zarte Gefühle außer acht und schwöre dir beim Heiligen und Großen, dem Herrn des Himmels und der Erde, daß dieser Samen von dir kam, diese Empfängnis durch dich geschah und diese Frucht von dir gepflanzt wurde und nicht von irgendeinem Fremden oder von irgendeinem der Wächter, der himmlischen Wesen.«

Wie wir durch den Rest der Geschichte wissen, zweifelte Lamech weiter, trotz dieser Beruhigungen. Vielleicht fragte er sich, von was Bath-Enosch sprach, als sie sagte »ihre zarten Gefühle« sollten berücksichtigt werden. Hielt sie letztlich doch die Wahrheit zurück? Wie wir bereits beschrieben haben, eilte Lamech dann zu seinem Vater Methusalem, und suchte mit Henochs Hilfe zum Grund des Rätsels vorzudringen.

Die pseudepigraphischen Quellen beschließen die Erzählung mit der Versicherung über Noahs Eltern und der Erklärung, daß seine unüblichen Gesichtszüge und seine Intelligenz lediglich Zeichen seiner aufkommenden Rolle als Retter des menschlichen Samengutes seien. Wir allerdings müssen uns weiterhin fragen, ob dies stimmt, denn nach sumerischen Quellen der Erzählung, war der Held der Sintflut aller Wahrscheinlichkeit nach ein Halbgott.

Die sexorientierten göttlichen Begegnungen begannen, laut den Quellen, die oben zitiert sind, zu Zeiten von Jared, dem Vater von Henoch. Tatsächlich wird gerade sein Name in diesen Quellen als von der Wurzel Yrd abstammend erklärt, was im hebräischen »herabsteigen« bedeutet und erinnert damit an den Abstieg der rebellierenden Söhne der Götter, die auf dem Berg Hermon an der Verschwörung beteiligt waren. Verwendet man das chronologische Schema, das wir früher angenommen haben, können wir berechnen, wann es sich ereignet hatte.

Laut der biblischen Aufzeichnung wurde Jared 1196 Jahre vor der Sintflut geboren, Lamech, sein Sohn 782 Jahre vor der Sintflut; und schließlich Noah, der Sohn von Lamech, 600 Jahre vor der Großen Flut. Multipliziert man diese Zahlen mit 60 und addiert 13000 Jahre, kommen wir zu folgender Zeittafel.

Jared geboren	vor	84 760 Jahren
Enoch geboren	vor	75 040 Jahren
Methusalem geboren	vor	71 140 Jahren
Lamech geboren	vor	59 920 Jahren
Noah geboren	vor	49 000 Jahren

Behalten wir im Gedächtnis, daß diese Vorsintflut- Patriarchen etliche Jahre weiterlebten, nachdem sie ihre Nachfolger geboren hatten, so sind dies »phantastische Zeitangaben« (wie die Gelehrten sagen), wenn man sie in Erdenjahren ausdrückt – aber nur einige Nibiru-Jahre wenn sie in Sars gemessen werden. Tatsächlich stimmt eine der Tafeln mit den Daten der sumerischen Königsliste überein (bekannt als W-B 62, nun aufbewahrt im Ashmolean Museum in Oxford, England) mit dem Helden der Sintflut (»Ziusudra« im Sumerischen) einer Regentschaft von 10 Sars oder 36 000 Erdenjahren bis zur Erscheinung der Sintflut; dies sind genau die 600 Jahre, die die Bibel, Noah, zur Zeit der Sintflut zuspricht, multipliziert mit 60 (600 × 60 = 36 000) – und bestätigt dabei nicht nur die Symmetrie zwischen den beiden, sondern auch unsere Vermutung der Korrelation zwischen den biblischen und den sumerischen Zeiten der Patriarchen vor der Sintflut.

Will man eine plausible Chronologie aus diesen kombinierten Quellen entwickeln, lernen wir dadurch, daß die neue Art der göttlichen Begegnungen vor einigen 80 000 Jahren begann, zur Zeit von Jared. Sie setzten sich fort zu Zeiten von Henoch und verursachten eine Familienkrise als Noah geboren wurde, vor etwa 49 000 Jahren.

Was war die Wahrheit über Noahs Elternschaft? War er ein Halbgott, wie Lamech vermutet hatte, oder war er sein eigener Samen, wie die gekränkte Bath-Enosch ihm versichert hatte? Die Bibel sagt von Noah (um der üblichen Übersetzung zu folgen) daß er »ein frommer Mann war, ungetadelt in seiner Generation; und Noah wandelte mit Gott.« Eine wörtlichere Übersetzung wäre »ein rechtschaffener Mann, von tadelloser Abstammung, der mit den Elohim ging.« Die letzte Beurteilung ist identisch mit der, die die Bibel heranzieht, um seine göttlichen Kontakte zu beschreiben, und man muß sich fragen ob hinter dieser harmlosen biblischen Aussage mehr steckt, als man auf den ersten Blick vermutet.

Sei es wie es mag, es ist sicher, daß die jungen Anunnaki/Nefilim dadurch, daß sie ihre eigenen Tabus durchbrachen, eine Kette von Ereignissen lostraten, die voll von Ironie war.

Sie nahmen die Töchter der Menschen zu ihren Ehefrauen, weil sie genetisch zusammenpaßten; aber die Folge dieser Eingriffe und Passendmachungen war, daß die Menschheit verurteilt war, ihrem Ende entgegenzusehen... Es waren nicht die menschlichen Frauen, die die jungen Anunnaki begehrten, sondern das Gegenteil war der Fall; ironischerweise mußte die Menschheit die Hauptlast der Bestrafung tragen, denn »Jahwe hatte bereut, daß er Den Adam auf der Erde gemacht hatte«, und beschloß »Den Adam, den ich erschaffen habe, vom Angesicht der Erde hinwegzuwischen.«

Aber was als die letzte Begegnung angesehen wurde, so enthüllen die sumerischen Quellen, wurde von einem brüderlichen Streitgespräch ungeschehen gemacht. In der Bibel ist der Gott, der schwor die Menschheit vom Angesicht der Erde hinwegzufegen, derselbe, der dann mit Noah gemeinsame Sache macht, die Entscheidung zu annullieren. In der mesopotamischen Originalversion entfalten sich die Ereignisse wieder auf dem Hintergrund der Rivalität zwischen Enlil und Enki. Der göttliche »Kain« und »Abel« liegen weiterhin im Kampf miteinander – mit der Ausnahme, daß das beabsichtigte Opfer nicht einer von ihnen war, sondern das Wesen, daß sie erschaffen hatten.

Aber wenn die neue Art der göttlichen Begegnung – die sexuelle – zum beinahen Untergang der Menschheit geführt hatte, gab es doch eine Art von göttlicher Begegnung – eine geflüsterte – die zu ihrer Rettung führte.

5. Die Sintflut

Die Geschichte der Sintflut, der großen Flut, ist Teil der menschlichen Überlieferung und Kollektiv-Erinnerung, in nahezu allen Teilen der Welt. Ihre Hauptteile sind überall die gleichen, unabhängig von Version, oder Epithet-Namen der Haupthandlungsträger der Erzählung: Ärgerliche Götter entscheiden, die Menschheit mit Hilfe einer globalen Flut vom Angesicht der Erde hinwegzufegen, aber ein Paar ist davon ausgenommen und rettet die menschliche Rasse.

Außer einer Aufstellung über die Sintflut, von Berossus, einem chaldäischen Priester im 3. Jh.v.Chr. auf griechisch verfasst, den Gelehrten aus fragmentarischen Erwähnungen in den Schriften der griech. Historiker bekannt, findet man die einzige Aufzeichnung über dieses folgenschwere Ereignis in der hebräischen Bibel. Aber im Jahr 1872 wurde die britische Gesellschaft biblischer Archäologie (*British Society of Biblical Archeology*) in einer Lesung von George Smith darüber informiert, daß sich unter den Tafeln des Gilgamesch Epos, das von Henry Layard in der königlichen Bibliothek von Ninive, der alten assyrischen Hauptstadt, entdeckt worden war, einige befanden, die eine Sintfluterzählung, ähnlich der aus der Bibel enthielten (Abb. 21). Im Lauf des Jahres 1910 wurden Teile anderer Rezensionen (wie die Gelehrten die Versionen in anderen Sprachen aus dem Nahen Osten nennen) gefunden. Sie halfen einen anderen, größeren mesopotamischen Text zu rekonstruieren, das *Atra-hasis Epos*, das die Geschichte der Menschheit von ihrer Erschaffung bis zu ihrem beinahen Untergang, durch die Sintflut erzählt. Linguistische und andere Hinweise in diesen Texten, wiesen auf eine frühere sumerische Quelle, Teile davon wurden gefunden und mit ihrer Veröffentlichung wurde seit 1914 begonnen. Obwohl der gesamte sumerische Text noch gefunden werden muß, steht die Existenz eines solchen Prototyps, auf dem alle anderen, einschließlich der biblischen Version basieren, zweifelsfrei fest. Die Bibel stellt Noah, den Helden der

Sintflut Erzählung, der ausgewählt wurde, um mit seiner Familie gerettet zu werden, als »einen rechtschaffenen Mann« dar, »von tadelloser Abstammung; mit den Elohim ging Noah.« Die mesopotamischen Texte malen ein umfassenderes Bild von dem Mann und deuten an, daß er ein Abkömmling eines Halbgottes sein könne und möglicherweise, (wie Lamech vermutet hatte) selbst ein Halbgott war. Sie füllen die Details dessen, was »Gehen mit den Elohim« wirklich bedeutete mit Inhalt. Unter den vielen Einzelheiten, die die mesopotamischen Texte beinhalten, wird die Rolle, die Träume als eine wichtige Form der göttlichen Begegnung haben, deutlich. Es gibt darin auch einen Präzedenzfall über die Weigerung einer Gottheit, einem flehenden Sterblichen sein Gesicht zu zeigen – Gott wird gehört, aber nicht gesehen. Und es gibt einen lebendigen Erste-Hand-Bericht einer göttlichen Begegnung, einmalig in allen Annalen des frühgeschichtlichen Nahen Ostens – die Segnung von Menschen durch die Gottheit, mittels körperlicher Berührung der Stirn.

In der biblischen Version ist es die gleiche Gottheit, die beschließt, die Menschheit vom Angesicht der Erde zu wischen, und die umgekehrt handelt, um den Untergang der Menschheit abzuwenden, indem sie einen Plan schmiedet, den Helden der Geschichte und seine Familie zu retten

Im sumerischen Originaltext und seinen nachfolgenden mesopotamischen Überarbeitungen, ist mehr als eine Gottheit beteiligt und wie in anderen Beispielen, tauchen Enlil und Enki als Hauptprotagonisten auf: Der striktere Enlil, verstört durch die Mischehen mit den Töchtern der Menschen, der dafür plädiert, der Menschheit ein Ende zu setzen; aber der nachsichtige Enki, der die Menschheit als seine Geschöpfe ansieht, schmiedet Pläne, sie durch eine ausgewählte Familie zu retten.

Die Sintflut war darüberhinaus keine universelle Bedrohung ausgeheckt von einem ärgerlichen Gott, sondern eine Naturkatastrophe, von einem erzürnten Enlil aufgegriffen, um das erwünschte Ziel zu erreichen. Vorausgegangen war eine lange Periode schlechter werdenden Klimas, ansteigender Kälte, verminderten Niederschlags und ausbleibender

Ernte – Bedingungen, die wir in »Der Zwölfte Planet« als die letzte Eiszeit identifizierten, die ca. vor 75 000 Jahren begann und abrupt vor etwa 13 000 Jahren endete. Wir haben vermutet, daß die aufgehäufte Eismasse auf dem antarktischen Festland durch ihr bloßes Gewicht, einige der Bodenschichten zum Schmelzen brachte, bis ein Punkt erreicht war, an dem die gesamte Masse vom Kontinent abgleiten konnte. Dies hätte eine ungeheure Flutwelle verursacht, die, vom Süden heranwälzend, die Landmassen bis zum Norden verschlungen hätte. Mit ihren IGI.GI (»Jene, die beobachten und sehen«) im Erdorbit und mit ihrer wissenschaftlichen Station, an der Spitze von Afrika, waren sich die Anunnaki der Gefahr bewußt, und als die nächste räumliche Annäherung zwischen Nibiru und der Erde bevorstand, waren sie sich sehr wohl bewußt, daß der erhöhte Gravitationszug während dieses Durchlaufs das Unheil auslösen könnte.

Während der Dauer des zunehmenden Leidens der Menschheit, als die Eismasse immer schwerwiegender wurde, verbat Enlil den anderen Göttern, der Menschheit zu helfen; durch die Einzelheiten aus dem *Atra-hasis Epos* wird deutlich, daß es seine Absicht war, die Menschheit durch Verhungern umkommen zu lassen. Aber irgendwie überlebte die Menschheit, denn trotz des Ausbleibens von Regen, wuchs das Getreide dennoch durch den Niederschlag von Morgennebel und nächtlichem Tau. Im Lauf der Zeit allerdings, »wurden die fruchtbaren Felder weiß, die Vegetation sproß nicht.« »Die Menschen gingen gekrümmt durch die Straßen, ihre Gesichter sahen grün aus.« Das Hungern führte zu Bruderzwist, sogar zu Kannibalismus. Aber Enki, der sich Enlils Befehlen widersetzte, fand Wege, der Menschheit bei ihrem Widerstehen, hauptsächlich durch geschickten Fischfang, zu helfen. Er war besonders für seinen treuen Anhänger Atrahasis (»Er, der am weisesten ist«), einen Halbgott, besonders hilfreich, einen Halbgott, der damit beauftragt war, als Vermittler zwischen den Anunnaki und ihren menschlichen Dienern in der Niederlassung Shuruppak – einer Stadt unter dem Patronat von Ninmah/Ninharsag, zu wirken.

Wie die zahlreichen Texte enthüllen, verlegte Atra-hasis,-

der Enkis Schutz und Hilfe suchte, sein Bett in den Tempel, um die göttlichen Instruktionen mit Hilfe von Träumen zu erhalten. Er blieb ununterbrochen wach im Tempel »und weinte jeden Tag; brachte jeden Morgen Gaben dar und in der Nacht schenkte er den Träumen seine Aufmerksamkeit.«

Trotz aller Leiden existierte die Menschheit nach wie vor. Der Aufschrei der Menschheit – in Enlils Worten »das Brüllen« – verstärkte nur seinen Ärger. Kurz danach drückte er die Notwendigkeit aus, die Menschheit zu vernichten, weil »ihre Vereinigungen mir den Schlaf rauben.« Nun, sagte er, »sind die Geräusche der Menschheit zu ärgerlich geworden; ihr Aufruhr hindert mich zu schlafen.« Und so veranlaßte er die anderen Führer zu schwören, hinsichtlich dem, was passieren würde – der Lawine aus Wasser – Stillschweigen gegenüber den Erdlingen zu halten, so daß sie umkommen würden.

Enlil öffnete seinen Mund, um zu sprechen
und er wandte sich an die Versammlung aller Götter:
»Kommt alle von uns und schwört einen Eid
die tötende Flut betreffend!«

Daß die Anunnaki selbst im Begriff waren, die Erde in ihren Shuttles zu verlassen, war ein anderer Teil des Geheimnisses, das die Götter schworen, vor der Menschheit geheimzuhalten. Aber Enki widersetzte sich, als alle anderen den Schwur leisteten. »Warum willst du mich mit einem Eid binden?« fragte er, »soll ich meine Hand gegen meine eigenen Menschen erheben?« fragte er. Es entbrannte ein bitterer Streit darüber, aber schließlich wurde Enki veranlaßt, »das Geheimnis« nicht zu verraten.

Es war nach dieser fatalen Eidabnahme-Zeremonie, daß Atra-hasis, der Tag und Nacht im Tempel blieb, folgende Botschaft in einem Traum empfing:

Die Götter befahlen totale Zerstörung.
Enlil verhing eine üble Tat über die Menschen.

Es war eine Botschaft, ein Orakel, das Atra-hasis nicht verstehen konnte. Atra-hasis öffnete seinen Mund und fragte seinen Gott: »Lehre mich die Bedeutung meines Traumes, so daß ich seine Bedeutung verstehe.«

Aber wie konnte Enki deutlicher werden, ohne seinen Eid zu brechen? Als Enki über das Problem nachdachte, fiel ihm die Antwort ein. Er hatte geschworen, »das Geheimnis der Menschheit nicht zu enthüllen;« aber konnte er das Geheimnis nicht einer Mauer verkünden? Und so hörte Atra-hasis eines Tages die Stimme seines Gottes, ohne ihn zu sehen. Dies war keine Zwiesprache mittels nächtlicher Träume. Es war Tag und doch war die Begegnung völlig anders.

Die Erfahrung war traumatisch. Wir lesen in der assyrischen Rezension, daß der verwirrte Atra-hasis »sich niederbeugte und zu Boden warf, dann aufstand, seinen Mund öffnete und sagte«,

»Enki, Herr-Gott –
Ich hörte dich eintreten,
ich bemerkte Schritte, wie deine Schritte!«

Sieben Jahre lang, so sagte Atra-hasis, »habe ich dein Gesicht gesehen.« Nun plötzlich konnte er seinen Herr-Gott nicht sehen. Atra-hasis flehte zum ungesehenen Gott, »verschaffte seiner Stimme Gehör und sprach zu seinem Herrn«, und fragte ihn nach der Bedeutung des Omens seines Traumes und daß er wisse möge, was zu tun sei.

Daraufhin »öffnete Enki seinen Mund, um zu sprechen, und sprach zur Rohrmauer.« Noch immer sah Atra-hasis seinen Gott nicht, hörte aber die Stimme seiner Gottheit von hinter der Rohrmauer des Tempels kommend; sein Herr-Gott gab der Mauer Anweisungen:

»Mauer, höre auf mich!
Rohrmauer, höre meine Worte!
Wirf dein Haus weg, baue ein Boot!
Schlage Besitztum aus, rette Leben!«

Dann folgten Anweisungen zur Konstruktion des Bootes. Es mußte bedeckt werden, so daß die Sonne von innen nicht gesehen werden konnte, alles mußte mit Teer überzogen sein, »oberhalb und unten.« Dann öffnete Enki »die Wasseruhr und füllte sie auf. Er verkündete ihm das Eintreffen einer tödlichen Flut, während der siebten Nacht.«

Eine Darstellung auf einer Siegelrolle scheint die Szene zu illustrieren. Sie zeigt eine Rohrmauer (in Form einer Wasseruhr?), die von einem Priester gehalten wird, Enki als Schlangengott und den Helden der Sintflut, der Instruktionen erhält (Abb 22).

Die Konstruktion des Bootes konnte, notgedrungen, anderen Menschen nicht verborgen bleiben, wie konnte es also konstruiert werden, ohne andere auf die kommende Katastrophe aufmerksam zu machen? Diesbezüglich wurde Atra-hasis (von hinter der Rohrmauer) instruiert, den anderen zu erklären, daß er das Boot baue, um die Stadt zu verlassen. Er mußte ihnen sagen, daß er als Verehrer von Enki nicht länger an einem Ort weilen durfte, der von Enlil kontrolliert wurde:

»Mein Gott stimmt nicht mit deinem Gott überein.
Enki und Enlil sind aufeinander ärgerlich.
nachdem ich Enki verehre,
kann ich nicht im Land von Enlil verbleiben.
Ich wurde meines Hauses verwiesen.«

Der Konflikt zwischen Enki und Enlil, der früher aus ihren Handlungen gemutmaßt werden mußte, war nun offen ausgebrochen und diente ausreichend als glaubhafter Grund für die Verdammung von Atra-hasis. Die Stadt, in der die Ereignisse stattfanden, war Shuruppuk, eine Niederlassung unter der Herrschaft von Ninmah/Ninharsag. Dort wurde zum ersten Male ein Halbgott in den Status eines »Königs« erhoben. Laut dem sumerischen Text war sein Name Ubar-tutu; sein Sohn und Nachfolger war der Held der Sintflut! (Die Sumerer nannten ihn Ziusudra, im Epos von Gilgamesch wurde er Uthapishtim genannt, im Alt-Babylonischen war sein Epithet-Name Atra-hasis; und die Bibel nannte ihn Noah).

Als eine der Niederlassungen der Anunnaki auf Eden, befand sie sich im Herrschaftsgebiet von Enlil. Enki war der Abzu in Südafrika zugeteilt. In dieses Land Enkis, jenseits der Meere, sollte er sagen, erwarte er mit seinem Boot zu gelangen.

Eifrig darauf bedacht, den Verdammten los zu werden, veranlaßte der Ältestenrat, daß die ganze Stadt das Boot bauen sollte. »Der Zimmermann brachte seine Axt, die Arbeiter brachten die Teersteine, die Jungen trugen das Pech, die Binder besorgten den Rest.«

Als das Boot fertiggestellt war, halfen ihm die Menschen der Stadt, laut dem Atra-hasis Text, es mit Nahrungsmitteln und Wasser zu beladen, wie auch »mit sauberen Tieren... dikken Tieren... wilden Kreaturen... Vieh... geflügelten Vögeln des Himmels.« Die Liste ähnelt der aus der Genesis, nach der die Anordnungen des Herrn für Noah darin bestanden, zwei von jeder Spezies in die Arche zu bringen, männliche und weibliche, »von jedem lebenden Ding aus Fleisch..vom Geflügel nach seiner Art und vom Vieh, nach seiner Art.«

Die Einschiffung der Tierpaare war das Lieblingsthema zahlloser Künstler, seien es Maler oder Illustratoren von Kinderbüchern. Es gab auch einen Bestandteil der Geschichte, der uns die Augenbrauen heben läßt, eine praktische Unmöglichkeit und demnach eher allegorisch zu verstehen, zu erklären, wie das Tierleben nach der Sintflut noch hätte weiterexistieren können. Indirekt wirft gerade solch ein Zweifel, der eine wichtige Einzelheit betrifft, Zweifel hinsichtlich des tatsächlichen Hergangs der ganzen Sintflut Geschichte auf.

Es ist daher bemerkenswert, daß die Sintflut-Überarbeitung des Gilgamesch-Epos', ein völlig andersartiges Detail anbietet, was die Aufbewahrung des tierischen Lebens anbetrifft: Es waren nicht die lebenden Tiere, die an Bord genommen wurden – es war ihr Samengut, das aufbewahrt wurde!

Der Text (Tafel XI, Zeilen 21-28) zitiert Enki, der folgendes zur Wand spricht:

Rohrhütte, Rohrhütte! Wand, Wand!
Riedhütte lausche! Wand denke nach!
Mann von Shuruppak, Sohn von Ubar-Tutu:
Verlasse dein Haus, baue ein Schiff!
Gebe deine Besitztümer auf, bemühe dich um dein Leben!
Schwöre den Annehmlichkeiten ab, bewahre das Leben!

An Bord des Schiffes nehme den Samen alles lebenden Wesens:

Wir erfahren durch Zeile 83 auf der Tafel, was Utnapishtim (wie »Noah« in der altbabylonischen Rezension genannt wird) tatsächlich an Bord brachte, »was immer ich an Samengut von lebenden Wesen hatte.« Dies ist klar eine Bezugnahme nicht auf Pflanzensamen, sondern Tiere.

Der Begriff für »Samen« in den altbabylonischen und assyrischen Rezensionen ist das akkadische Wort *zeru* (*Zera* im hebräischen) das steht für das, von dem lebende Dinge sprossen und wachsen. Daß diese Überarbeitungen von sumerischen Originalen abstammen, wurde eindeutig erwiesen; tatsächlich wurde in einigen akkadischen Versionen der technische Begriff für »Samen« durch sein sumerisches Original NUMUN ersetzt, um das zu kennzeichnen, wodurch ein Mann Nachkommen hatte.

»Die Samen von lebenden Wesen« an Bord zu nehmen, anstatt die Tiere selbst, reduzierte nicht nur die Raumanforderungen auf handhabbare Größe. Es beinhaltet auch den Besitz von ausgeklügelter Biotechnologie, die verschiedenen Arten aufzubewahren – ein Technik, die heutzutage entwikkelt wird, durch das Aufschlüsseln der genetischen Geheimnisse der DNA. Dies war durchführbar, nachdem Enki beteiligt war; denn er war der Meister der genetischen Techniken und seine Fähigkeiten wurden symbolisiert durch die sich umeinander windenden Schlangen, eine Nachahmung der Doppelhelix der DNA (s.Abb. 5)

Daß in den sumerisch/mesopotamischen Texten Enki die Rolle des Retters der Menschheit zukommt, ergibt einen Sinn. Er war der Erschaffer von Dem Adam und dem Homo Sapiens und bezeichnete daher die verdammten Erdlinge verständlicherweise, als »meine Menschen.«

Als Führungswissenschaftler der Anunnaki konnte er »die Samen aller lebenden Wesen« zur Aufbewahrung auswählen, erhalten und besorgen und er war im Besitz des Wissens, diese Tiere aus ihrem »Samengut« DNA wieder zum Leben zu erwecken. Er war auch bestens geeignet für die Rolle als Architekt von Noahs Arche – einem Boot, das besonderer Konstruktion bedurfte, damit es die Wasserlawine überleben konnte. Alle Versionen stimmen darin überein, daß es nach exakten Anweisungen durch die Gottheit erbaut wurde. Indem es so gebaut wurde, daß sich zwei Drittel seiner beträchtlichen Größe unterhalb der Wasserlinie befand, erhielt es genügend Stabilität. Seine Holzstruktur wurde von innen und außen durch Bitumenteer wasserfest gemacht, so daß sogar die Oberdecks dem Wasser standhalten würden, wenn die Flutwelle es verschlänge. Das flache obere Ende, hatte lediglich eine kleine herausragende Kabine, deren Luke ebenfalls geschlossen und mit Bitumen verschlossen wurde, wenn die Zeit kam, wo man mit der Sintflut rechnen mußte. Von den vielen Vermutungen über das Aussehen der Arche Noahs, erscheint uns die von Paul Haupt (»The Ship of the Babylonian Noah« in Beiträge zur Assyriologie – Abb. 23) am plausibelsten. Es hat eine verblüffende Ähnlichkeit mit einem modernen Unterseeboot, mit einem Kommandoturm, dessen Luke festverschlossen ist, wenn es taucht.

Es braucht einen deshalb nicht zu wundern, daß dieses speziell entworfene Boot in den babylonischen und assyrischen Überarbeitungen als Tzulili beschrieben wird – einem Ausdruck, der selbst heutzutage (im modernen Hebräisch Tsolelet) ein tauchfähiges Boot, ein Unterseeboot, bezeichnet. Der sumerische Begriff für Ziusudras Boot war MA.GUR.GUR, was »ein Boot, das sich drehen und stürzen kann«, bedeutet.

Entsprechend der biblischen Version war es aus Zirbelholz und Schilfrohr erbaut, mit nur einer Luke versehen und mit Teerpech »innen und außen« bedeckt. Der hebräische Begriff für das ganze Boot lautete in der Genesis Teba, was etwas auf allen Seiten geschlossenes bezeichnet, eher eine »Kiste«, als die übliche Übersetzung »Arche«. Weil der Begriff von dem akkadischen Tebitu abstammte, wird es von einigen Gelehrten als Bezeichnung für ein »Warenboot«, ein Frachtschiff angesehen.

Aber der Begriff mit einem harten »T« bedeutet »sinken«. Das Boot war demnach ein »sinkbares« Boot, hermetisch verschlossen, so daß es, selbst wenn es von der Flutwelle der Sintflut unter Wasser gedrückt würde, die Wasserprobe überleben könnte und wieder zurück an die Oberfläche käme.

Daß es Enki war, der das Boot entworfen hatte, ergab auch einen Sinn. Man wird sich daran erinnern, daß sein Epithet-Name, bevor ihm der Titel EN.KI (»Herr der Erde«) gegeben wurde, E.A war – »Er, dessen Heimat/Wohnsitz das Wasser ist.« Tatsächlich liebte Ea es, wie die Texte, die sich mit den frühesten Zeiten beschäftigen, aussagen, auf den Wassern Edens alleine oder mit Seeleuten, deren Seefahrerlieder er mochte, zu segeln. Sumerische Darstellungen (Abb. 24a,b) zeigten ihn mit Strömen von Wasser – ein Vorgänger des Wassermanns – (die als Sternkonstellation dem Tierkreiszeichen entsprach, das ihm gewidmet war). Während er den Goldminen-Prozeß in Südost-Afrika aufbaute, organisierte er auch die Beförderung der Erze nach Eden in Frachtschiffen; mit Spitznamen wurden sie »Abzu-Schiffe« genannt und »es geschah in Nachahmung von diesen«, daß Atra-hasis den Tzulili bauen sollte. Und wie wir bereits erwähnt haben, war es während einer der Fahrten mit einem der Abzu-Schiffe, daß Ea den jungen Ereshkigal »hinaufholte«. Als erfahrener Segler und ausgezeichneter Schiffsbauer, war er es, der mehr als irgend ein anderer Anunnaki das ausgezeichnete Boot entwerfen und entwickeln konnte, das der Sintflut widerstehen würde.

Noahs Arche und ihre Konstruktion sind Hauptbestandteile der Sintfluterzählung, denn ohne solch ein Boot wäre die Menschheit umgekommen, wie Enlil dies gewollt hatte. Die Geschichte des Bootes hat noch einen Bezug zu einem anderen Aspekt der vorsintflutlichen Ära, denn es legt die enge Vertrautheit mit dem Gebrauch von Booten in diesen frühen Zeiten nochmals dar – Aspekte, die in der Adapa-Erzählung bereits erwähnt sind. All dies bestätigt die Existenz von vorsintflutlicher Schiffahrt und damit die unglaublichen Cro-Magnon Darstellungen von Booten in ihrer Höhlenkunst (s. Abb. 15).

Als die Konstruktion des Bootes vollendet war und sein Aussehen und seine Beladung so vollzogen wurden, wie Enki es angeordnet hatte, brachte Atra-hasis seine Familie in das Boot. Laut Berossus gelangten auch einige nahe Freunde von Ziusudra/Noah an Bord. In der akkadischen Version »ließ« Utnapishtim »all die Handwerker an Bord«, um sie durch das Boot zu retten, das sie zu bauen geholfen hatten.

Aus einem anderen Detail des mesopotamischen Textes

wissen wir, daß sich in der Gruppe auch ein erfahrener Navigator, Puzur-Amurri befand, den Enki besorgt hatte und der angewiesen wurde, wohin er das Boot steuern sollte, wenn die Flutwelle einmal zurückgegangen war.

Selbst als das Beladen und Anbordbringen abgeschlossen war, konnte Atra-hasis/Utnapishtim nicht still im Boot sitzen, sondern betrat und verließ das Boot andauernd und wartete nervös auf das Zeichen, auf das Enki ihn zu warten angewiesen hatte.

Wenn Schamasch,
der ein Zittern zur Abenddämmerung angeordnet hat,
einen Regenschauer von Eruptionen herniedergehen lassen wird –
dann betrete du dein Schiff
und verbarrikadiere den Eingang!

Das Signal kam durch den Start eines Raumschiffes vom Raumflughafen der Anunnaki in Sippar zustande, einige 100 Meilen nördlich von Shuruppak gelegen. Denn der Plan der Anunnaki bestand darin, sich in Sippar zu versammeln und von da in eine Erdumlaufbahn aufzusteigen. Atra-hasis/Utnapishtim war angewiesen, am Himmel nach einem solchen Schauer von Eruptionen Ausschau zu halten, dem Donner und den Flammen des gestarteten Raumschiffes, das den Boden zum Zittern brachte. Schamasch – damals der Haupt-»-Adlermann« im Raumhafen – »hatte eine bestimmte Zeit festgesetzt, sagte Enki seinem vertrauensvollen Erdling. Und als das Zeichen, das man beobachten sollte, aufgetreten war,« betrat Utnapishtim »das Schiff, verschloß die Luke und übergab die Einheit zusammen mit seinem gesamten Inhalt an Puzur-Amurri, den Bootsführer«. Der Navigator hatte Instruktionen, das Schiff zum Mount Nitzir (Berg der Rettung) zu navigieren, dem zweigipfeligen Berg Ararat.

Aus diesen Einzelheiten ragen einige wichtige Fakten heraus. Sie legen die Vermutung nahe, daß der Meister des Rettungsplanes sich nicht nur der tatsächlichen Existenz des Berges, soweit entfernt von Südmesopotamien, bewußt war, sondern auch, daß diese zwei Spitzen die ersten sein würden, die aus der Flutwelle auftauchen würden, da sie die höchste Erhebung von ganz Westasien waren (über 5 100m und 3 900m hoch). Dies wäre für jeden der Anunnaki-Führer eine bestbekannte Tatsache gewesen, denn als sie ihren vor-sintflutlichen Raumflughafen in Sippar errichteten, richteten sie den Landekorridor auf die zwei Gipfel des Berges Ararat aus (Abb. 25).

Darüberhinaus war sich der Meister des Rettungsplanes, der allgemeinen Richtung, in die die Wasserlawine das Boot tragen würde, bewußt, denn wenn die Flutwelle nicht aus dem Süden kommen und das Boot nicht nordwärts tragen würde, könnte kein Navigator das Boot (ohne Ruder oder Segel) zum gewünschten Ziel umlenken.

Diese Teile der »Geographie der Sintflut« (um es originell auszudrücken), haben einen Zusammenhang mit der Sintflut und ihrer Natur. Entgegen der verbreiteten Vorstellung, die Wasserkatastrophe rühre von exzessiven Regenfällen her, machen die biblischen und noch früheren mesopotamischen Texte klar, daß die Katastrophe mit dem Einfallen von Wind aus dem Süden begann, der eine Wasserwelle aus dem Süden folgte und (Regen folgte, als die Temperaturen fielen). Die Ursprünge der Wassermassen waren die »Quellen der großen Tiefe« – eine Bezeichnung, die sich auf die großen und tiefen ozeanischen Wasser jenseits von Afrika bezog. Die Wasserlawine »überschwemmte die Dämme des trockenen Landes« – die Landgrenzen an der Küste. Als das Eis auf der Antarktis in den indischen Ozean glitt, verursachte dies eine ungeheure Flutwelle. Über den Ozean nordwärts fortströmend, überrollte die Mauer aus Wasser die kontinentale Küstenlinie von Arabien und rauschte über den persischen Golf. Dann erreichte sie den Trichter des Landes zwischen den Flüssen und verschlang das gesamte Land. (Abb. 26)

Wie global war die Sintflut? War tatsächlich jeder Ort unseres Planeten überflutet? Die menschliche Erinnerung ist fast global und läßt ein solches Ereignis vermuten. Sicher ist, daß mit dem endgültigen Schmelzen des abgeglittenen Eises und dem Anstieg der weltweiten Temperaturen, die der anfänglichen Abkühlung folgte, das Eiszeitalter, das die Erde über die vorherigen 62 000 Jahre in seinem Griff hatte, abrupt endete. Dies ereignete sich etwa vor 13 000 Jahren.

Ein Ergebnis der Katastrophe bestand darin, daß die Antarktis das erste Mal in so vielen Tausenden von Jahren von ihrer Eisdecke befreit war.

Ihre echten Landkonturen – Küste, Buchten, sogar Flüsse – konnten gesehen werden, falls es zu dieser Zeit jemanden gab, der dies sah. Erstaunlicherweise (wenn auch nicht zu unserer Überraschung) gab es solch einen »Jemand«.

Wir wissen dies aufgrund der Existenz von Kartenmaterial, das eine eisfreie Antarktis zeigt.

Der Genauigkeit halber sei erwähnt, daß die tatsächliche Existenz eines Kontinents am Südpol, in modernen Zeiten, bis 1820 n.Chr, als ihn britische und russische Seeleute entdeckten, nicht bekannt war.

Sie war damals, wie auch heute, bedeckt mit massiven Lagen von Eis; wir kennen die tatsächliche Form des Kontinents (unter seiner Eiskappe) durch den Gebrauch von Radar und anderen ausgeklügelten Instrumenten, durch die Arbeit vieler Teams, während des Internationalen Geophysischen Jahres 1958.

Und doch erscheint die Antarktis auf *Mapas Mundi* (Weltkarten) aus dem 15ten und sogar 14ten Jh.n.Chr. – und damit Hunderte von Jahren vor der Entdeckung der Antarktis überhaupt – und der Kontinent wird, Rätsel über Rätsel, eisfrei gezeigt! Von zahlreichen solcher Karten, ausführlich beschrieben und besprochen in *Maps of the Ancient Sea Kings/Evidence of Advanced Civilization in the Ice Age* (Karten der alten Seekönige/Beweis einer fortgeschrittenen Zivilisation in der Eiszeit) von Charles H. Hapgood, ist diejenige, die das Rätsel sehr klar erläutert, die Karte der Welt von 1531, von Orontius Finaeus (Abb. 27), deren Darstellung der Antarktis mit dem eisfreien Kontinent vergleichbar ist, wie er 1958 vom IGJ bestimmt wurde (Abb. 28).

Eine noch frühere Karte aus dem Jahr 1513 vom türkischen Admiral Piri Re'is, zeigt den Kontinent, verbunden mit einem Archipel zur Spitze von Südamerika (ohne darauf die gesamte Antarktis zu zeigen). Andererseits zeigt die Karte korrekt

Zentral- und Südamerika, mit den Anden, dem Amazonas, usw. Wie konnte das bekannt sein, lange bevor selbst die Spanier Mexiko (1519) oder Südamerika (1531) erreicht hatten?

In all diesen Beispielen erklärten die Kartenhersteller aus dem Zeitalter der Entdeckungen, daß ihre Quellen alte Karten aus Phönizien und »Chaldäa« waren, der griechische Name für Mesopotamien. Aber, wie andere, die diese Karten studiert haben, schlußfolgerten, konnte kein sterblicher Seemann, selbst wenn ihm modernes Gerät gegeben worden wäre, diese Kontinente und ihre inneren Gegebenheiten in diesen frühen Tagen kartographiert haben und mit Sicherheit nicht die, einer eisfreien Antarktis.

Nur jemand, der sie von der Luft aus sah und kartographierte, konnte dies getan haben. Und die einzigen, die zu jener Zeit verfügbar waren, waren die Anunnaki.

Tatsächlich wird das Abgleiten der antarktischen Eisdecke und seine Auswirkungen auf die Erde in einem größeren Text, bekannt als *Erra Epos*, erwähnt. Er handelt von den Ereignissen Tausende von Jahren später, als ein tödlicher Streit unter den Anunnaki darüber entbrannte, wer die Vormacht auf der Erde habe. Als das Zeitalter des Stieres, dem von Ram (Widder) wich, machte Marduk, der erstgeborene Sohn von Enki geltend, daß seine Zeit gekommen sei, die Vormachtstellung von Enki als sein legaler Erbe zu übernehmen.

Als Instrumente, die sich in den heiligen Tempelbezirken in Sumer befanden, erkennen ließen, daß das neue Zeitalter von Widder noch nicht angebrochen war, beklagte sich Marduk, daß es Veränderungen, die aufgetreten waren, widerspiegelte, weil das Erakallum bebte, seine Bedeckung sich verringert hatte und die Messungen nicht länger vorgenommen werden konnten. *Erakallum* ist ein Begriff, dessen präzise Bedeutung den Gelehrten entgeht. Er wurde gewöhnlich mit »untere Welt« übersetzt, bleibt nun in Studien der Gelehrten aber unübersetzt. In »Das erste Zeitalter« haben wir vermutet, daß der Begriff das Land am Boden der Welt bezeichnet – Antarktika, und daß die »Bedeckung«, die sich verringert hatte, die Eiskappe war, die vor ca. 13 000 Jahren abgeglitten war, aber vor 4 000 Jahren bis zu einem gewissen Grad wieder angewachsen war. (Charles Hapgood mutmaßte, daß die eisfreie Antarktis, wie sie auf der Orontius Finaeus Karte gezeigt wird, den Kontinent darstellt, wie er vor ca. 4 000 v.Chr., bzw. 6 000 Jahren gesehen werden konnte; andere Studien sehen vor 9 000 Jahren als die richtige Zeit an).

Als die Sintflut die Landmassen überflutete und alles auf ihnen zerstörte, befanden sich die Anunnaki in der Luft und umkreisten die Erde in ihrem Raumschiff. Aus der Luft konnten sie die Verwüstung und Zerstörung sehen. Gegliedert in verschiedene Raumschiffsarten, »duckten sich einige wie Hunde, die sich gegen die Außenmauer kauerten.« Wie die Tage so dahingingen, »wurden ihre Lippen fiebrig vor Durst, sie litten an Hungerkrämpfen.« In dem Raumschiff, in dem sich Ishtar befand, »schrie sie, wie eine Frau während der Geburtswehen«, und lamentierte, daß »die alten Tage sich leider Gottes in Lehm verwandelt hatten.« In ihrem Raumschiff Ninmah beklagte die Göttin, die an der Schöpfung der Menschheit teilhatte, was sie sah. » Meine Geschöpfe sind zu Fliegen geworden und füllen die Flüsse wie Libellen, ihre Vaterschaft wurde ihnen von der rollenden See genommen.« Enlil und Ninurta befanden sich in einem anderen Raumschiff und erweckten bei den anderen des Mission-Control-Zentrums in Nippur keinen Argwohn. Wie auch Enki, Marduk und die anderen von Enkis Klan. Auch ihr Zielort waren die Gipfel des Ararat, die – wie wir alle wissen – vor allen anderen aus den Wogen auftauchen würden. Aber alle, außer Enki waren sich nicht bewußt, daß eine Familie von Menschen sich ebenfalls, gerettet vor der Katastrophe, auf diesen Weg gemacht hatte...

Die unerwartete Begegnung war voll von überraschenden Aspekten; ihre Verbindung zur menschlichen Suche nach Unsterblichkeit bestand seit über 10 000 Jahren und darüber hinaus. Sie hinterließen auch eine andauernde menschliche Sehnsucht, das Angesicht Gottes zu sehen.

Laut der biblischen Erzählung verließen »Noah, seine Söhne und seine Frau und die Frauen seiner Söhne, die bei ihm waren und die Tiere, die in der Arche waren, das Boot.« Und Noah erbaute einen Altar für Jahwe und er nahm jedes saubere Herdenvieh und jedes saubere Huhn und bot geröstete Opfergaben auf dem Altar an. Und Jahwe roch den angenehmen Geschmack und sagte zu sich: 'Ich werde die Erde nicht länger wegen der Menschen verfluchen.' Und Elohim segnete Noah und seine Söhne und sagte zu ihnen:

»Seid fruchtbar und vermehret euch und füllet die Erde.«

Die Wiederannäherung zwischen dem ärgerlichen Gott und dem Rest der Menschheit, wird erneut in aller Ausführlichkeit und einigen Abweichungen in den mesopotamischen Quellen beschrieben. Die Abfolge der Ereignisse ist beibehalten – das Nachlassen der Flutwelle, der fallende Wasserstand, das Aussenden von Vögeln, um das Terrain zu sondieren, die Ankunft am Ararat, das Herausgehen aus der Arche, der Bau eines Altars und die Darbringung von gerösteten Opfergaben; gefolgt von dem Widerruf, der vom pikanten Geruch des gerösteten Fleisches und den Lobpreisungen von Noah und seinen Söhnen ausgelöst wurde.

Wie Utnapishtim sich erinnert, als er Gilgamesch, »das Geheimnis der Götter« erzählte, nachdem er aus dem Boot gekommen war, »brachte er ein Opfer dar und goß ein Trankopfer auf der Bergspitze aus und stellte 7 und 7 Kult-Becher auf, häufte darauf Rohrzucker, Zedernholz und Myrthe.« Die Götter, die auch auf dem Berg landeten und aus ihrem Raumschiff auftauchten, »rochen den süßen Geruch und versammelten sich wie Fliegen um den Opfernden.«

Bald kam Ninmah an und erkannte was passiert war. Bei »den großen Juwelen, die Anu für sie geformt hatte«, schwörend, kündigte sie an, daß sie niemals die Qual vergessen würde und was passiert war. Geht los, ihr Teilhaber an der Darbietung, sagte sie den Anunnaki von Rang und Namen; »aber laßt Enlil nicht zur Darbietung kommen, denn er hat meine Menschen durch die Sintflut der Zerstörung ausgesetzt.«

Aber Enlil die gebratene Gabe nicht riechen und schmekken zu lassen, war das geringste der Probleme:

Als Enlil am Ende schließlich doch ankam
und das Schiff sah, war Enlil erzürnt.
Er war erfüllt mit Zorn gegen die Igigi-Götter.

»Ist eine lebende Seele entkommen?
Kein Mensch sollte die Zerstörung überleben!«

Sein vorderster Sohn Ninurta vermutete jemand anderen als die Igigi-Götter in ihren Umlaufbahnschiffen (hinter den Geschehnissen) und sagte zu Enlil:

»Wer anders als Ea kann Pläne schmieden?
Es ist Ea, der jede Angelegenheit kennt!«

Ea/Enki kam zur Versammlung hinzu und gestand ein, was er getan hatte. Aber ihm war wichtig klarzustellen, daß er seinen Schwur der Geheimhaltung nicht verletzt hatte: Ich enthüllte das Geheimnis der Götter nicht, sagte er. Alles was er tat, war »Atra-hasis einen Traum sehen zu lassen«, und dieser schlaue Mensch »erkannte das Geheimnis der Götter« von alleine... Nachdem die Dinge so standen, fragte Enki Enlil, ob es nicht weiser wäre, zu bereuen? War nicht der ganze Plan die Menschheit durch die Sintflut zu zerstören, ein großer Irrtum? »Du weisester der Götter, du Held, wie konntest du unbegründet solch eine Katastrophe heraufbeschwören?«

Ob es diese Predigt war, oder die Erkenntnis, daß er das beste aus der Situation machen sollte, geht aus dem Text nicht hervor. Aus welchen Gründen auch immer, Enlil hatte ein Einsehen. Utnapishtim/Atra-hasis beschreibt, was dann folgte:

Darauf ging Enlil an Bord des Schiffes
Indem er mich an der Hand hielt, nahm er mich an Bord.
Er nahm meine Frau an Bord und hieß sie
an meiner Seite niederzuknien.
Zwischen uns stehend, berührte er unsere Stirnen
uns zu segnen.

Die Bibel kommentiert einfach, daß nachdem Jahwe bereut hatte, »Elohim Noah und seine Söhne segnete.« Aus mesopotamischen Quellen erfahren wir, was es mit der Segnung auf sich hatte. Es war eine unbekannte Zeremonie, eine einmalige göttliche Begegnung, in der die Gottheit die auserwählten Menschen körperlich bei der Hand genommen hatte und zwischen ihnen stehend, körperlich ihre Stirnen berührt hatte, um ihnen eine göttliche Eigenschaft zu übermitteln. Da, auf dem Berge Ararat in voller Sicht der anderen Anunnaki, verlieh Enlil Utnapishtim und seiner Frau Unsterblichkeit und proklamierte dieses:

Bis jetzt war Utnapishtim nur ein Mensch;
ab jetzt sollen Utnapishtim und seine Frau
wie Götter unter uns sein.
Utnapishtim soll weit entfernt residieren,
an der Mündung der Wasser.

Und »so nahmen sie mich und veranlaßten, daß ich mich am fernen Weg, an der Mündung der Wasser niederließ«, erzählte Utnapishtim Gilgamesch.

Der erstaunliche Teil dieser Geschichte ist der, daß Utnapishtim sie Gilgamesch etwa 10000 Jahre nach der Sintflut erzählte!

Als Sohn eines Halbgottes und aller Wahrscheinlichkeit nach selbst ein Halbgott, kann Utnapishtim sehr wohl weitere 10000 Jahre gelebt haben, nachdem er in Shurippak (vor der Sintflut) schon 36000 Jahre gelebt hatte. Dies war nicht unmöglich; selbst die Bibel gesteht Noah weitere 350 Jahre nach der Sintflut zu, zusätzlich zu den 601 gelebten. Der wirklich außergewöhnliche Aspekt ist der, daß die Frau von Utnapishtim ebenso lange leben konnte, als Ergebnis der Segnung und dem heiligen Ort ihres Aufenthalts, zu dem das Paar gebracht wurde.

Tatsächlich war es diese berühmte Langlebigkeit des gesegneten Paares, die Gilgamesch – ein König der Stadt Erech, vor ca. 2900 v.Chr. – dazu gebracht hatte, nach dem Helden der Sintflut zu forschen. Aber dies ist eine Geschichte, die selbst einer genauen Prüfung bedarf, denn sie ist ausgestattet mit einer Anzahl göttlicher Begegnungen, die einen von Anfang bis Ende fesseln.

Als abschließenden Akt des Sintflut Drama, versicherte Elohim den geretteten Menschen, laut Bibel, daß solch eine Katastrophe niemals wieder geschehen würde, und als Zeichen »lege ich meinen Bogen in die Wolke, als Beweis für die Übereinkunft zwischen mir und der Erde.« Obwohl dieses spezielle Detail in den ausführlichen mesopotamischen Versionen nicht vorkommt, wurde die Gottheit, die mit den Menschen so übereingekommen war, tatsächlich manchmal, wie in dieser mesopotamischen Darstellung, als bogenhaltender Gott in den Wolken gezeigt (Abb. 29).

Niemals wieder?

Wissenschaftliche und öffentliche Sorge über die Erwärmung der Erde, als Ergebnis von Verbrauch fossiler Brennstoffe und die verschwindende Ozonschicht über der Antarktis, haben in den letzten Jahren zu ausführlichen Studien des Klimas der Vergangenheit geführt. Im angehäuften Eis über Grönland und der Antarktis wurden Kernbohrungen vorgenommen, Eislagen wurden mit Hilfe von Einzelbild-Radar studiert; Sedimentgestein, natürliche Risse, Ozeanschlamm, alte Korallen, Pinguin-Nistplätze, die Darstellung alter Küstenlinien – dieses und vieles andere wurde auf beweiskräftige Erkenntnisse hin überprüft. Sie alle lassen den Schluß zu, daß die letzte Eiszeit abrupt vor ungefähr 13 000 Jahren endete, zusammen mit einer größeren, weltweiten Überflutung.

Die befürchteten katastrophalen Auswirkungen durch die Erderwärmung, fokussieren sich momentan auf ein mögliches Abschmelzen des antarktischen Eises. Die geringere Anhäufung befindet sich im Westen, wo sich die Eiskappe zum Teil aus dem Wasser erhebt. Eine Erwärmung von nur 2°, kann das Schmelzen dieser Eiskappe verursachen und das Niveau der Weltozeane um 20 Fuß anheben. Katastrophaler wäre das Abgleiten der östlichen Eiskappe (s.Abb. 26), als ein Ergebnis von Gleitmittelbildung durch Wasserschlamm, der sich am Grund bildet, allein aufgrund des Druckes oder durch vulkanische Aktivität; dies würde den gesamten Meeresspiegel um 200 Fuß anheben (*Scientific American*, März 1993).

Wenn, anstelle des allmählichen Abschmelzens, die antarktische Eiskappe auf einen Schlag in die umgebenden Ozeane gleiten würde, wäre die Flutwelle immens, denn das Wasser würde auf einmal überschwappen. Dies geschah, so haben wir vermutet, als der Gravitationszug des sich vorbeibewegenden Nibiru, der Eiskappe ihren letzten Stoß gab.

Von Beweisen »für die größte Flut der Erde, am Ende der letzten Eiszeit« wurde in *Science* (15.Jan.1993) berichtet. Es war eine »verheerende kataklysmische Flut«, deren Wasser mit einer Strömungsrate von 650 Mio Kubikfuß/Sek. durch die Eisdämme nordwestlich des Kaspischen Meers brach und als 500m hohe Welle durch die Barriere des Altai Gebirges strömte. Da sie aus Süden kam (wie die sumerischen und biblischen Texte bestätigen) und durch den Trichter des persischen Golfes floß, konnte die Ursprungsquelle tatsächlich alle Berge dieses Bereiches überflutet haben.

6. Die Tore des Himmels

Die Sumerer vermachten der Menschheit eine große Anzahl von »Erstmaligkeiten« (»Innovationen«), ohne die die nachfolgende und moderne Zivilisationen nicht möglich gewesen wären. Das Königtum ist eine dieser »Erstmaligkeiten«, zusätzlich zu den bereits erwähnten, das fast ohne eine Pause überdauert hat. Wie all die anderen, wurde den Sumerern, auch diese »Erstmaligkeit« durch die Anunnaki gewährt. »Nachdem die Flut über die Erde gefegt war, als das Königtum vom Himmel herabgelassen worden war, gab es ein Königtum in Kish«, so die Worte der sumerischen Königsliste. Vielleicht war es deswegen – weil »das Königtum vom Himmel herabgelassen worden war« – daß es die Könige für ihr Recht hielten, hinauf genommen zu werden, aufzusteigen zu den Toren des Himmels. Darin liegt der Grund für Berichte von gelungenen, versuchten oder vorgetäuschten, göttlichen Begegnungen, die angefüllt sind von hochfliegenden Hoffnungen, aber auch dramatischen Fehlschlägen. Meistens spielen Träume eine Schlüsselrolle.

Die mesopotamischen Texte berichten, daß Enlil angesichts der Realität eines verwüsteten Planeten die Tatsache, daß die Menschheit überlebt hatte, akzeptierte und den Überlebenden seinen Segen schenkte. Als Enlil bewußt wurde, daß fortan die Anunnaki ihren Aufenthalt und ihre Tätigkeit auf der Erde ohne menschliche Hilfe nicht fortsetzen konnten, verband er sich mit Enki, um der Menschheit all die Fortschritte zukommen zu lassen, die wir als den, in Intervallen von jeweils 3600 Jahren stattfindenden, Fortschritt vom Paleolithikum (Altsteinzeit) zum Mesolithikum und Neolithikum (Mittel- und Neusteinzeit) und zur plötzlich auftauchenden sumerischen Zivilisation bezeichnen. Dieser Fortschritt ist gekennzeichnet durch die Einführung der Tier- und Pflanzendomestizierung, dem Übergang von Stein zu Ton- und Töpferwaren sowie zu Kupferwerkzeugen und -Gebrauchsgegenständen und schließlich zu einer voll funktionsfähigen Zivilisation.

Aus den mesopotamischen Texten geht hervor, daß das Königtum, als ein Aspekt solch hochentwickelter Zivilisationen mit ihren Hierarchien, von den Anunnaki geschaffen worden war, um eine Trennwand zwischen sich und der drängenden Masse der Menschen zu bilden. Vor der Sintflut hatte Enlil sich beklagt, daß »der Lärm der Menschheit zu stark« für ihn »geworden ist«, daß er »durch ihren Aufruhr vom Schlafen abgehalten wird«. Nun haben sich die Götter in die heiligen Bezirke, die Stufenpyramiden (Zikkurats) zurückgezogen , deren Zentren das »E« (wörtlich: Haus, Aufenthaltsort) des Gottes genannt werden; ein ausgewähltes Individuum, dem es erlaubt war, sich derart zu nähern, das es die Worte der Gottheiten hören konnte, überbrachte von nun an dem Volk die göttliche Botschaft. Damit Enlil nicht noch einmal durch die Menschheit unglücklich werden würde, war die Auswahl eines Königs sein Vorrecht; was wir »Königtum« nennen, wurde bei den Sumerern »Enliltum« genannt.

Wir können in den Texten lesen, daß die Entscheidung, das Königtum zu erschaffen, bei den Anunnaki nur nach großem Aufruhr und Krieg, untereinander zustande kam – Konflikte, die wir in unserem Buch »Die Kriege der Menschen und Götter« als Pyramidenkriege bezeichnet haben. Diese bitteren Konflikte wurden durch einen Friedensvertrag zum Stillstand gebracht, der die vorgeschichtliche, besiedelte Welt in vier Regionen unterteilte. Drei Regionen wurden der Menschheit zugeteilt, erkennbar als die drei großen alten Zivilisationen: Tigris-Euphrat (Mesopotamien), der Nil (Ägypten, Nubien) und das Industal. Die vierte Region, eine neutrale Zone, hieß TILMUN (»Land der Raketen«) – die Halbinsel Sinai – wo das nacheiszeitliche Raumfahrtzentrum untergebracht war. Und so kam es:

Die großen Anunnaki, die über die Schicksale entscheiden,
saßen zusammen und tauschten ihre Ansichten aus, die Erde betreffend.
Sie erschufen die vier Regionen,
errichteten ihre Grenzen.
Zu der Zeit, als die Länder zwischen den Enlil-iten und den Enki-iten aufgeteilt wurden,

war noch kein König eingesetzt
für all die wimmelnden Menschen;
Zu dieser Zeit blieben das Stirnband und
die Krone ungetragen;
das Zepter, das mit Lapislazuli besetzt war,
wurde noch nicht geschwungen.
Die Thron-Estrade war noch nicht gebaut.
Zepter und Krone, königliches Stirnband und Stab,
lagen noch vor Anu im Himmel.

Als schließlich »das Zepter des Königtums vom Himmel herabgebracht wurde«, nachdem die Entscheidungen, die vier Regionen betreffend, und das Gewähren von Zivilisation und Königtum für die Menschheit getroffen waren, wies Enlil der Göttin Ishtar (seiner Enkelin) die Aufgabe zu, einen passenden König für die erste Stadt der Menschheit – Kish, in Sumer – zu finden.

Die Bibel erinnert an Enlils Sinneswandel und seinen Segen für die Überlebenden durch die Feststellung, daß »Elohim Noah und seine Söhne segnete und zu ihnen sagte: Seid fruchtbar und mehret euch und füllet die Erde«. Die Bibel fährt dann, an einer Stelle, die Tafel der Nationen genannt, (Genesis, Kap. 10) fort, die Volksstämme aufzulisten, die von den drei Söhnen Noahs – Sem, Ham und Japhet – abstammen. Wir können die drei größten Gruppierungen wiedererkennen als die semitischen Völker des nahen Ostens, die hamitischen Völker Afrikas und die indo-europäischen Völker aus Anatolien und dem Kaukasus, die sich nach Europa und Indien ausgebreitet haben. In diese Aufzählung von Söhnen, Sohnessöhnen und Enkeln ist eine unerwartete Aussage eingefügt, die Ursprünge des Königtums und den Namen des ersten Königs – Nimrod – betreffend:

Und Kush zeugte Nimrod,
der der erste Mächtige Mann war
auf der Erde.
Er war ein großer Jäger vor Jahwe,
daher kommt das Sprichwort: »Ein großer Jäger
vor Jahwe wie Nimrod«.

Und am Anbeginn seines Königreiches:
Babel und Erech und Akkad,
alle im Land von Shine'ar.
Aus diesem Land dort erhob sich Assur
wo Nineve gebaut wurde,
eine Stadt mit breiten Straßen;
und Khalah, und Ressen – die große
Stadt, die sich zwischen Nineve und Khalah befindet.

Dies ist eine genaue, wenn auch knappe, Darstellung der Geschichte des Königtums und der Königreiche in Mesopotamien. Diese Darstellung verdichtet die Angaben der sumerischen Königsliste, worin das Königtum, das in Kish (das in der Bibel Kush genannt wird) seinen Anfang nahm, tatsächlich nach Uruk (Erech in der Bibel) überwechselte und nach einigem Hin- und Her nach Akkad und auch nach Babylon (Babel) und Assyrien (Assur). Sie alle hatten ihren Ursprung in Sumer, dem biblischen Shine'ar. Die sumerische »Erstmaligkeit« in Sachen Königtum wird weiterhin durch den Gebrauch des Ausdrucks »Mächtiger Mann«, der den ersten König beschreibt, in der Bibel belegt. Denn dies ist die wörtliche Wiedergabe des sumerischen Wortes für König, LU.GAL »Großartiger/mächtiger Mann«.

Es hat viele Versuche gegeben, »Nimrod« zu identifizieren. Da, laut der sumerischen »Mythen«, Ninurta, der erste Sohn von Enlil, die Aufgabe erhalten hatte, das Königtum in Kish zu errichten, könnte Nimrod der hebräische Name für Ninurta gewesen sein. Wenn es der Name eines Menschen ist, wird keiner die sumerische Bedeutung erfahren, da die Tontafel an dieser Stelle beschädigt ist. Entsprechend der sumerischen Königsliste, bestand die Dynastie in Kish aus dreiundzwanzig Königen, die »24 510 Jahre, 3 Monate und 3 Tage« lang regierten. Sie hatten individuelle Regierungszeiten von 1 200, 900, 960, 1 500, 1 560 Jahren. Wenn man davon ausgeht, daß im Laufe der handschriftlichen Übertragung über die Jahrtausende »1« durch einen Abschreibfehler zu »60« wurde, kommt man zu den glaubwürdigeren Zahlen 20, 15 und so weiter für die einzelnen Regierungszeiten. Die Dauer der gesamten Dynastie läge dann bei 400 Jahren – eine Zeitspanne, die durch archäologische Entdeckungen in Kish untermauert wird.

Die Liste der Namen und Regierungszeiten weicht nur einmal ab, und zwar in Hinsicht auf den dreizehnten König. Über ihn besagen die Königslisten:

Etana, ein Hirte,
der zum Himmel hinaufgehoben wurde,
der alle Länder vereinheitlichte,
wurde König, und regierte 1560 Jahre lang.

Diese historische Anmerkung ist keinesfalls nichtig, denn es gibt tatsächlich eine lange epische Sage, das Epos des Etana. Dieses beschreibt seine göttlichen Begegnungen im Verlauf seiner Bemühungen, die Tore des Himmels zu erreichen. Obwohl kein vollständiger Text gefunden wurde, waren Gelehrte in der Lage, das Wesen der Geschichte aus Bruchstücken der altbabylonischen, mittelassyrischen und neuassyrischen Überlieferungen zusammenzusetzen; es gibt aber keinen Zweifel daran, daß die Originalversion sumerisch ist, denn ein Weiser, der im Dienste des sumerischen Königs Shulgi (21. Jh. v. Chr.) stand, wird in einer der Überlieferungen als der Herausgeber einer früheren Version erwähnt.

Die Rekonstruktion der Sage aus den verschiedenen Fragmenten war nicht einfach, denn der Text scheint zwei getrennte Geschichten miteinander zu verweben. Die eine Geschichte handelt von Etana, der ganz klar ein sehr beliebter König war, da er eine größere Leistung (den »Zusammenschluß aller Länder«) zum Wohle des Volkes erbracht hatte. Ihm wurde ein Sohn und natürlicher Nachfolger wegen der Krankheit seiner Frau vorenthalten, und das einzige Heilmittel war die »Pflanze der Geburt«, die man jedoch nur in den Himmeln bekommen konnte. Die Geschichte führt somit zu den dramatischen Versuchen Etanas, die Tore des Himmels zu erreichen, indem er auf den Schwingen eines Adlers in die Lüfte getragen wird (ein Teil der Sage, die auf Rollsiegeln aus dem 24. Jh v.Chr. dargestellt ist – Abb. 30). Der andere Teil der Geschichte handelt von dem Adler, seiner anfänglichen

Freundschaft und seinen späteren Streitigkeiten mit einer Schlange, was schließlich dazu führte, daß er in einer Grube gefangen gehalten wurde, aus der er durch einen Handel zu gegenseitigem Nutzen von Etana gerettet wurde: Etana rettet den Adler und heilte dessen Schwingen wieder; im Austausch dazu dient ihm der Adler als Raumschiff, und trägt Etana zu weit entfernten Himmeln.

Verschiedene sumerische Texte überliefern historische Angaben in der Form allegorischer Disputationen (von denen wir einige bereits erwähnt haben) und die Gelehrten sind unsicher, wo im Abschnitt von Adler und Schlange die Allegorie endet und ein historischer Bericht beginnt. In beiden Abschnitten ist es die Gottheit Utu/Schamasch, der Befehlshaber des Raumfahrtzentrums, der die Geschicke des Adlers lenkt und der dafür sorgt, daß Etana den Adler trifft; dies weist darauf hin, daß die Geschichte tatsächlich ein Ereignis aus dem Weltraum ist. Überdies legt der Erzähler in einem Text, den die Gelehrten 'Die historische Einführung' zu den verflochtenen Episoden nennen, den Schauplatz für die Ereignisse, über die berichtet wurde, in eine Zeit der Konflikte und Zusammenstöße. In dieser Zeit »blockieren« die IGI.GI (»Die beobachten und sehen«) – das ist die Mannschaft von Astronauten, die in der Erdumlaufbahn verblieben ist und die Zubringerschiffe bemannt (zur Unterscheidung von den Anunnaki, die auf die Erde heruntergekommen sind)- »die Tore« und »durchstreifen die Stadt« zum Schutz vor Gegnern, deren Identität durch die Beschädigung der Tontafeln verloren gegangen ist. All das spricht dafür, daß es sich um tatsächlich Geschehenes handelt, um einen Tatsachenbericht also.

Die ungewöhnliche Anwesenheit der Igigi in einer Stadt auf der Erde, die Tatsache, daß Utu/Schamasch Befehlshaber eines Raumfahrtzentrums war (damals in der vierten Region) und die Bezeichnung des bemannten Raumschiffes des Etana als Adler, dies alles weist darauf hin, daß der Konflikt, der in der Etana-Sage anklingt, mit dem Raumflug zu tun hat. Könnte es der Versuch gewesen sein, ein anderes Raumfahrtzentrum zu errichten, daß nicht von Utu/Schamasch kontrolliert würde? Konnte der Adlermensch, der in den fehlgeschlagenen Versuch verwickelt war, bzw. das vorgesehene Raumschiff, dazu verbannt werden, in einer Grube zu schmachten – einem unterirdischen Raketensilo? Die Darstellung einer Rakete in einem unterirdischen Silo (das Steuerungsmodul sieht man über dem Boden) wurde im Grabmal des Hui, eines ägyptischen Gouverneurs des Sinai in pharaonischen Zeiten (Abb. 31), gefunden. Dies weist darauf hin, daß im Altertum ein »Adler« in einer »Grube« als eine Rakete in ihrem Silo angesehen wurde.

Wenn wir die Angaben in der Bibel als gekürzte, aber chronologisch und auch anderweitig korrekte Übersetzung der sumerischen Quellen akzeptieren, erfahren wir, daß Menschen, nach den Folgen der Sintflut, als die Menschheit sich fruchtbar vermehrte und die Ebene zwischen Euphrat und Tigris für eine Wiederbesiedlung ausreichend abgetrocknet war, »aus dem Osten heranreisten und eine Ebene vorfanden im Land von Shine'ar und sich dort niederließen. Und sie sprachen zueinander: Laßt uns Ziegel machen und diese in einem Brennofen brennen. Und so dienten ihnen Ziegel als Steine, und Pech diente ihnen als Mörtel.«

Dies ist eine ziemlich genaue, wenn auch knappe, Beschreibung der Anfänge sumerischer Zivilisation und einiger »Erstmaligkeiten«, die dieser zu eigen waren – die Ziegel, der Brennofen und die erste Stadt der Menschheit; was darauffolgte war die Errichtung einer Stadt und eines »Turmes, dessen Haupt den Himmel erreichen kann«.

Heutzutage nennt man solch ein Gebäude eine Abschußrampe und deren »Haupt«, daß den Himmel erreichen kann, eine Rakete...

Wir sind inzwischen in der biblischen Erzählung, als auch chronologisch, bei dem Vorfall vom Turm zu Babel angelangt – der unbefugten Konstruktion einer Raumfahrtanlage. Also »kam Jahweh herab, um die Stadt und den Turm zu betrachten, die Adams Kinder erbauten«.

All das, was er sah, gefiel ihm überhaupt nicht und so verlieh Jahweh seinen Bedenken bei ungenannt gebliebenen Göttern Ausdruck.

»Kommt, laßt uns herabsteigen und dort ihre Zungen verwirren, so daß einer des anderen Sprache nicht mehr verstehen möge«. »Und Jahweh zerstreute sie von dort über die ganze Erde und sie hörten auf, die Stadt zu errichten«.

Die Bibel bezeichnet den Ort, wo der Versuch, in den Himmel aufzusteigen, unternommen wurde, als Babylon. Es wird erklärt, daß der hebräische Name Babel aus der Wurzel »verwirren« abgeleitet wurde. Tatsächlich bedeutet der echte mesopotamische Name Bab-ili »Tor der Götter«; ein Ort, der von Marduk, Enkis erstgeborenem Sohn, geplant worden war und als alternative Abschußbasis dienen sollte, frei von Enlils Kontrolle. Dieses Ereignis, das den von uns so genannten Pyramidenkriegen folgte, wurde von uns etwa auf das Jahr 3450 v. Chr. zeitlich festgelegt – einige Jahrhunderte, nachdem das Königtum in Kish begonnen hatte, und somit etwa im selben Zeitrahmen wie die Ereignisse um Etana.

Eine solche Übereinstimmung zwischen den sumerischen und biblischen Zeitabfolgen wirft Licht auf die Identität der göttlichen Wesen, die, wie Jahweh in der biblischen Version, heruntergekommen waren, um zu sehen, was in Babylon los war und denen Jahweh seine Bedenken mitgeteilt hatte. Es waren die Igigi, die zur Erde heruntergekommen waren, die die Stadt besetzt, die sieben Stadttore für gegnerische Kräfte blockiert und durch den Ort patroulliert waren, bis die Ordnung unter einem neugewählten König wiederhergestellt war, der die Fähigkeit besaß, die »Länder zu vereinigen«. Dieser neue Herrscher war Etana. Sein Name kann am besten übersetzt werden mit »starker Mann«; dies war im frühgeschichtlichen Nahen Osten anscheinend ein beliebter Name für Jungen, denn er begegnet einem einige Male als Personenname in der hebräischen Bibel (als Ethan). Er wurde, nicht unähnlich der Suche nach einem Staatsoberhaupt heutzutage, ausgewählt, nachdem »Ishtar Ausschau nach einem Hirten gehalten und alles nach einem König abgesucht hatte.« Nachdem Ishtar mit Etana als Kandidaten für den Thron gekommen war, sah Enlil ihn von oben bis unten an, billigte ihn und verkündete: »Hiermit wird ein König für das Land bestätigt«; und »er errichtete eine Thron-Estrade für Etana in Kish.« Als das geschehen war, »entfernten sich die Igigi aus der Stadt« und kehrten vermutlich zu ihren Raumstationen zurück.

Und Etana, der »die Länder vereinigt hatte«, richtete sein Augenmerk darauf, daß er einen männlichen Erben brauchte.

Die Tragödie, eine kinderlose Ehegattin zu haben, die ihrem Ehemann keinen Nachfolger gebären kann, begegnet uns in der Bibel zum ersten Mal, in den Erzählungen der Patriarchen. Sarah, die Ehefrau Abrahams, konnte keine Kinder bekommen, bis sie im Alter von neunzig Jahren eine göttliche Begegnung hatte; inzwischen gebar ihre Dienstmagd Hagar Abraham einen Sohn (Ismael) und der Schauplatz für einen Erbfolgestreit zwischen dem Erstgeborenen und dem jüngeren rechtmäßigen Erben (Isaak) war bereitet. Isaak mußte in der Folge »Jahweh im Namen seiner Frau anflehen, da sie unfruchtbar war«. Sie konnte ein Kind erst empfangen, als Jahweh »sich hatte erweichen lassen«.

Es zieht sich durch die ganzen biblischen Erzählungen der Glaube, daß die Fähigkeit, Kinder zu empfangen, von Gott gewährt oder aber vorenthalten werden kann. Als Abimelech, der König von Gerar, Sarah Abraham wegnahm, »verschloß Jahweh jeden Mutterleib im Hause des Abimelech«, und dieses Gebrechen wurde erst, nachdem Abraham darum gebeten hatte, zurückgenommen. Hannah, die Frau von Elkanah, konnte keine Kinder bekommen, weil »der Gott ihren Mutterleib verschlossen hatte«. Sie gebar Samuel erst, nachdem sie gelobt hatte, ihr Kind, sollte es ein Sohn sein, »Gott alle Tage seines Lebens anzuvertrauen und seinen Kopf nicht von einer Rasierklinge berühren zu lassen«.

Im Fall von Etanas Frau lag das Problem nicht darin, daß sie keine Kinder empfangen konnte, sondern eher in wiederholten Fehlgeburten. Sie wurde von einer LA.BU Krankheit geplagt, die verhinderte, daß sie die Kinder, die sie empfangen hatte, zur vollen Reife brachte. In seiner Verzweiflung hatte Etana gräßliche Vorahnungen. In einem Traum »sah er die Stadt Kish schluchzen; die Menschen in der Stadt trauerten; man hörte ein Wehklagen«. War es ein Omen des Todes für ihn, weil »Etana keinen Erben haben konnte«, oder für seine Frau?

Danach »sagte seine Frau zu Etana: Der Gott schickte mir einen Traum. Ich hatte einen Traum, wie Etana, mein Ehemann«. In dem Traum sah sie einen Mann. Er hielt eine Pflanze in seiner Hand; es war shammu sha aladi, eine Pflanze der Geburt. Er goß immer wieder kaltes Wasser auf die Pflanze, damit sie »sich in seinem Haus festsetzen möge«. Er brachte die Pflanze in seine Stadt und in sein Haus. Dort entsproß der Pflanze eine Blüte; dann verwelkte die Pflanze.

Etana war sicher, daß dieser Traum ein göttliches Omen sei. »Wer würde einen solchen Traum nicht verehren!« sagte er. »Die Herrschaft der Götter besteht weiter!« rief er aus; das Heilmittel für das Leiden »ist zu uns gekommen«.

Etana fragte seine Frau, wo diese Pflanze gewesen sei. Sie sagte aber: In meinem Traum konnte »ich nicht sehen, wo die Pflanze wuchs«. Da Etana jedoch überzeugt war, daß der Traum ein Omen gewesen war, das Wirklichkeit werden konnte, nahm er die Suche nach der Pflanze auf. Er überquerte Flüsse und Gebirgszüge, er ritt hin und her. Aber er konnte die Pflanze nicht finden. Enttäuscht bat Etana inständig um göttliche Führung. »Jeden Tag betete Etana wiederholt zu Schamasch«. Er verband Bitten mit Protest, als er sagte: »O Schamasch, du bist in den Genuß meiner besten Schafe gekommen. Der Erdboden hat das Blut meiner Lämmer aufgesaugt. Ich habe den Göttern Ehre erwiesen!« Er fuhr fort: »Die Traumdeuter haben regen Gebrauch von meinem Weihrauch gemacht.« Nun sei es an den Gottheiten selbst und zwar an denjenigen, »die alle meine geschlachteten Lämmern angenommen haben«, diesen Traum für ihn zu deuten.

Wenn es eine solche Pflanze des Ursprungs gibt, so sprach er in seinen Gebeten, »laß Worte aus deinem Mund kommen, o mein Gott, und gib mir die Pflanze der Geburt! Zeig mir die Pflanze der Geburt! Lösche aus meine Schande und gib mir einen Sohn!«

Die Texte lassen keinen Schluß darauf zu, wo Etana seine Bitten so an Utu/Schamasch, den Befehlshaber des Raumfahrtzentrums, gerichtet hatte. Aber anscheinend war es keine Begegnung von Angesicht zu Angesicht, denn wir lesen als nächstes, daß »Schamasch seine Stimme hörbar machte und zu Etana sprach.« Und das, was die göttliche Stimme sagte, lautete folgendermaßen:

Gehe die Straße entlang, überquere den Berg
Finde eine Grube und schaue vorsichtig hinein,
was darin ist.
Ein Adler wurde dort drinnen zurückgelassen.
Er wird für dich die Pflanze der Geburt erlangen.

Als Etana den göttlichen Anweisungen folgte, fand er die Grube und den Adler darin. Der Adler wollte wissen, wie Etana hierher gekommen war und Etana schilderte ihm sein Problem; auch er erzählte Etana seine traurige Geschichte. Bald wurde eine Vereinbarung getroffen: Etana würde dem Adler helfen, sich aus der Grube zu erheben und wieder zu fliegen; im Austausch dafür würde der Adler für Etana die Pflanze der Geburt finden. Mit der Hilfe einer sechssprossigen Leiter brachte Etana den Adler nach oben; seine Schwingen reparierte er mit Kupfer. Als der Adler flugfähig war, begann er in den Bergen nach der wundersamen Pflanze zu suchen. »Aber die Pflanze des Ursprungs wurde dort nicht gefunden«.

Als Verzweiflung und Enttäuschung Etana überwältigten, hatte er einen anderen Traum. Was er dem Adler davon erzählte, ist teilweise unleserlich, weil die Tontafel beschädigt ist; aber die leserlichen Anteile erwähnen die Wahrzeichen von Göttlichkeit und Herrschaft, die »aus den hellstrahlenden Höhen des Himmels kommen und über meinem Pfad liegen«. »Mein Freund, dein Traum ist günstig!« sagte der Adler zu Etana. Etana hatte dann noch eine anderen Traum, in dem er sah, daß sich Schilfrohre aus allen Teilen des Landes in seinem Haus aufhäuften; eine böse Schlange versuchte, sie davon abzuhalten, aber die Schilfrohre »verbeugten sich vor mir, wie ergebene Sklaven«. Und wieder »überzeugte der Adler Etana davon«, den Traum als günstiges Omen zu sehen.

Es passierte jedoch nichts, bis der Adler auch einen Traum hatte. »Mein Freund«, sagte er zu Etana, »derselbe Gott hat auch mir einen Traum geschickt«:

Wir gingen durch den Eingang
der Tore von Anu, Enlil und Ea;

wir verbeugten uns zusammen, du und ich.
Wir gingen durch den Eingang
der Tore von Sin, Schamasch, Adad und Ishtar;
wir verbeugten uns zusammen, du und ich.

Wenn man einen Blick auf die Wegkarte von Abb. 17 wirft, wird sofort klar, daß der Adler eine umgekehrte Reise beschrieb – vom Zentrum des Sonnensystems, wo sich die Sonne (Schamasch), der Mond (Sin), Merkur (Adad) und Venus (Ishtar) zusammendrängen, hin zu den äußeren Planeten und zum alleräußersten, Anus Bereich Nibiru!

Der Traum, von dem der Adler berichtete, hatte einen zweiten Teil:

Ich sah ein Haus mit einem Fenster,
das nicht verriegelt war.
Ich stieß die Tür auf und ging hinein.
Darinnen saß eine junge Frau inmitten von Glanz,
geschmückt mit einer Krone, schön von Angesicht.
Ein Thron wurde für sie gesetzt;
drumherum wurde der Boden fest gemacht.
Am Fußende des Thrones duckten sich Löwen.
Als ich voran ging, erwiesen mir die Löwen ihre Huldigung.
Dann wachte ich mit einem Schrecken auf.

Der Traum war somit angefüllt mit guten Omen: Das »Fenster« war nicht verriegelt, die junge Frau auf dem Thron (die Ehefrau des Königs) saß inmitten von Glanz; die Löwen waren gefällig. Durch diesen Traum, so sagte der Adler, ist klargeworden, was zu tun war: »Unser Ziel ist nun offenkundig; komm, ich werde dich zum Himmel von Anu tragen!«

In dem vorgeschichtlichen Text folgt nun die Beschreibung eines Raumflugs, genauso realistisch, wie moderne Astronauten berichtet haben.

Während der Adler mit Etana himmelwärts schwebte, sagte er zu Etana, nachdem sie einen Beru (eine sumerische Maßeinheit der Entfernung und des Himmelsbogens) aufgestiegen waren:

Sieh mein Freund, wie das Land erscheint!

Sieh dir das Meer bei den Häuserbergen an:
Das Land ist tatsächlich zu einem einfachen Hügel geworden,
das weite Meer ist nur eine Wanne!

Höher und höher trug der Adler Etana, himmelwärts; die Erde erschien kleiner und kleiner. Nachdem sie einen weiteren Beru aufgestiegen waren, sagte der Adler zu Etana:

Mein Freund,
werfe einen Blick darauf, wie die Erde erscheint!
Das Land hat sich in eine Furche verwandelt...
Das weite Meer ist wie ein Brotkorb...

Nachdem sie einen weiteren Beru gereist waren, sah das Land nicht größer aus als der Graben eines Gärtners. Und danach, als sie noch weiter aufstiegen, war die Erde überhaupt nicht mehr zu sehen. Etana sagte, als er von dieser Erfahrung berichtete:

Als ich umherblickte,
war das Land verschwunden;
und an dem weiten Meer
konnten sich meine Augen nicht weiden.

Sie waren so weit im Weltraum draußen, daß die Erde ihren Blicken entschwunden war! Etana wurde von Angst und Schrecken gepackt und sagte zum Adler, daß er umkehren solle. Es war eine gefährliche Landung, da der Adler zur Erde »herniederstürzte«. Ein Fragment der Tontafel, die von den Gelehrten als »das Gebet des Adlers zu Ishtar, als er und Etana vom Himmel fielen« (viz. J.V. Kinnier Wilson, *The Legend of Etana: A New Edition*) identifiziert wurde, legt nahe, daß der Adler Ishtar – deren Herrschaft über den Himmel der Erde sowohl in Texten als auch in Zeichnungen, so wie in Abb. 32 ausreichend belegt ist – angerufen hat, damit sie von ihr gerettet würden. Sie fielen auf eine Wassermasse zu, »die sie zwar an der Oberfläche gerettet, aber in ihren Tiefen getötet hätte«. Durch das Eingreifen von Ishtar landeten der Adler und sein Passagier in einem Wald.

Im zweiten Zivilisationsgebiet am Nil, begann das Königtum ca. 3100 v. Chr. – d.h. das Königtum der Menschen, da Ägypten, wo die Traditionen lange überdauert haben, vorher von Göttern und Halbgöttern regiert worden war.

Gemäß dem ägyptischen Priester Manetho, der die Geschichte Ägyptens niederschrieb, als Alexanders Griechen das Land erreichten, kamen die »Götter des Himmels« seit undenklichen Zeiten von der himmlischen Scheibe aus zur Erde (Abb. 33). Nachdem eine große Flut Ägypten überschwemmt hatte, entwässerte »ein sehr mächtiger Gott, der in den frühesten Zeiten zur Erde gekommen war«, das Land durch raffinierte Dämme, Deiche und Urbarmachungsarbeiten. Sein Name war Ptah, »der Entwickler« und er war ein großer Wissenschaftler, der vorher bei der Erschaffung der Menschheit behilflich gewesen war. Er wird oft mit einem abgestuften Stab abgebildet, der der Stange heutiger Landvermesser sehr ähnelt (Abb. 34a). Als es an der Zeit war, gab Ptah die Herrschaft über Ägypten an seinen erstgeborenen Sohn Ra (»Der Strahlende« – Abb. 34b) weiter; der für alle Zeiten das Oberhaupt im Pantheon der ägyptischen Götter blieb.

Der ägyptische Begriff für »Götter« lautete NTR – »Wächter, Beschützer« und die Menschen glaubten, daß sie von Ta-Ur, dem Fremden/Weitentfernten Land, nach Ägypten gekommen seien. In unseren vorherigen Schriften haben wir dieses Land als Sumer (richtiger Shumer, »Land der Wächter«) identifiziert, die ägyptischen Götter als die Anunnaki, Ptah als Ea/Enki (dessen sumerischer Spitzname, NUDIMMUD, »Der künstliche Erschaffer« bedeutet) und Ra, als dessen erstgeborenen Sohn Marduk.

Vier Geschwisterpaare folgten Ra auf den göttlichen Thron von Ägypten: zuerst seine eigenen Kinder Shu (»Trockenheit«) und Tefnut (»Feuchtigkeit«) und dann deren Kinder Geb (»Der die Erde aufhäuft«) und Nut (»Das ausgestreckte Firmament des Himmels«). Geb und Nut wiederum hatten vier Kinder: Asar (»Der Allsehende«), den die Griechen Osiris nannten; dieser heiratete seine Schwester Ast, die wir als Isis kennen; außerdem Seth (»Der Südliche«), der seine Schwester Nebt-hat,alias Nephtys heiratete. Um den Frieden zu wahren, wurde Ägypten zwischen Osiris (dieser erhielt das nördliche Niederägypten) und Seth (dem das südliche Oberägypten zugewiesen wurde) aufgeteilt. Aber Seth hielt es für sein Recht, über ganz Ägypten zu herrschen und akzeptierte die Aufteilung nie. Er schaffte es mit einer List, Osiris zu ergreifen, schnitt seinen Körper in vierzehn Teile und verstreute diese Teile über ganz Ägypten. Aber Isis schaffte es, alle Stücke (ausgenommen den Phallus) wiederzubekommen und fügte den verstümmelten Körper wieder zusammen, wodurch sie den toten Osiris in der Anderen Welt zu neuem Leben erweckte. Von ihm erzählen die heiligen Schriften:

> Er betrat die geheimen Tore,
> den Ruhm des Gottes der Ewigkeit,
> trat in die Fußstapfen mit dem, der am Horizont scheint,
> auf den Pfad des Ra.

Und somit war der Glaube geboren, daß der ägyptische König, der Pharao, wenn er nach seinem Tod »zusammengesetzt« (mumifiziert) würde wie Osiris, sich auf die Reise zu den Göttern in deren Wohnstatt machen, die geheimen Tore des Himmels durchqueren, dort dem großen Gott Ra begegnen und, wenn ihm der Eintritt gewährt worden war, in den Genuß eines ewigen Nachlebens kommen könnte.

Die Reise zu dieser letzten Göttlichen Begegnung, war eine vorgetäuschte; aber um sie vorzutäuschen, mußte man einen echten, wirklichen Vorfall nachahmen – eine Reise, die die Götter selbst, speziell der wiederauferstandene Osiris, wirklich von den Ufern des Nils nach Neter-Khert, »Gottes Bergland«, unternommen haben; von dort würde sie ein Emporsteiger mit in die Lüfte nehmen in den Duat, einem wundersamen »Ausgangspunkt, um zu den Sternen aufzusteigen«.

Vieles, was wir über diese simulierten Reisen wissen, entstammt den Pyramiden Texten, deren Ursprung im Nebel der Zeiten verlorengegangen ist; sie sind bekannt, weil sie wiederholt in pharaonischen Pyramiden zitiert werden (speziell in denen von Unas, Teti, Pepi I., Merenra und Pepi II., die alle zwischen 2350 und 2180 v.Chr. regiert haben). Der König erwartete, daß er, sobald er sein unterirdisches Grabmal (das niemals im Inneren einer Pyramide lag) durch eine Geheimtüre verlassen hatte, einen göttlichen Herold antreffen würde, der »ihn am Arm nehmen und in den Himmel bringen würde«. Wenn der Pharao dann seine Reise zum Jenseits antrat, stimmten die Priester einen Gesang an: »Der König ist auf dem Weg zum Himmel! Der König ist auf dem Weg zum Himmel!«

Die Reise – so realistisch und geographisch präzise, daß man vergißt, daß sie lediglich simuliert war – begann, wie bereits dargelegt, damit, daß man die Geheimtüre, die nach Osten zeigte, durchquerte; der Bestimmungsort des Pharao lag somit im Osten, weg von Ägypten und in Richtung der Halbinsel Sinai. Das erste Hindernis war ein See voll mit Schilfrohren; der Begriff ist fast identisch mit dem biblischen Schilfmeer, daß die Israeliten durchqueren konnten, nachdem sich das Wasser auf wundersame Weise geteilt hatte; unzweifelhaft beziehen sich beide Fälle auf die Seenkette , die sich bis zum heutigen Tag fast über die gesamte Länge der Grenze zwischen Ägypten und dem Sinai erstreckt, von Nord nach Süd.

Im Falle des Pharao war es der göttliche Fährmann, der über den König, nach einer gründlichen Überprüfung seiner Befähigungen, entschied, ihn übersetzen zu lassen. Der göttliche Fährmann setzte das magische Boot vom weit entfernten Ufer aus über, aber der Pharao selbst mußte das Boot durch die Rezitation magischer Formeln dazu bringen, zurückzusegeln. Sobald diese Formeln rezitiert worden waren, begann das Fährboot, sich von allein zu bewegen und das Steuerruder richtete sich selbsttätig aus. Das Boot hatte in jeglicher Hinsicht einen eigenständigen Antrieb!

Hinter dem See erstreckte sich eine Wüste, und dahinter wiederum konnte der Pharao in der Ferne die Berge des Ostens sehen. Aber kaum war der Pharao dem Boot entstiegen, wurde er von vier göttlichen Wachen angehalten; diese fielen dadurch auf, daß ihr schwarzes Haar in Locken über Stirn, Schläfen und Hinterkopf fiel; in der Mitte des Kopfes war das Haar geflochten. Auch sie befragten den Pharao, aber ließen ihn schließlich passieren.

Ein Text (bekannt nur durch Zitieren) mit dem Titel *Das Buch der zwei Wege*, beschreibt die zwei Alternativen, vor die der Pharao nun gestellt war, denn er konnte zwei Pässe sehen, die durch die Bergkette führten, hinter welcher der Duat war. Diese beiden Pässe, heutzutage Giddi- und Mitla-Pass genannt, boten seit undenklicher Zeit bis hin zu den jüngsten Kriegen, den einzig möglichen Weg ins Zentrum der Halbinsel, sei es für Armeen, Nomaden oder Pilger. Dem Pharao wird der richtige Pass gezeigt, wenn er die passenden Worte spricht. Vor ihm liegt ein trockenes, unfruchtbares Land und göttliche Wachen tauchen unvermutet auf. »Wo gehst du hin?« wollen sie von dem Sterblichen wissen, der im Gebiet der Götter auftaucht. Der göttliche Herold, abwechselnd sicht- und unsichtbar, hebt an zu sprechen: »Der König geht zum Himmel, um Leben und Freude zu erlangen«, sagt er. Als die Wachen zögern, fleht der König sie an: »Öffnet die Grenze... entfernt die Schranke... laßt mich hindurchgehen, wie die Götter hindurchgehen!« Am Ende lassen die göttlichen Wachen den König durch und er erreicht schließlich das Duat.

Man stellte sich den Duat als einen geschlossenen Kreis der Götter vor und zwar an der höchsten Stelle, wo sich der Himmel (repräsentiert durch die Göttin Nut) öffnet, so daß der Unvergängliche Stern (repräsentiert durch die himmlische Scheibe) erreicht werden kann (Abb. 35); geographisch gesehen war es ein ovales Tal, umschlossen von Bergen, durch das seichte Bäche floßen. Diese Bäche waren so seicht, oder manchmal sogar so ausgetrocknet, daß die Barke des Ra getreidelt werden mußte oder sich durch eigene Kraft wie ein Schlitten fortbewegte.

Der Duat war in zwölf Abteilungen aufgeteilt, durch die sich der König an zwölf Stunden des Tages über der Erde und an zwölf Stunden der Nacht unter der Erde, im Amen-ta, »dem verborgenen Platz«, hindurchkämpfen mußte. Dort war Osiris selbst zum ewigen Leben aufgestiegen und der König sprach ein Gebet für Osiris- ein Gebet, daß im ägyptischen Totenbuch im Kapitel mit dem Namen »Kapitel, wo sein Name gemacht wird«, zitiert ist:

Möge mir mein Name gegeben werden
im großen Haus der Zwei.
Möge im Haus des Feuers
mir ein Name gewährt werden.
In der Nacht, wo die Jahre errechnet
und die Monate gezählt werden,
möge ich ein göttliches Wesen werden,
möge ich auf der Ostseite des Himmels sitzen.

Wie wir bereits vermutet haben, war der »Name« – Shem auf hebräisch, MU auf sumerisch – um den die alten Könige beteten, eine Rakete, die sie himmelwärts tragen konnte; diese wurde »das, wodurch man sich an sie erinnert«, weil sie durch die Rakete zur Unsterblichkeit gelangen würden.

Der König kann den Emporträger, für den er betet, bereits sehen. Aber der befindet sich im Haus des Feuers, das nur durch unterirdische Gänge zu erreichen ist. Der Weg hinab führt durch sich windende Korridore, verborgene Kammern, und Türen, die sich auf geheimnisvolle Weise öffnen und schließen. In jeder einzelnen der zwölf Abteilungen sind Gruppen von Götter zu sehen; ihr Aussehen ist verschieden; einige haben keinen Kopf, andere sehen wild aus, wieder andere verbergen ihr Gesicht; manche bedrohen den Pharao, andere heißen ihn willkommen. Der König wird einem andauernden Test unterzogen. In der siebten Abteilung jedoch werden die unterweltlichen und infernalischen Aspekte weniger; himmlische Aspekte, Wahrzeichen und Vogelmenschengötter (mit Falkenköpfen) beginnen aufzutauchen. In der Zone der neunten Stunde sieht der König die zwölf »göttlichen Ruderer des Bootes von Ra«, das »himmlische Boot seit Millionen von Jahren« (Abb. 36). In der Zone der zehnten Stunde betritt der König, wenn er durch ein Tor geht, einen Platz, voll von reger Aktivität; die Götter an diesem Ort hatten den Auftrag, die Flammen und das Feuer für das himmlische Boot des Ra zu unterhalten. In der Zone der elften Stunde begegnet der König mehr Göttern mit Sternemblemen; ihre Aufgabe ist es, für »Antriebskraft zu sorgen, um sich vom Duat zu erheben und das Objekt des Ra zum Verborgenen Haus im oberen Himmel gelangen zu lassen«. An diesem Ort rüsten die Götter den König für seine himmlische Reise aus, entledigen ihn der Kleidung, die er auf der Erde trug und legen ihm das Gewand des Falkengottes an.

In der letzten Zone der zwölften Stunde wird der König durch einen Tunnel in eine Höhle geführt, wo die göttliche Leiter steht. Die Höhle ist im Inneren des Berges des Aufstiegs von Ra. Die göttliche Leiter ist mit Kupferkabeln zusammengefügt und ist der, oder führt zu dem, göttlichen Emporsteiger. Es ist die Leiter der Götter, die vorher von Ra, Seth und Osiris benutzt wurde; und der König betete (so lautet die Inschrift im Grabmal des Pepi), daß die Leiter »Pepi gegeben werden möge, so daß Pepi damit in den Himmel aufsteigen möge«. Einige Illustrationen im Totenbuch zeigen an dieser Stelle den König, wie er, geführt von einem Ded (dem Symbol für die Unendlichkeit, Abb. 37), den Segen oder die Abschiedsgrüße der Göttinnen Isis und Nephtys empfängt.

Ausgerüstet wie ein Gott wird der König nun von zwei Göttinnen unterstützt, die »die Kabel ergreifen«, um das »Auge« des Himmelsbootes, die Kommandobrücke des Emporsteigers, zu betreten. Er nimmt zwischen zwei Gottheiten Platz; der Sitz wird »die Wahrheit, die lebendig macht«, genannt. Der König schnallte sich an einen hervorstehenden Apparat, alles ist fertig für den Start.: »Pepi ist bekleidet mit dem Gewand des Horus (dem Befehlshaber der Falken-Götter) »und dem Kleid des Thoth« (dem göttlichen Berichterstatter); »der Öffner aller Wege hat den Weg für ihn geöffnet; die Götter des An« (Heliopolis) lassen ihn die Treppe hinaufsteigen, bringen ihn zum Firmament des Himmels; Nut (die Himmelsgöttin) reicht ihm ihre Hand«.

Der König richtet sein Gebet nun an das doppelte Tor – das »Tor zur Erde« und das »Tor zum Himmel«- damit sie geöffnet würden. Es ist die Stunde des Tagesanbruchs, und plötzlich öffnete sich das himmlische Fenster« und »die Stufen aus Licht werden offenbar!«

Im »Auge« des Emporsteigers »hört man den Befehl der Götter.« Außen wird »die Strahlung, die emporhebt« verstärkt, so daß »der König in den Himmel emporgehoben werden kann.« Im »Auge«, der Kommandozentrale, kann man eine »Macht« spüren, »der keiner widerstehen« kann. Es lärmt und rast, tost und bebt: »Der Himmel spricht, die Erde bebt, die Erde zittert... Der Boden entfernt sich... Der König steigt zum Himmel auf!« »Der tosende Sturm trägt ihn... Die Wachen des Himmels öffnen das Tor zum Himmel für ihn!«

Die Inschrift im Grabmal des Pepi erklärt den zurückgebliebenen Untertanen des Königs, was geschehen war:

Der da fliegt, fliegt:
Es ist der König Pepi, der hinwegfliegt
von euch, ihr Sterblichen.
Er ist nicht mehr von der Erde; er ist jetzt des Himmels.
Dieser König Pepi fliegt zum Himmel, wie eine Wolke.

Nachdem der König mit dem Emporsteiger in östliche Richtung aufgestiegen ist, umkreist er nun die Erde:

Er umfaßt den Himmel wie Ra,
er überquert den Himmel wie Toth...
Er reist durch die Regionen des Horus,
er reist durch die Regionen des Seth...
Er hat den Himmel zweimal vollständig umkreist.

Das wiederholte Umkreisen der Erde gibt dem Emporsteiger den Antrieb, den er braucht, um die Erde in Richtung der doppelten Tore des Himmels zu verlassen. Die priesterlichen Gesänge weit unten, teilen dem König mit: »Die doppelten Tore des Himmels sind für dich geöffnet!« sie versichern ihm, daß die Himmelsgöttin ihn auf seiner himmlichen Reise beschützen und führen wird: »Sie wird dich am Arm festhalten, sie wird dir den Weg zum Horizont weisen, dem Ort, wo Ra ist.« Der Bestimmungsort ist der »Unvergängliche Stern«, dessen Symbol die geflügelte Scheibe ist.

Die heiligen Äußerungen versichern den Getreuen, daß, wenn der König seinen Bestimmungsort erreicht, »wenn der König schließlich dort steht, auf dem Stern, der sich auf der Unterseite des Himmels befindet, er als Gott angesehen wird«.

Man stellte sich vor, die gesungenen Äußerungen stellten

sicher, daß der König, sobald er sich den doppelten Toren des Himmels genähert hatte, die »vier Gottheiten, die auf den Dam-Zeptern des Himmels stehen« treffen würde. Er wird ihnen zurufen, daß sie Ra die Ankunft des Königs ankündigen sollten, und zweifellos wird Ra vortreten, um den König zu begrüßen und ihn hinter die Tore des Himmels und in den himmlischen Palast zu führen.

Du wirst Ra, der dort steht, vorfinden.
Er grüßt dich, nimmt dich beim Arm.
Er führt dich in den himmlischen Doppelpalast.
Er wird dir einen Platz auf dem Thron des Osiris zuweisen.

Der Pharao erfährt nun, nach einer Serie von Begegnungen mit mächtigeren und weniger mächtigen Gottheiten, die äußerste göttliche Begegnung mit dem Großen Gott Ra selbst. Ihm wird der Thron des Osiris angeboten, wodurch er tauglich wird für die Ewigkeit. Die himmlische Reise ist abgeschlossen, nicht aber die Mission. Obgleich der König nun tauglich für die Ewigkeit ist, muß er sie finden und erlangen – ein letztes Detail beim Übergang zu einem ewigen Nachleben: Der König muß nun die »Nahrung der Ewigkeit« finden, und an ihr teilhaben, ein Elixier, das die Götter in ihrer himmlischen Wohnstatt jung erhält.

Die priesterlichen Gesänge richten sich nun auf diese letzte Hürde. Sie appellieren an die Götter, diesen König »mit euch zu nehmen, damit er von dem essen kann, was ihr eßt, von dem trinken kann, was ihr trinkt, von dem leben kann, wovon ihr lebt. Gebt dem König Nahrung von euerer ewigen Nahrung.«

Einige der alten Texte beschreiben den Ort, wohin der König nun geht, als das Feld des Lebens; andere bezeichnen es als den Großen See der Götter. Er muß sowohl ein Getränk, das Wasser des Lebens, als auch eine Speise, die Frucht des Lebensbaumes, erlangen. Illustrationen im Totenbuch zeigen den König (manchmal begleitet von seiner Königin, Abb. 38), im Großen See der Götter, wie er vom Wasser des Lebens trinkt – Wasser, mit dessen Hilfe der Baum des Lebens (eine Dattelpalme) wächst. In den Pyramidentexten ist es der

»Große Grüne Göttliche Falke«, der den König zum Feld des Lebens führt, um dort den Baum des Lebens zu finden. Dort trifft die Göttin, die Herrin über das Leben ist, den König. Sie hält vier Krüge bereit, mit deren Inhalt sie, »das Herz des großen Gottes am Tage seines Erwachens erfrischt«. Sie bietet dem König das göttliche Elixier dar und »gibt ihm damit Leben.«

Ra, der die Geschehnisse beobachtet, ist glücklich.
»Siehe da«, ruft er dem König zu –
Alles zufriedenmachende Leben wurde dir gegeben!
Die Ewigkeit ist dein...
Du kommst nicht um,
du stirbst nicht,
für immer und ewig.

Mit dieser letzten göttlichen Begegnung auf dem Unvergänglichen Stern ist die »Lebenszeit des Königs die Ewigkeit, ihre Begrenzung ist die Unendlichkeit.«

Die Verwirrung der Sprache

Wie in der Genesis (Kapitel 11) steht, hatte die Menschheit, bevor Sumer besiedelt wurde, »eine Sprache und dieselben Worte«. Aber als Ergebnis des Turmbaus zu Babel sprach Jahweh: »Sehet her, dies ist ein Volk und sie alle sprechen dieselbe Sprache... Laßt uns heruntersteigen und dort ihre Zungen verwirren, so daß einer des anderen Rede nicht verstehe.« Dies geschah nach unseren Schätzungen ca. 3450 v.Chr.

Diese Überlieferung spiegelt die sumerische Behauptung wider, daß »einst«, in einer idyllischen Vergangenheit, wo »ein Mensch keine Rivalen hatte« und das ganze Land »in Sicherheit ruhte«, die Menschen »im Einklang mit Enlil alle in derselben Sprache redeten.«

An diese idyllischen Zeiten wird in einem sumerischen Text, (bekannt als Enmerkar und der Herr von Aratta) erinnert. Dieser Text handelt von einem Macht- und Willenskampf zwischen Enmerkar, einem Herrscher von Uruk (das biblische Erech) und dem König von Aratta (im Industal), ca. 2850 v.Chr. Der Streit betraf das Ausmaß der Machtentfaltung Ishtars, Enlils Enkelin, die sich nicht entscheiden konnte, ob sie im fernen Aratta residieren, oder im damals unbedeutenden Erech bleiben sollte.

Da er die Ausweitung der enlilitischen Kontrolle als ungünstig empfand, trachtete Enki danach, einen Krieg der Worte zwischen den beiden Herrschern zu entfachen, indem er ihre Sprache verwirrte. So veränderte »Enki, der Gebieter von Eridu, ausgestattet mit Wissen, deren Sprache in ihren Mündern«, um Streit zwischen »Prinz und Prinz, König und König« zu stiften.

Laut J. van Dijk (»*La confusion des langues*« in *Orientalia* Band 39), sollte der weitere und letzte Vers in dieser Erzählung folgendermaßen übersetzt werden: »die Sprache der Menschheit wurde einst einmal und nun zum zweiten Mal verwirrt«.

Ob diese Verse bedeuten, daß Enki selbst zum zweiten Mal die Sprachen verwirrte, oder ob er nur für die zweite Verwirrung, nicht unbedingt aber für die erste verantwortlich gewesen ist, geht aus dem Text nicht klar hervor.

7. Auf der Suche nach der Unsterblichkeit

Etwa im Jahre 2900 v. Chr. weigerte sich Gilgamesch, ein sumerischer König, zu sterben. Fünfhundert Jahre vor ihm, trachtete Etana, der König von Kisch, danach, die Unsterblichkeit dadurch zu erlangen, daß er seinen Samen -seine DNA- durch einen Sohn bewahrte. (Laut den sumerischen Königslisten folgte ihm »Balih, der Sohn des Etana« auf den Thron; ob dieser nun ein Kind seiner offiziellen Gattin oder das einer Konkubine war, wird nicht berichtet.)

Fünfhundert Jahre nach Gilgamesch strebten die ägyptischen Pharaonen danach, Unsterblichkeit zu erlangen, indem sie sich im Leben nach dem Tod den Göttern anschlossen. Aber um die Reise anzutreten, die sie in die Ewigkeit versetzen sollte, mußten sie erst sterben.

Gilgamesch trachtete nach Unsterblichkeit, indem er sich weigerte zu sterben... Das Ergebnis davon war eine abenteuerliche Suche nach Unsterblichkeit; die Sage davon wurde zu einem der berühmtesten epischen Werke der antiken Welt, uns in erster Linie von einer akkadischen Rezension her bekannt, die auf zwölf Tontafeln geschrieben ist. Im Verlauf dieser Suche traf Gilgamesch -und mit ihm die Leser des Gilgamesch-Epos- einen mechanischen Menschen, einen künstlichen Wächter, den Stier des Himmels, Götter und Göttinnen und den Helden der Sintflut, der immer noch lebte. Mit Gilgamesch erreichen wir den Landeplatz und werden Zeuge des Abschusses einer Rakete, und wir gelangen zum Raumfahrtzentrum in der verbotenen Region. Mit ihm erklimmen wir die Zedernberge, gehen mit einem sinkenden Schiff unter, durchqueren eine Wüste, in der Löwen umherstreifen, überqueren das Meer des Todes, erreichen die Tore des Himmels. Auf dem ganzen Weg beherrschen göttliche Begegnungen die Sage, Omen und Träume bestimmen ihren Lauf, ihre dramatischen Phasen sind voll von Visionen, wie die Anfangszeilen des Epos berichten:

Er sah alles bis an die Enden der Erde,

erfuhr alle Dinge, erlangte vollständige Weisheit.
Er sah geheime Dinge, legte Mysterien bloß.
Er brachte eine Geschichte aus der Zeit vor der Flut zurück.

Gemäß den sumerischen Königslisten wurde, nach der Herrschaft von dreiundzwanzig Königen in Kisch, das »Königtum zum Eanna überbracht«. Das E.ANNA war das Haus (Tempel-Zikkurat) des Anu im heiligen Bezirk von Uruk (dem biblischen Erech). Dort begann mit Meskiaggascher, »dem Sohn des Gottes Utu«, der Hohepriester im Eanna-Tempel war und dann König wurde, eine halbgöttliche Dynastie. Sein Sohn Enmerkar (»Der Uruk erbaut hat«, die riesige Stadt neben dem heiligen Bezirk) und sein Enkel Lugalbanda folgten ihm auf den Thron – beides Herrscher, von denen heldenhafte Sagen niedergeschrieben wurden. Nach einer kurzen Zwischenregierung durch den göttlichen Dumuzi (dessen Leben, Lieben und Tod eine Geschichte für sich sind), bestieg Gilgamesch (Abb. 39) den Thron. Sein Name wurde manchmal mit der Vorsilbe »Dingir« geschrieben, um auf seine Göttlichkeit hinzuweisen: Denn seine Mutter war eine richtige Göttin, die Göttin Ninsun; und dies machte ihn zu »zwei Dritteln göttlich«, wie das große und lange Gilgamesch-Epos erklärt. (Sein Vater Lugalbanda war offenbar nur der Hohepriester, als Gilgamesch geboren wurde.)

Am Beginn seiner Regierungszeit war Gilgamesch ein wohltätiger König, der sein Reich ausweitete und verstärkte und für seine Bürger sorgte. Aber als die Jahre vergingen, (er regierte laut den Königslisten 126 Jahre; dies wären, geteilt durch den Faktor 6 in Wirklichkeit nur einundzwanzig Jahre gewesen) begann sein Altern ihm Sorge zu bereiten, und er wurde mit dem Tod konfrontiert. Er appellierte an seinen Gottvater Utu/Schamasch und sagte:

In meiner Stadt sterben die Menschen;
mein Herz ist bedrückt.
Die Menschheit vergeht; schwer ist mein Herz...
Der größte Mensch kann sich nicht zum Himmel
ausstrecken;
Der breiteste Mensch kann die Erde nicht bedecken.

»Ich spähte über die Mauer, sah die toten Körper«, sagte Gilgamesch zu Schamasch und verwies damit vielleicht auf einen Friedhof. »Werde ich auch 'über die Mauer spähen', wird mich dann dasselbe Schicksal ereilen?« Aber die Antwort seines Gottvaters beruhigte ihn nicht. »Als die Götter die Menschheit erschufen«, erwiderte Schamasch feierlich, »wiesen sie der Menschheit den Tod zu; das Leben behielten sie in ihrem eigenen Besitz.« Deswegen, so riet Schamasch, lebe Tag für Tag, genieße das Leben, solange du kannst- »Schlag dir den Bauch voll, sieh zu, daß du Tag und Nacht fröhlich bist! Mache aus jedem Tag ein Freudenfest, tanze und spiele Tag und Nacht!«

Zwar endete die Ermahnung des Gottes mit dem Rat, daß Gilgamesch seiner Ehegattin »Vergnügen an deiner Brust« verschaffen sollte, Gilgamesch entnahm den Worten von Schamasch jedoch eine andere Bedeutung. »Sieh zu, daß du Tage und Nächte fröhlich bist«, wurde ihm als Antwort auf seine Sorgen wegen des Alterns und des sich ankündigenden Todes gegeben; und er nahm an, die Antwort sei ein Hinweis darauf, daß »genußvoller Sex« ihn jung erhalten würde. Er machte es sich zur Gewohnheit, nachts durch die Straßen von Uruk zu streifen, und wenn er einem jungverheirateten Ehepaar begegnete, forderte er das Recht auf die erste Nacht mit der Braut.

Als der Aufschrei der Entrüstung des Volkes zu den Göttern drang, »schenkten die Götter der Klage Gehör« und entschieden, ein künstliches Wesen zu erschaffen, das ein gleichwertiger Gegner für Gilgamesch sein würde, und mit ihm bis zur Erschöpfung ringen und ihn von seinen sexuellen Eskapaden ablenken würde. Ninmah, die von Enki geführt wurde, wurde die Aufgabe übertragen; sie nutzte die »Essenz« verschiedener Götter und schuf in der Steppe einen »wilden Mann« mit Kupfersehnen. Dieser wurde ENKI.DU – »Enkis Kreatur«- genannt und Enki gab ihm »Weisheit und einen klaren Verstand« zusätzlich zu großer Kraft. Ein Rollsiegel, das sich heute im Britischen Museum befindet, zeigt Enkidu und seinen Erschaffer, sowie Gilgamesch und seine Mutter, die Göttin Ninsun (Abb. 40).

Viele Verse in der epischen Sage sind dem Prozeß, mit dem die künstliche Kreatur vermenschlicht wurde, indem sie unaufhörlich Sex mit einer Hure hatte, gewidmet. Als das geschafft war, wurde Enkidu von den Göttern mit seiner Aufgabe vertraut gemacht: mit Gilgamesch zu ringen, ihn zu unterwerfen, ihn zu besänftigen und sich dann seiner anzunehmen. Da Gilgamesch nicht zu überrascht sein sollte, informierten die Götter Enkidu davon, daß dieser durch Träume vorgewarnt würde. Daß Träume von den Göttern in solch vorsätzlicher Weise benutzt wurden, wird durch den Text unmißverständlich klar (Tafel I, Spalte v, Zeile 23-24):

> Bevor du von den Hügeln herunterkommst,
> wird Gilgamesch dich in Träumen in Uruk sehen.

Kaum war dies geplant, hatte Gilgamesch einen Traum.

Er ging zu seiner Mutter, der »geliebten und weisen Ninsun, die in allem Wissen bewandert ist«, und erzählte ihr von seinem Traum:

> Meine Mutter, ich hatte letzte Nacht einen Traum.
> Darin erschienen Sterne am Himmel.
> Etwas kam vom Himmel aus beständig auf mich zu.
> Ich versuchte es hochzuheben; aber es war zu schwer für mich.
> Ich versuchte es umzudrehen, aber ich konnte es nicht von der Stelle rücken.
> Der Pöbel aus Uruk stand drumherum,
> die Adligen drängten sich darum,
> meine Begleiter küßten ihm die Füße.
> Ich wurde davon angezogen wie von einer Frau;
> ich stellte es dir zu Füßen;
> du machtest, daß es mit mir wetteiferte.

»Das, was vom Himmel aus auf dich zukam«, sagte Ninsun zu Gilgamesh, ist ein Rivale: »Ein tapferer Kamerad, der einen Freund rettet, ist zu dir gekommen.« Er wird dich mit seiner Kraft niederringen, aber er wird dich niemals verlassen.

Gilgamesch hatte dann einen zweiten Omen-Traum. »Auf dem Wall um Uruk lag eine Axt.« Der Pöbel hatte sich darum versammelt. Nach einigen Schwierigkeiten schaffte es Gilgamesch, die Axt zu seiner Mutter zu bringen und sie brachte ihn dazu, daß er mit der Axt wetteiferte. Wiederum deutete Ninsun den Traum: »Die Kupferaxt, die du gesehen hast, ist ein Mann«, einer, der dir an Kraft ebenbürtig ist. »Ein starker Partner wird zu dir kommen, einer, der das Leben eines Kameraden retten kann.« Er wurde in der Steppe erschaffen und er wird bald in Uruk eintreffen.

Gilgamesch nahm die Omen hin und sagte: »Laß es sodann geschehen, gemäß dem Willen Enlils.«

Und dann eines Nachts, als Gilgamesch hinausging, um seinen sexuellen Vergnügungen zu frönen, versperrte Enkidu seinen Weg und wollte ihm nicht erlauben, das Haus zu betreten, wo die Neuvermählten gerade zu Bett gingen. Ein Gerangel folgte; »sie packten sich, hielten sich fest wie die Stiere.« Mauern erzitterten, Torpfosten gingen zu Bruch, als die beiden rangen. Zuletzt »beugte Gilgamesch das Knie«. Er verlor den Kampf an einen Fremden und »er weinte bitterlich«. Enkidu stand verwirrt da. Dann »sprach die weise Mutter von Gilgamesch« zu den beiden: so sollte es sein und von nun an sollten die beiden Kameraden sein; wobei Enkidu dabei der Beschützer von Gilgamesch sein sollte. Da sie zukünftige Gefahren voraussah -sie wußte nur zu gut, daß das Omen im Traum mehr zu bedeuten hatte, als sie Gilgamesch erzählt hatte, flehte sie Enkidu an, immer vor Gilgamesch zu gehen, und ihm als Schutzschild zu dienen.

Als die beiden ihre Freundschaft aufbauten, begann Gilgamesch seinem Kameraden von seinem beunruhigten Herzen zu erzählen. Als er sich an das erste Omen im Traum erinnerte, beschrieb er das »Ding vom Himmel« nun als »die Schöpfung des Anu«, ein Objekt, daß sich in den Boden eingrub, als es vom Himmel fiel. Er konnte es schließlich entfernen, weil die starken Männer aus Uruk »den unteren Teil packten«, während Gilgamesch »es am Vorderteil hochzog«. Die traumhaften Erinnerungen wurden zu einer lebendig erinnerten Vision, als Gilgamesch von seinen Bemühungen erzählte, die Spitze des Objekts zu öffnen:

Ich drückte stark auf den oberen Teil;

ich konnte weder die Schutzhülle entfernen,
noch seinen Emporsteiger hochheben.

Nachdem Gilgamesch seine Traumvision nacherzählt hatte, nun nicht mehr unsicher, ob es die Erinnerung an undeutliche Realität oder eine nächtliche Phantasie gewesen war, beschrieb Gilgamesch nun einen Emporsteiger, der auf die Erde gestürzt war, das »Kunstwerk des Anu«, einen mechanischen Apparat mit einem oberen Teil, der als Schutzhülle diente. Entschlossen, nachzusehen, was sich darin befand, fuhr Gilgamesch fort,

Mit zerstörerischem Feuer,
brach ich dann die Spitze auf,
und begab mich in seine Tiefen.

Einmal im Inneren des Emporsteigers angekommen, »nahm ich seinen beweglichen Der-vorwärts-zieht« -den Antrieb- »und brachte ihn zu meiner Mutter«. Nun, fragte er sich laut, war das nicht ein Zeichen, daß Anu selbst ihn zur göttlichen Wohnstatt rief? Dies war unzweifelhaft ein Omen, eine Einladung. Aber wie konnte er den Ruf beantworten? »Wer, mein Freund, kann zum Himmel emporsteigen?« fragte Gilgamesch Enkidu und gab sich selbst die Antwort: »Nur die Götter vermögen dies, indem sie zum unterirdischen Platz des Schamasch gehen« – dem Raumfahrtzentrum in der verbotenen Region.

Aber hier hatte Enkidu eine überraschende Information. Er sagte, es gäbe einen Landeplatz in den Zedernbergen. Er hätte ihn entdeckt, als er das Land durchstreifte und er könne Gilgamesch zeigen, wo dieser sei! Es gäbe aber ein Problem: Der Ort wird von einem Wächter bewacht, den Enlil schlau erschaffen hat, eine »Belagerungsmaschine«, deren »Maul aus Feuer ist, deren Atem des Todes ist, deren Brüllen eine Sturmflut ist.« Der Name des Monsters lautet Huwawa, »Enlil hat ihn zum Schrecken der Menschheit bestimmt.« Und keiner kann ihm zu nahe kommen, da »er die wilden Kühe des Waldes auf sechzig Meilen hören kann«.

Die Gefahr spornte Gilgamesch nur an, es zu versuchen

und den Landeplatz zu erreichen. Wenn er Erfolg hätte, würde er die Unsterblichkeit erlangen. Wenn er scheiterte, würde man sich für immer an seinen Heldenmut erinnern: »Sollte ich fallen«, sagte Gilgamesch zu Enkidu, »werden sie sagen, noch lange nachdem mein Nachkomme geboren wurde: 'Gilgamesch fiel gegen den wilden Huwawa.«

Entschlossen zum Aufbruch, betete Gilgamesch zu Schamasch, seinem Gottvater und dem Befehlshaber der Adlermenschen, um Hilfe und Schutz. «Laß mich gehen, o Schamasch!« flehte er, »meine Hände sind zum Gebet erhoben... gib Befehl an den Landeplatz... gib mir deinen Schutz!« Da er keine günstige Antwort erhielt, offenbarte Gilgamesch seiner Mutter seinen Plan, um ihre Fürbitte bei Schamasch zu erwirken. »Ich habe kühn eine weite Reise zu dem Platz, wo Huwawa sich befindet, zu unternehmen«, sagte er, »um ein unsicheres Gefecht zu führen, unbekannte Pfade zu beschreiten. O meine Mutter, bete du in meinem Namen zu Schamasch!«

Ninsun hörte auf die inständigen Bitten ihres Sohnes, legte die Tracht einer Priesterin an, »brachte ein Rauchopfer dar und erhob ihre Hände zu Schamasch.« »Warum hast du Gilgamesch, den du mir zum Sohn gegeben hast, mit einem rastlosen Herzen ausgestattet? Und nun hast du ihn beeinflußt, auf eine weite Reise zu gehen, zum Ort, wo sich Huwawa befindet, um sich dort einem unsicheren Gefecht auszusetzen.« Gib ihm deinen Schutz, so bat sie Schamasch, »bis er den Zedernwald erreicht hat, bis er den wilden Huwawa getötet hat, bis zu dem Tag, an dem er geht und zurückkehrt.« Indem sie sich Enkidu zuwandte, gab Ninsun bekannt, daß sie ihn als Sohn angenommen habe, »wenn er auch nicht aus demselben Mutterleib stammt wie Gilgamesch« und »lud somit eine Verpflichtung auf Enkidus Schultern.« Laß Enkidu vorausgehen, sprach sie zu den Kameraden, »da der, welcher vorangeht, seinen Kameraden rettet.«

Und so brachen die Kameraden, mit neugefertigten Waffen, zu ihrer gefährlichen Reise zum Landeplatz in den Zedernbergen auf.

Die vierte Tafel des Gilgamesch-Epos beginnt mit der Reise

zu den Zedernbergen. Die Kameraden schritten so rasch voran, wie sie konnten; »nach zwanzig Meilen aßen sie ihre Ration, nach dreißig Meilen hielten sie für die Nacht«, und legten auf diese Weise fünfzig Meilen am Tag zurück. »Sie brauchten für die Entfernung von Neumond bis Vollmond und dann noch drei weitere Tage« – insgesamt siebzehn Tage. »Dann kamen sie in den Libanon«, in dessen Bergen die einzigartigen Zedern , die biblischen Ruhm erlangt haben, wuchsen.

Als die beiden an dem grünen Berg angelangten, erstarrten die Kameraden in Ehrfurcht. »Ihre Worte verstummten... sie standen still und starrten auf den Wald. Sie besahen sich die Höhe der Zedern; sie schauten auf den Eingang zum Wald: Wo Huwawa zu gehen pflegte, befand sich ein Pfad, die Spuren waren gerade, eine feurige Rinne. Sie erblickten den Zedernberg, Wohnstatt der Götter, den Wendepunkt der Ischtar.« Sie waren wirklich an ihrem Bestimmungsort angekommen und der Anblick war ehrfurchtgebietend.

Gilgamesch brachte Schamasch ein Opfer dar und bat um ein Omen. Während er dem Berg gegenüberstand, rief er aus: »Schick mir einen Traum, einen günstigen Traum!«

Wir erfahren hier zum ersten Mal, daß ein Ritual ausgeführt wurde, um solche erwünschten Omen-Träume hervorzurufen. Die sechs Strophen, die den Ritus beschreiben, sind teilweise zerstört, aber die unversehrten Anteile vermitteln eine Ahnung davon, was stattfand:

Enkidu arrangierte es für ihn, für Gilgamesch.
Mit Staub... ... befestigte er... ...
Er veranlaßte ihn, sich inmitten des Kreises niederzulegen
... ... wie wilde Gerste ... ...
... ... Blut ... ...
Gilgamesch saß und hatte das Kinn an die Knie gezogen.

Das Ritual, so scheint es, verlangte danach, einen Kreis in den Staub zu ziehen, wilde Gerste und Blut in irgendeiner magischen Weise zu benutzen, und daß der Bittsteller mit angezogenen Knien im Kreis saß und mit dem Kinn die Knie berührte. Der Ritus war erfolgreich, denn als nächstes lesen wir, daß »Schlaf, der sich über die Menschen ergießt, Gilgamesch übermannte; in der Mitte der Wacht wich der Schlaf von ihm; einen Traum erzählte er Enkidu.« In dem Traum, der äußerst beunruhigend war, sah Gilgamesch sich und Enkidu am Fuße eines hohen Berges; plötzlich stürzte der Berg um und die »beiden waren wie Fliegen« (Bedeutung unklar). Enkidu versicherte Gilgamesch, daß der Traum günstig sei, und das die Bedeutung beim Morgengrauen klar würde und drängte Gilgamesch, wieder zu schlafen.

Diesmal wachte Gilgamesch mit einem Schrecken auf. »Hast du mich aufgeweckt?« fragte er Enkidu, »Hast du mich angefaßt, hast du meinen Namen gerufen?« – »Nein«, sagte Enkidu. – »Dann war es vielleicht ein Gott, der vorüberging«, sagte Gilgamesch, da er in seinem zweiten Traum wiederum einen Berg hatte einstürzen sehen; »dieser legte mich nieder, hielt meine Füße gefangen.« Es erschien ein überwältigendes Licht und ein Mann tauchte auf; »er war der Gerechteste im Land. Er zog mich aus dem verschütteten Erdreich; er gab mir Wasser zu trinken, mein Herz beruhigte sich; er stellte mich fest auf den Erdboden.«

Wiederum beruhigte Enkidu Gilgamesch. Der »Berg«, der einstürzt, war der erschlagene Huwawa, erklärte er. »Dein Traum ist günstig!« sagte er zu Gilgamesch und drängte ihn, sich wieder schlafen zu legen.

Als sie beide eingeschlafen waren, wurde die Ruhe der Nacht von donnerndem Lärm und blendendem Licht zerstört und Gilgamesch war sich nicht sicher, ob er träumte oder eine wirkliche Vision sah. Der Text zitiert Gilgamesch folgendermaßen:

Die Vision, die ich sah, war gänzlich ehrfurchtgebietend!
Der Himmel kreischte, die Erde dröhnte!
Obwohl das Tageslicht dämmerte, kam Dunkelheit auf.
Blitze zuckten, eine Flamme schoß hervor.
Die Wolken bauschten sich, es regnete den Tod!
Dann verging das Glühen; das Feuer ging aus.
Und alles, was heruntergefallen war, war zu Asche
geworden.

Hatte Gilgamesch begriffen, daß er genau zu diesem Zeitpunkt und genau an jenem Ort Zeuge vom Abschuß eines Shem, einer Rakete geworden war – die Erschütterung des Bodens, als die Maschinen zündeten und donnerten, die Rauchwolken und der »regnende Tod«, die den Morgenhimmel verdunkelten; die Helligkeit der Flammen aus dem Antrieb, die er durch eine dicke Wolke sah, als die Rakete aufstieg; und dann das vergehende Glühen und die verbrannte Asche, die auf die Erde herniederfiel, als allerletzter Beweis für den Abschuß der Rakete? Hatte Gilgamesch begriffen, daß er tatsächlich am »Landeplatz« angekommen war, wo er den Shem finden konnte, der ihn unsterblich machen würde? Anscheinend hatte er das, da er trotz der warnenden Worte Enkidus sicher war, daß dies alles ein gutes Omen sei, ein Zeichen von Schamasch, daß er weitermachen solle.

Aber bevor sie in den Zedernwald eindringen und den Landeplatz erreichen konnten, mußte der furchteinflößende Wächter, Huwawa, überwunden werden. Enkidu wußte, wo ein Eingang war, und am Morgen machten die Kameraden sich auf den Weg dorthin, wobei sie »Waffen-Bäume, die töten« sorgfältig mieden. Als sie den Eingang erreicht hatten, versuchte Enkidu, ihn zu öffnen. Eine unsichtbare Kraft warf ihn zurück und zwölf Tage lang war er gelähmt. Die Erzählung offenbart, daß Enkidu sich selbst mit Pflanzen einrieb, die eine »doppelte Hülle aus Strahlen« erzeugten, worauf »die Lähmung die Arme verließ, Schwäche die Lenden verließ.«

Während Enkidu unbeweglich dalag, machte Gilgamesch eine Entdeckung: Er fand einen Tunnel, der in den Wald führte. Der Eingang war mit Bäumen und Büschen überwachsen und mit Felsbrocken und Erde versperrt. »Während Gilgamesch die Bäume fällte, schaufelte Enkidu« die Felsen und den Erdboden weg. Nach einer Weile fanden sie sich im Wald wieder und sahen einen Pfad vor sich – der Pfad, »auf dem Huwawa Spuren hinterlassen hatte, als er hin und her ging.«

Für eine Weile standen die Kameraden ehrfürchtig still. Bewegungslos »erblickten sie den Zedernberg, den Wohnort der Götter, Ort des Schreins der Inanna.« Sie »starrten und starrten auf die Höhe der Zedern, starrten und starrten auf den Pfad in den Wald. Der Pfad war gut ausgetreten, die Straße hervorragend. Die Zedern breiteten sich üppig über den ganzen Berg aus, ihr Schatten war angenehm; er erfüllte einen mit Glück.«

Gerade, als sich die beiden so gut fühlten, begann der Schrecken: »Huwawa erhob seine Stimme.« Irgendwie war Huwawa von der Anwesenheit der beiden im Wald alarmiert worden und seine Stimme donnerte nach Tod und Verderben für die Eindringlinge. In einer Szene, die an die viel später stattgefundene Begegnung des Jungen David mit dem Riesen Goliath erinnert, als letzterer sich durch den ungleichen Wettstreit beleidigt fühlte und drohte, »dein Fleisch den Vögeln des Himmels und den Tieren auf dem Feld vorzuwerfen«, so setzte Huwawa die beiden herab und bedrohte sie: »Ihr seid so klein, daß ich euch wie Schildkröten betrachte«, verkündete seine Stimme; »würde ich euch hinunterschlukken, wäre ich nicht satt... So werde ich, Gilgamesch, deine Luftröhre durchbeißen und deinen Hals und deinen Körper den Vögeln des Waldes und den brüllenden Tieren überlassen.«

Voller Furcht sahen die beiden Kameraden nun das Monster auftauchen. Er war »gewaltig, seine Zähne waren die Zähne eines Drachen, sein Gesicht das Gesicht eines Löwen, sein Herankommen wie tosende Fluten.« Von seiner Stirn ging ein »leuchtender Strahl aus; dieser versengte Bäume und Büsche.« Der »tödlichen Kraft dieser Waffen« konnte »keiner entkommen.« Ein sumerisches Rollsiegel, das ein mechanisches Monster (Abb. 41) abbildet, hatte vielleicht Huwawa im Sinn. Es zeigt das Monster, den heldenhaften König, Enkidu (auf der rechten Seite) und einen Gott (auf der linken Seite); letzterer verkörpert Schamasch, der laut der epischen Sage, in diesem kritischen Moment zur Rettung geeilt war. »Der göttliche Schamasch sprach vom Himmel herunter zu ihnen«, offenbarte eine Schwäche in Huwawas Rüstung und ersann eine Strategie für den Angriff der Kameraden. Huwawa, so erklärte die Gottheit, schützt sich für gewöhnlich mit sieben Mänteln«, doch nun »hat er nur einen angelegt«. Deswegen könnten sie Huwawa mit den Waffen, die ihnen zur Verfügung stehen, töten, wenn sie nur nahe genug an ihn herankämen; und um dies möglich zu machen, so sagte Schamasch, würde er einen Wirbelsturm erzeugen, der »gegen die Augen des Huwawa schlagen« und dessen tödlichen Strahl neutralisieren würde.

Bald darauf begann der Boden zu beben; »weiße Wolken verfärbten sich schwarz.« »Schamasch bot riesige Stürme« aus allen Richtungen »gegen Huwawa auf« und erzeugte somit einen mächtigen Wirbelsturm. »Huwawas Gesicht wurde dunkel; er konnte nicht von vorne angreifen, konnte aber auch nicht zurückweichen.« Daraufhin griffen die beiden das kampfunfähige Monster an. »Enkidu streckte den Wächter Huwawa zu Boden. Das Niederfallen des Monsters hallte auf zwei Meilen in den Zedern wider.« Huwawa, der verwundet, aber nicht tot war, sprach und fragte sich, warum er Enkidu nicht erschlagen hatte, sobald er dessen Eindringen in den Wald bemerkt hatte. Indem Huwawa sich an Gilgamesch wandte, bot er ihm soviel Holz der luxuriösen Zedern an, wie dieser wünschte – unzweifelhaft ein überaus kostbarer Siegespreis. Aber Enkidu drängte Gilgamesch, den Versuchungen nicht zu erliegen. »Mach ein Ende, töte ihn!« rief er Gilgamesch zu. »Tu es, bevor es der Führer Enlil in Nippur hört!« Und als er sah, daß Gilgamesch zögerte, »tötete Enkidu Huwawa.«

»Damit die Götter nicht zornig auf sie wären« und als eine Art »ein ewiges Denkmal zu setzen«, fällten die Kameraden eine der Zedern, machten Pfähle daraus und bauten daraus ein Floß mit einer Hütte darauf. Sie legten den Kopf des Huwawa in die Hütte und stießen das Floß in einen Fluß. »Laß den Euphrat dies nach Nippur tragen«, sagten sie.

Als die beiden sich somit des monströsen Wächters des Pfades zum Landeplatz entledigt hatten, hielten sie an, um an einem Wasserlauf zu rasten. »Gilgamesch wusch sein schmutziges Haar, er säuberte seine Ausrüstung, schüttelte seine Locken über den Rücken, warf seine schmutzigen Kleider weg, zog neue an. Er kleidete sich in schöne Gewänder und band eine Schärpe um.« Es gab keinen Grund zur Eile; der Weg zur »geheimen Wohnstatt der Annunaki« war nicht länger versperrt.

Er vergaß völlig, daß dieser Ort auch »der Wendepunkt der Ischtar« war.

Ischtar benutzte den Landeplatz um im Himmel umherzustreifen und beobachtete Gilgamesch von ihrer Himmelskammer aus (Abb. 42). Ob sie Zeugin des Gefechts gegen Huwawa geworden ist, wird nicht berichtet. Aber sie hatte sicherlich beobachtet, wie Gilgamesch seine Kleider auszog, sich badete und pflegte und sich in schöne Gewänder kleidete. Und »die glorreiche Ischtar warf ein Auge auf die Schönheit des Gilgamesch.« Sie verschwendete keine Zeit und wandte sich direkt an Gilgamesch: »Komm, Gilgamesch, sei du mein Liebhaber! Gewähre mir die Früchte deiner Liebe!«

Könige, Prinzen und Adlige würden sich vor ihm verbeugen, so versprach Ischtar, wenn er ihr Liebhaber würde; er solle einen Streitwagen bekommen, geschmückt mit Steinen und Gold. Seine Herden würden sich verdoppeln und vervierfachen; der Ertrag von Feld und Berg wäre in Fülle vorhanden... Aber Gilgamesch schlug ihre Einladung zu ihrer Überraschung aus. Als er die wenigen weltlichen Besitztümer auflistete, die er ihr bieten konnte, sah er voraus, daß sie seiner selbst und seiner Liebe schnell überdrüssig werden würde. Früher oder später, sagte er, würde sie ihn loswerden wollen, wie »einen Schuh, der am Fuß seines Besitzers drückt«. Ich werde für dich das ewige Leben erringen, verkündete Ischtar. Aber auch das konnte Gilgamesch nicht überzeugen. Indem er all die bekannten Liebhaber aufzählte, die sie benutzt und fallen gelassen hatte, fragte Gilgamesch sie: »Welcher deiner Liebhaber blieb für immer? Welcher deiner meisterhaften Geliebten ging in den Himmel ein?« Und, so schloß er, »wenn du mich liebst, wirst du mich genauso behandeln wie sie.«

»Als Ischtar dies hörte, wurde Ischtar wütend und flog in den Himmel davon.« In ihrer Wut darüber, zurückgewiesen worden zu sein, forderte sie Anu auf, Gilgamesch zu bestrafen, der »Schande über mich gebracht hat.« Sie bat Anu um den Stier des Himmels, auf daß dieser Gilgamesch vernichten möge. Zuerst wies Anu sie zurück, aber schließlich gab er Ischtars Flehen und Drohen nach und legte ihr »die Zügel des Stiers des Himmels in die Hände«.

(GUD.ANNA, die Bezeichnung, die in den alten sumerischen Texten verwendet wurde, wird im Allgemeinen übersetzt mit »Der Stier des Himmels«, aber in einer wörtlicheren Bedeutung könnte man es auch als »Der Stier des Anu« verstehen. Diese Bezeichnung ist auch der Name des himmlischen Sternbildes Stier (Taurus), das mit Enlil in Verbindung gebracht wurde. Der »Stier des Himmels«, der im Zedern-Wald gehalten und von Enlils Monster bewacht worden war, könnte ein speziell ausgewählter Stier gewesen sein, oder der »Prototyp« eines Stiers, der von Nibiru heruntergesandt wurde, um Stiere auf der Erde zu erschaffen. (Sein Gegenstück in Ägypten war der heilige Apis-Stier.)

Als sie von dem Stier des Himmels angegriffen wurden, vergaßen die Kameraden alles was mit dem Landeplatz und der Suche nach der Unsterblichkeit zu tun hatte, und flohen um ihr Leben. Mit der Hilfe von Schamasch »legten sie die Entfernung für die man einen Monat und fünfzehn Tage gebraucht hätte, in drei Tagen zurück«. Als sie in Uruk ankamen, suchte Gilgamesch Schutz hinter den Stadtwällen, während Enkidu außerhalb wartete, um sich dem Angreifer entgegenzustellen. Hunderte von Kriegern der Stadt kamen hinzu; aber das Schnauben des Stieres blies Gruben in die Erde, in die die Krieger fielen. Enkidu sah eine günstige Gelegenheit kommen, als das Monster sich umdrehte, sprang auf seinen Rücken und packte es bei den Hörnern. Der Stier des Himmels rang Enkidu mit all seiner Kraft und dem Peitschen seines Schwanzes nieder. Verzweifelt rief Enkidu Gilgamesch zu: »Stoße dein Schwert hinein, zwischen die Basis der Hörner und die Genicksehnen!«

Dies war ein Ruf, der in den Stierkampfarenen bis zum heutigen Tag widerhallt...

In diesem ersten Stierkampf, von dem jemals berichtet wurde, »packte Enkidu den Himmelsstier an seinem dicken Schwanz und wirbelte ihn herum. Dann stieß Gilgamesch wie ein Metzger sein Schwert zwischen Genick und Hörner.« Die himmlische Kreatur war besiegt, und Gilgamesch ordnete Feierlichkeiten in Uruk an. Aber »Ischtar hub in ihrer Wohnstatt zu wehklagen an; sie ordnete Trauerfeierlichkeiten an um den Stier des Himmels.«

Unter den unzähligen Zylinder-Siegeln, die überall im nahen Osten ausgegraben wurden und Szenen aus dem Gilgameschepos abbilden, ist eines (gefunden in einem hethitischen Handelsposten an der Grenze zu Syrien, Abb. 43), das zeigt, wie sich Ischtar an Gilgamesch wendet, während der halbnackte Enkidu die beiden beobachtet; im Raum zwischen der Gottheit und Gilgamesch werden der schlimm zugerichtete Kopf des Huwawa sowie der Kopf des Stiers des Himmels gezeigt.

Und so kam es, daß die Götter eine Ratsversammlung abhielten, während Gilgamesch in Uruk feierte. Anu sagte: »Die beiden müssen sterben, weil sie den Stier des Himmels getötet haben.« Enlil sagte: »Enkidu soll sterben, laßt Gilgamesch nicht sterben.« Aber Schamasch, der einen Teil der Schuld auf sich nahm, sagte: »Warum soll der unschuldige Enkidu sterben?«

Während die Götter über sein Schicksal berieten, wurde Enkidu von einer tiefen Bewußtlosigkeit befallen. Er halluzinierte und sah, daß er zum Tode verurteilt würde. Aber die endgültige Entscheidung bestand darin, seine Todesstrafe in harte Arbeit im Land der Minen umzuwandeln, einem Ort, wo Kupfer und Türkis durch mörderische Schinderei in dunklen Tunnels gewonnen wurden.

Hier nimmt die Saga, die schon mehr dramatische und unerwartete Drehungen und Wendungen aufweist als der beste Thriller, eine weitere, unvorhersehbare Wende.
Das »Land der Minen« war in der vierten Region, der Halbinsel Sinai, beheimatet, und es dämmerte Gilgamesch, daß es eine zweite Chance für ihn gab, sich mit den Göttern in Verbindung zu setzen und die Unsterblichkeit zu erlangen, da das »Land des Lebens« – das Raumfahrtzentrum, unter dem Befehl von Schamasch, wo die Shem-Raketen ihre Basis hatten – sich auch dort befand , in der vierten Region.

So würde er (Gilgamesch), wenn Schamasch es für ihn einrichten könnte, daß er Enkidu begleitete, zum Land des Lebens gelangen! Als Gilgamesch diese einzigartige Gelegenheit erkannte, appellierte er an Schamasch:

O Schamasch,
Das Land wünsche ich zu betreten;

sei du mein Verbündeter!
Das Land, in dem die kühlen Zedern aufgereiht sind
wünsche ich zu betreten; sei du mein Verbündeter!
An den Orten, wo die Shems emporgehoben wurden,
laß mich meinen Shem aufstellen!

Als Schamasch antwortete und Gilgamesch die Gefahren und Schwierigkeiten der Landroute beschrieb, hatte Gilgamesch eine zündende Idee: Er und Enkidu würden mit dem Boot dorthin segeln! Ein Magan-Boot – ein »Schiff von Ägypten« – wurde ausgerüstet. Und die beiden Kameraden segelten in der Begleitung von fünfzig Helden, die als Matrosen und Beschützer dienten, davon. Die Route führte, allen Anzeichen nach, den persischen Golf hinab, um die arabische Halbinsel herum und hinauf zum Roten Meer, bis die Küste des Sinai erreicht wäre. Aber die geplante Reise kam nicht zustande.

Als Enlil forderte, daß »Enkidu sterben solle«, und das Todesurteil zu harter Arbeit im Land der Minen umgewandelt wurde, entschieden die Götter, daß zwei himmlische Sendboten, »gekleidet wie Vögel, mit Schwingen als Gewändern«, Enkidu bei der Hand nehmen und ihn dorthin geleiten sollen (Abb. 44 a). Die Seereise widersprach dem jedoch und der Zorn des Enlil war nun erregt. Als das Boot nahe der arabischen Küste segelte und die Sonne unterging, konnten die an Bord Befindlichen jemanden sehen – »ob er ein Mensch oder ein Gott sei« – der »wie ein Stier« auf einem Erdwall stand und mit einem strahlensendenden Gerät (Abb. 44 b) ausgerüstet war. Wie durch Zauberhand rissen die »drei Lagen Tuch«, die dem Schiff als Segel dienten, plötzlich auseinander. Als nächstes wurde das Schiff selbst auf die Seite gestoßen und zum Kentern gebracht. Es sank schnell, wie ein Stein im Wasser, und alle, die an Bord waren mit ihm, bis auf Gilgamesch und Enkidu. Als Gilgamesch aus dem Schiff heraus und an die Oberfläche schwamm, wobei er Enkidu mit sich schleppte, konnte er sehen, das die anderen dort saßen, wo sie gewesen waren, »wie lebende Wesen«. Im plötzlichen Tod waren sie in der Haltung, die sie gerade eingenommen hatten, erfroren.

Die beiden einzigen Überlebenden erreichten den Strand

und verbrachten die Nacht an einer unbekannten Küste; sie besprachen, was zu tun sei. Gilgamesch hielt unerschrocken an seinem Wunsch fest, das Land des Lebens zu erreichen; Enkidu riet, daß sie den Weg zurück nach Uruk suchen sollten. Aber für Enkidu war der Würfel schon gefallen; seine Glieder wurden starr, sein Inneres löste sich auf. Gilgamesch mahnte seinen Kameraden, am Leben zu bleiben, aber es nützte nichts.

Gilgamesch betrauerte Enkidu sechs Tage und sieben Nächte lang; dann ging er weg, durchstreifte ziellos die Wildnis und fragte sich nicht, wann sondern wie auch er sterben würde: »Wenn ich sterbe, dann nicht wie Enkidu?«

Wenig wußte er davon, daß nach all den vorangegangenen Abenteuern, nach diversen göttlichen Begegnungen, nach wahren oder eingebildeten Träumen und Visionen, nach Kämpfen und Flügen und nun ganz auf sich gestellt – daß gerade jetzt seine denkwürdigste Saga ihren Anfang nehmen sollte.

Das antike Epos berichtet nicht, wie lange Gilgamesch ziellos in der Wildnis umherirrte. Bei seiner Jagd nach Nahrung, beschritt er unbetretene Pfade und begegnete dabei keinem Menschen. »Welche Berge er erklommen, welche Flüße er überquert hat, kann kein Mensch wissen«, notierten die damaligen Schreiber. Schließlich riß er sich zusammen. »Muß ich meinen Kopf in der Erde vergraben und die ganzen Jahre schlafen?« fragte er sich selbst; sollte er seinem Kameraden in den Tod folgen, oder werden die Götter »meine Augen die Sonne erblicken lassen?« Er war wieder zutiefst entschlossen, das Schicksal der Sterblichen durch das Erreichen des Lands des Lebens zu vermeiden.

Geführt durch Sonnenauf- und untergang – der himmlischen Entsprechung zu Schamasch – zog Gilgamesch entschlossen voran. Tag folgte auf Tag und das Gelände begann sich zu verändern: die flache Wüstenwildnis, Heimat von Eidechsen und Skorpionen, hörte auf und er konnte in der Ferne Berge erkennen. Die Fauna veränderte sich ebenfalls. »Als Gilgamesch in der Nacht an einem Bergpass ankam, sah er Löwen und bekam Angst«.

Er hob seinen Kopf zu Sin und betete:
»Auf den Ort zu, wo die Götter sich verjüngen
sind meine Schritte gerichtet...
Schütze du mich!«

Der Wechsel der Schutzgottheit, an die das Gebet gerichtet wird, von Schamasch zu Sin (dem Vater von Schamasch), geschieht im Text ohne Unterbrechung oder Kommentar; uns bleibt es überlassen zu vermuten, daß Gilgamesch irgendwie erkannte, daß er eine Region erreicht hatte, die Sin geweiht war.

Gilgamesch »legte sich schlafen und erwachte aus einem Traum«, in dem er sich selbst sah, wie »er sich am Leben erfreute«. Er hielt dies für ein günstiges Omen von Sin, daß er es schaffen würde, den Bergpass zu überqueren, obwohl dort die Löwen umherstreiften. Er nahm seine Waffen zusammen und »Gilgamesch ging wie ein Pfeil inmitten der Löwen nieder«, und schlug mit all seiner Kraft auf die Bestien ein: »Er schlug sie, hackte auf sie ein«. Aber zur Mittagszeit zersplitterten seine Waffen und Gilgamesch warf sie weg. Zwei Löwen standen ihm noch gegenüber; Gilgamesch mußte gegen sie nun mit bloßen Händen kämpfen.

Künstler von überall aus dem alten Nahen Osten, nicht nur in Mesopotamien (Abb. 45 a), gedachten dem Kampf mit dem Löwen, aus dem Gilgamesch als Sieger hervorging. Dieser wird bei den Hethitern im Norden abgebildet (Abb. 45 b), bei den Kassiten im östlichen Luristan (Abb. 45 c) und sogar im alten Ägypten (Abb. 45 d).

In späteren Zeiten wurde eine solche Heldentat – einen Löwen mit den bloßen Händen zu besiegen – in der Bibel nur Samson zugeschrieben, dem von Gott übermenschliche Kräfte gegeben worden waren (Richter 14:5-6)

Gilgamesch, der in das Fell eines der Löwen gekleidet war, überquerte den Bergpass. In der Ferne sah er eine Wassermasse, ähnlich einem weiten See. In der Ebene hinter dem Binnenmeer konnte er eine »rundum abgeriegelte« Stadt erkennen, eine Stadt, die von einem befestigten Wall umgeben war. Dies war, so erklären die Texte des Epos, eine Stadt, in welcher »der Tempel Sin geweiht war.« Außerhalb der Stadt, »unten beim tief gelegenen See«, konnte Gilgamesch ein Gasthaus erkennen. Als er sich dem Gasthaus näherte, konnte er im Inneren »Siduri, die Schankwirtin sehen. Es gab dort Fässer, Gärungsfässer, und Siduri, die Wirtin, hielt einen Krug Bier und eine Schüssel gelben Haferbreis. Gilgamesch schritt umher und suchte nach einem Weg, einzutreten; aber Siduri, die einen ungepflegten Mann sah, der in ein Löwenfell gekleidet war, »den Bauch eingeschrumpft, sein Gesicht wie das eines Wanderers aus weiter Ferne«, erschrak und verriegelte die Tür. Mit großen Schwierigkeiten schaffte es Gilgamesch, sie von seiner wahren Identität zu überzeugen.

Satt und ausgeruht, erzählte Gilgamesch Siduri alles über seine Abenteuer, von der ersten Reise zum Zedernwald, davon, daß er Huwawa und den Stier des Himmels getötet hatte, von der zweiten Reise und dem Tod Enkidus, wonach er umhergewandert war und die Löwen erschlagen hatte. Sein Bestimmungsort, so erklärte er, sei das Land des Lebens; er könne dort die Unsterblichkeit erlangen, da Utnapischtim, der sich während der Sintflut Ruhm erworben hatte, immer noch dort lebte. Wie verläuft der Weg zum Land des Lebens? fragte Gilgamesch Siduri. Mußte er den langen und gewagten Weg rund um den See nehmen, oder konnte er darüber segeln? »Nun, Wirtin, welcher Weg führt zu Utnapischtim? Gib mir die Richtung!«

Die Wirtin antwortete, daß es nicht möglich sei, den See zu überqueren, denn sein Wasser sei »Wasser des Todes«:

»Niemals, Gilgamesch, gab es je eine Überfahrt;
seit längst vergangenen Tagen,
ist niemand mehr vom See her hier angekommen.
Der tapfere Schamasch überquerte den See,
aber welcher andere, als Schamasch, kann ihn überqueren?«

Da Gilgamesch still wurde, enthüllte ihm Siduri, daß es trotz allem einen Weg geben könnte, die Wasser des Todes zu überqueren: Utnapischtim hat einen Bootsführer; sein Name ist Urschanabi. Urschanabi kann die Wasser des Todes überqueren, da er »die Stein-Dinge mit sich trägt«. Er kommt herüber, um Urnu (Bedeutung unklar) in den Wäldern aufzulesen. Geh und warte auf ihn, sagte Siduri zu Gilgamesch, »laß ihn dein Gesicht betrachten.« Wenn es ihm zusagt, wird er dich mit hinüber nehmen. So beraten ging Gilgamesch an den Strand, um auf den Bootsführer Urschanabi zu warten.

Als Urschanabi ihn sah, fragte er, wer Gilgamesch sei, und Gilgamesch erzählte ihm die lange Geschichte. Urschanabi nahm Gilgamesch mit an Bord, da er von dessen wahrer Identität und der Legitimität seines Wunsches, das Land des Lebens zu erreichen, überzeugt war. Aber kaum war dies geschehen, beschuldigte Urschanabi Gilgamesch, die »Stein-Dinge«, die für die Überfahrt erforderlich waren, zertrümmert zu haben. Urschanabi erteilte Gilgamesch einen Verweis und teilte ihm mit, daß er zum Wald zurückgehen und dort hundertzwanzig Pfähle in der richtigen Form zuschneiden solle; und er solle die Pfähle in Zwölfergruppen anordnen, während sie hinüber segelten. Nach drei Tagen erreichten sie das andere Ufer.

Wo soll ich nun hingehen? fragte Gilgamesch Urschanabi. Urschanabi sagte zu ihm, er solle geradeaus gehen, bis er den »üblichen Weg« erreichen würde, der zum »Großen Meer« führt. Diesem Weg sollte er folgen, bis er an zwei Steinsäulen gelangte, die als Markierung dienten. Wenn er sich dort umwandte, würde er zu einer Stadt namens (in den hethitischen Rezensionen des Epos) Itla gelangen, die dem Gott Ullu-Jah geweiht ist. Die Erlaubnis dieses Gottes wurde benötigt, um in die verbotene Region zu gelangen, wo sich der Berg Maschu befand; dies, so sagte Urschamnabi, ist dein Bestimmungsort.

Itla erwies sich für Gilgamesch nur teilweise als Segen. Als er dort angekommen war, aß und trank er, wusch sich und zog saubere Kleider an. Dem Rat des Schamasch folgend, brachte er dem Gott Ullu-Jah (Bedeutung vielleicht »Der von den Gipfeln«) Opfer dar. Aber als der große Gott erfuhr, daß der König einen Shem wünschte, legte er sein Veto gegen diesen Plan ein. Gilgamesch suchte die Fürsprache des Schamasch und plädierte vor den Göttern für die Alternative: Laßt mich die Straße zu Utnapischtim, dem Sohn des Ubar-Tutu, nehmen!«

Und dies wurde ihm nach eingehender Beratung erlaubt.

Nach einer sechstägigen Reise konnte Gilgamesch den heiligen Berg sehen, von dem Urschanabi, der Bootsführer, gesprochen hatte:

Der Name des Berges lautet Maschu.
Er kam am Berg Maschu an,
wo er täglich die Schems beobachtete
wie sie abflogen und ankamen.
Hoch droben ist er am Himmelsband befestigt;
drunten ist er an die Niedere Welt gebunden.

Es gab einen Weg, um ins Innere des Berges zu gelangen, aber der Eingang war von ehrfurchtgebietenden »Raketen-Menschen« bewacht:

Raketen-Menschen bewachen seinen Eingang.
Ihr Schrecken ist angsteinflößend, ihr Blick verheißt
den Tod.
Ihr gefürchtetes Scheinwerferlicht gleitet über die Berge.
Sie wachen über Schamasch, wie er emporsteigt und
herunterkommt.

Gilgamesch schützte sein Gesicht, als er im Strahl des todbringenden Scheinwerfers gefangen wurde; unversehrt schritt er auf die Raketenmenschen zu (eine Szene, die auf einem Zylindersiegel abgebildet ist, illustriert eventuell dieses Ereignis – Abb. 46). Sie waren erstaunt darüber, daß die Todesstrahlen sich nicht schädlich auf Gilgamesch ausgewirkt hatten und erkannten, daß »bei ihm, der kommt, der Körper aus dem Fleisch der Götter besteht«. Sie erlaubten ihm, sich zu nähern und befragten ihn; und er erzählte ihnen, wer er war und daß er tatsächlich zu zwei Dritteln göttlich war. »Ich bin wegen Utnapischtim, meinem Vorfahren gekommen«, so sprach er zu den Wachen, »er, der die Versammlung der Götter zusammengestellt hat; ich möchte ihm Fragen stellen über Tod und Leben.«

»Kein Sterblicher ist je durch den unzugänglichen Bereich des Berges hindurch gekommen!« unterrichteten die Wachen Gilgamesch. Sie sahen schließlich jedoch ein, daß er kein

Rein-Sterblicher war und ließen ihn durch. »Das Tor des Berges ist für dich geöffnet!« verkündeten sie.

Der »unzugängliche Bereich« war ein unterirdischer »Pfad des Schamasch.« Die Durchreise dauerte zwölf Doppelstunden. »Die Dunkelheit war tief, es gab kein Licht.« Gilgamesch konnte nicht »vor oder hinter« sich schauen. In der achten Doppelstunde brachte ihn etwas dazu, vor Furcht zu schreien. In der neunten Doppelstunde »spürte er, wie ein Nordwind ihm in sein Gesicht blies« – er näherte sich einer Öffnung zum Himmel. In der elften Doppelstunde konnte er das Morgengrauen erkennen. In der zwölften Doppelstunde schließlich »war es hell geworden; er kam heraus und stand vor der Sonne«.

Nach der unterirdischen Reise durch den heiligen Berg, eröffnete sich Gilgamesch im Sonnenlicht ein unglaublicher Anblick. Er sah ein »eingezäuntes Stück Land der Götter«, worin sich ein Garten befand; aber der Garten war vollständig aus kunstvoll bearbeiteten wertvollen Steinen gefertigt: »Alle Arten stacheliger Dornbüsche waren zu sehen, die Blüten aus Edelsteinen; Karnelien trugen Früchte, die in Trauben herabhingen; die Reben zu wundervoll, um sie anzusehen. Das Laub bestand aus Lapislazuli; und Trauben, zu saftig, um hinzuschauen, waren aus ... Steinen gemacht.« Die teilweise beschädigten Strophen fahren damit fort, andere Sorten fruchttragender Bäume und die Vielzahl wertvoller Steine – Weiß und Rot und Grün – aufzuzählen, aus denen sie gefertigt waren. Klares Wasser floß durch den Garten und in seiner Mitte erblickte er wie einen Baum des Lebens und einen Baum des ... , der aus An-gug-Steinen gemacht war.«

Bezaubert und erstaunt wanderte Gigamesch im Garten umher. Eindeutig fand er sich in einem simulierten Garten Eden!

Ohne sein Wissen, wurde er von Utnapishtim beobachtet. »Utnapishtim sah aus der Entfernung zu, dachte nach und sprach zu sich, hielt Beratung mit sich: Wer ist dieser Mann und wie kam er hier herauf? fragte er sich; »er, der hierher kam, ist keiner meiner Männer« – keiner, der mit ihm auf der Arche war...

Als er sich Gilgamesch näherte, war Gilgamesch … der Held der Sintflut von vor Tausenden von Jahren, w… haupt nicht älter als er, Gilgamesch war! Er sagte zu … Utnapishtim, dem Weit-Entfernten: »Wenn ich auf … schaue, Utnapishtim, unterscheidest du dich überha… nicht; du bist wie ich!«

»Aber wer bist du, warum und wie kamst du hierher? … wollte Utnapishtim wissen. Und, wie er es bei Siduri und dem Bootsmann gemacht hatte, erzählte Gilgamesch die ganze Geschichte seines Königtums, seiner Abstammung, seiner Kameradschaft mit Enkidu, und den Abenteuern bei der Suche nach der Unsterblichkeit, einschließlich dem letzten. »So dachte ich daran, zu Utnapishtim, dem Weit-Entfernten zu gehen, von dem die Menschen sprechen«, schloß Gilgamesch. Nun, sagte er zu Utnapishtim, »nenne mir das Geheimnis deiner Unsterblichkeit! Erzähl mir, wie du es erreicht hast, zur Versammlung der Götter zu gehören und ewiges Leben zu erhalten?«

Utnapishtim sprach zu ihm, zu Gilgamesch:
Ich werde dir enthüllen, Gilgamesch,
eine versteckte Sache, ein Geheimnis der Götter
ich werde es dir sagen.

Und dann folgte die Geschichte der Sintflut, in all ihren Einzelheiten vom Anfang bis zum Ende von Utnapishtim in der Ich-Form erzählt, bis Enlil auf dem Berg der Rettung, wo die Arche zur Ruhe gekommen war, »mich bei der Hand hielt und mich an Bord des Schiffes nahm; er nahm meine Frau an Bord und veranlaßte sie, sich an meiner Seite niederzuknien. Zwischen uns stehend, berührte er unsere Stirnen uns zu segnen. Bis dahin war Utnapishtim sterblich gewesen (sagte Enlil), von da an sollen Utnapishtim und seine Frau sein, wie Götter sind; Utnapishtim soll weit entfernt wohnen, an der Mündung der Flüsse. So nahmen sie mich und veranlaßten mich, weit entfernt zu wohnen, an der Mündung der Flüsse.«

Das, so schloß Utnapishtim ist die ganze Wahrheit über sein Entkommen vom Schicksal eines Sterblichen. »Aber nun, wer wird um deiner Willen die Götter zur Versammlung rufen, damit du das Leben, das du suchst, finden mögest?«

Als Gilgamesch erkannte, daß nur ein Dekret der Götterversammlung ihm Unsterblichkeit verleihen würde und nicht seine eigene Suche, wurde er ohnmächtig; eine Woche lang war er ohne Bewußtsein. Als er zu sich kam, rief Utnapishtim Urshanabi herbei, den Bootsmann, der Gilgamesch zurückbringen sollte, »damit er sicher auf dem Weg zurückkehren möge, auf dem er kam.« Aber als Gilgamesch zur Abreise bereit war, entschloß sich Utnapishtim, dem er leid tat, ihm noch ein weiteres Geheimnis zu enthüllen: Ewiges Leben wird nicht durch Unsterblichkeit erzielt – es wird dadurch erworben, daß man für immer jung bleibt!

Utnapishtim sagte zu Gilgamesch:

»Du bist hierher gekommen, hast dich geplagt und angestrengt.
Was soll ich dir zurück zu deinem Leben, mit auf den Weg geben?
Laß mich dir enthüllen, Gilgamesch,
eine streng gehütete Sache –
ein Geheimnis der Götter werde ich dir verkünden:
Eine Pflanze gibt es,
wie ein stachliger Beerenstrauch ist seine Wurzel.
Seine Dornen sind wie ein Rebstock;
die Dornen werden deine Hände stechen.
Aber wenn du die Pflanze mit deinen eigenen Händen halten könntest,
wirst du Verjüngung finden.

Die Pflanze wuchs unter Wasser, vielleicht im Brunnen oder der Quelle in dem prächtigen Garten. Eine Art von Röhre führte zum Ursprung oder der Tiefe dieser Gewässer des Lebens. Kaum hatte Gilgamesch das Geheimnis gehört, als er auch schon »die Wasserröhre öffnete und schwere Steine an seinen Füßen befestigte; sie zogen ihn hinab in den Abgrund.« Und da sah er die Pflanze.

Er nahm die Pflanze selbst
obwohl sie seine Hände zerstach.

Er schnitt die schweren Steine von seinen Füßen;
der zweite brachte ihn dahin zurück,
woher er gekommen war.

Urshanabi, der von Utnapishtim gerufen worden war, erwartete ihn. Triumphierend und aufgeheitert, zeigte ihm Gilgamesch die Pflanze der Verjüngung. Überwältigt vor Erregung sagte er zum Bootsmann.

»Urshanabi,
Diese Pflanze ist von allen Pflanzen einmalig:
Durch sie kann ein Mensch den Atem des Lebens zurückerhalten!
Ich werde es zum von einem Wall umgebenen Uruk mitnehmen,
um da die Pflanze zu zerkleinern und zu essen.
Laßt ihren Namen sein
»Der Mensch wird jung in hohem Alter.«
Von dieser Pflanze werde ich essen
und zu meiner Jugend werde ich zurückkehren.«

Mit diesen hochgesteckten Hoffnungen auf Verjüngung begannen die beiden ihren Rückweg. »Nach dreißig Meilen hielten sie an für die Nacht. Gilgamesch sah einen Brunnen, dessen Wasser kühl war. Er stieg hinab, um in seinem Wasser zu baden. Eine Schlange roch den Duft der Pflanze; sie kam leise herbei und trug die Pflanze davon. Während sie sie wegnahm, warf die Schlange ihre schuppige Haut ab. Es war tatsächlich eine verjüngende Pflanze; aber es war die Schlange, nicht Gilgamesch, die verjüngt daraus hervorging...«

Darüber sitzt Gilgamesch darnieder und weint,
seine Tränen rinnen sein Gesicht hinab.
Er nahm die Hand von Urshanabi, dem Bootmann.
»Für wen« (fragte er) »haben meine Hände gelitten?
Für wen ist das Blut meines Herzens vergeben?
Für mich habe ich keine Wohltat erhalten;
Für die Schlange habe ich die Wohltat bewirkt.«

Über seinem Unglück brütend, erinnerte sich Gilgamesch an einen Zwischenfall, während er nach der Pflanze tauchte »was ein Omen gewesen sein muß.« Während ich das Rohr öffnete und das Gerät anbrachte«, erzählte er Urshanabi, »fand ich eine Türverriegelung; es muß ein Zeichen für mich gewesen sein – ein Zeichen mich zurückzuziehen, aufzugeben.« Nun erkannte Gilgamesch, das er nicht dafür bestimmt war, die Pflanze der Ewigen Jugend zu erhalten; und nachdem er sie aus ihren Wassern gepflückt hatte, war er dazu bestimmt, sie zu verlieren.

Als er schließlich ins befestigte Uruk zurückgekehrt war, setzte sich Gilgamesch nieder und ließ die Schreiber seine Odyssee aufschreiben. Laßt mich dem Land bekanntmachen, der den Tunnel gesehen hat; von ihm, der die Gewässer kennt, laßt mich die ganze Geschichte erzählen.« Und mit dieser Einführung wurde das Gilgamesch-Epos aufgezeichnet, um gelesen, übersetzt, umgeschrieben, illustriert und von nachfolgenden Generationen wiedergelesen zu werden – damit alle den Mann kennenlernen, der, obwohl zu zwei Dritteln göttlich, sein Schicksal nicht ändern kann.

Das Gilgamesch-Epos ist voll mit geographischen Markierungen, die seine Echtheit erhöhen und den Nachweis über die Ziele dieser vorgeschichtlichen Suche nach Unsterblichkeit liefern.

Der erste Bestimmungsort war der Landeplatz im Zedernwald in den Zedernbergen. Es gab nur einen solchen Ort im gesamten frühgeschichtlichen Nahen Osten, der gerühmt wurde, für seine einmaligen Zedern: der Libanon (dessen Nationalemblem, bis auf den heutigen Tag die Zeder ist). Der Libanon wird besonders namentlich erwähnt, als das Land, das die zwei Kameraden nach der 17tägigen Reise von Uruk erreichten. In einem anderen Vers, der beschreibt, wie die Erde erzitterte, als die Himmelsrakete abhob, werden die Gipfel » Sirara und Libanon«, die man erblickt, als » auseinanderbrechend« beschrieben. In der Bibel (Psalm 27) wird die majestätische Stimme des Herrn, als » Die Zedern des Libanon brechend« beschrieben und macht »den Libanon und Sirion umherspringend, wie ein Kalb.« Es besteht kein Zweifel daran, daß Sirion das hebräische Wort für Sirara im mesopotamischen Text ist.

Es gibt ebenso wenig Zweifel darüber, daß der Landeplatz dort existiert hat, aus dem einfachen Grund, weil die riesige Plattform sich bis zum heutigen Tag noch dort befindet. An einem Platz, der heutzutage Baalbek genannt wird, ruht die riesige Steinplattform, einige fünf Millionen Quadratfuß groß, auf massiven Steinblöcken, die Hunderte von Tonnen wiegen; drei Steinblöcke, die jeweils mehr als 1 000 Tonnen wiegen und als Trilithe bekannt sind (Abb. 47), wurden in einem Tal, das meilenweit entfernt ist, gebrochen. Dort ist an einem Steinblock noch zu sehen, daß ihre Bearbeitung im Steinbruch nicht abgeschlossen wurde (Abb. 48). Es gibt keine moderne Ausrüstung, die solch ein Gewicht anheben kann; in vergangenen Tagen allerdings, bearbeitete, hob »jemand« diese Steinblöcke – die örtliche Überlieferung sagt »die Riesen« – empor und brachte sie mit großer Präzision in Stellung.

Griechen und Römer folgten den Kanaaniten und anderen vorher, darin, diese Plattformen für eine heilige Stätte zu halten, auf denen für die Götter Tempel gebaut und erneuert wurden. Wir haben keine Abbildung darüber, was in den Tagen von Gilgamesch da gestanden hat; aber wir wissen, was danach in phönizischer Zeit darauf stand. Wir wissen dies, weil die Plattform mit einer Umzäunung eine schwebende Rakete auf einem Sockel mit Querbalken enthielt – wie es auf einer Münze aus Byblos abgebildet ist (Abb. 49).

Das vielsagendste geographische Detail auf der zweiten Reise von Gilgamesch, ist die Wassermasse, die er nach Durchquerung der Wildnis erreichte.

Er wird als »tief-liegendes Meer« beschrieben, als Meer, das aussah, wie ein »riesiger See«. Er wurde das Meer der »Wasser des Todes« genannt. Dies alles sind identifizierende Merkmale eines landumschlossenen Meeres, das immer noch das Tote Meer genannt wird, das wirklich das am tiefsten liegende Meer der Welt ist.

In der Ferne konnte Gilgamesch eine Stadt sehen, die »rundum geschlossen« war, eine Stadt umgeben von einer Mauer, deren Tempel dem Sin geweiht war. Solch eine Stadt – eine der ältesten der Welt – existiert noch immer; sie ist bekannt als Jericho, was auf hebräisch (Yeriho) »Stadt des Mondgottes« bedeutet, der wirklich Sin war; die Stadt war berühmt wegen ihrer Mauern, deren wundersames Einstürzen in der Bibel nacherzählt wird. (Man muß sich auch fragen, bis zu welchem Ausmaß die biblische Geschichte der Spione Josuas, die sich im Gasthaus von Rahab in Jericho versteckten, den kurzen Aufenthalt Gilgameschs in Sidurtis Gasthaus widergibt).

Nachdem er das Meer des Todes überquert hatte, folgte Gilgamesch einem Weg, der »zum Großen Meer« führte. Dieser Begriff wird auch in der Bibel gefunden (z.B. Numeri 34, Josua 1) und bezieht sich unwidersprochen auf das Mittelmeer. Gilgamesch, jedoch ging nicht den ganzen Weg, sondern hielt stattdessen in der Stadt Itla, aus der hethitischen Rezension. Ausgehend von archäologischen Entdeckungen und der biblischen Erzählung des Exodus, war Itla der gleiche Ort, den die Bibel Kadesh-Barnea nannte; es war eine vorgeschichtliche Karawanenstadt, an der Grenze zur verbotenen Region auf der Sinai-Halbinsel.

Man kann nur darüber spekulieren, ob der Berg, zu dem Gilgamesch geschickt wurde, Berg Mashu, einen Namen trug, der mit dem hebräischen Namen von Moses Moshe, beinahe identisch ist. Die unterirdische Reise von Gilgamesch im Inneren des heiligen Berges, die zwölf Doppelstunden andauerte, findet eine deutliche Parallele in der Darstellung im ägyptischen Totenbuch der unterirdischen Reise des Pharaos durch die 12-Stunden-Zonen. Die Pharaonen baten, wie Gilgamesch um einen Shem – eine Rakete – mit der man himmelwärts steigen und die Götter in ihrer ewigen Wohnstatt treffen konnte. Wie Gilgamesch vor ihnen, mußten die Pharaonen eine Wassermasse überqueren, und es wurde ihnen von einem Göttlichen Bootsmann geholfen.

Es gibt keinen Zweifel daran, daß der Zielort der sumerischen Könige und der ägyptischen Pharaonen ein und der selbe war, mit dem Unterschied, daß sie von entgegengesetzten Startpunkten ausgingen.

Der Zielort war der Raumflughafen auf der Sinai-Halbinsel,

wo sich die Shems in ihren Untergrund-Silos befanden (s. Abb31).

Wie in vorsintflutlichen Zeiten (Abb. 25), wurde auch der nachsintflutliche Raumhafen (Abb. 50) auf den Gipfeln des Ararat verankert. Aber weil die Ebene von Mesopotamien völlig von schlammigem Wasser bedeckt war, wurde der Raumhafen auf den festen Untergrund der Sinai Halbinsel verlegt. Das Missionskontrollzentrum wanderte von Nippur dahin, wo Jerusalem (JM) sich heute befindet. Der neue Landekorridor wurde an seinen Enden bei zwei künstlichen Bergen, die noch immer als die zwei großen Pyramiden von Gizeh (GZ) existieren, verankert, und die hohen Gipfel des südlichen Sinai (KT und US) nahm die riesige vorsintflutliche Plattform von Baalbek in den Zedernbergen auf (BK).

Zur Plattform bei Baalbek und zum Raumhafen (SP) war Gilgamesch gereist.

Gilgamesch in Amerika

Die Vertrautheit mit dem Gilgamesch-Epos in Südamerika, ist eine der Facetten über den Nachweis von prähistorischen Kontakten, zwischen der Alten und der Neuen Welt.

Das Kennzeichen einer solchen Vertrautheit, war die Darstellung von Gilgameschs Kampf mit den Löwen. Erstaunlicherweise wurden solche Darstellungen im Land der Anden gefunden – einem Kontinent, wo es keine Löwen gibt.

Eine Konzentration solcher Darstellungen auf Steintafeln (»A« und »B«) wurden in der Chavin de Huantar/Aija-Gegend im nördlichen Peru gefunden, eine bedeutende Gegend der Goldherstellung in prähistorischen Zeiten, wo andere Nachweise (Statuetten, Schnitzereien und Petroglyphen) auf die Anwesenheit von Menschen aus der Alten Welt, seit 2500 v.Chr., hinweisen; sie haben Ähnlichkeiten mit hethitischen Darstellungen (Abb. 45b).

Eine andere Gegend, wo solche Darstellungen gehäuft auftraten,lag nahe der Südküste des Titikaka Sees (jetzt Bolivien), wo einst eine große metallverarbeitende Metropole –

Tiahuanacu – gedieh. Gegründet, nach einigen Berechnungen weit vor 4000 v.Chr., als Gold verarbeitendes Zentrum, und dann, nach 2500 v.Chr. zur ersten Zinngewinnungsstätte der Welt geworden, war Tiahuanacu der Ort, an dem Bronze in Südamerika vorkam. Unter den Artefakten, die entdeckt wurden, befanden sich Darstellungen von Gilgamesch in Bronze, der mit löwenähnlichen Tieren kämpft (»C«, unten) – Kunststücke, die unzweifelhaft angeregt wurden durch die kassitischen Bronzehersteller aus Luristan (Abb. 45c).

8. Begegnungen im Gigunu

Mehr als 2500 Jahre nach der monumentalen Suche Gilgameschs nach Unsterblichkeit, eiferte ein anderer legendärer König – Alexander von Makedonien – auf genau demselben Kampfplatz, dem sumerischen König und den ägyptischen Pharaonen nach. Auch in seinem Fall basierte der Anspruch auf Unsterblichkeit darauf, teilweise göttlich zu sein. Die Anzeichen lassen vermuten, daß Alexander durch seinen Lehrer Aristoteles von der früheren Suche wußte; was er aber wahrscheinlich nicht wußte, war, daß die Wurzel seines besonderen Anspruchs auf göttliche Herkunft in Uruks GIPAR (»Nachtzeit Haus«) und dessen innerem Heiligtum, dem GIGUNU lag.

Bald nachdem Alexander an Stelle des ermordeten Philipp II. zum König gekrönt worden war, begab er sich nach Delphi in Griechenland, um dort das berühmte Orakel zu befragen. Erst zwanzigjährig, war er schockiert, als er die erste von verschiedenen Prophezeiungen hörte, die ihm Ruhm, aber ein sehr kurzes Leben voraussagte. Die Prophezeiungen trugen dazu bei, daß sein Glaube um die Gerüchte wuchs, die am mazedonischen Hof umgegangen waren, nach denen Philip II. nicht wirklich sein Vater gewesen sei; sondern er sei in Wirklichkeit der Sohn eines ägyptischen Pharaos namens Nectanebus, der den mazedonischen Hof besucht und heimlich Alexanders Mutter, Olympia, verführt hätte. Und Nectanebus – ein Meistermagier und Wahrsager – so wurde gemunkelt, sei in Wirklichkeit der ägyptische Gott Amun, der sich als Mensch verkleidet hätte, um den zukünftigen Eroberer der Erde auf die Welt zu bringen.

Kaum hatte Alexander Ägypten erreicht (332 v. Chr.), machte er sich, nachdem er den ägyptischen Göttern und Priestern seine Huldigung erwiesen hatte, auf den Weg zur Oase von Siwah in der westlichen Wüste, dem Sitz des berühmten Orakels von Amun. Dort (so berichteten die Geschichtsschreiber, die ihn begleiteten), bestätigte der große

Gott selbst Alexanders göttliche Herkunft. Auf diese Weise bestärkt, daß er wirklich der Sohn eines Gottes war, erklärten ihn die ägyptischen Priester zum Göttlichen Pharao. Anstatt auf den Tod zu warten und Unsterblichkeit im Leben nach dem Tod zu erlangen, brach Alexander sogleich auf, um das berühmte Wasser des Lebens zu finden. Seine Suche führte ihn an unterirdische Orte, voll von Magie und Engeln auf der Halbinsel Sinai, dann (auf Befehl eines Mannes mit Flügeln) nach Babylon. Schließlich starb er, wie es das Orakel von Delphi prophezeit hatte, berühmt aber jung.

Bei seiner Suche nach Unsterblichkeit, ließ Alexander seine Truppen zurück und begab sich ins Land der Dunkelheit, um dort einen Berg, Mushas genannt, zu finden. Am Rand der Wüste verließ er seine wenigen vertrauten Begleiter und ging allein weiter. Er sah »einen geraden Pfad, der keine Mauer hatte und in dem es keinen hohen oder niederen Platz gab« und folgte ihm. Darauf wanderte er zwölf Tage und zwölf Nächte, als er an einem Punkt »die Strahlen eines Engels wahrnahm.« Als er näher kam, wurde aus dem Strahlen ein »flammendes Feuer« und Alexander erkannte, daß »er sich an dem Berg befand, von dem die ganze Welt umgeben ist.«

Der Engel sprach mit Alexander von dem flammenden Feuer aus und fragte ihn: »Wer bist du und aus welchem Grund bist du hier, o Sterblicher?« und wunderte sich, wie Alexander es geschafft hatte, »in diese Dunkelheit einzudringen, wozu noch kein anderer Sterblicher fähig gewesen ist.« Alexander erklärte, daß Gott selbst ihn geführt und ihm die Kraft gegeben habe an diesen Ort zu gelangen, »der das Paradies ist.« Aber der Engel sagte ihm, daß das Wasser des Lebens woanders sei; »und wer auch immer davon trinkt, auch wenn es nur ein einziger Tropfen ist, wird niemals sterben.«

Alexander brauchte, um »Die Quelle des Wassers des Lebens« zu finden, einen Gelehrten, der um solche Geheimnisse wußte, und nach langem Suchen wurde ein solcher Mann gefunden. Magische und wundersame Abenteuer säumten ihren Weg. Um sicherzugehen, daß die Quelle die richtige sei, hatten die beiden einen toten getrockneten Fisch bei sich. Eines nachts erreichten sie eine unterirdische Quelle und während Alexander schlief, prüfte der Führer das Wasser und der Fisch wurde lebendig. Daraufhin tauchte er selbst in das Wasser ein und wurde dadurch zu El Khidr – »Der Immergrüne« – der Eine der für immer jung ist, aus arabischen Legenden. Am Morgen eilte Alexander zu eben dieser Stelle. Sie war »besetzt mit Saphiren, Smaragden und Hyazinthen.« Aber zwei Vögel mit menschlichen Gesichtszügen verstellten ihm den Weg. »Das Land, auf dem du stehst, gehört Gott allein«, verkündeten sie. Als Alexander erkannte, daß er sein Schicksal nicht ändern konnte, gab er die Suche auf und begann stattdessen, Städte zu bauen, die seinen Namen trugen, wodurch er für immer in Erinnerung blieb. Die zahlreichen Details der Suche Alexanders sind praktisch identisch mit denen bei Gilgamesch – - der Standort, der Name des Berges, die zwölf Zeitabschnitte der unterirdischen Reise, die geflügelten Vogelmenschen, die Befragung durch die Wachen, das Eintauchen in die Quelle des »Wassers des Lebens« – dies alles weist hin auf eine Vertrautheit mit dem Gilgamesch Epos, nicht nur mit dem literarischen Werk (das bis in unsere Zeit überlebt hat), sondern auch mit der *raison d'etre* nach der Suche – der teilweisen Göttlichkeit, der göttlichen Herkunft von Gilgamesch.

Tatsächlich können selbst die Ansprüche der ägyptischen Pharaonen, sie hätten Götter als Väter, oder wären zumindest mit Muttermilch einer Göttin genährt, zurückgeführt werden, auf die Zeit und den Ort von Gilgamesch; denn es war in Uruk, wo die Gebräuche und die Tradition der Dynastie begann, zu der Gilgamesch gehörte.

Das Königtum begann in Uruk, als der Zukunftsstadt, man wird sich erinnern, daß diese fast gänzlich nur aus dem heiligen Bezirk bestand. Da wurde, laut der sumerischen Königsliste, »Mes-kiag-gasher, der Sohn des Gottes Utu sowohl Hohepriester, als auch König.« Dann nach Regentschaften von Enmerkar und Lugalbanda und einer Zwischenregentschaft des göttlichen Dumuzi, bestieg Gilgamesch den Thron; und er war, wie dargelegt, der Sohn der Göttin Ninsun.

Dies sind erstaunliche Enthüllungen, besonders im Lichte der Episode, daß die Nefilim sich menschliche Ehefrauen nahmen, was Enlil dazu veranlaßte, nach Auslöschung der Menschheit zu trachten. Es kostete die Menschheit, die Anunnaki und die Erde selbst, Jahrtausende, sich vom Trauma der Sintflut zu erholen. Es dauerte Jahrtausende für die Anunnaki, der Menschheit allmählich und Schritt für Schritt, Wissen, Technologie, häusliche Lebensart und schließlich eine voll funktionsfähige Zivilisation zu ermöglichen. Es brauchte ein gutes Jahrtausend bis sich in Kish die Institution des Königtums herausbildete. Und dann, unerwartet – wird das Königtum nach Uruk verlagert, und die erste Dynastie wird von einem Sohn eines Gottes (Utu/Schamasch) und einer weiblichen Menschlichen begründet...

Während die sexuellen Unarten der anderen Gottheiten (einige wurden bereits erwähnt, mehr wird noch kommen) in den alten Texten aufgezeichnet wurden, erscheint Utu/Schamasch nicht unter ihnen. Seine offizielle Gattin und Begleiterin war die Göttin Aia (Abb. 51) und die Texte beschreiben keine Untreue ihm gegenüber. Und doch begegnen wir hier seinem Sohn von einer menschlichen Frau, einem Sohn, dessen Namen, Funktion und Ortszugehörigkeit klar angegeben werden. Was ging vor? Waren die Tabus beseitigt worden, oder wurden sie von der neuen Generation einfach ignoriert?

Noch eigenartiger war der Fall von Ninsun, der Mutter von Gilgamesch (Abb. 52). Ihr eigener Stammbaum und die Aufzeichnung ihrer Nachkommen veranschaulichen das Mischen der Generationen, das unter den Anunnaki stattfand – vielleicht als Ergebnis des Umstandes, daß einige die Langlebigkeit behielten, die sie auf Nibiru erhielten (und die in Sars gezählt wurde), andere (die erste Generation auf Erden) teilweise beeinflußt waren durch die kürzeren Zyklen der Erde, und wieder andere (die dritte und vierte Generation) erdähnlicher als niburisch waren.

Anu, der neben seiner offiziellen Gattin Antu zahlreiche Konkubinen hatte und (wenigstens in einem Beispiel) noch auf 'ganz anderen Weiden graste', hatte als Ergebnis dessen eine große Anzahl offizieller und inoffizieller Nachkommen; bis jetzt haben wir Enki, Enlil und Ninmah getroffen, alle drei Halbbrüder und Halbschwester zueinander (d.h. von verschiedenen Müttern geboren). Es stellt sich heraus, daß Anu noch eine andere, jüngere Tochter, namens Bau hatte, die die Frau von Ninurta, Enlils Sohn von seiner Halbschwester Ninmah wurde. Soweit man es aus den Texten beurteilen kann, führten Ninurta und Bau (Abb. 53) eine makellose Ehe, unbeeinträchtigt von irgendeiner Art Untreue. Es war eine Ehe, gesegnet mit zwei Söhnen und sieben Töchtern, von denen Ninsun (»Dame Wilde Kuh«) die bekannteste von allen war. Diese Ahnenreihe machte sie zur gleichen Zeit zur Enkelin von Anu, als auch zur Enkelin von Anus Sohn Enlil. (Enlil, so sollte hier erwähnt werden, zeugte Ninurta auf Nibiru; nachdem Enlil auf Erden Ninlil geheiratet hatte, war er streng monogam).

Nicht weniger verwirrend war die Zusammensetzung von Ninsuns Nachkommen. Einerseits war sie die Mutter von Gilgamesch. Die sumerische Königsliste ergibt, daß sein Vater der Hohepriester des heiligen Bezirks von Uruk war; das Gilgamesch Epos und andere ihn betreffende erläuternde Texte machen geltend, daß sein Vater Lugalbanda war, der dritte Herrscher von Uruk. Nachdem der erste Herrscher Meshkiaggasher, sowohl Hohepriester, als auch König war, liegt die Vermutung nahe, daß Lugalbanda auch beide Positionen inne hatte. Das Ergebnis ist, daß Ninsun, ob nun offiziell verheiratet mit dem sterblichen Lugalbanda oder nicht, sexuelle Beziehungen zu ihm unterhielt und ihm einen Sohn gebar.

Aber andererseits hatte Ninsun auch sexuelle Kontakte mit Göttern, oder zumindest einem Gott. Laut sumerischer Königslisten regierte der junge Gott Dumuzi, zwischen Lugalbanda und Gilgamesch, kurz in Uruk. Die Listen geben die volle Göttlichkeit von Dumuzi an, denn er war der Sohn von Enki. Was die Liste nicht erwähnt, was aber von einer beträchtlichen Anzahl literarischer Texte, über Leben, Liebe und Tod von Dumuzi bestätigt wird, ist, daß seine Mutter die Göttin Ninsun war – ganz genau dieselbe Göttin, wie die Mutter von Gilgamesch.

Ninsun hatte demnach sexuelle Affären mit Göttern (Enki) und Menschen (Lugalbanda). In dieser neuen Phase Göttlicher

Begegnungen, eiferte sie nicht nur Utu/Schamasch nach (dessen Gattin die Göttin Aia war, der aber noch einen Sohn von einer Sterblichen hatte), sondern auch Inanna/Ishtar, der Zwillingsschwester von Utu/Schamasch. Die Tatsache, daß all diese Begegnungen in irgendeiner Hinsicht mit Uruk zusammenhängen ist kein Zufall; denn es war in Uruk, daß das GIGUNU – die »Kammer der nächtlichen Vergnügen« – zum ersten mal in Gipar errichtet wurde.

Anders als Utu/Schamasch und Ninsun, wird Inanna/Ishtar in den sumerischen Königslisten in Zusammenhang mit Uruk nicht erwähnt; aber im Gilgamesch Epos schließt sie sich den beiden, als herausragende göttliche Darstellerin der Saga an. In gewisser Weise gehörte sie mehr in die Geschichte als Utu/Schamasch und Ninsun, denn sie war die Patronatsgöttin von Uruk und ihr war es zu verdanken, daß das was nur ein heiliger Bezirk war, zu einer größeren Stadt wurde. Wie sie das erreichte, wurde in einem Text, bekannt als »Enki und Inanna« beschrieben, den wir uns bald ansehen werden; aber zuerst sollte man erklären, wie Inanna mit Uruk in Verbindung gebracht wurde – bzw. wie es überhaupt dazu kam, daß sie »Inanna« genannt wurde.

Als das Königtum zu Beginn des 3. Jahrtausends v.Chr. von Kish nach Uruk verlegt wurde, bestand Uruk nur aus einem heiligen Bezirk, dem Kullab. Dieser heilige Bezirk hatte bis zu diesem Zeitpunkt seit fast 1000 Jahren existiert, denn er war ursprünglich hauptsächlich deswegen erbaut worden, um Anu und Antu während ihres Besuches auf der Erde unterzubringen. Tontafeln, die in den Ruinen von Uruk gefunden wurden, Kopien früherer Texte, geben den Pomp und den Aufwand dieses Ereignisses wieder. Sie enthalten genügend Einzelheiten, um den sorgfältig beschriebenen Riten und Zeremonien ebenso, wie der Natur des heiligen Geländes und seiner zahlreichen Gebäude zu folgen.

Neben Tempeln und Schreinen, jeder mit speziellen Funktionen, schloß das Gelände auch spezielle Schlafquartiere für die göttlichen Besucher mit ein. Die beiden scheinen jedoch nicht das gleiche Schlafzimmer geteilt zu haben.

Als das Bankett und andere Zeremonien abgeschlossen

waren und das Nachtmahl serviert wurde, wurden die beiden göttlichen Besucher durch den Haupthof zu zwei getrennten Höfen geführt. Antu wurde zum »Haus des goldenen Bettes« geleitet, und »die Göttlichen Töchter von Anu und die Göttlichen Töchter von Uruk« hielten außerhalb, bis zum Tagesanbruch Wache. Anu wurde von männlichen Göttern zu seinen eigenen Unterkünften geleitet, einem Haus, bekannt als Gipar; wir wissen aus einer Reihe sumerischer und akkadischer Texte, daß es ein Tabuort war, ein Harem, wenn man so will (denn, »Tabu« bedeutet das Gleiche, wie das arabische Wort »Harim«) – der Ort, wo die Entu, eine auserwählte Jungfrau, den Gott erwartete.

In späteren Zeiten war die Entu eine Tochter des Königs und ihre Rolle als Hierodule, einem »heiligen Mädchen« wurde als große Ehre angesehen. Im Fall von Anu und seinem Besuch im Kullab, war es nicht eine sterbliche Frau, die auserwählt wurde, ihn im Gipar zu erwarten; es war seine Urenkelin Irninni. Sie verbrachten die Nacht in der abgeschlossenen Kammer innerhalb von Gipar, dem Gigunu, der »Kammer des nächtlichen Vergnügens.« Und danach wurde Irninni umbenannt in IN.ANNA – »Anus Geliebte.«

Während wir die Begegnung als einen verabscheuungswürdigen Fall von Inzest betrachten, wurde er zu dieser Zeit nicht so angesehen. Sumerische Hymnen rühmen die Tatsache, daß Inanna Anus Geliebte war, als wunderbare Hierodule. Eine Hymne an Ishtar, auf eine Tafel aus Uruk geschrieben (Tafel AO.4479, im Louvre Museum) beschreibt Ishtar als »bekleidet mit Liebe, gefiedert mit Verführung, eine Göttin der Freude«, »die zusammen mit Anu den abgeschlossenen Gigunu, die Kammer der Freude besetzt, während die anderen Götter davor stehen.« Tatsächlich eröffnet ein anderer Text (AO.6458), daß die eigentliche Idee, Irninni für die Ehre mit Anu zu schlafen, auszuwählen, ganz und gar nicht Anus Idee gewesen war, sondern die von Ishtar selbst. Durch die anderen Götter war sie Anu vorgestellt worden und sie waren es, die Anu überredeten, zuzustimmen...

Da Anu (und Antu) nur Besuche abstatteten, bestand für sie keine andauernde Notwendigkeit für den E.ANNA Tempel;

und so gestattete Anu Inanna den Gebrauch des Tempels, als Gegenleistung:

Nachdem der Herr der Tochter von Sin
eine große Bestimmung hat zuteil werden lassen,
schenkte er ihr den Tempel Eanna
als Verlobungsgeschenk.

Bei diesem Geschenk des Eanna Tempels, war das Gipar Haus mit dabei, »ein Ort duftender Hölzer«, und seiner inneren Kammer des nächtlichen Vergnügens, dem Gigunu; und schnell fand Inanna für diesen Ort gute Verwendung.

Aber ein heiliger Bezirk ist keine Stadt und die sumerischen Königslisten belegen, daß es allein der Sohn des ersten Priester-Königs Emmerkar war, »der Uruk erbaute.« Zu diesem Zeitpunkt entschied Inanna, daß Uruk ein vollfunktionierendes Zentrum städtischer Zivilisation sein sollte, wenn es ihr Kultzentrum war. Um dies zu erreichen brauchte sie die MEs.

Die MEs waren tragbare Objekte, die das gesamte Wissen und andere Aspekte einer hochstehenden Zivilisation beinhalteten. Beim gegenwärtigen Stand der modernen Technologie, kann man sie sich vorstellen, als eine Art von Computerdisketten oder Memory-Chips, die trotz ihrer Kleinheit, eine ungeheure Menge an Informationen beinhalten. In einigen Jahrzehnten weiter fortgeschrittenerer Technologie, könnte man sie mit noch wundersameren Informationsspeichern vergleichen (die erst noch erfunden werden müssen). Als Nippur (nach der Sintflut) eine Menschenstadt wurde, beklagte sich Enlil bei Anu, daß Enki alle MEs für sich behielt und sie nur dazu benützte, Eridu und Enkis Versteck im Abzu zu übersteigern; und Enki wurde gezwungen, diese lebenswichtigen MEs mit Enlil zu teilen. Nun, wo Inanna Uruk zu einem großen urbanen Zentrum machen wollte, machte sie sich auf zu Enkis Wohnstatt, um ihrem Großonkel einige wichtige MEs abzuringen.

Ein Text als »Inanna und Enki« bekannt und von modernen Gelehrten mit »Der Transfer der Künste der Zivilisation von Eridu nach Erech« untertitelt, beschreibt, wie Inanna in ihrem »Boot des Himmels« zum Abzu in Südostafrika reiste, wo Enki die MEs versteckt hatte. Im Wissen, daß Inanna ohne Begleitung zu ihm kam, – »das Mädchen, ganz alleine, hat ihre Schritte zum Abzu gelenkt« – ordnete Enki bei seinem Kammerdiener an, ein Bankett vorzubereiten, mit Mengen an Wein, aus süßen Datteln gemacht. Nachdem Inanna und Enki gefeiert hatten und Enkis Herz vor lauter Trinken fröhlich wurde, brachte Inanna das Thema MEs zur Sprache.

Großzügig durch den Alkohol gab Enki ihr einige MEs, die Uruk zum Sitz des Königtum machen würden: Das ME für »das Herrschaftstum«, das ME für »die erhabene und immerwährende Tiara«, das ME für »den Thron des Königtums«; und »die strahlende Inanna nahm sie« – bat aber um mehr. Als Inanna bei ihrem alternden Gastgeber ihren Charme einsetzte, machte ihr Enki ein zweites Geschenk; diesmal gab er ihr die MEs, die für »das erhabene Zepter und den Stock, den erhabenen Schrein, und rechtschaffene Führung« nötig waren. Und »die strahlende Inanna nahm auch sie.« Als das Feiern und Trinken weiter ging, rückte Enki mit weitern sieben MEs heraus, die Funktionen und Eigenschaften einer Göttlichen Herrin bereitstellten – den Status einer Großen Gottheit: Einen Tempel und seine Rituale, Priester und Begleitpersonal; Justiz und Gerichtshöfe; Musik und Künste; Bauwesen und Holzhandwerk; Metallhandwerk, Lederhandwerk und Webkunst; Schriftenkunde und Mathematik; und schließlich, Waffenkunde und die Kunst der Kriegsführung.

Mit all diesen Grundlagen für eine hochstehende Zivilisation und Herrschaft in ihren Händen, schlich sich Inanna weg, und machte sich in ihrem Himmelsboot auf den Weg zurück nach Uruk. Als Enki nüchtern wurde und sich klar war, was er getan hatte, befahl er seinem Kammerdiener, sie in ihrer »großen himmlischen Himmelskammer« zu verfolgen und die MEs zurückzuholen. Er holte sie in Eridu, als sie bereits wieder in Sumer war, ein. Aber Inanna übergab die MEs ihrem Piloten, der nach Uruk weiterflog, während Inanna in Eridu mit dem Kammerdiener weiterstritt. Die Menschen von Uruk bewahren die Erinnerung, wie ihre Stadt ein Sitz von Königtum und Zivilisation wurde, für immer in einer Hymne, mit dem Titel Herrin der MEs in Erinnerung; Es wurde mit zwei Sprechern vor der Versammlung bei festlichen Gelegenheiten, vorgetragen:

Herrin der MEs
Geradeheraus, gekleidet in Strahlen
Tempeldienerin von Anu,
Für die erhabene Tiara geeignet,
Für die Hohepriesterschaft passend.
Die sieben MEs hat sie erhalten,
Herrin der großen MEs.
Von ihnen ist sie die Wächterin.

Ob Enki es tatsächlich schaffte Inanna zu verführen ist nicht klar (eine Annahme, daß er es schaffte, könnte das Rätsel, wer die Mutter von Enkis Sohn Ningishzidda ist, lösen helfen).

Es scheint sicher, daß als Ergebnis ihrer Erfahrungen mit Anu und Enki, Inannas Weiblichkeit erwacht war. Als Anus Geliebte, wurde sie zur Schutzgöttin der Stadt Aratta in der Dritten Region (der Zivilisation des Industales). Ein Zweck, die ME-Tafeln nach Uruk zu holen, bestand darin Uruk zu einem größeren Zentrum zu machen, so daß Inanna da regieren konnte, wo es wirklich nötig war, und nicht im fernen Aratta. Verschiedene Texte wurden gefunden, die sich mit dem Konkurrenzkampf zwischen dem neuen König von Uruk, Enmerkar (»Er, der ,Uruk erbaute«) und dem König von Aratta beschäftigten; die Frage war nicht nur, wo Inanna ihre Zeit verbrachte – sondern auch, wo sie sich auf Liebesdienste mit dem König einlassen würde.

In einer Passage des Textes, genannt Enmerkar und der Herr von Aratta, war der letztere sicher Inannas Favorit zu sein, und verspottete Enmerkar so:

Er wird mit Inanna leben
getrennt durch eine Mauer;
Ich werde mit Inanna leben
im Lapis-Lazuli Haus in Aratta.
Er wird auf Inanna nur im Traum blicken;
Ich werde mit ihr süß auf einem prunkvollen Bett liegen.

Es scheint, daß diese sexuellen Affairen von Inannas Eltern nicht gern gesehen waren und sogar noch weniger gern, von ihrem Bruder Utu/Schamasch. Als er sie tadelte, entgegnete sie ihm, wer sich denn dann um ihre sexuellen Bedürfnisse kümmern solle –

Um meine Vulva –
Wer wird mir den Hügel pflügen?
Meine Vulva, ein gewässerter Boden,
wer wird den Ochsen dahin stellen?

Worauf Utu eine Antwort hatte: »Oh herrliches Mädchen«, sagte er, »Dumuzi, von herrschaftlichem Samen, er wird ihn dir pflügen.«

DUMUZI (»Sohn, der Leben ist«), ein Schäfergott, dessen Hoheitsgebiet in den afrikanischen Ländern von Enkis Klan lag, war – wie wir darlegten – der Sohn von Ninsun und damit teilweise ein Enlilite. Wenn es eine geheime Absprache zur vorgeschlagenen Verbindung gegeben haben sollte, schlug Utu in jedenfalls nicht ein; stattdessen rühmte er die Verdienste, einen Schäfer zum Ehemann zu haben: »Seine Sahne ist gut, seine Milch ist klar.« Aber Inanna dachte an einen Bauern-Gott, als Ehemann: »Ich, das Mädchen, werde einen Bauern heiraten«, verkündete sie; »der Bauer pflanzt viele Pflanzen, der Bauer pflanzt viel Korn.«

Am Ende gewannen Ahnentafel und Friedensvorteil und Inanna und Dumuzi wurden verlobt.

Die poetischen Texte, die von Brautwerbung, Liebe und Heirat zwischen Inanna und Dumuzi handeln – Texte, von denen eine ansehnliche Sammlung ausfindig gemacht wurde – lesen sich wie die besten Liebeslieder aller Zeiten, deutlich aber zart. Als nach der elterlichen Zustimmung auf beiden Seiten, die Hochzeit angekündigt wurde, erwartete Inanna die Vollendung der Hochzeit in Gipar in Uruk. In Erwartung des Moments, sandte Inanna, »tanzend und singend, eine Botschaft« über Gipar »an ihren Vater:

»In meinem Haus, meinem Gipar-Haus,
wird mein fruchtbares Bett aufgestellt.
Mit Pflanzen von der Farbe des Lapis-Lazuli

wird es bedeckt sein.
Dahin werde ich meinen Liebsten bringen;
Er wird seine Hand zu meiner legen,
er wird sein Herz zu meinem legen.
In meinem Haus, in meinem Gipar-Haus,
laß es ihn »lange tun« für mich.

Die große Liebe zwischen den Sprossen der sich bekriegenden Klans – einer Enkeltochter von Enlil, einem Sohn von Enki – bedeutete ohne Zweifel, den Frieden zwischen den zwei Lagern zu verstärken – hielt nicht lange. Marduk, der Erstgeborene von Enki, und der Thronanwärter zur Vormachtstellung über alle Regionen, opponierte von Anfang an gegen die Verbindung. Als Dumuzi zurück in seine ländliche Domäne nach Afrika ging und Ishtar versprach, sie zur Königin von Ägypten zu machen, war Inanna hocherfreut, aber Marduk war erzürnt. Er benützte eine Indiskretion Dumuzis als Vorwand und sandte Wächter aus, um Dumuzi festzunehmen und ihn vor Gericht zu bringen. Aber Dumuzi, der den Tod in einem Omen-Traum gesehen hatte, versuchte zu fliehen und sich zu verstecken. In der sich anschließenden Verfolgung wurde Dumuzi versehentlich getötet.

Als die Nachrichten Inanna erreichten, erhob sie ein großes Klagen. So groß war der Schock und der Schmerz auch unter der Bevölkerung, für die diese Romeo-und-Julia-Liebesgeschichte alle Freuden der Liebe zu symbolisieren schien, daß der Jahrestag von Dumuzis Tod, für lange Zeit ein Tag der Trauer wurde. Beinahe 2000 Jahre nach dem Ereignis verabscheute der Prophet Hesekiel es, die Frauen von Israel sitzen zu sehen und »für Tammuz zu weinen« (das hebräische Wort für Dumuzi).

Es kostete Inanna eine lange Zeit, um über ihren Schmerz hinwegzukommen; und in ihrer Suche nach Trost, ging sie nach Gipar und seine Gigunukammer, als einen Ort, wo sie ihre verlorene Liebe vergessen konnte. Dort perfektionierte sie die sexuellen Riten zu einer neuen Form von Göttlicher Begegnung. Diese wurde bekannt als der Ritus der Heiligen Hochzeit.

Als Ishtar Gilgamesch einlud »Komm und sei mein Liebhaber« widerstand er, indem er ihr ihre vielen vorherigen Liebhaber auflistete, die sie benützt und weggeworfen hatte. Es begann, so machte Gilgamesch klar, nach dem Tod von Dumuzi/Tammuz, »dem Liebhaber deiner Jugend.« Für ihn, fuhr Gilgamesch fort, »hast du Jahr für Jahr ein Weinen angeordnet.« Und es war, so läßt der Text schließen, an diesen Jahrestagen, daß Ishtar einen Mann nach dem anderen einlud, die Nacht mit ihr zu verbringen. »Komm, laß uns an deiner Kraft erfreuen! Nimm deine Hand und berühre meine Vulva!« pflegte sie ihnen zu sagen. Aber Gilgamesch fragte, »welchen Liebhaber liebtest du für immer? Welcher deiner Buhlen gefiel dir die ganze Zeit?« Dann erwähnte er einige jener abgelegten Liebhaber und ihre Geschicke: Einer, ein Schäfer, hatte seinen »Flügel« gebrochen, nachdem er die Nacht mit ihr verbrachte. Ein anderer, stark wie ein Löwe, wurde in einer Grube begraben. Ein dritter war geschlagen und verwandelte sich in einen Wolf; und noch ein anderer, »der Gärtner deines Vaters«, war getroffen und verwandelte sich in einen Frosch. »Und wie stehts mit mir?« fragte Gilgamesch am Ende, »du wirst mich lieben und dann wie die anderen behandeln.« Es war kein Wunder, daß Ishtar mit solch einer Reputation, von alten Künstlern genauso oft als nackte Schönheit dargestellt wurde, die Männer verspottete und einlud, sie zu sehen (Abb. 54).

Zwischen diesen bitter-süßen Jahrestagen verbrachte Ishtar die Zeit damit, die irdischen Himmel in ihrer Himmelskammer (Abb. 42) zu durchstreifen und genauso oft zeigten Darstellung sie deshalb als geflügelte Gottheit. Sie war, wie erwähnt, die Stadtgottheit von Aratta im Industal und stattete dort regelmäßig Flugbesuche ab.

Es war auf einem ihrer Flüge zur entfernten Domäne, daß Inanna/Ishtar eine sexuelle Begegnung mit umgekehrten Vorzeichen hatte: sie wurde von einem Sterblichen vergewaltigt, und welche Umkehrung, der Mann der es tat, lebte weiter um darüber zu erzählen.

Er ist aus historischen Aufzeichnungen als Sargon von Aggade, bekannt, der Gründer einer neuen Dynastie, die in einer neuen Hauptstadt eingerichtet wurde (gewöhnlich

Akkad genannt). In seiner Autibiografie, einem Text in der akkadischen Sprache, den Gelehrten als Legende des Sargon bekannt, beschreibt der König die Umstände seiner Geburt, in einer Art, die uns an die Geschichte von Moses erinnert: »Meine Mutter war eine Hohepriesterin; meinen Vater kannte ich nicht. Meine Mutter, die Hohepriesterin, die mich empfing, gebar mich insgeheim. Sie setzte mich in ein Riedkörbchen, dessen Deckel mit Bitumen versiegelt war. Sie warf mich in den Fluß; er verschlang mich nicht. Der Fluß trug mich davon, er brachte mich zu Akki, dem Bewässerer. Akki, der Bewässerer hob mich heraus, als er Wasser holte. Akki der Bewässerer machte mich zum Sohn und zog mich groß. Akki, der Bewässerer bestimmte mich zu seinem Gärtner.«

Dann, als Sargon sich um den Garten kümmerte, konnte er seinen Augen nicht trauen:

Eines Tages
Nachdem sie den Himmel kreuzte, die Erde kreuzte,
Inanna –
Nachdem sie Elam und Schubur kreuzte
Nachdem sie...
Näherte sich das heilige Mädchen erschöpft und fiel in einen Schlaf.
Ich sah sie vom Rande meines Gartens
Ich küßte sie und kopulierte mit ihr.

Statt wütend zu sein, fand Inanna, Sargon sei ein Mann nach ihrem Geschmack. Sumer, zu diesem Zeitpunkt Eintausend und einhalb Jahre alt, brauchte eine starke Hand am Ruder des Königtums – ein Königtum das, nach dem glorreichen in Uruk, nun die Hauptstädte wechselte; die Veränderungen führten zu Konflikten unter den Städten und schließlich unter den Schutzgöttern. In Sargon erkannte Inanna einen Mann der Tat und der Entschlußkraft und empfahl ihn als nächsten König über ganz »Sumer und Akkadien«. Er wurde auch zu ihrem ständigen Liebhaber. Wie Sargon in einem anderen Text, bekannt als die Sargon Chronik aussagt: »Als ich Gärtner war, schenkte Ishtar mir ihre Liebe und über vier und fünfzig Jahre übte ich die Königsherrschaft aus.«

In früheren Zeiten waren es die Götter, die zusammenkamen, um die Schöpfungsgeschichte und die Odyssee der Anunnaki, ihrer Ankunft und ihres Verbleibs auf der Erde, zum Neuen Jahr, nacherlebten und nacherzählten; ein Fest, das A.KI.TI – »Auf Erden erbauet Leben« genannt wurde. Nachdem das Königtum eingeführt war und nachdem Inanna begann, den König in ihren Gigunu einzuladen, wurde eine Wiederaufführung des Todes ihres Partners – und dann sein Ersetzen durch den König – in die Fest-Abläufe mit aufgenommen. Das Wesen dieser Prozedur war es, einen Weg zu finden, den König eine Nacht mit der Göttin verbringen zu lassen, ohne dabei den Tod zu finden... Am Ergebnis hing nicht nur des Königs persönliches Schicksal, sondern auch das Schicksal des Landes und seiner Menschen – Wohlstand und Überfluß oder der Mangel davon, für das kommende Jahr ab.

Während der ersten vier Tage des Festes nahmen die Götter alleine an den Wiederaufführungen teil. Am fünften Tag betrat der König die Szene, der die Ältesten und andere Würdenträger in einer Prozession durch einen speziellen Weg der Ishtar führte (in Babylon nahm der Prozessionsweg monumentale Ausmaße und architektonische Großartigkeit an, der diesem Tag gegenüber Ehrfurcht gebot; (er wurde im Vorderasiatischen Museum in Berlin rekonstruiert)). Am Haupttempel angekommen, traf der König auf den Hohenpriester, der ihm die Königsinsignien abnahm und sie vor die Gottheit im Allerheiligsten legte. Dann kehrte der Hohepriester zum enthronten König zurück, schlug ihn ins Gesicht und ließ ihn für eine Bußzeremonie niederknien, in der der König eine Liste mit Sünden rezitieren und um göttliche Vergebung ersuchen mußte. Priester führten den König dann aus der Stadt, zu einer Grube des symbolischen Todes; der König verblieb da eingesperrt, während über ihm die Götter über seine Bestimmung debattierten. Am neunten Tag kam er wieder hervor, seine Insignien und königlichen Roben wurden ihm zurückgegeben und er führte die Prozession zur Stadt zurück. Dort wurde er gegen Abend gewaschen und parfümiert und nach Gipar in den heiligen Bezirk geführt.

Am Eingang zum Gigunu traf er auf den persönlichen Diener von Inanna, der im Namen des Königs folgene Bitte an die Göttin vorbrachte:

Die Sonne ist schlafen gegangen,
der Tag ist vorüber.
Wie du im Bett auf ihn blickst,
wie du ihn liebkost –
gib dem König Leben...
Möge der König, den du zu deinem Herzen gerufen hast
sich langer Tage an deinem heiligen Schoß erfreuen...
Gib ihm eine Regierungszeit günstig und herrlich,
sichere seinem Thron eine anhaltende Stabilität...
Möge der Bauer seine Felder ertragbringend machen,
Möge der Schäfer seine Schafställe mehren...
Im Palast laß langes Leben sein.

Der König wurde für die eheliche Begegnung dann mit der Göttin alleine gelassen. Sie dauerte die ganze Nacht. Am Morgen erhob sich der König, sichtbar für alle, daß er die Nacht überlebt hatte. Die Heilige Hochzeit hatte stattgefunden; der König konnte für ein weiteres Jahr weiterregieren; dem Land und dem Volk war Wohlstand garantiert.

»Der Ritus der heiligen Hochzeit wurde freudvoll und begeistert über etwa 2000 Jahre im gesamten frühgeschichtlichen Nahen Osten zelebriert«, schrieb der große Sumerologe Samuel N. Kramer in The Sacred Marriage Rite. Tatsächlich beschrieben lange nach den Tagen von Dumuzi und Gilgamesch, sumerische Könige poetisch die Ekstase solcher denkwürdiger Nächte mit Ishtar. Der biblische Gesang der Gesänge (das Hohelied Salomons) beschreibt die Freuden der Liebe im Ta'annugim und verschiedene der Propheten sahen den Untergang des »Hauses des Annugim« (Haus des Vergnügens) der »Tochter Babylons« (Ishtar); und es ist für uns augenscheinlich, daß der hebräische Begriff vom sumerischen Gigunu abstammt und Verwandtheit zwischen der Kammer der Vergnügen und dem Ritus der Heiligen Hochzeit, weit in der Mitte des ersten Jahrtausends v.Chr. nahelegt.

In den alten Tagen war das Gipar die getrennte Form, nach

der der Gott und seine offizielle Ehefrau sich nachts zur Ruhe begaben. Die Götter, die monogam blieben – Enlil, Ninurta – haben es so gehalten. Ishtar traf ihren Verlobten Dumuzi da, machte die innere Kammer, den Gigunu aber zu einem Ort von 'One-night-stands'. Die Veränderungen, die Ishtar einführte – die Verwendung des Gipar für eine neue Form von Göttlicher Begegnung – brachten einige der damaligen männlichen Gottheiten auf Ideen.

Eine der besterhaltenen Aufzeichnungen in diesem Zusammenhang betreffen Nannar/Sin (den Vater von Inanna/Ishtar) und das Gipar in seinem heiligen Bezirk in Ur. Die Rolle, die vom männlichen König in Ishtars Riten gespielt wird, wurde von einer Entu dargestellt, (NIN.DINGIR im Sumerischen), einer »Dame des Gottes«. Ausgrabungen enthüllten die Quartiere der Entu im südöstlichen Teil des heiligen Bezirks, nicht zu weit entfernt vom Zikkurat von Sin und deutlich entfernt vom Tempel-Wohnsitz seiner Frau Ningal. Nahe des Gigunu der Entu fanden die Archäologen einen Friedhof, wo Generationen von Entus begraben lagen.

Der Friedhof und die freigelegten Strukturen bestätigten, daß die Praxis, eine »Dame der Götter« neben der offiziellen Ehefrau zu haben, sich von der Frühdynastischen Periode bis weit in neubabylonische Zeiten erstreckte – eine Zeitspanne die zwei Jahrtausende überschritt.

Herodot, der griechische Historiker und Reisende aus dem 5. Jahrzehnt v.Chr., beschreibt in seinen Schriften (History, Buch I, 178-182) den heiligen Bezirk von Babylon und den Tempel-Zikkurat von Marduk (den er »Jupiter-Bellus« nannte) – ziemlich genau, wie die moderne Archäologie gezeigt hat. Laut seinem Zeugnis, befindet sich am obersten Turm ein weitläufiger Tempel, und im Tempel steht eine Lagerstatt von ungewöhnlicher Größe,

> reichlich geschmückt mit einem goldenen Tisch an seiner Seite.
> An diesem Ort ist keine Statue irgendeiner Art aufgestellt,
> noch wird die Kammer des nachts von irgendjemandem besetzt
> außer einer einzigen eingeborenen Frau, die, wie die Chal-

däer, die Priester dieses Gottes versichern, für ihn auserwählt ist, von der Gottheit aus allen Frauen des Landes.
Sie erklären auch – aber ich für meinen Teil glaube es nicht –
daß der Gott in Person herniederkommt in diese Kammer,
und auf der Lagerstatt schläft. Dies ist wie die Geschichte, erzählt
von den Ägyptern, über das, was sich zuträgt in ihrer Stadt
Theben, wo eine Frau immer die Nacht verbringt im
Tempel des thebischen Jupiters. In beiden Fällen wird gesagt
der Frau sei jeder Verkehr mit Männern verwehrt.
Es ist auch wie die Sitte von Patara, in Lykien, wo
die Priesterin, die die Orakel verkündet, während der Zeit
in der sie damit beschäftigt ist ...
im Tempel eingeschlossen wird
jede Nacht.

Obwohl die Angaben von Herodot den Eindruck hinterlassen, daß jedes Mädchen des Landes sich für diese weitverbreitete Ausübung qualifizieren konnte, war dies in Wirklichkeit nicht der Fall.

Eine der Inschriften, die in den Ruinen des Gipar von Ur gefunden wurden, war von einer Entu namens Enannedu, die identifiziert wurde als Tochter von Kudur-Mabuk , einem König der sumerischen Stadt Larsa ca. 1900 v.Chr. »Ich bin sehr geeignet eine Giparfrau zu sein, dem Haus, das an einem reinen Ort für die Entu erbaut ist«, schrieb sie.

Interessanterweise trugen Weihegaben, die im Ningal-Tempel gefunden wurden, Inschriften, die sie als Geschenke von Enannedu identifizieren, woraufhin einige Gelehrte vermuten (z.B. Penelope Weadock, The Giparu at Ur) daß die Entu, während sie als menschliche Gesellschaft des Gottes Nannar diente, sich auch mit der offiziellen Gattin gutstellen mußte und »für Annehmlichkeiten und Schmeicheleien der Göttin Ningal sorgen mußte«.

Andere Beispiele, wo Könige ihre Töchter für das Entu-Amt auserkoren, gibt es in Hülle und Fülle. Der Grund, der von den Inschriften ausgeht, ist der, daß die Entu die Geschicke und Belange des Königs nach »langem Leben und guter Gesundheit« vertreten konnte – genau die gleichen Bitten, die vom männlichen König während der Heiligen Hochzeit mit Ishtar gemacht wurden. Mit solch einem direkten Zugriff zum Stadtgott durch die »Dame des Gottes«, ist es kein Wunder, daß nachfolgende Könige im ganzen Nahen Osten, die Gipars in ihren Städten erbauten und erneuerten und sicherstellten, daß ihre Töchter und niemand sonst, die Entu sein würden. Dieses hohe und einmalige Amt unterschied sich vollkommen, von dem einer Reihe von Priesterinnen, die in den Tempeln unter dem allgemeinen Begriff Qadishtu, als »Heilige Huren« dienten – eine Beschäftigung, die in der Bibel durchgängig abwertend erwähnt wird (und speziell den Töchtern Israels vorbehalten war: das Fünfte Buch Mose 23:18). Die Entu unterschied sich von den Konkubinen, die Götter (und Könige oder Patriarchen) hatten dadurch, daß die Entu keine Kinder bekam und offensichtlich (durch unbekannte Prozeduren) keine bekommen konnte, wohingegen die Konkubinen dies konnten und taten.

Diese Regeln und Gebräuche bedeuteten, daß Könige, die nach göttlicher Herkunft suchten oder diese beanspruchten, andere Wege finden mußten, als die Abstammung von einer Entu (die keine Kinder bekommen konnte) oder einer Konkubine (deren Nachkommen von denen der offiziellen Gattin verdrängt wurden). Es ist daher kein Wunder, daß während der letzten herrlichen Ära von Sumer, der Zeit der dritten Dynastie von Ur, einige ihrer Könige, Gilgamesch nacheiferten und behaupteten, daß ihre Mutter die Göttin Ninsun sei. Unfähig solch einen Anspruch zu erheben, behauptete stattdessen der assyrische König Sennacherib, in einer seiner Inschriften, daß die »Mätresse der Götter, die Göttin der Fortpflanzung mit Wohlgefallen auf mich sah (während ich noch) im Mutterleib der Mutter (war), die mich gebar und meine Empfängnis beaufsichtigte; Ea stellte einen geräumigen Mutterleib zur Verfügung und sicherte mir scharfen Verstand zu, das Gegenstück zu Meister Adapa.« In anderen Beispielen behaupteten mesopotamische Könige, diese oder jene Göttin hätte sie aufgezogen oder sie mittels der Brust gefüttert.

Auch in Ägypten wurden Ansprüche auf göttliche Geburten von zahlreichen Königen und Königinnen, besonders während der 18. Dynastie (1567-1320 v.Chr.) erhoben (und auf Tempelmauern dargestellt – Abb. 55). Der Mutter des ersten Pharaos seiner Dynastie, wurde der Titel (wahrscheinlich posthum) »Gattin des Gottes Amun-Ra« verliehen und der Titel wurde von der Mutter auf die nachfolgende Tochter weitergegeben. Als der Pharao Totmes I. (auch Tutmose, Tutmosis) starb, ließ er eine Tochter zurück (Hatschepsut), deren Mutter seine angetraute Frau war und einen Sohn, der von einer Konkubine geboren war. Um seinen Herrschaftsanspruch zu legitimieren, nachdem ihr Vater gestorben war, heiratete der Sohn (bekannt als Totmes II.) seine Halbschwester Hatschepsut; aber als er nach kurzer Regentschaft starb, war der einzige Sohn, den er hatte, ein kleiner Junge, dessen Mutter ein Haremsmädchen war; Hatschepsut selbst gebar eine oder zwei Töchter, hatte aber keinen Sohn. (Nach unserer Meinung war Hatschepsut, die als sie noch eine Prinzessin war, den Titel 'Die Tochter Pharaos' trug, die Tochter des biblischen Pharao, die den hebräischen Jungen aufzog und ihn »Mose«, nach der göttlichen Namensanhängung ihrer Dynastie nannte, und ihn schließlich als ihren Sohn adoptierte; aber dies ist ein anderes Thema).

Zuerst regierte Hatschepsut als Coregentin mit ihrem Halbbruder (der etwa 22 Jahre später Pharao Totmes/Tutmosis III. wurde). Aber dann entschied sie, daß die Königschaft rechtmäßig nur ihr zustand, und krönte sich selbst zum Pharao (dementsprechend zeigten sie die Darstellungen auf den Tempelmauern mit einem angeklebten falschen Bart...)

Um ihre Krönung und ihren Aufstieg auf Osiris' Thron zu legitimieren, ließ Hatschepsut folgende Stellungnahme, ihre Empfängnis durch ihre Mutter betreffend, in die ägyptischen königlichen Aufzeichnungen aufnehmen:

> Der Gott Amun nahm die Gestalt seiner Majestät des Königs an, der König, der Ehemann dieser [Königin]. Dann ging er unverzüglich zu ihr; dann hatte er Verkehr mit ihr. Dies sind die Worte, die der Gott Amun, Herr der Throne der Zwei Länder, danach in ihrer Gegenwart sprach:

»Hatschepsut-von-Amun-erzeugt soll der Name sein von dieser meiner Tochter, die ich in deinen Körper gepflanzt habe...
Sie soll die wohltätige Regentschaft ausüben, in diesem ganzen Land.«

Einer der beeindruckendsten königlichen Tempel des alten Ägypten ist der von Königin Hatschepsut in Deir-el-Bahari, einem Teil von Theben auf der westlichen Seite des Nils (Abb. 56). Eine Anzahl Rampen und Terrassen nahm die Anbeter von gestern (und die Besucher von heute) hinauf zur Ebene der prachtvollen Kollonaden, wo (auf der linken Seite) die Expedition der Königin nach Punt, in Reliefs und Wandgemälden dargestellt wurde und (auf der rechten Seite) ihre göttliche Geburt. In dieser Abteilung zeigen die gemalten Reliefs den Gott Amun, wie er von Gott Thot zu Königin Ahmose, der Mutter von Hatschepsut geleitet wird. Die begleitende Inschrift kann wohl als eine der poetischsten und zärtlichsten Aufzeichnungen einer sexuellen Göttlichen Begegnung angesehen werden, als der Gott – verkleidet als der Ehemann der Königin – das innere Heiligtum der Nachtkammer der Königin betritt:

Dann kam der herrliche Gott, Amun selbst,
Herr der Throne der Zwei Länder,
als er die Gestalt ihres Ehemannes angenommen hatte.
Sie fanden sie im wunderbaren Heiligtum schlafend.
Sie erwachte vom Duft des Gottes,
und lachte fröhlich in das Gesicht seiner Majestät.
Entflammt in Liebe, beugte er sich zu ihr.
Sie konnte ihn erblicken, in der Form eines Gottes,
als er ihr näher gekommen war.
Sie jubelte beim Anblick seiner Schönheit.
Seine Liebe erfüllte sie in all ihren Gliedern.
Der Ort wurde erfüllt mit des Gottes süßem Duft.
Der majestätische Gott tat ihr alles, das sie wünschte.
Sie beglückte ihn mit allem von sich;
Sie küßte ihn.

Um weiterhin ihren Anspruch auf göttlich-verfügte Königschaft zu stärken, behauptete Hatschepsut, daß sie von der Göttin Hathor, der Herrin des südlichen Sinai, wo sich die Türkis-Minen befanden und deren ägyptischer Name, Hat-Hor (»Haus/Wohnstatt des Horus«), war, gestillt worden sei. Hathor, deren Spitzname »Die Kuh« war, wurde mit Kuhhörnern oder alternativ als Kuh dargestellt; und die Dekorationen in Hatschepsuts Tempel zeigten die Königin, wie sie von der Kuh-Göttin gestillt wurde, indem sie an ihrem Euter säugte (Abb. 57).

Ohne Halbgöttlichkeit zu beanspruchen, behauptete auch der Sohn und Nachfolger von Tutmose III., Amenophis II. genannt, von Hathor gesäugt worden zu sein und ordnete an, daß er auf Tempelmauern so dargestellt werden solle (Abb. 58).

Auch ein späterer Nachfolger, Ramses II. (1304-1237 v.Chr.) behauptete wieder, daß seine Geburt eine göttliche sei, indem er folgende geheime Offenbarung von Gott Ptah an den Pharao wiedergab:

> Ich bin dein Vater...
> Ich nahm Gestalt als Widder an, des Herrn von Mendes,
> und zeugte dich in deiner großartigen Mutter.

Und um 1000 Jahre später, hörte Alexander der Große, wie wir erwähnten, die Gerüchte seiner halbgöttlichen Abstammung: Empfangen, als seine Mutter in ihrem Schlafzimmer eine Göttliche Begegnung mit dem Gott Amun hatte.

Als Götter alt wurden

Die Unsterblichkeit der Götter, die die Erdlinge erwerben wollten, war in Wirklichkeit nur eine augenscheinliche Langlebigkeit, die auf die unterschiedlichen Lebenszyklen auf zwei Planeten zurückzuführen war. In der Zeit, in der Nibiru einen Umlauf um die Sonne vollzog, war einer, der da geboren wurde, gerade ein Jahr alt. Ein Erdling, der im gleichen Augenblick geboren wurde, wäre jedoch am Ende eines Nibiru-Jahres 3 600 Jahre alt gewesen, denn die Erde hätte die Sonne in der gleichen Zeit 3 600 mal umkreist.

Wie beeinflußte das Kommen und Auf-der-Erde-bleiben die Anunnaki? Erlagen sie der kürzeren Orbitalzeit der Erde und damit dem kürzeren irdischen Lebenszyklus?

Ein Fall zu Gunsten dieser Annahme ist das, was mit Ninmah geschah. Als sie auf der Erde als oberster medizinischer Offizier ankam, war sie jung und attraktiv (Abb. 19); so attraktiv, daß, als Enki – kein Novize in sexuellen Angelegenheiten – sie im Marschland sah, »sein Phallus die Deiche wässerte.« Sie wurde, noch immer jugendlich und mit langem Haar dargestellt, als sie (wie Ninti, »Herrin das Leben«) Den Adam (Abb. 3) zu erschaffen half. Als die Erde geteilt wurde, wurde ihr das neutrale Gebiet auf der Sinai-Halbinsel zugeteilt (und sie wurde Ninharsag, »Herrin der Berggipfel« genannt).

Aber als Inanna berühmt wurde, und zur Schutzgöttin der Indus-Zivilisation gemacht wurde, nahm sie auch den Platz der Ninmah im Pantheon der Zwölf ein. Allmählich sagten die jüngeren Anunnaki, die Ninmah Mammi, »Alte Mutter« nannten, »Die Kuh« hinter ihrem Rücken zu ihr. Sumerische Künstler stellten sie als alternde Gottheit mit Kuhhörnern dar (»A« unten).

Die Ägypter nannten die Herrin des Sinai Hathor und stellten sie immer mit Kuhhörnern dar.

Als die jüngeren Götter Tabus brachen und Göttliche Begegnungen umgestalteten, erscheinen die Alten Götter distanzierter, weniger einbezogen; sie sprangen nur noch dann ein, wenn die Ereignisse außer Kontrolle zu geraten schienen. Die Götter wurden also alt!

9. Visionen aus der Zwielicht-Zone

Rod Serlings populäre Fernsehserie *The Twilight Zone* fesselte die Zuschauer über viele Jahrzehnte (und tut dies immer noch in den Wiederholungen), indem die Serienhelden in offensichtlich gefährliche Umstände gebracht werden – ein folgenschwerer Unfall, eine unheilbare Krankheit, in einer Zeitversetzung gefangen – aus welchen sie wunderbarerweise unverletzt auftauchten, durch einige unglaubliche Schicksalswendung. In den meisten Fällen war das Wunder von einer augenscheinlich normalen Person handgemacht, die bewies, außergewöhnliche Kräfte zu haben – ein Engel, wenn man so will.

Aber die Faszination für den Zuschauer war das zwielichtige, denn wenn alles gesagt und getan war, war der Held der Geschichte – und mit ihm oder ihr der Zuschauer – unsicher über das, was geschehen war. War die Gefahr nur eingebildet? War alles bloß ein Traum – und somit das Mirakel, das am Ende alles erklärte, gar kein Wunder; waren die ›Engel‹ überhaupt keine Engel; die Zeitversetzung keine andere Dimension und hatte für niemanden von ihnen wirklich stattgefunden...

In einigen Episoden jedoch wurde dem Helden- und Zuschauerpuzzle eine endgültige Wendung gegeben, die dem Programmnamen gerecht wurde. Am Schluß, wenn Held und Zuschauer fast sicher sind, daß alles Einbildung war, ein Traum, ein vorübergehender Trick des Unterbewußtseins, ein Märchen, das keinen festen Halt in der realen Welt hat – kommt ein physikalischer Gegenstand ins Spiel. Während der Handlung nahm der Held manchmal etwas auf – oder besser, es wurde ihm ein kleines Objekt gegeben, das er geistesabwesend in seine Tasche tat, oder er steckte einen Ring auf den Finger oder trug einen Talisman als Halskette. Wie alle anderen Aspekte dieser eingebildeten und unwirklichen Geschichte, hatte auch das Objekt eingebildet und nicht real zu sein. Wenn aber die Zuschauer und der Held sicher sind, daß alles unrealistische Einblendungen waren, findet der Held den Gegenstand in seiner Tasche oder auf seinem Finger – eine Realität, hinterlassen aus der Unwirklichkeit. Somit gehen wir durch eine Handlung zwischen Realität und Nichtrealität, zwischen Rationalem und Irrationalem, wie es uns Rod Serling zeigte.

Viertausend Jahre früher fand sich ein sumerischer König in solch einer Zwielicht-Zone. Seine Erfahrungen zeichnete er auf zwei Tonzylinder auf (sie werden im Louvre in Paris ausgestellt).

Des Königs Name war Gudea, und er herrschte in der sumerischen Stadt Lagash, ungefähr 2100 v.Chr. Lagash war das Kulturzentrum von Ninurta, dem ersten Sohn von Enlil, und er wohnte mit seiner Gattin Bau im heiligen Stadtbezirk, genannt Girsu – daher ist sein örtlicher Beiname NIN.GIRSU – Herr von Girsu. Wegen der Ausweitung der Kämpfe um die Vorherrschaft auf der Erde um diese Zeit, die in erster Linie Enkis erstgeborenen Sohn Marduk entfremdeten und gegen Enlils Familie aufbrachten, bekam Ninurta/Ningirsu von seinem Vater Enlil die Erlaubnis, einen neuen Tempel zu bauen – einen sehr prächtigen Tempel, der die Rechte von Ninurtas Oberhoheit ausdrücken sollte. Wie sich herausstellte, war es Ninurtas Plan, einen höchst ungewöhnlichen Tempel in Mesopotamien zu bauen, einen, der einerseits die große Pyramide von Gizeh nachahmte und der auf seiner gewaltigen Plattform Steinkreise tragen sollte, die als ein hochentwickeltes astronomisches Observatorium dienen konnten. Die Notwendigkeit, einen zuverlässigen und ehrlichen Gottesdiener zu finden, der die grandiosen Pläne ausführen und den Entwürfen der göttlichen Architekten in intelligenter Weise folgen konnte, bildet den Hintergrund für die von Gudea aufgezeichneten darauffolgenden Ereignisse.

Die Geschehnisse begannen mit einem Traum, den Gudea eines Nachts hatte; es war eine Vision von Göttlichen Begegnungen; und sie war so lebendig, daß sie den König in eine Zwielicht-Zone transportierte; denn als Gudea erwachte, sah er ein Objekt, das er nur in seinem Traum gesehen hatte, physisch auf seinem Schoß liegen. Irgendwie hatten sich die

Grenzen zwischen Unwirklichkeit und Wirklichkeit verschoben.

Äußerst verwirrt von der Erscheinung, bat Gudea um Erlaubnis – und erhielt diese –, den Rat der Orakelgöttin Nanshe in ihrem Haus der Schicksalslösungen in einer anderen Stadt zu suchen. Er erreichte den Ort per Schiff, brachte Gebete und Opfer dar, so daß sie das Rätsel seiner nächtlichen Vision würde lösen können. Gudea machte sich daran, ihr zu erzählen, was geschehen war (wir lesen in Kolumne IV auf Zylinder A, Verse 14 – 20, wie von Ira M. Price in *The Great Cylinder Inscriptions A and B of Gudea*, übersetzt wurde, Abb. 59a):

In dem Traum (sah ich)
einen glänzenden Mann, wie Himmel glänzend
– groß im Himmel, groß auf der Erde –
der nach seinem Kopfschmuck ein Dingir (Gott) war.
An seiner Seite war der göttliche Sturmvogel;
Wie ein verschlingender Sturm unter seinen Füßen
zwei hockende Löwen, einer rechts, der andere links.
Er befahl mir, seinen Tempel zu bauen.

Ein himmlisches Omen folgte seinen Ausführungen, erzählte Gudea der traumdeutenden Gottheit, welches er nicht verstand:

Plötzlich wurde am Horizont die Sonne über Kishar (dem Planeten Jupiter) gesehen. Dann erschien eine Frau und gab Gudea himmlische Anweisungen (Kolumne IV, Verse 23-26):

Eine Frau –
wer war sie? Wer war sie nicht?
Das Ebenbild einer Tempelkonstruktion
trug sie auf dem Kopf –
in ihrer Hand hielt sie einen heiligen Stab;
Das Täfelchen mit den günstigen Himmelssternen
trug sie.

Als die Frau die Sternentafel konsultierte, erschien ein drittes göttliches Wesen (wir folgen Kolumne V, Verse 2-10, Abb. 59b); es war ein Mann:

Ein zweiter Mann erschien, er sah
wie ein Held aus, ausgestattet mit Kraft.
Eine Tafel aus Lapislazuli hielt er in seiner Hand.
Den Plan eines Tempels zeichnete er darauf.
Vor mir plazierte er einen heiligen Tragekorb;
darauf eine aus reinem Ton gebrannte Form;
der bestimmte Ziegel war darin.
Ein riesiges Gefäß stand vor mir
mit dem eingravierten Tibu-Vogel,
der scheint funkelnd Tag und Nacht.
Ein Lastesel lag zu meiner Rechten.

Der Text deutet an, daß alle Gegenstände während des Traums irgendwie materialisierten. Aber bezüglich eines Objektes gibt es überhaupt keinen Zweifel, daß es aus der Traumwelt in die Welt der physikalischen Realität wechselte; als Gudea erwachte, fand er die Steintafel aus Lapislazuli auf seinem Schoß, mit dem eingeritzten Plan des Tempels darauf. Er gedachte des Mirakels auf einer seiner Statuen (Abb. 60a). Die Statue zeigt beides, die Tafel und den göttlichen Stab, mit dem der Plan geritzt wurde. Moderne Studien weisen auf die einfallsreichen Markierungen am Rand hin (Abb. 60b), mit genial abnehmendem Maßstab, um alle sieben Etagen des Tempels mit einem einzigen Entwurf konstruieren zu können.

(Die anderen Objekte, die auch materialisiert sein mögen, sind durch verschiedene archäologische Funde bekannt. Andere sumerische Könige haben sich mit dem heiligen Tragekorb abgebildet, den der König zu Beginn der heiligen Bauzeit trug (Abb. 61a); Ziegelformen und erhaben gearbeitete Ziegel mit einer ›Ortsangabe‹ wurden gefunden – Abb. 61b; und eine Silbervase mit dem Abbild des Tibu-Vogels von Ninurta ist in den Ruinen des Girsu von Lagash entdeckt worden, Abb. 61c).

Die Details der Traumvision einzeln wiederholend, im Stil des berichtenden Gudea, machte sich die Orakelgöttin daran, dem König zu erzählen, was sie bedeuteten. Der erste Gott, der erscheint, sagte sie, war Ninurta/Ningirsu, der Gudea verkündet, daß er ausgewählt sei, den neuen Tempel zu bauen: »Seinen Tempel zu bauen, befahl er dir«. Sein Name sei E. NINNU – »Haus der Fünfzig« – bedeutet Ninurtas Anspruch auf Enlils Rang 50, und damit nur einer unter Anu, dessen Rang 60 war.

Die Sichtung des Sonnenaufgangs von Jupiter »ist der Gott Ningishzidda«, bedeutet dem König den exakten Punkt am Himmel zu zeigen, nach dem das Tempelobservatorium ausgerichtet werden sollte, und zeigt genau an, wo die Sonne am Neujahrstag aufgehen wird. Die Frau, die in der Vision erschien und auf dem Kopf ein Abbild des Tempels trug, war die Göttin Nisaba; mit ihrem Stab, den sie mit einer Hand umfaßte und der himmlischen Karte, die sie in der anderen Hand hielt, »den Tempel in Übereinstimmung mit dem Heiligen Planeten zu bauen, befahl sie dir«. Der zweite Mann, erklärte Nanshe, war der Gott Nindub, »er gab dir den Plan des Tempels«.

Sie erklärte Gudea auch die Bedeutung der anderen Gegenstände, die er gesehen hatte. Der Tragekorb bezeichnete Gudeas Rolle während der Bauzeit; die Abdruckformen und Bestimmungsziegel zeigten die Größe und Form der zu benutzenden, aus Ton zu fertigenden Ziegel an; der Vogel Tibu, »der Tag und Nacht funkelnd leuchtet«, bedeutete, »daß kein guter Schlaf zu dir kommen wird« während der gesamten Bauzeit. Falls dies noch nicht Gudeas Freude beeinträchtigt haben sollte, für die heilige Aufgabe ausgewählt worden zu sein, die Interpretation des Lastesel-Symbols sollte es getan haben: sie bedeutete, daß Gudea sich wie ein Lasttier in dem Tempelgebäude abplacken wird...

Zurück in Lagash sann Gudea über die Worte der Orakelgöttin nach und studierte die göttliche Tafel. Je mehr er über die verschiedenen Instruktionen nachdachte, desto verwirrter wurde er, besonders hinsichtlich der astronomischen Ausrichtung und der Zeitauffassung. Er suchte die Geheimnisse der Tempelkonstruktion zu verstehen, indem er »Tag für Tag und wieder zur Schlafenszeit« den bestehenden Tempel betrat. Noch verwirrt, ging er in das Allerheiligste des Tempels und ersuchte dringend zusätzliche Führung bei »Ningirsu, dem

Sohn des Enlil: Mein Herz bleibt unwissend, die Bedeutung ist für mich so weit entfernt wie die Mitte des Ozeans; wie zur Himmelsmitte, so weit ist sie entfernt«. »Herr Ningirsu«, rief Gudea in der Dunkelheit aus, »den Tempel will ich für dich bauen, aber wie, ist mir noch nicht klar!«

Er bat um ein zweites Omen und erhielt es. In »Gudeas zweitem Traum« – wie ihn die Gelehrten nennen – scheinen die Standorte des Königs und der Gottheit, der er begegnet, entscheidend zu sein. Der Text (Kolumne IX, Verse 5-6) besagt »zum zweiten Male, bei dem ausgestreckten, bei dem hingestreckten, stellte sich der Gott auf«. Der sumerische Ausdruck NAD.A beinhaltet mehr, als das Flach-liegen, Ausgestreckt-liegen; er enthält ein Element des Nicht-sehens, dadurch, daß man mit dem Gesicht nach unten liegt. Mit anderen Worten, Gudea hatte in einer Weise zu liegen, die sicherstellte, daß er den Gott nicht sehen würde. Der Gott seinerseits hatte sich selbst an den Kopf Gudeas zu stellen. Falls Gudea schlief oder in Trance war, sprach der Gott direkt zu ihm – oder war seine Position neben des Königs Kopf beabsichtigt, um eine andere, eine metaphysische Methode der Kommunikation zu erleichtern? Der Text macht diesen Punkt nicht klar. Er berichtet aber, daß Gudea fortwährende göttliche Hilfe versprochen wurde, besonders vom Gott Ningishzidda. Die Unterstützung dieses Gottes, den wir als den ägyptischen Gott Thoth identifiziert haben, schien besonders wichtig für Ninurta/Ningirsu zu sein, ebenso wie die erwartete Huldigung die Magan (Ägypten) und Meluhha (Nubien) Ninurta zollen würde, sobald sein neuer Tempel seinen Rang der 50 proklamieren würde, »die 50 Namen der Herrschaft die durch Anu ernannt waren«.

Deshalb, erklärte er Gudea, wird der Tempel E.NINNU-»Haus der 50« genannt werden. Er versprach Gudea, daß der neue Tempel nicht nur den Gott verherrlichen, sondern auch Ruhm und Wohlstand für alle Sumerer bringen werde, insbesondere Lagash.

Dann erklärte der Gott Gudea verschiedene Einzelheiten der Tempelarchitektur, einschließlich des Plans für die speziellen Einfriedungen für den Göttlichen Schwarzen Vogel und die höchste Waffe; den Gigunu für das göttliche Paar; eine Orakelkammer und einen Versammlungsplatz für die Götter. Details für Geräte und Möbel wurden ihm auch genannt. Anschließend versicherte der Gott Gudea, »für den Bau meines Tempels werde ich dir ein Zeichen geben; meine Anordnungen werden dich das Zeichen durch die himmlischen Planeten lehren.«

Der Bau, sagte er Gudea, sollte am »Tag des Neumondes« beginnen. Den besonderen Neumond würde der König mittels eines göttlichen Omens erfahren – ein Signal aus den Himmeln. Der Tag wird mit Winden und großen Regenfällen beginnen, zu Beginn der Nacht wird Gottes Hand an den Himmeln erscheinen, sie wird eine Flamme halten, »die die Nacht so hell, wie den Tag machen wird«:

In der Nacht wird ein Licht erscheinen,
es wird verursachen, daß die Felder
so hell strahlen, wie durch die Sonne.

All dies hörend, »verstand Gudea den hervorragenden Plan, ein Plan, der die klare Botschaft aus seinem Visionstraum war«. »Nun war er höchst weise und verstand große Dinge.« Nach Übergabe von Gaben und Gebeten »an die Anunnaki von Lagash, machte sich der treue Anhänger Gudea mit Freude an die Arbeit«. Unverzüglich ging er daran, die »Stadt zu reinigen«; dann »belegte er das Land mit Steuern«. Die Steuern waren in Naturalien zahlbar – Ochsen, Wildesel, Bäume , Bauholz und Kupfer. Er häufte Baumaterial aus nah und fern an und organisierte eine Arbeitsgruppe. Wie Nanshe vorhergesagt hatte, plagte er sich als Lastesel, und »kein guter Schlaf kam über ihn«.

Als alles bereitet war, war es an der Zeit, mit der Ziegelherstellung zu beginnen. Sie mußten aus Ton gemacht werden, in Übereinstimmung mit Form und Muster, die Gudea in seiner ersten Traumvision erschienen waren. Wir lesen in Kolumne XIX, Vers 19, daß Gudea »den Ziegel brachte und in den Tempel legte«. Aus dieser Aussage folgt, daß Gudea den Ziegel (und als Folgerung die benötigte Form) in seinem physischen Besitz hatte. Ziegel und Form waren somit zwei weitere Objekte, zusätzlich zur Lapislazuli-Tafel, die die Grenze der Zwielicht-Zone gekreuzt hatten.

Jetzt dachte Gudea über den »Entwurf zum Grundriß des Tempels« nach. Aber »im Unterschied zur Göttin Nisaba, die immer die Bedeutung der Dimensionen verstand«, steckte Gudea in der Klemme. Wieder benötigte er zusätzliche göttliche Anleitung und griff auf die vorher erfolgreiche Methode zurück – erhielt aber nur die Deutung »mach weiter«. Die Methode, die er zur Weissagung benutzte, beinhaltete das »Fließen von stillem Wasser über Samen« und die Bestimmung des Handlungsablaufs durch das Aussehen der nassen Samen. »Gudea untersuchte die Omen, und die Zeichen waren günstig«.

So legte Gudea seinen Kopf nieder
und warf sich nieder.
Die Gebote-Vision erschien;
»Die Erbauung des Hauses des Herrn
des Eninnu sollst du vollenden –
von seiner untersten Gründung bis
zu seiner himmelwärts steigenden Spitze«.

Gelehrte betrachten diese Episode als »Gudeas dritten Traum«, obwohl die Terminologie des Textes deutlich anders ist. Sogar bei früheren Gelegenheiten ist der übersetzte Begriff »Traum«, MAMUZU, mehr mit dem hebräischen und semitischen Mahazeh verwandt, der besser übersetzt wird mit »eine Vision«. Der hier zum dritten Mal verwendete Begriff ist DUG.MUNATAE – eine Gebote-Vision, welche »emporkommt«. Um diese Zeit wird in der Gebote-Vision auf Anfrage Gudea gezeigt, wie er den Tempelbau seines Herrn beginnen sollte. Vor seinem inneren Auge nahm der Prozeß der Fertigstellung des Eninnu Gestalt an, »von seiner Gründung bis zu seiner himmelwärts aufsteigenden Spitze«. Die Vision einer nachempfundenen Demonstration des gesamten Prozesses von Grund auf, »erregte seine Aufmerksamkeit«. Was letztlich zu tun war, wurde klar, und »mit Freude nahm er die Aufgabe an«...

Wie die Arbeit dann voranging, wie Gudea von einem Team

Göttlicher Architekten unterstützt wurde und Götter und Göttinnen der Astronomie den Tempel ausrichteten und sein Observatorium errichteten, wie und wann kalendarischen Anforderungen entsprochen wurde und den feierlichen Einweihungszeremonien, wird im Rest des Zylinders A und des Zylinders B des sumerischen Königs erzählt. Wir haben diesen Teil in »Das erste Zeitalter behandelt« und aufgezeichnet.

Eine Tafel, die in einem Traum erscheint und dann mit kräftigen Effekten in dem nachfolgenden Wach-Zustand materialisiert wird, spielt eine Schlüsselrolle in der Sage des babylonischen »Hiob«, einem rechtschaffenen Leidenden. Der Text, betitelt »Ludlul Bel Nemeqi« (»Ich will den Herrn der Weisheit preisen«), berichtet nach der Einleitung die Geschichte von Shubshi, einem rechtschaffenden Mann, der sein Mißgeschick beklagt: Verlassen von seinem Gott, »abgeschnitten« von seiner schützenden Göttin, verlassen von seinen Freunden. Er verliert sein Haus, seinen Besitz und – am schlimmsten – seine Gesundheit. Er fragt sich warum? Er beauftragt Weissager und »Traumdeuter«, die Gründe für sein Leiden herauszufinden, fordert Geistbeschwörer auf, »die göttliche Wut zu beschwichtigen«. Aber nichts scheint zu wirken und zu helfen. »Ich bin verwirrt über diese Dinge«, schreibt er. Geschwächt, hustend, hinkend, mit schrecklichen Kopfschmerzen, ist er zu sterben bereit. Als er aber den tiefsten Punkt seiner Misere und Verzweiflung erreicht, kommt in einer Serie von Träumen Rettung.

Im ersten Traum sieht er »einen bemerkenswerten jungen Mann von hervorragender Statur, prächtigem Körper, eingekleidet in neue Gewänder«. Als er erwacht, fängt er einen flüchtigen Blick dieser Erscheinung auf, sieht den jungen Mann tatsächlich »glänzend angezogen, überwältigend gekleidet«. Die Handlung oder der Wortwechsel, der in diesem Wahrtraum stattgefunden hat, sind durch eine Beschädigung an der Tafel verloren gegangen.

Im zweiten Traum erscheint ein »bemerkenswert Gereinigter/Gewaschener«, »in seiner Hand ein Stück reinigendes Tamarisken-Holz haltend«. Die Erscheinung rezitiert

»Lebenserhaltungs-Beschwörungen« und schüttet »reinigendes Wasser« über den Erkrankten.

Der dritte Traum war sogar noch bemerkenswerter. Er beinhaltet einen Traum innerhalb eines Traumes. »Eine außergewöhnlich junge Frau von leuchtender Gestalt«, durch und durch eine Göttin, erschien. Sie sprach zu dem Babylonier Hiob über Erlösung. »Fürchte dich nicht«, sagte sie, »ich werde... dich in einem Traum von deinem elenden Zustand erlösen.« Deshalb träumte der Leidende in seinem Traum, wie er »einen bärtigen jungen Mann eine Kopfbedeckung tragend« sah, »einen Exorzisten«:

Er trug eine Tafel.
»Marduk sandte mich«, [sagte er].
»Zu Shubshi, dem rechtschaffenen Bewohner,
von Marduks reinen Händen
habe ich dir Wohlbefinden gebracht«.

Als er erwacht, findet Shubshi die Tafel, die ihm in seinem Traum-im-Traum erschien, tatsächlich in seinem Besitz. Die Grenze der Zwielicht-Zone ist überschritten worden, das Metaphysische wurde physisch. Die Tafel ist in Keilschrift beschrieben, und Shubshi kann es lesen: »In den Stunden des Erwachens sieht er die Botschaft«. Er erstarkt genug, um »seinen Leuten die günstigen Zeichen aufzuzeigen«.

Wunderbarerweise »war die Krankheit schnell vorbei«. Sein Fieber ging zurück. Die Kopfschmerzen wurden »weggetragen«, der böse Dämon in sein Reich verbannt; die Fieberschauer waren »weggeflogen zur See«, die »trüben Augen« klarten auf, die »Hörbehinderungen« beseitigt, die Zahnschmerzen waren fort – die Liste der Beeinträchtigungen die verschwunden waren, als die mysteriöse-wunderbare Tafel erschien, läßt sich fortsetzen und führt zu dem Punkt: »Wer, außer Marduk, konnte einen Sterbenden dem Leben zurückgeben?«

Die Erzählung endet mit einer Beschreibung der Trankopfer, Gebete und Opfer von Shubshi zu Ehren Marduks und seiner Gattin Sarpanit, und wie der vormalige Leidende zu dem großen Zikkurat-Tempel weitergeht, über die zwölf Tore des heiligen Bezirks.

Die alten Aufzeichnungen erhalten weitere Beispiele, die zur Zwielicht-Zone gehören, wo Objekte – oder Aktionen – Teile der Traum-Vision-Dimension sind und in der nachfolgenden erwachten Realität erscheinen. Wenn auch die scharfen bildhaften Beweise fehlen, wie die Tafel mit dem aufgezeichneten Tempelgrundriß, lassen die anderen Berichte vermuten, daß das Phänomen zwar selten, aber Gudea kein Einzelfall war. Es gibt sogar, wenn auch Gudea selbst sie nicht für die Nachwelt zur Ansicht aufbewahrte, wie wir aus dem Text wissen, zwei weitere Objekte – die Form und den Bestimmungsziegel – die auch in der rationalen Dimension materialisierten.

Physikalischen Gegenständen und Taten, die die Grenzen überschreiten, begegneten wir auch in den Träumen des Gilgamesch. Das »Kunstwerk von Anu«, der aus dem Himmel herabsteigt, wird auf Tafel I erwähnt, als in einem Traum gesehen; als sich aber die Episode auf Tafel II im Gilgameschepos wiederholt, wird aus dem Traum eine Vision realer Ereignisse. Gilgamesch bemüht sich, den inneren surrenden Teil des Gerätes zu entnehmen, und als er endlich Erfolg hat, bringt er das mysteriöse Objekt zu seiner Mutter und legt es ihr zu Füßen.

Später, als Gilgamesch und Enkidu am Fuße der Zedernberge lagern, schläft Gilgamesch ein. Er hat drei Träume, und jedes Mal wird eine geträumte Handlung – ein Ruf, eine Berührung – in die Wirklichkeit transformiert und erweckt ihn. Der Ruf, die Berührung sind so real, daß er Enkidu verdächtigt es getan zu haben. Aber nachdem Enkidu standhaft verneint, Gilgamesch gerufen oder berührt zu haben, realisiert der König, daß es der Gott war, der ihn in seinem Traum so realistisch angefaßt hatte, daß sein Körper taub wurde.

Schließlich gab es die Traumvision von der startenden Rakete – ein »Traum«, in welchem Gilgamesch ein Objekt unbekannter Art sieht, wie er es niemals zuvor gesehen hatte, ein derartiges Raketenschiff hatte noch niemand in Uruk gesehen (denn es gab weder einen Raumhafen noch einen Landeplatz). Wir können den Gegenstand abgebildet sehen auf der Byblos-Münze (Abb. 49).

Die Traum-Visionen des Daniel, eines jüdischen Gefangenen am Hofe von Nebukadnezar (König von Babylon im 6.Jh. v.Chr.), beinhalten noch mehr direkte Parallelen zu den physikalischen Aspekten der Zwielicht-Zonen-Begegnungen von Gilgamesch und Gudea. Eine seiner Göttlichen Begegnungen auf den Sandbänken des Tigris beschreibend (Buch v Daniel, Kap.10), verfaßte er:

Ich hob meine Augen und siehe.
Ich sah einen einzelnen Mann in Leinen gekleidet,
seine Lenden waren mit Ophirgold umrankt.
Sein Körper schimmerte wie Topas,
sein Gesicht schien wie ein Blitz,
seine Augen flammten wie Fackeln,
seine Arme und Füße waren bronzefarben,
und seine Stimme war eine dröhnende.

»Ich allein konnte die Erscheinung sehen«, schrieb Daniel; obgleich die ihn begleitenden Leute nichts sehen konnten, fühlten sie eine überwältigende Anwesenheit und rannten fort, um sich zu verstecken. Plötzlich fühlte Daniel sich auch unbeweglich, nur in der Lage, die göttliche Stimme zu hören, aber:

Sowie ich den Klang seiner Worte vernahm,
schlief ich mit dem Gesicht nach unten ein,
mein Gesicht berührte den Boden.

Diese Position ähnelt der bei Gudea beschriebenen. Es folgt die Übereinstimung zum Erwachen, das Gilgamesch verwirrte, als der in seinen Träumen die Stimme »eines Gottes« hörte und eine tatsächliche, physische Berührung erfuhr. Seine Erzählung fortsetzend, schrieb Daniel, als er mit dem Gesicht nach unten einschlief:

Plötzlich berührte mich eine Hand
und zog mich hoch
auf meine Knie und meine Handflächen.

Die göttliche Person enthüllte Daniel dann, daß ihm die Zukunft gezeigt werden würde. Überwältigt – mit dem

Gesicht immer noch nach unten, war Daniel sprachlos. Aber dann berührte die Person – »von der Erscheinung der Menschensöhne« – Daniels Lippen, und Daniel war zu sprechen imstande. Als er sich für seine Schwäche entschuldigte, berührte ihn die göttliche Person erneut, und Daniel »gewann seine Kraft wieder«. Dies alles hatte stattgefunden, während Daniel von einem tranceähnlichen Schlaf erfaßt war.

Denkwürdiger als die Traum-Visionen des Daniel ist der Zwielicht-Zonen-Vorfall von der »Handschrift an der Wand«. Er ereignete sich in der Regierungszeit von Nebukadnezars Nachfolger als Regent von Babylon, Bel-shar-utzur (»Herr, des Fürsten Schutz«) etwa 540 v.Chr., den die Bibel Belsazar nennt. Wie in Kapitel 5 im Buch Daniel berichtet wird, gab Belsazar ein großes Bankett und bewirtete eintausend seiner Noblen festlich – eine Szene, bekannt von babylonischen und assyrischen Darstellungen von königlichen Banketten (Abb. 62). Vom vielen Wein trunken, befahl er, die Gold- und Silbergefäße des Jerusalemer Tempels zu holen, die Nebukadnezar beschlagnahmt hatte, so daß »er und seine Adeligen, seine Konkubinen und Kurtisanen daraus trinken konnten. So wurden die goldenen und silbernen Gefäße aus dem Allerheiligsten des Jerusalemer Gotteshauses gebracht. Der König und seine Adeligen, seine Konkubinen und Kurtisanen tranken daraus. Sie tranken Wein und lobten die Götter aus Gold und Silber, aus Bronze und Eisen und Holz und Stein«. Als sich die heidnische Fröhlichkeit und Schändung der heiligen Gegenstände aus Jahwes Tempel fortsetzte:

Plötzlich
erschien da ein Finger
von einer menschlichen Hand,
und sie schrieb an die gepflasterte Palastwand,
gegenüber des Leuchters;
und der König konnte das Handgelenk sehen,
als sie schrieb.

Die Ansicht einer menschlichen Hand – entkörpert, sich frei bewegend, nicht verbunden mit einem Arm und Körper – war irritierend; die Plötzlichkeit der Erscheinung unterstrich das

Gefühl einer Vorahnung. »Der König war entsetzt, er erbleichte, alle seine Glieder erschlafften und seine Knie schlugen zusammen«. Er mußte erkannt haben, daß die Entweihung der Gefäße aus Jahwes Tempel eine unheilvolle Göttliche Begegnung ausgelöst hatte, mit einigen unbekannten, gräßlichen Konsequenzen.

Er rief die Seher und Weissager Babylons eilig herbei. Addressiert an »die weisen Männer Babylons« gab er bekannt, wer immer die Schrift lesen und die Erscheinung interpretieren könnte, würde belohnt und erhielte den dritthöchsten Rang im Königreich. Aber niemand konnte die Vision erklären, oder die geschriebene Botschaft verstehen, »und Belsazar sah bleich und äußerst ängstlich aus, seine Adeligen waren ratlos.«

In dieser Stimmung aus Angst und Verzweiflung betrat die Königin die Szene. Als sie hörte, was geschehen war, wies sie daraufhin, daß der weise Mann Daniel bekannt war für seine Fähigkeit, Träume und göttliche Botschaften zu verstehen und zu interpretieren. So wurde Daniel hereingerufen und über die versprochene Belohnung unterrichtet. Er verweigerte die Belohnung, stimmte aber dennoch zu, die Vision zu erklären. Inzwischen war die schreibende Hand verschwunden, aber die Schrift an der Wand blieb. Bestätigend, daß das schlechte Omen ein Ergebnis der Entweihung der Tempelgefäße war, die dem Höchsten Gott, dem Herrn des Himmels, geweiht waren, erklärte Daniel die Schrift und ihre Bedeutung:

Dies ist, warum von Ihm die Hand geschickt wurde,
und warum die Schrift eingeritzt wurde.
Dieses sind die Worte der Schrift:
Mene, mene, tekel u Pharsin.
Hier ist die Erklärung der Worte:
Mene: Gott hat die Tage des Königreichs numeriert,
und es ist zu Ende.
Tekel: Du bist gewogen im Gleichgewicht
und wurdest begehrend gefunden.
U Pharsin: Dein Königreich soll geteilt werden,
zu den Medern und den Persern soll es gegeben werden.

Belsazar hielt sein Versprechen, er ordnete an, daß Daniel in Purpur gekleidet und mit einer Halskette aus Gold geehrt wurde, dann proklamierte er seinen dritten Rang im Königreich. Aber »in dieser Nacht wurde Belsazar, der König der Chaldäer, erschlagen, und Darius von den Medern übernahm sein Königreich« (Daniel, Kap. 5, Vers 30,31). Die Botschaft aus der Zwielicht-Zone war umgehend erfüllt worden.

Gudeas Zwielicht-Zonen und Traum-Visionen, in denen ihm göttliche Anweisungen und Pläne zum Bau des Eninnu Tempels in Lagash gegeben wurden, gingen mehr als eintausend Jahre vorher ähnliche, göttliche Kommunikationen voraus, hinsichtlich Jahwes Tempel in Jerusalem.

Den detaillierten Anweisungen folgend, die Jahwe Moses auf dem Berg Sinai gab, bauten die Kinder Israels dem Herrn einen tragbaren Mishkan – wörtlich, »Wohnsitz« – in der Wüste Sinai; sein wichtigster Bestandteil war das Ohel Moed (»Zelt der Verabredung«) in dessen heiligstem Teil die Bundeslade mit den Gesetzestafeln aufbewahrt und von den Cherubim geschützt wurden. Nach der Ankunft in Kanaan befand sich die Lade zeitweilig auf den Gebetsplätzen, bevor sie ihre endgültige und dauerhafte Unterbringung in »Jahwes Haus« in Jerusalem fand. Um 1000 v.Chr. folgte David König Saul als König von Israel. Nachdem er Jerusalem zu seiner Hauptstadt machte, war es seine Hoffnung und sein Streben, dort den heiligen Tempel zu bauen, in dessen Allerheiligstem die Bundeslade endlich zur Ruhe kommen sollte, an einer heilig gehaltenen Stelle aus uralten Zeiten. Aber göttliche Kommunikationen – grundsätzlich über Träume vermittelt – haben es anders gewollt.

Wie die biblische Aufzeichnung berichtet, teilte David seine Absicht, den Tempel zu bauen, dem Propheten Nathan mit, der seinen Segen dazu gab. Aber »Es ereignete sich genau in dieser Nacht«, daß Jahwe zu Nathan sprach und ihn anwies, König David zu sagen, wegen seiner kriegerischen Verwicklungen und dem Blutvergießen würde besser sein Sohn denn David selbst den Tempel bauen.

Wie der Prophet Nathan die göttlichliche Nachricht »in genau dieser Nacht« erhielt, wird am Ende der Geschichte erklärt (Samuel II, Kap. 7, Vers 17): »Und Nathan erzählte David alles über seine ganze Vision«. Es war somit nicht nur ein Traum, sondern eine Erscheinung; kein Chalom (»Traum«), sondern ein Hizzayon (»Sichtung«), in dem nicht nur die Worte gehört wurden, sondern der Redner ebenso »gesehen« wurde, wie Jahwe den Brüdern und Schwestern des Mose im Feldlager im Sinai vorgestellt worden war.

So ging David und »setzte sich vor Jahwe«, vor die Bundeslade. Er akzeptierte die Entscheidung des Herrn, wünschte aber für beide sicherzustellen – daß, wenn er den Tempel nicht bauen sollte, sein Sohn dies tun dürfte. So vor der Bundeslade sitzend (mittels der Moses mit dem Herrn gesprochen hatte), wiederholte David die Worte des Propheten. Die Bibel berichtet nichts über die Antwort des Herrn, aber im »sitzen vor Jahwe« mag ein Schlüssel zum Verständnis eines Rätsels liegen – dem Mysterium vom Ursprung der Tempelpläne. Wir lesen in Chronik I, Kap.28, während seiner letzten Lebenstage rief David die Führer und Ältesten Israels zusammen und berichtete ihnen Jahwes Entscheidung bezüglich des Tempelbaus. Bekanntmachend, daß Salomon sein Nachfolger würde, gab David seinem Sohn Salomon die »Tavnit« des Tempels mit allen Teilen und Kammern, »die Tavnit von allem, die er vom Geiste hatte«.

Das hebräische Wort Tavnit wird gewöhnlich als »Muster« übersetzt. Der Begriff unterstellt aber, es könnte ein Entwurf sein, ein architektonischer Plan. Der biblische Begriff impliziert korrekter ein »konstruiertes Modell«, mehr als ein Tokhnit (»Plan« in hebräisch). Es war ein physikalisches Modell, das wahrscheinlich klein genug gewesen war und leicht von David an Salomon übergeben werden konnte – heute würde man von einem ›maßstabgerechten Modell‹ sprechen.

Wie archäologische Funde in Mesopotamien und Ägypten bezeugen, waren maßstäbliche Modelle im frühgeschichtlichen Nahen Osten nicht unbekannt. Wir können diese Tatsache an einigen in Mesopotamien entdeckten Gegenständen illustrieren – Abb. 63a, genauso wie an einigen der zahlreichen ägyptischen Objekte (Abb. 63b). Auf einigen Abbildungen sumerischer Zylindersiegel wird ein Tempelturm (Abb.

64a) gezeigt, nicht höher als die umgebenden Menschen und Götter der Szene, wie im Falle einer Priesterin, der gezeigt wird, wie sie ein Modell eines Tempels schmückt. (Abb. 64b). Es wurde angenommen, daß die Aufbauten nicht maßstabsgetreu gezeichnet wurden, einfach deshalb, damit Sie in den Platz auf den Siegeln paßten; aber die Entdeckung von tatsächlich maßstäblichen Tonmodellen von Tempeln und Schreinen (Abb. 64c) – die eine Parallele zu den biblischen Zeugnissen des Tavnit bilden, deuten an, daß vielleicht auch in Mesopotamien den Königen wirkliche Modelle von Tempeln und Schreinen gezeigt, die zu bauen sie angewiesen wurden.

Der Begriff Tavnit erscheint in der Bibel früher in Verbindung mit dem Bau der tragbaren Residenz für Jahwe während des Exodus. Es war, als Moses auf den Berg Sinai stieg, um den Herrn zu treffen und dort vierzig Tage und Nächte wartete, als »Jahwe zu Moses sprach« bezüglich des Mishkan (ein Begriff gewöhnlich übersetzt mit Tabernakel, aber wortwörtlich eine »Residenz« bedeutend). Nach einer Auflistung verschiedener für den Bau benötigter Materialien – von den Israeliten als freiwillige Spende erbracht, nicht durch auferlegte Steuern, wie Gudea es getan hatte – zeigte Jahwe Moses ein Tavnit der Residenz und ein Tavnit von dessen Instrumenten, es heißt (Exodus 25:8-9):

Und sie sollen mir ein Heiligtum machen,
und ich will ansäßig sein in der Mitte von ihnen.
In Übereinstimmung mit all dem , das sich dir zeige –
das Tavnit von Mishkan und
das Tavnit von allen dazugehörigen Instrumenten –
so sollt ihr es machen.

Detaillierte architektonische Maßangaben und Anweisungen für die Anfertigung der Bundeslade mit ihren zwei Cherubim, dem Vorhang, dem Altar und seinen Utensilien und den Leuchtern folgten. Die Anweisungen wurden nur unterbrochen von den Warnungen, »siehe und mache sie in Übereinstimmung mit ihrem Tavnit, welche dir auf dem Berg gezeigt werden«, wonach die genauen architektonischen Angaben fortgesetzt wurden (die zwei zusätzliche Kapitel einnehmen).

Klar ist, Moses wurden Modelle gezeigt – vermutlich Maßstabsmodelle – von allem was angefertigt werden mußte. Die biblischen Aufzählungen architektonischer Anweisungen für die Residenz im Sinai und den Tempel in Jerusalem, für die verschiedenen Utensilien, Ritual-Instrumente und Beigaben sind so detailliert, daß moderne Gelehrte und Künstler keine Probleme hatten, sie darzustellen (Abb. 65).

Die Aufzählung in Chronik I, Kap. 28, die berichtet, daß Materialien und Instruktionen, die von König David an Salomon zum Bau des Tempels übergeben wurden, den Begriff Tavnit viermal benutzt, läßt keinen Zweifel an der Existenz eines solchen Modells. Nach der vierten und letzten Erwähnung, erzählte David Salomon, sei ihm das Tavnit mit all seinen Details buchstäblich von Jahwe übergeben worden, zusammen mit schriftlichen Instruktionen:

All dies,
von Ihm handgeschrieben,
lehrte mich Jahwe alles
über den Gebrauch des Tavnit.

Gemäß der Bibel wurde David alles gegeben »von dem Geist«, als »er vor Jahwe saß«, vor der Bundeslade (an ihrem momentanen Platz). Wie der »Geist« David die Anweisungen vermittelte, einschließlich der handschriftlichen von Jahwe und dem außerordentlich detaillierten Tavnit, bleibt ein Mysterium – eine Göttliche Begegnung, die der Zwielicht-Zone gebührt.

Der Tempel, den Salomon schließlich baute, wurde von dem babylonischen König Nebukadnezar (587 v. Chr.) zerstört, der die meisten jüdischen Führer und Adeligen ins Exil nach Babylon verschleppte. Unter ihnen befand sich Hesekiel. Als der Herr die Zeit für gekommen hielt, den Tempel wieder aufzubauen, kam der Göttliche Geist – der »Geist des Elohim« – über Hesekiel und begann zu prophezeien. Seine Erfahrungen gehören wahrlich in die Zwielicht-Zone.

Es geschah im dreißigsten Jahr,
im vierten Monat und dessen fünften Tag,
als ich unter den Gefangenen am Fluß Chebar war,

als die Himmel sich öffneten
und ich eine Göttliche Vision hatte.
So beginnt das biblische Buch von Hesekiel.

Seine achtundvierzig Kapitel sind voll mit Visionen und Göttlichen Begegnungen. Die Eröffnungsvision über einen Göttlichen Wagen ist einer der außergewöhnlichsten Berichte über das bezeugte Wissen eines UFOs im Altertum.

Die genauen technischen Beschreibungen des Wagens und die Art, in der er sich in alle Richtungen bewegen konnte, genauso wie hinauf und hinab, hat Generationen von Bibelgelehrte fasziniert, von den frühesten Zeiten bis in die Moderne, und wurde Teil der mysteriösen Überlieferung der jüdischen Kabbala, deren Studium sich auf Eingeweihte beschränkte. (Die technische Interpretation von Joseph Blumrich, einem NASA-Ingenieur, in The Spaceships of Hesekiel – Abb. 66a – hat in jüngster Zeit große Aufmerksamkeit erregt. Eine frühe chinesische Darstellung eines Fliegenden Wagens, Abb. 66b, belegt die weitverbreitete Bewußtheit über dieses Phänomen in der Antike in allen Teilen der Welt).

Auf etwas sitzend, das wie ein Thron erschien, konnte Hesekiel innerhalb des Wagens vage die Gestalt eines Mannes sehen, in einer Helligkeit oder einer feurigen Aura. Als Hesekiel auf sein Gesicht fiel, hörte er eine Stimme sprechen. Dann sah er »eine zu ihm ausgestreckte Hand« mit einer Schriftrolle. »Sie wurde vor mir ausgerollt und siehe, sie war vorne und hinten bedeckt mit Schriftzeichen«.

(Die Vision von einer, den Gott repräsentierenden, bloßen Hand, erinnert an die Schrift, die wir an der Wand bei Belsazar gesehen haben. Die Gudea-Inschriften vermerkten, daß ihm erzählt wurde, der günstigste Tag für den Tempel würde signalisiert werden mittels einer am Himmel erscheinenden Hand Gottes, die eine Fackel hält. In diesem Zusammenhang gibt es eine Bronzeplatte im Hildesheimer Dom, aus dem 11.Jh., die uns Kain und Abel zeigt, wie sie ihrem Gott opfern. Der Herr wird darauf lediglich von einer in den Wolken erscheinenden göttlichen Hand repräsentiert – Abb. 67 – dies ist sicherlich eine Inspiration davon.

Das Wort »Traum« erscheint nicht einmal im Buch Hesekiel, statt dessen benutzt der Prophet den Begriff »Vision«. »Die Himmel öffneten sich, und ich sah Göttliche Visionen«, stellt der Prophet zu Beginn seines Buches fest. Der im hebräischen verwendete Begriff ist eigentlich »Elohim Visionen«, Visionen von den DIN.GIR der sumerischen Texte. Der Begriff behält etwas Zweideutiges, wie es die Natur einer »Vision« ist – das tatsächliche Sehen einer Szene oder die hervorgerufene mentale Vorstellung, die irgendwie nur vor dem geistigen Auge erzeugt wurde. Sicher ist, daß von Zeit zu Zeit die Wirklichkeit in diese Visionen eindrang – eine wirkliche Stimme, ein tatsächlicher Gegenstand, eine sichtbare Hand. In diesem Sinne gehören Hesekiels Visionen in die Zwielicht-Zone.

Unter den verschiedenen Göttlichen Begegnungen des Hesekiel, entlang seines prophetischen Weges, gibt es mehr als ein Beispiel, wo das Unwirkliche eine Realität einschließt. Eine Realität, die im Gegenzug zur Nichtrealität zerrinnt, enthält eines der Elemente von Gudeas anfänglichen Traumvisionen, in denen ihm Götter einen Tempelplan zeigen und architektonische Werkzeuge halten, die schließlich materiell in den Besitz des Königs übergehen.

»Es war im sechsten Jahr, im sechsten Monat, an dessen fünften Tag«, erzählt Hesekiel in Kapitel 8. »Als ich in meinem Haus saß und die Ältesten Judas vor mir saßen, traf mich zufällig die Hand des Herrn Jahwe«,

Und ich sah auf und erblickte eine Erscheinung,
das Bild eines Mannes.
Von seiner Taille abwärts war die Erscheinung wie Feuer,
und von der Taille aufwärts war das Bild von einer
Helligkeit, wie der Schein von Elektrum.

Der Wortlaut enthüllt die Unsicherheit des Propheten hinsichtlich des Charakters seiner Vision – eine Realität oder Nicht-Realität. Er nennt das, was er sieht, eine »Erscheinung«, das Wesen ist nur ein Bild von einem Mann. Wer oder was auch immer erschienen ist, ist es in Feuer und Strahlen gekleidet oder aus Feuer und Strahlen gemacht, eine bildhafte

Vorstellung? Was es auch war, es konnte physikalisch erscheinen:

Und er brachte die Gestalt der Hand vor,
und packte mich an einer Haarlocke.
Und der Geist trug mich
zwischen Himmel und Erde
und brachte mich nach Jerusalem –
in »Elohim-Visionen« –
zur Tür des inneren Tores, das nach Norden zeigt.

Die Erzählung beschreibt dann, was Hesekiel in Jerusalem gesehen hatte (einschließlich der um Dumuzi trauernden Frauen). Am Ende der prophetischen Anweisungen »startete der Göttliche Wagen aus der Stadt und ruhte auf dem Berg, der östlich der Stadt ist«,

Der Geist trug mich und brachte mich
nach Chaldäa, ins Exil.
[Es war] in einer Vision des Geistes von Elohim.
Und die Vision, die ich gesehen hatte,
verschwand dann von mir.

Der biblische Text betont wieder einmal, daß die Flugreise in einer Göttliche Vision stattfand, einer »Vision des Geistes von Elohim«. Dennoch gibt es eine klare Beschreibung eines physischen Besuchs in Jerusalem, Diskussionen mit seinen Einwohnern und sogar das »Zeichen setzen auf den Stirnen der Rechtschaffenen, die verschont wurden von dem vorhergesagten Blutbad und der endgültigen Zerstörung der Stadt«. (Kapitel 33 erzählt von der Ankunft Jerusalemer Flüchtlinge im zwölften Jahr des ersten Exils, die die Verbannten in Babylon informierten, daß die Vorhersage bezüglich der Stadt eingetroffen ist.)

Vierzehn Jahre später, im fünfundzwanzigsten Jahr des ersten Exils, am Neujahrstag, »kam die Hand Jahwes« erneut zu Hesekiel, und die Hand brachte ihn nach Jerusalem. »In Elohim-Visionen brachte er mich zum Land Israel, und stellte mich auf einen sehr hohen Berg, neben das Modell einer Stadt im Süden«.

Und als er mich hinbrachte, siehe –
da war ein Mann, dessen Erscheinung aus Kupfer war.
Er hielt eine Schnur aus Flachs in seiner Hand,
und einen Meßstab;
und er stand am Tor.

(Ein Meßstab und eine Schnur wurden in sumerischen Zeiten als heilige Objekte dargestellt, übergeben von Göttlichen Architekten an einen König, der auserwählt war, einen Tempel zu bauen – Abb. 68.)

Der Göttliche Vermesser instruierte Hesekiel, höchst aufmerksam allem zuzuhören und alles anzusehen und genauso alle Maße aufzuschreiben, so daß er den Verbannten alles genauestens wiederberichten könnte. Kaum waren diese Instruktionen gegeben, als das Bild vor Hesekiel wechselte. Plötzlich wechselte die Szene eines entfernten Mannes zu dieser Wand, die ein riesiges Haus umgibt – als würde, in Begriffen unserer Zeit, einer Kamera eine Teleskoplinse angepaßt. Nach einer Angleichung kann Hesekiel »den Mann mit dem Maß« sehen, wie er beginnt, die Hausabmessungen aufzunehmen.

Außerhalb des Hauses, bei der umgebenden Mauer, konnte Hesekiel den Vermesser laufen sehen, wie er Geh und Maß nahm, und als dies so weiterging – veränderte sich die Szene – wie eine Fernsehkamera dem Mann folgt – und anstelle von Außenaufnahmen konnte Hesekiel Bilder aus den inneren Teilen des Hauses sehen – Höfe, Kammern, Kapellen. Von einer Untersuchung der allgemeinen Architektur schaltete das Bild nun auf die Wahrnehmung einzelner Details und dekorativer Punkte der Konstruktion. Es wurde Hesekiel klar, daß ihm die Zukunft, des wiederaufgebauten Tempels gezeigt wurde, mit seinem Allerheiligsten und heiligen Utensilien und den Räumen für die Priester und dem Platz für die Cherubim.

Die Beschreibung umfaßt drei lange Kapitel im Buch Hesekiel. Sie ist so detailliert und die Maße und architektonischen Daten so genau, daß moderne Zeichner imstande sind, den Tempel mit geringen Schwierigkeiten zu zeichnen (Abb. 69).

Als eine Visions-Szene der anderen in einer Situation folgt, die die fortgeschrittendste »Virtuelle Realität – Technik schlägt, die am Ende des 20. Jh n. Chr. erst noch entwickelt werden müßte, wurde Hesekiel dann – vor mehr als 2 500 Jahren – in die Vision hineingenommen. Als sei er physisch vorhanden, wird er zum Tor der Tempel-Anlage geführt, die nach Osten weist, und da sah er »die Herrlichkeit Gottes von Israel durch den östlichen Eingang kommen, in einer« Vision, wie die vorherigen Visionen bei zwei früheren Gelegenheiten.

Und der Geist hob mich hoch
und brachte mich in den inneren Hof;
und ich erblickte, daß die Herrlichkeit Jahwes
den Tempel füllte.

Und nun hörte er eine an ihn gerichtete Stimme aus dem Inneren des Tempels. Es war nicht der »Mann«, den er vorher mit der Schnur und der Meßstange gesehen hatte, da dieser nun neben ihm stand. Die Stimme aus dem Tempelinnern gab bekannt, daß hier der Göttliche Thron errichtet werden würde, wo die Füße des Herrn den Boden berühren werden. Schließlich wurde Hesekiel angewiesen, dem Haus Israel über alles zu berichten, was er gehört und gesehen hatte, und er sollte ihnen den Plan mit den Maßen geben, so daß der Neue Tempel richtig gebaut werden könne.

Das Buch Hesekiel endet dann mit langen Anweisungen für den Gottesdienst im zukünftigen Tempel. Es erwähnt, daß Hesekiel »zurückgebracht« wurde, um die Herrlichkeit von Jahwe durch das Nordtor zu sehen. Vermutlich geschah es deshalb, weil Hesekiel aus seiner Göttlichen Vision zurück geholt wurde; aber das Buch Hesekiel läßt dies unbestätigt.

Vorgeschichtliche Hologramme, virtuelle Realität?

Als Gudea die architektonischen Anweisungen für den Tempel, den er bauen sollte, auch weiterhin ein Rätsel blieben, wurde ihm eine »Anweisungs-Vision gezeigt, die hervorkommt«, indem er im Traum sehen konnte, wie der Tempel

Schritt für Schritt, vom allerersten Grundstein bis zu seiner Fertigstellung, Form annahm – eine Meisterleistung vor über 4000 Jahren, die heute durch Computersimulation erzielt werden kann. Hesekiel wurde nicht nur (zweimal) auf wundersame Weise von Mesopotamien ins Land Israel transportiert. Beim zweiten Mal wurde ihm etwas gezeigt, was wir heutzutage als Virtuelle Realität-Technologie bezeichnen würden, Szene für Szene, Einzelheiten über etwas, das noch nicht existierte – der zukünftige Tempel; das Haus Jahwes, das nach den architektonischen Details, die Hesekiel in dieser Zwielicht-Zonen Vision enthüllt wurden, gebaut werden sollte. Wie wurde das gemacht?

Hesekiel nannte die Vision ganz am Anfang ein Tavnit – der Begriff, der in der Bibel früher in Zusammenhang mit der Residenz und dem Tempel verwendet wurde. Wenn es aber nur maßstabsgerechte Modelle waren, dann mußte jenes, das Hesekiel in der Vision erschien, ein »Konstruktionsmodell« in voller Größe gewesen sein, denn die Göttlichen Ausmesser nahmen daran tatsächliche Messungen mit einem Seil vor, das sechs Ellen lang war und maßen eine Länge von 60 Ellen hier, eine Höhe von 25 Ellen da. Basierte das, was Hesekiel gezeigt wurde, auf einer Technologie der Virtuellen Realität oder der Holographie? Wurden ihm Computersimulationen gezeigt, oder sah er einen wirklichen Tempel, der sich an einem anderen Ort befand, mit Hilfe einer Holographie? Besucher von wissenschaftlichen Museen sind oft fasziniert, die holographischen Darstellungen zu sehen, in denen zwei Strahlen Abbilder projizieren, die, wenn man sie zusammenführt, ein wirkliches dreidimensionales Abbild hervorbringen, das in der Luft schwebt. Techniken, die Ende 1993 entwickelt wurden (Physical Review Letter, Dezember 1993) lassen weit entfernte Hologramme nur mit Hilfe eines Laserstrahls, der auf einen Kristall fokussiert ist, erscheinen. Wurden solche Techniken, zweifellos weit fortgeschrittener, dazu verwendet, Hesekiel das »konstruierte Modell« sehen zu lassen, es zu besuchen und sogar zu betreten, das sich in Wirklichkeit irgendwo anders – vielleicht weit weg in Südamerika, befand?

10. Königliche Träume, schicksalhafte Orakel

»Schlafen, vielleicht träumen«, sagt Hamlet in Shakespeares *Hamlet – Prinz von Dänemark* – einer Tragödie, in der der Geist des ermordeten Königs von Hamlet in einer Vision gesehen wird und himmlische Omen ins Spiel kommen. Im antiken Nahen Osten wurden Träume nicht als Zufall angesehen; sie waren alle, in unterschiedlichen Abstufungen, Göttliche Begegnungen: Im geringsten Fall waren es Vorzeichen, die auf kommende Ereignisse hindeuteten; durchweg Kanäle göttlichen Willens oder um Anweisungen zu übertragen; und im besten Fall waren es sorgfältig inszenierte und vorsätzliche göttliche Erscheinungen.

Nach den alten Schriften begleiteten Träume die Erdlinge von den allerersten Anfängen der Menschheit, beginnend bei der Ersten Mutter Eva, die einen Omen-Traum über die Ermordung Abels hatte. Nach der Sintflut, als das Königtum installiert wurde, um sowohl eine Barriere, als auch ein Bindeglied zwischen den Anunnaki und der Masse der Menschen zu schaffen, waren es die Könige, deren Träume den Gang menschlicher Angelegenheiten begleiteten. Und dann, als sich menschliche Führer ausbreiteten, wurde das göttliche Wort durch Träume und Visionen von Propheten überbracht. Innerhalb dieser langen Aufzeichnung von Träumen und Visionen ragen einige, wie wir gesehen haben, durch ihren Übergang in die Zwielicht-Zone heraus, wo das Unwirkliche real wird, ein metaphysisches Objekt eine physikalische Existenz annimmt und ein unausgesprochenes Wort zu einer Stimme wird, die man tatsächlich hört.

Die Bibel ist voll von aufgezeichneten Träumen als einer Hauptform Göttlicher Begegnungen, als Kanäle, die Entscheidungen oder den Rat des Gottes verbreiten, wohlwollende Versprechen oder strikte Verbote. Tatsächlich wird Jahwe in IV Moses 12:6 zitiert, wie er ausdrücklich sagt: »Wenn ein Prophet unter euch wäre« – eine Person, die auserwählt ist, Gottes Wort zu verbreiten – »würde ich, der Herr, mich ihr durch eine Vision bekannt machen und durch einen Traum mit ihr sprechen.« Die Bedeutung der Aussage erhöht sich durch die Genauigkeit der Wortwahl: In einer Vision stellt sich Jahwe vor, erkennbar, sichtbar; in einem Traum macht er sich hörbar und gewährt Orakel.

Informativ ist diesbezüglich die Erzählung in Samuel I, Kap.28. Saul, der israelitische König stand vor einer entscheidenden Schlacht gegen die Philister. Der Prophet Samuel, der auf Jahwes Anordnung hin Saul zum König gesalbt hatte und ihn mit dem Wort Gottes versorgt hatte, war gestorben. Der besorgte Saul versuchte, selbst göttliche Führung zu erhalten; aber obwohl er sich »durch Träume und Omen und Propheten nach Jahwe erkundigt« hatte, antwortete Jahwe nicht. In diesem Beispiel werden Träume als die erste oder vorderste Methode göttlicher Kommunikation angeführt; Omen – himmlische Zeichen oder ungewöhnliche irdische Erscheinungen – und Orakel, folgen göttlichen Worten durch Propheten.

Die Art, in der Samuel selbst ausgewählt wurde, ein Prophet Jahwes zu werden, hängt mit der Verwendung von Träumen zur göttlichen Kommunikation zusammen. Es war eine Serie von drei Gotterscheinungs-Träumen, in denen Gelehrte wie Robert K. Gnuse (*The Dream Theophany of Samuel*), bemerkenswerte Parallelen zu den drei Erweckungsträumen von Gilgamesch finden.

Wir haben bereits erwähnt, wie Samuels Mutter, unfähig Kinder zu gebären, versprach, das Kind Jahwe zu weihen, wenn sie mit einem Sohn gesegnet würde. Die Mutter hielt ihren Schwur und brachte das Kind nach Shiloh, wo die Bundeslade in einem provisorischen Schrein unter Aufsicht von Eli, dem Priester, aufbewahrt wurde. Aber da Elis Söhne lüstern und promisk waren, entschied Jahwe, den frommen Samuel zum Nachfolger von Eli zu machen. Es war eine Zeit, so lesen wir in I Samuel 3:1, »als das Wort von Jahwe selten gehört wurde und eine Vision nicht regelmäßig auftrat.«

Und es geschah an diesem Tag,
daß Eli auf seinem gewöhnlichen Platz lag,
und seine Augen sich einzutrüben begannen,
und er konnte nicht sehen.

Die Lampe für Elohim ging noch nicht aus;
und Samuel lag im Sanktuarium
von Jahwe, wo die Lade von Elohim war.
Und Jahwe rief nach Samuel;
und Samuel antwortete »Hier bin ich«,
und rannte zu Eli und sagte:
Hier bin ich, denn du hast mich gerufen.«

Aber Eli sagte, nein, er habe Samuel nicht gerufen und sagte dem Jungen, er solle wieder zurückgehen und weiterschlafen. Wieder rief Jahwe Samuel, und wieder ging Samuel zu Eli, nur um gesagt zu bekommen, daß der Priester ihn nicht gerufen habe. Aber als dies das dritte Mal passierte, »verstand Eli, daß es Jahwe war, der den Jungen rief.«

Er wies ihn an zu antworten, falls es sich jemals wieder ereignen sollte, »Sprich, o Jahwe, denn dein Diener hört.« Und danach »kam Jahwe und stand aufrecht und rief ›Samuel, Samuel‹ von Zeit zu Zeit; und jedes Mal antwortete Samuel ›sprich, denn dein Diener hört‹.« Ein französischer Künstler aus dem dreizehnten Jahrhundert tat sein Bestes, die erste Traum-Erscheinung und die abschließende Göttliche Begegnung zwischen Samuel und Jahwe in einer illustrierten Bibel des Mittelalters darzustellen (Abb. 70).

Man wird sich erinnern, daß der Göttliche Geist, der König David mit dem Tavnit und geschriebenen Instruktionen für den Tempel von Jerusalem ausstattete, über ihn kam, als er selbst vor der Bundeslade saß. Der Ruf nach Samuel erschien auch, als »er im Sanktuarium von Jahwe lag, wo sich die Arche der Elohim befand.« Die Arche, hergestellt aus Akazienholz, innen und außen mit Gold belegt, war als Aufbewahrungsstätte für die zwei Gesetzestafeln gedacht. Aber ihr Hauptzweck, wie im Buch Exodus (II Mose) gesagt, war, als Dvir zu dienen – wörtlich als ein »Sprecher«. An der Spitze der Arche sollten sich zwei Cherubim aus solidem Gold befinden, die sie mit ihren Flügeln berührten (die zwei Möglichkeiten dieses Details sind in Abb. 71 aufgezeigt). »Es ist da, wo ich Verabredungen mit dir haben werde«, sagte Jahwe zu Moses, »und ich werde mit dir von oberhalb der Abdekkung sprechen, von zwischen den zwei Cherubim, die oberhalb der Arche angebracht sein sollen (II Moses 25:22). Der innerste Teil des Heiligtums, das Allerheiligste, war vom Vorderteil durch einen Tempelvorhang abgetrennt, der nicht geöffnet werden konnte, außer von Moses und dann seinem Bruder Aaron, der von Jahwe bestimmt war, als Hohepriester zu dienen, und den drei Söhnen von Aaron, die zu Priestern gesalbt waren. Und sie konnten den heiligen Ort nur betreten, nachdem sie besondere Riten vollzogen hatten und spezielle Kleidung trugen. Überdies mußten diese geweihten Priester, wollten sie das Allerheiligste betreten, Weihrauch abbrennen (dessen Zusammensetzung auch genauestens vom Herrn vorgeschrieben war), so daß eine Wolke die Arche einhüllen würde; denn, so sagte Jahwe zu Moses, »es wird die Wolke sein, in der ich erscheine, oberhalb der Bedeckung der Arche.« Aber als zwei von Aarons Söhnen »nahe vor den Herrn ein merkwürdiges Feuer brachten«, eines, das (vermutlich) die Wolke nicht hervorbrachte, »ging von Jahwe ein Feuer aus und verschlang sie.«

Solch »übernatürliche« Kräfte, die das Traum-Orakel von Samuel und die Traumvision von David zustande brachten, durchdrangen das Tabernakel auch dann noch, als die Lade selbst daraus entfernt worden war, wie nachgewiesen durch das Traum-Orakel von Salomon. Bereit, den Bau des Tempels zu beginnen, ging er nach Gibeon, dem letzten Standort der Stiftshütte (der Teil der Wohnung, wo sich das Allerheiligste befand). Die Lade selbst war durch David bereits nach Jerusalem verlegt worden, in Erwartung ihrer dauerhaften Unterbringung im zukünftigen Tempel; aber die Stiftshütte blieb in Gibeon, und Salomon ging dorthin – vielleicht aus Gründen der Verehrung, vielleicht um einige Details der Konstruktion einzusehen. Er brachte Jahwe Opfer dar und ging schlafen; und dann:

Und es war in Gibeon,
daß Jahwe dem Salomon erschien
in einem nächtlichen Traum.
Und Elohim sagte:
»Erbitte, was ich dir geben soll.«

Die Erscheinung entwickelte sich zu einem Zwiegespräch, in dem Salomon erbat, ihm möge »ein verstehendes Herz« gewährt werden, »um mein Volk zu beurteilen, daß ich zwischen gut und schlecht unterscheiden kann.« Jahwe mochte die Antwort, denn Salomon hatte weder um Reichtum, noch langes Leben, noch den Tod seiner Feinde gebeten. Deshalb, sagte Jahwe, würde er ihm außergewöhnliche Weisheit und Verstehen, ebenso wie Reichtum und langes Leben zuerkennen.

Und Salomon erwachte,
und siehe – es war ein Traum!

Obwohl die maßgeblichen Abschnitte in der Bibel mit der Aussage beginnen, daß es ein Erscheinungstraum war, schien Salomon die Vision und der Dialog so real, daß Salomon, als die Konversation zu Ende ging, erstaunt war, daß es nur ein Traum gewesen war; und er erkannte durchaus, daß das, was stattgefunden hatte, eine Wirklichkeit mit dauerhafter Auswirkung repräsentierte: Danach war er tatsächlich ausgestattet mit außergewöhnlicher Weisheit und Verstehen.« In einem Vers, der Ähnlichkeit zwischen der mesopotamischen und ägyptischen Zivilisation zum damaligen Zeitpunkt andeutet, merkt die Bibel an, daß »die Weisheit von Salomon größer war als die Klugheit aller Söhne des Ostens und aller Weisheit aus Ägypten.«

Während es im Sinai Jahwe war, der zwei Handwerker auswählte und anwies, die komplizierten und kunstvollen architektonischen Details herauszuarbeiten, und Bezalel vom Stamme Judah »mit dem Geist von Elohim, mit Weisheit und Verstehen und Wissen« anfüllte und »umfassende Weisheit in das Herz« von Aholiab vom Stamme Dan »legte«, war Salomon auf die Handwerker und die daraus angeforderten Experten des phönizischen Königs von Tyre angewiesen. Und als der Tempel fertiggestellt war, betete Salomon zum Herrn Jahwe, daß Er das Haus als seine ewige Heimstatt anerkennen möge und als Platz, von dem die Gebete Israels gehört würden. Zu dieser Zeit war es, als Salomon seine zweite Traum-Erscheinung hatte: »Jahwe erschien dem Salomon ein zweites

Mal, in der Art, wie es ihm in Gibeon gezeigt worden war.«

Obwohl der Tempel von Jerusalem wörtlich ein »Haus« für den Herrn genannt wurde, und damit der sumerische Begriff »E« für Tempel-Haus nachempfunden wurde, ist es durch die Gebete von Salomon ersichtlich, daß er die mesopotamische Sichtweise, Tempel als tatsächliche Wohnstätten anzusehen, nicht teilte, sondern eher als einen heiligen Ort für göttliche Kommunikation, einen Platz, wo Mensch und Gott einander hören.

Sobald die Priester die Lade an ihren Platz im Allerheiligsten gebracht hatten, »die Dvir-Abteilung des Tempels« und sie »unter die Flügel der Cherubim« gestellt hatten, mußten sie sich eilends entfernen, »aufgrund der Wolke von Jahwes Herrlichkeit, die das Haus füllte.« Zu diesem Zeitpunkt begann Salomon sein Gebet und wandte sich an »Jahwe, als den, der in der dunklen Wolke zu leben pflegt.« »Die Himmel sind dein Wohnort«, sagte Salomon; »würde Elohim dann kommen, um auf Erden zu leben? Wenn der Himmel und der höchste Himmel dich nicht enthalten, würde es dann dieses Haus, daß ich gebaut habe?« Dies erkennend, bat Salomon nur darum, der Herr möge die Gebete hören, die vom Tempel aufsteigen; »höre an deinem Wohnsitz in den Himmeln die Gebete und das Flehen, und beurteile die Menschen dementsprechend.«

Danach »erschien Jahwe Salomon zum zweiten Mal in der Art, in der er ihm in Gibeon erschien. Und Jahwe sagte zu ihm: Ich habe dein Gebet und dein Flehen gehört, das du mir gegenüber gemacht hast, und habe dieses Haus geweiht, das du gebaut hast, um mein Shem darin für immer unterzubringen, so daß meine Augen und mein Herz ununterbrochen anwesend sein mögen.«

Der Begriff Shem wird traditionellerweise mit »Name« übersetzt – das, durch das jemand bekannt oder erinnerbar ist. Aber wie wir in »Der zwölfte Planet« durch biblische, mesopotamische und ägyptische Quellen gezeigt haben, hat der Begriff eine Parallele zum sumerischen MU, das, obwohl es mit der Zeit die Bedeutung »das, durch das man sich an jemanden erinnert«, bekam, sich ursprünglich auf die Himmelskammern oder fliegende Maschinen der mesopotamischen Götter bezog. Als die Menschen von Babylon (Bab-Ili, »Tor der Götter«) sich demnach daran machten, den Turm zu erbauen, als wollten sie einen Shem für sich selbst herstellen, bauten sie eine Startrampe, nicht für einen »Namen«, sondern für himmelwärts gerichtete Fahrzeuge.

In Mesopotamien befanden sich auf den Tempelplattformen spezielle Anlagen – einige dargestellt, als seien sie entwickelt, um schweren Aufschlägen zu widerstehen – sie wurden speziell dafür gebaut, um dem Kommen und Gehen dieser Himmelskammern zu dienen. Gudea mußte im heiligen Bereich solch eine Spezialanlage für den Göttlichen Schwarzen Vogel von Ninurta bereitstellen, und als die Konstruktion fertiggestellt war, drückte er seine Hoffnung aus, daß des neuen Tempels »MU, das Land von Horizont zu Horizont umarmen wird«. Eine Hymne auf Adad/Ishkur pries sein »strahlenausstoßendes MU, das den Himmelszenith erreichen kann«,und eine Hymne auf Inanna/Ishtar beschreibt, wie sie, nachdem sie ihren Pilotenanzug angezogen hatte (s. Abb. 33), »über all die bevölkerten Länder in ihrem MU fliegt«. In all diesen Beispielen ist die übliche Übersetzung für MU »Name«. Tatsächlich, jedoch wurde Bezug genommen auf die Flugmaschinen der Götter und ihre Abschußrampen innerhalb der heiligen Bezirke. Eine Darstellung solcher Luftfahrzeuge wurde von Archäologen entdeckt, die im Auftrag des Vatikan bei Tell Ghassul, auf der anderen Jordanseite von Jericho, Ausgrabungen machten. Sie erinnert uns an den Streitwagen, den Hesekiel beschreibt. (Abb. 72)

In seinen Anweisungen für den Bau des ursprünglichen Zikkurat-Tempels in Babylon, den E.SAG.IL (»Haus des Großen Gottes«), erläutert Marduk die Erfordernisse für die Himmelskammer:

> Konstruiere das Torweg der Götter...
> Laß seine Ziegel gestalten.
> Sein Shem soll am dafür bestimmten Platz sein.

Im Lauf der Zeit erforderten all diese Zikkurat, die aus Tonziegeln erbaut waren, je nach Verfallsgrad oder absichtlicher

Zerstörung durch Feindesangriffe, der Erneuerung oder des Neubaus. Ein Beispiel, das den Esagil betrifft, über den in den Annalen des assyrischen Königs Esarhaddon (680-669v.Chr.) berichtet wird, enthält verschiedene andere Schlüsselstellen über königliche Träume, die in der Bibel in Zusammenhang mit dem Tempel von Jerusalem aufgezeichnet sind. Diese wiederkehrenden Elemente beinhalten die Weisheit, die Salomon zuerkannt worden war, die architektonischen Anweisungen und die Notwendigkeit für Handwerker, die göttlich inspiriert oder geschult werden konnten, um diese Instruktionen zu verstehen.

Esarhaddon, der hier auf seiner Stele, auf der die zwölf Mitglieder des Sonnensystems in ihren Symbolen dargestellt sind, gezeigt wird (Abb. 73), kehrte die frühere assyrische Politik der Konfrontation und des Krieges gegen Babylon um und sah keinen Schaden darin, Marduk (den Nationalgott von Babylon) zusammen mit Ashur zu verehren. »Sowohl Ashur, als auch Marduk gaben mir Weisheit«, schrieb Esarhaddon, und gewährleisteten ihm »das erhabene Verstehen von Enki« für seine Aufgabe des »Zivilisierens« – Erobern und Unterwerfen – anderer Nationen. Er wurde ebenso durch Orakel und Omen angewiesen, ein Programm der Tempelerneuerung in Angriff zu nehmen und mit Marduks Tempel in Babylon zu beginnen. Aber der König wußte nicht wie.

Daraufhin erschienen Schamasch und Adad Esarhaddon in einem Traum, in dem sie dem König die Architekturpläne und Konstruktionsdetails zeigten. Als Antwort auf seine Verwirrung sagten sie ihm, er solle alle benötigten Maurer, Zimmerleute und andere Handwerker zusammenholen und sie zum »Haus der Weisheit« in Ashur (die assyrische Hauptstadt) führen. Sie sagten ihm auch, er solle einen Seher konsultieren, um den richtigen Monat und Tag herauszufinden, an dem die Arbeit am Gebäude beginnen könne. Esarhaddon schrieb, er handelte entsprechend dem, was »Schamasch und Adad mir im Traum gezeigt hatten« und versammelte die Arbeitstruppe und marschierte an ihrer Spitze zum »Platz des Wissens«. Nachdem er einen Seher konsultiert hatte, trug der König den Gründungsstein auf seinem Kopf und legte ihn genau an den alten Platz. Mit einer Preßform aus Elfenbein formte er den ersten Ziegel. Als der wiedererbaute Tempel fertig war, installierte er darin verzierte Türen aus Zypressenholz, überzogen mit Gold, Silber und Bronze; er gestaltete goldene Becher für die heiligen Riten. Und als alles getan war, wurden die Priester zusammengerufen, Opfergaben wurden dargeboten, und der vorgeschriebene Tempeldienst wurde wieder aufgenommen.

Die Sprache, die in der Bibel verwendet wird, um die unerwartete Erkenntnis von Salomon zu beschreiben, der plötzlich erwacht, bemerkt, daß das Gesehene und Gehörte nur ein Traum war, dupliziert ein früheres Beispiel solch eines plötzlichen Erkennens – das eines Pharaohs:

Und Pharaoh erwachte,
und siehe – es war ein Traum!

Es war die Traumserie, die in Kapitel 41 der Genesis (II Moses) beschrieben wird, die mit dem Traum des Pharaohs über sieben Kühen begann – »von guter Erscheinung und fett im Fleisch«, die aus dem Fluß Nil heraufstieg, um zu weiden. Ihnen folgten sieben Kühe »unbegünstigt und mager an Fleisch«; und die letzteren aßen die ersteren. In einem folgenden Traum sah der Pharaoh sieben Kornähren, »aufrechtstehend und gut«, gewachsen an einem Halm, gefolgt von sieben dünnen und verwelkten Kornähren; und die letzteren schluckten die ersteren. »Und der Pharaoh erwachte, und siehe – es war ein Traum!« Die vorgestellte Doppelszene war so real, daß der erwachte Pharaoh erstaunt war zu erkennen, daß es nur ein Traum war. Beunruhigt durch die Realität des Traumes, rief er die Weisen und Magier von Ägypten zusammen, um sich von ihnen die Bedeutung des Traumes sagen zu lassen; aber keiner konnte eine Interpretation anbieten.

Damit begann der Aufstieg des jungen Hebräers Joseph zu Berühmtheit in Ägypten. Er, der fälschlicherweise eingesperrt war, interpretierte die Träume, die zwei Minister des Pharaohs ebenfalls im Gefängnis hatten, korrekt. Nun erzählte dies einer von ihnen, der Obermundschenk, der wieder in seiner

Position eingesetzt war, dem Pharaoh und schlug vor, Josef zu rufen, um die Lösung für des Pharaohs zwei Träume zu finden. Und Joseph sagte zum Pharaoh: Die zwei Träume sind ein einziger Traum; »das, was die Elohim dem Pharaoh tun werden, wird erzählt«.

Es war mit anderen Worten ein Omen-Traum, eine göttliche Enthüllung dessen, was auf Gottes Plan hin in Zukunft geschehen würde. Es ist eine Vorhersage von sieben Jahren des Überflusses, die abgelöst werden von sieben nachfolgenden Jahren der Knappheit und des Hungers, sagte er: »Das, was die Elohim zu tun beabsichtigten, enthüllte er dem Pharaoh.« Und der Traum wurde zweimal wiederholt, fügte er hinzu, denn »die Sache ist fest beschlossen von dem Elohim, der sich beeilen wird, es geschehen zu lassen.«

Nun, als der Pharaoh erkannte, daß Joseph im Besitz des »Geistes von Elohim« war, machte er ihn zum Oberaufseher über ganz Ägypten, um den Hunger abwenden zu helfen. Und Joseph fand Wege, die Ernte während der sieben Jahre der Fülle zu verdoppeln und verdreifachen und legte Nahrungsvorräte an. Und als der Hunger kam, »der das ganze Land betraf«, gab es Nahrung in Ägypten.

Obwohl die Bibel den Pharaoh aus Josephs Zeit nicht namentlich identifiziert, haben es uns andere biblische Daten und Aufzeichnungen ermöglicht, ihn als Amenemhet III aus der 12. Dynastie zu erkennen, der über Ägypten von 1850-1800 v.Chr. regierte. Seine Granitstatue (Abb. 74) ist im ägyptisches Museum in Kairo zu sehen.

Die biblische Erzählung der Träume des Pharaos über die sieben Kühe spiegelt zweifelsfrei den ägyptischen Glauben wider, daß sieben Kühe, die sieben Hathors genannt (nach der Göttin Hathor, die, wie wir erwähnten, als Kuh dargestellt wurde), die die Zukunft vorhersagen konnten – Vorgänger der sibyllinischen Orakelgöttinnen aus Griechenland. Der besondere Hinweis auf sieben magere Jahre ist auch keine biblische Erfindung, denn solche Kreisläufe in den Wasserständen des Nil – der einzigen Wasserquelle im regenlosen Ägypten – setzt sich fort bis in die heutige Zeit. Tatsächlich existiert eine frühere ägyptische Aufzeichnung solch eines Kreislaufes von sieben Jahren der Fülle, gefolgt von sieben mageren Jahren. Es ist ein hieroglyphischer Text (aufgeschrieben von E.A.W. Budge in *Legends of the Gods* – Abb. 75); er teilt mit, daß der Pharao Zoser (ca. 2650 v.Chr.) eine königliche Depesche vom Gouverneur von Oberägypten im Süden über eine gravierende Hungersnot erhielt, weil der Nil für die Zeit von sieben Jahren nicht gekommen sei.«

So »erweiterte« der König »sein Herz bis zu den Anfängen« und fragte den Vorsteher des königlichen Hofstaates der Götter, den ibis-köpfigen Gott Thoth: »Welches ist der Geburtsplatz des Nil? Gibt es einen Gott da, und wer ist dieser Gott?« Und Thoth antwortete, daß es da tatsächlich einen Gott gab, der das Wasser des Nil aus zwei Höhlen regulierte (Abb. 76), und daß es sein Vater Khnum sei (alias Ptah, alias Enki), der Gott, der die Menschheit gestaltet hatte. (s.Abb. 4)

Wie genau Zoser es schaffte, zu Thoth zu sprechen und seine Antwort zu empfangen, geht aus dem hieroglyphischen Text nicht klar hervor. Der Text sagt uns aber, daß der König wußte, was zu tun sei, als ihm bekannt war, daß der Gott, in dessen Hand das Schicksal des Nil und Ägyptens Nahrung lag, Khnum war, der weit entfernt auf der Insel Elephantine in Oberägypten residierte; er legte sich schlafen... und erwartete eine Erscheinung, die er auch hatte:

Und als ich schlief,
lebendig und mit Befriedigung,
entdeckte ich den Gott,
der mir gegenüberstand!

In seinem Schlaf – träumend, die Vision empfangend – sagt Zoser, »Ich besänftigte ihn mit Lob; ich betete zu ihm in seiner Anwesenheit«, bat ihn um die Wiederherstellung der Wasser des Nil und der Fruchtbarkeit des Landes. Und der Gott

Offenbarte sich mir.
Er wandte sich mit freundlichem Gesicht an mich
und erklärte mit diesen Worten:
»Ich bin Khnum, dein Schöpfer.«

Der Gott verkündete, daß er die Gebete des Königs beherzigen würde, wenn der König sich dem unterzöge, »Tempel zu erneuern, in Ordnung zu bringen, was ruiniert ist und neue Schreine herauszuschlagen« für die Gottheit. Dafür, sagte der Gott, werde er dem König neue Steine geben, desgleichen »harte Steine, die vom Anbeginn der Zeiten existiert haben.«

Dann versprach Gott im Austausch dazu, die Schleusen in den beiden Höhlen zu öffnen, die sich unter der Felsenkammer befinden, und in der Folge würden die Wasser des Nil wieder zu fließen beginnen. Innerhalb eines Jahres, sagte er, werden die Ufer des Flusses wieder grün sein, Pflanzen werden wachsen, der Hunger wird verschwinden. Und als der Gott aufhörte zu sprechen und seine Erscheinung verschwand, »erwachte Zoser erfrischt, sein Herz befreit von Erschöpfung«, und verordnete dauernde Riten und Gaben für Khnum in ewiger Dankbarkeit.

Der Gott Ptah und eine Vision von ihm ist das zentrale Thema zweier anderer ägyptischer Traum-Erscheinungen; eine von ihnen bringt die biblische Geschichte der Frau, die keinen männlichen Erben gebären kann, in Erinnerung.

Die erste befindet sich in einer langen Inschrift von Pharao Merenptah (ca. 1230 v.Chr.), am vierten Pylon im großen Tempel von Karnak, und beschreibt, wie eine Göttliche Begegnung das Kriegsgeschick wendet. Und zwar war es der Sohn des kriegsführenden Pharao Ramses II, Merenptah, der unfähig war, Ägypten vor einer steigenden Flut von Eindringlingen von Land (Libyer aus dem Westen) und von See her (»Piraten« von jenseits des Mittelmeerraumes) zu schützen. Das Kriegsgeschehen erreichte seinen Höhepunkt, als die libyschen Truppen, verstärkt durch die »Piraten«, sicher waren, Memphis, die alte Hauptstadt von Ägypten, zu stürmen. Merenptah, verzweifelt, war schlecht vorbereitet, den Angreifern zu begegnen. Dann, in der Nacht vor der entscheidenden Schlacht, hatte er einen Traum. Im Traum erschien ihm der Gott Ptah; der Gott versprach dem König den Sieg und sagte: »Nimm dies nun!« und mit diesen Worten gab er Merenptah ein Schwert und sagte zu ihm: »und verbanne aus dir selbst dein zauderndes Herz.«

Der hieroglyphische Text ist an dieser Stelle teilweise beschädigt, und dadurch bleibt unklar, was als nächstes geschah; aber man kann schlußfolgern, daß, als Merenptah erwachte, er das göttliche Schwert physisch in seiner Hand fand. Beruhigt durch die Worte des Gottes und das göttliche Schwert, führte Merenptah seine Truppen in die Schlacht; das Ergebnis war ein vollständiger Sieg für die Ägypter.

Im anderen Beispiel, in dem Ptah erscheint, geschah dies im Traum einer Prinzessin (Taimḥotep), der Frau eines Hohpriesters. Sie gebar drei Töchter, aber keinen männlichen Erben, weswegen sie »zur Erhabenheit dieses erlauchten Gottes betete, groß an Wundern und fähig, einer einen Sohn zu geben, die keinen hatte.« Eines Nachts, als der Hohepriester schlief, »kam Ptah zu ihm in einer Offenbarung« und sagte zum Hohepriester, im Austausch für die Ausführung bestimmter Konstruktionsarbeiten »gebe ich dir im Gegenzug dafür ein männliches Kind«.

Darüber erwachte der Hohepriester
und küsste den Boden dieses erlauchten Gottes.
Er bevollmächtigte die Propheten, die Oberhäupter
der Mysterien, die Priester und die
Bildhauer des Hauses, aus Gold
die wohltätigen Arbeiten sofort auszuführen.

Die Konstruktionsarbeit wurde in Übereinstimmung mit den Wünschen Ptahs ausgeführt; und danach, sagt die Prinzessin in der Inschrift, wurde sie schwanger und gebar tatsächlich ein männliches Kind.

Wenn auch nicht in den Details, so enthält die ägyptische Erzählung (aus ptolemäischer Zeit) doch in ihrer Grundthematik eine Ähnlichkeit zur viel früheren biblischen Aufzeichnung über die Erscheinung des Herrn, der bei Abraham von zwei anderen göttlichen Wesen begleitet wurde und voraussagte, daß seine altwerdende und kinderlose Frau Sarah einen männlichen Erben gebären werde.

Unter anderen Beispielen königlicher Orakelträume, die unter ägyptischen Aufzeichnungen gefunden wurden, ist das berühmteste das eines Prinzen, der später den Thron bestieg, um als Thuthmosis IV gekrönt zu werden. Sein Traum ist wohlbekannt, denn er beschreibt ihn auf einer Stele, die er zwischen den Pranken der großen Sphinx in Gizeh errichtet hatte – wo sie noch immer für alle sichtbar steht.

Wie auf der Stele aufgezeichnet (Abb. 77), pflegte der Prinz »sich mit Sport auf dem wüsten Hochland von Memphis zu beschäftigen«. Eines Tages ließ er sich zu einer Rast nieder, nahe der Nekropole von Gizeh, gleich neben »dem göttlichen Weg der Götter zum Horizont... dem heiligen Platz aus uralter Zeit.« Das, sagt die Inschrift, war, wo »die sehr große Statue der Sphinx ruht, groß an Ruhm, erhaben an Ehrfurcht.« Es war Mittagszeit, die Sonne brannte stark; so entschied der Prinz, sich in den Schatten der Sphinx zu legen und schlief ein.

Während er schlief, hörte er die Sphinx sprechen – »mit ihrem eigenen Mund sagen:«

Schau auf mich, mein Sohn, Thutmosis...
Siehe, mein Zustand ist der einer in Not,
mein ganzer Körper geht in Stücke.
Der Sand der Wüste, auf der ich stand,
ist in mich eingedrungen...

Was die Sphinx zum schlafenden Prinzen sagte, war eine Bitte, daß der Wüstensand, der die Sphinx umhüllt hatte und das meiste von ihr bedeckte – eine Situation nicht unähnlich der, die Napoleons Männer im 19. Jh. vorfanden, Abb. 78 – entfernt werden solle, so daß die Sphinx in ihrer vollen Erhabenheit gesehen werden könne. Im Gegenzug versprach ihm die Sphinx – sie repräsentierte den Gott Harmakhis – daß er der Nachfolger auf Ägyptens Thron sein würde. »Als die Sphinx diese Worte beendete«, fährt die Inschrift fort, »erwachte der Sohn des Königs.«

Obwohl es ein Traum war, war sein Inhalt und seine Bedeutung dem Prinzen kristallklar. »Er verstand die Rede dieses Gottes.« Bei erster Gelegenheit führte er die göttliche Bitte aus, die Sphinx vom Sand, der sie fast völlig begrub, zu reinigen; und tatsächlich, 1421 v.Chr. bestieg der Prinz Ägyptens Thron, um Thutmosis IV zu werden.

Solch eine göttliche Ernennung zum König war in den ägyptischen Annalen nicht einmalig. Tatsächlich wurde darüber in Zusammenhang mit einem Vorgänger, Thutmosis III, berichtet. Die Geschichte wundersamer Ereignisse und einer Vision der »Herrlichkeit des Herrn« wurde von diesem König in die Tempelmauern von Karnak eingeschrieben. In diesem Fall sprach der Gott nicht; sondern er legte seine Wahl eines zukünftigen Monarchen eher durch die »Wirkung von Wundern« nahe.

Wie Thutmosis selbst darüber berichtete, war er noch ein Jüngling und befand sich in der Priesterausbildung, er stand im Kollonaden-Teil des Tempels. Plötzlich erschien der Gott Amon-Ra in seiner Herrlichkeit vom Horizont. Er machte Himmel und Erde festlich durch seine Schönheit; dann begann er ein großes Wunder vorzuführen: er lenkte seine Strahlen in die Augen von Horus-vom-Horizont (die Sphinx). Der König bot dem ankommenden Gott Weihrauch, Opfer und Geschenke und führte den Gott in einer Prozession in den Tempel. Als der Gott neben dem jungen Prinzen ging, berichtet Thutmosis:

Er erkannte mich wirklich, und er machte Halt.
Ich berührte den Boden; ich beugte mich nieder
in seiner Anwesenheit.
Er richtete mich auf, setzte mich vor den König.

Dann, als ein Zeichen, daß dieser Prinz der göttlich Auserwählte zur Nachfolge war, »wirkte er ein Wunder« über dem Prinzen. Was folgte, schrieb Thutmosis III, geschah wirklich, so unglaublich es klingt, so mysteriös diese Dinge sind:

Er öffnete für mich die Tore des Himmels;
Er breitete für mich die Portale seines Horizontes aus.
Ich flog hinauf in den Himmel als göttlicher Falke,
fähig, seine geheimnisvolle Gestalt zu sehen,
die im Himmel ist,
daß ich seine Herrlichkeit bewundern möge.
[und] ich sah die Seinsform des
Horizont Gottes auf seinen mysteriösen
Himmelswegen.

Auf diesem himmlischen Flug, schrieb Thutmosis III in seinen Annalen, »wurde er erfüllt von dem Verstehen der Götter.« Die Erfahrungen und ihre Absichten bringen sicher die himmlischen Aufstiege von Enmeduranki und Henoch in Erinnerung, und die »Herrlichkeit von Jahwe«, wie sie der Prophet Hesekiel sah.

Die Überzeugung, daß Träume göttliche Orakel waren, vorhergesehene Dinge, die kommen würden, war ein Glaubensgrundsatz im gesamten antiken Nahen Osten. Äthiopische Könige glaubten ebenso an die Macht von Träumen als Richtschnur für Handlungen, die vollzogen (oder vermieden) werden sollten und als Ereignisse, die sich ereignen würden.

Ein Beispiel, vom äthiopischen König Tanutamun auf einer Stele wiedergegeben, berichtet, daß im ersten Jahr seiner Regierung »seine Majestät in der Nacht einen Traum sah.« Im Traum sah der König »zwei Schlangen, eine zu seiner Rechten, eine zu seiner Linken.« Die Vision war so real, daß der König erstaunt war, die Schlangen nicht tatsächlich neben sich zu finden, als er erwachte. Er rief die Priester und Seher, den Traum zu interpretieren, und sie sagten, daß die zwei Schlangen zwei Göttinnen repräsentierten, die das Obere und Unter Ägypten vertraten. Der Traum, sagten sie, bedeute, daß er das ganze Ägypten erobern könne, »in seiner Länge und in seiner Breite; es gibt keinen anderen, der es mit dir teilen könnte«. So machte sich »der König daran, und Hunderttausende folgten ihm«, und er eroberte Ägypten. So schrieb er auf die Stele, dem Traum und seinen Auswirkungen gedenkend, »wahr in der Tat war der Traum.«

Über ein göttliches Orakel von Gott Amun, allerdings eher in hellem Tageslicht als in einem Traum gegeben, wird in einer Inschrift auf einer Stele, die in Oberägypten, nahe der nubischen Grenze gefunden wurde, berichtet. Sie besagt, daß ein äthiopischer König plötzlich starb, als er seine Armee nach Ägypten führte. Seine Kommandeure waren »wie eine Herde ohne Anführer.« Sie wußten, daß der nächste König aus den Brüdern des Königs gewählt werden mußte, aber welcher sollte es sein. So gingen sie zum Tempel von Amun, um ein Orakel zu erhalten. Nachdem die »Propheten und größeren

Priester« die erforderlichen Riten abhielten, stellten die Kommandeure einen der Brüder des Königs dem Gott vor, aber da war Schweigen. Dann präsentierten sie den zweiten Bruder, der Schwester des Königs geboren. Diese Mal sprach der Gott und sagte: »Er ist euer König... Er ist euer Herrscher.« Also krönten die Kommandeure diesen Bruder, der die Königsherrschaft erreichte, nachdem die Gottheit ihn der göttlichen Unterstützung versichert hatte.

Diese Geschichte der Auswahl eines Nachfolgers für den äthiopischen König enthält ein Detail, daß gewöhnlich unbemerkt bleibt – die Tatsache, daß der göttlich ausgewählte Nachfolger der Sohn war, der dem König durch seine Schwester geboren war. Wir finden eine Parallele in der biblischen Geschichte von Abraham und seiner schönen Frau Sarah, die Abimelech, dem Philisterkönig aus Gerar gefiel. Bereits einmal, als sie den Hof des Pharaos in Ägypten besuchten, als der Pharao Sarah von Abraham zu nehmen wünschte, bat Abraham sie, zu sagen, sie sei seine Schwester (nicht seine Frau), so daß sein Leben gesichert wäre. Durch diese Erfahrung klug geworden, bat Abraham seine Schwester erneut, zu sagen, sie sei lediglich die Schwester von Abraham. Aber als Abimelech mit seinem Plan Fortschritte machte, griff der Herr ein:

Und Elohim kam zu Abimelech
in einem nächtlichen Traum und sagte zu ihm:
»In der Tat solltest du sterben wegen der
Frau, die du genommen hast, denn sie ist
eines Mannes Weib.«

»Und Abimelech kam ihr nicht nahe«, und erklärte dem Herrn, daß er unschuldig sei, »denn Abraham sagte mir, ›Sie ist meine Schwester‹ und auch sie hat gesagt, ›Er ist mein Bruder‹.« So sagte »Elohim zu ihm im Traum, daß er, falls dies stimme, nicht bestraft würde, solange er Sarah zu Abraham unberührt zurückbringe. Danach, als Abimelech eine Erklärung von Abraham forderte, erklärte Abraham, er habe, um sein Leben fürchtend, die Wahrheit, aber nicht die ganze Wahrheit gesagt: «In der Tat ist sie meine Schwester, die Tochter meines Vaters, aber nicht die Tochter meiner Mutter, weswegen sie meine Frau werden konnte.« Als Halbschwester versicherte Sarah, daß ihr Sohn Isaak, selbst wenn er nicht der Erstgeborene war, der Nachfolger sein würde. Diese Regeln der Nachfolge, die die Sitten der Anunnaki selbst nachempfanden, herrschten im ganzen Nahen Osten vor (und wurden sogar von den Inkas in Peru praktiziert).

Die Philister nannten ihre grundlegende Gottheit Dagon, ein Name oder Beiname, der als »Der von den Fischen« übersetzt werden kann – der Gott der Fische, eine Eigenschaft von Ea/Enki.

Diese Identifizierung ist jedoch nicht so klar und sicher, denn wenn die Gottheit anderswo im frühgeschichtlichen Nahen Osten auftaucht, wird ihr Name Dagan buchstabiert, was »Er vom Getreide« bedeuten könnte – ein Bauerngott. Was immer seine wahre Identität sein mag, dieser Gott spielt eine Rolle in zahlreichen Omen-Träumen, von denen in den Staatsarchiven des Königstums Mari berichtet wird, einem Stadtstaat, der zu Beginn des 2. Jahrtausends v.Chr. bis zu seiner Zerstörung durch den babylonischen König Hammurabi im Jahr 1759 v.Chr., erblühte.

Ein Bericht aus Mari handelt von einem Traum, dessen Inhalt als so bedeutend angesehen wurde, daß er sofort per Boten Zimri-Lim, dem letzten König von Mari, zur Beachtung vorgebracht wurde. Im Traum sah der Mann sich mit anderen reisen. An einem Platz, Terqua genannt, angekommen, betrat er den Tempel von Dagan und warf sich zu Boden. In diesem Moment »öffnete der Gott seinen Mund« und fragte den Reisenden, ob zwischen den Streitkräften des Zimri-Lim und denen der Jaminiten ein Waffenstillstand erklärt worden wäre. Als der Reisende dies negativ beantwortete, beklagte sich der Gott, warum er über die Entwicklungen nicht auf dem laufenden gehalten würde und wies den Träumenden an, dem König eine Botschaft zu überbringen, die verlangte, daß er Boten senden solle, die ihn auf dem neuesten Stand der Situation halten sollten. »Dies sah der Mann in seinem Traum«, besagt der Dringlichkeitsbericht an den König und fügt hinzu, daß »dieser Mann vertrauenswürdig ist.«

Von einem anderen Traum, der Dagan und die Kriege, in die

Zimri-Lim verwickelt war, betrifft, wurde von einer Tempelpriesterin berichtet. In dem Traum sagt sie, »betrat ich den Tempel der Göttin Belet-ekallim (»Herrin der Tempel«), aber sie war nicht anwesend, und ich sah auch nicht die Statuen, die ihr überreicht worden waren. Als ich dies sah, begann ich zu weinen.« Dann hörte ich »eine schaurige Stimme immer und immer wieder schreien: ›Komm zurück, o Dagan, komm zurück, o Dagan!‹ Dies schrie sie immer und immer wieder.« Dann wurde die Stimme noch ekstatischer und füllte den Tempel der Göttin mit der Stimme, die sagte: »O Zimri-Lim, gehe nicht auf eine Expedition, bleibe in Mari, und dann werde ich allein die Verantwortung übernehmen.«

Die Göttin, die in diesem Traum sprach und anbot, den Kampf für den belagerten König zu führen, wird im Bericht als Annunitum bezeichnet, eine semitische Übersetzung von Inanna, d.h. Ishtar. Ihre berichtete Absicht, so für Zimri-Lim zu handeln, macht historisch gesehen Sinn, denn sie war diejenige, die Zimri-Lin zum König von Mari gesalbt hatte – eine göttliche Handlung, derer in den herrlichen Wandgemälden gedacht wurde, die im Palast von Mari (Abb. 79) gefunden wurden, als er von einem französischen Archäologen ausgegraben worden war.

Die Priesterin namens Addu-duri, die den Traum übermittelte, von dem gerade die Rede war, war eine Orakelpriesterin. In ihrem Bericht hebt sie hervor, daß, während ihre Orakel in der Vergangenheit auf »Zeichen« basierten, es dies das erste Mal war, daß sie einen Orakel-Traum hatte. Ihr Name wird in einem anderen Traumbericht erwähnt, diesmal aber in dem Traum eines männlichen Priesters, in dem er die Göttin der Orakel zu ihm über die »Nachlässigkeit des Königs, sich selbst zu schützen«, sprechen sah. (In anderen Beispielen, berichteten Orakelpriesterinnen dem König von göttlichen Botschaften, die sie erhielten, während sie sich eher in einer selbst herbeigeführten Trance als in einem Schlaf und einem Traum befanden).

Mari lag am Euphrat, wo Syrien und Irak heute zusammentreffen und diente als Zwischenstation auf dem Weg von Mesopotamien zu den Mittelmeerküsten (und von da nach

Ägypten), auf einer Route, die die syrische Wüste in Richtung der libanesischen Zedernberge kreuzte. (Eine längere Route führte durch den fruchtbaren Bogen über Harran am oberen Euphrat). Es ist daher kein Wunder, daß die Kanaaniten der Küstengebiete, ebenso wie ihre Nachbarn, die Philister, an Träume als Formen Göttlicher Begegnungen glaubten (und berichteten). Obwohl ihre Schriften (von denen wir in erster Linie durch Funde in Ras Shamra, dem alten Ugarit an der Mittelmeerküste in Syrien wissen) hauptsächlich von Legenden oder »Mythen« des Gottes Ba'al, seiner Begleiterin Anat und ihrem Vater, dem alten Gott El handelten, erwähnen sie doch auch Orakel-Träume von patriarchalischen Helden. So wird in der Geschichte von Aqhat, einem Patriarchen mit Namen Danel, der ohne männlichen Erben ist, von El gesagt, daß er innerhalb eines Jahres einen Sohn haben würde – genauso, wie es Abraham von Jahwe gesagt worden war, die Geburt seines Sohnes Isaak betreffend. (Als der Junge, Aqhat, aufwächst, gelüstet Anat nach ihm und, wie sie es mit Gilgamesch getan hatte, verspricht sie ihm Langlebigkeit, wenn er ihr Liebhaber würde. Als er sich weigert, veranlaßt sie, daß er erschlagen wird).

Träume als hochgeachtete Form göttlicher Kommunikation wurden auch aufgezeichent in Ländern des Oberen Euphrats und entlang des Weges nach Kleinasien. Die Küstenländer heute, Israel, Libanon und Syrien, dienen sowohl als Landbrücke wie auch als Schlachtfeld zwischen kämpfenden ägyptischen Pharaonen und mesopotamischen Königen – von denen jeder für sich beanspruchte, auf Geheiß ihrer Götter zu handeln – kein Wunder, daß in diesem Gebiet des Aufeinandertreffens und Verschmelzens die Omen-Träume ebenso den Zusammenprall der Kulturen und das Vermischen der Omen wiederspiegeln.

Ägyptische Aufzeichnungen von königlichen Omen-Träumen enthalten einen Text, den Gelehrten als Legende der besessenen Prinzessin bekannt – eine der ältesten Aufzeichnungen über Exorzismus. Auf eine Stele geschrieben, die sich nun im Louvre in Paris befindet, erzählt sie, wie der Prinz von Bekhten (das Land Bactria am Oberen Euphrat), der eine ägyptische Prinzessin geheiratet hatte, die Hilfe von Pharao Ramses II suchte, um die Prinzessin von den »Geistern, die von ihr Besitz ergriffen hatten« zu heilen. Der Pharao sandte einen seiner Magier, aber ohne Nutzen. So bat der Prinz von Bekhten darum, daß ein ägyptischer Gott »gebracht werde, um mit diesem Geist zu kämpfen.«

Der Pharao erhielt die Petition in seiner Hauptstadt Theben während eines religiösen Festes und ging zum Tempel des Gottes Khensu, der als Sohn des Ra beschrieben und gewöhnlich mit einem Falkenkopf dargestellt wird, auf dem der Mond in seiner Sichel ruht. Da teilte der König dem Gott, »dem großen Gott, der Krankheitsdämonen austreibt«, das Problem mit und erbat göttliche Hilfe. Als er sprach »gab es viel Nicken vom Kopf Khensu«, was die wohlwollende Aufnahme des Gehörten erkennen ließ. So stellte der König eine große Karawane zusammen, die nach Bekhten zog und den Gott begleitete (oder seinen »Propheten, den Träger der Pläne«, oder die Statue des Gottes – wie einige Gelehrte vermuten). Und durch die Anwendung der göttlichen magischen Kräfte, wurde der »Böse Geist« ausgetrieben.

Als der Prinz von Bekhten die magischen Kräfte von Khensu mit eigenen Augen sah, »reifte ein Plan in seinem Herzen und er sagte: ›Ich werde diesen Gott veranlssen hier in Bekhten zu bleiben‹.« Aber nachdem er eine Verzögerung bei der Heimkehr des Gottes nach Ägypten verursacht hatte, hatte er einen Traum, während »der Prinz von Bekhten in seinem Bett schlief«. Im Traum sah er »diesen Gott außerhalb des Schreines zu ihm kommen. Er war ein Falke aus Gold, und er flog zum Himmel und weiter nach Ägypten«.

Der Prinz »erwachte in Panik« und erkannte, daß der Traum ein göttliches Omen war, das ihn anwies, den Gott nach Ägypten zurückkehren zu lassen. So ließ der Prinz »den Gott nach Ägypten gehen, nachdem er ihn durch alle guten Dinge gewürdigt hatte.«

Weiter nördlich von Bactria, im Land der Hethiter in Kleinasien war man auch fest davon überzeugt, daß königliche Träume göttliche Offenbarungen waren. Einer der längsten erhaltenden Texte, der diese Überzeugung widerspiegelt, wird von den Gelehrten »Die Plagen-Gebete des Mursilis«, (einem hethitischen König, der von 1334 bis 1306 v.Chr. regierte) genannt.

Wie durch historische Aufzeichnungen bestätigt, hatte eine Seuche das Land heimgesucht und die Bevölkerung dezimiert; und Mursilis konnte nicht herausfinden, was die Götter verärgert hatte. Er selbst war fromm und tief religiös, »feierte alle Feste und zog keinen Tempel dem anderen vor.« Was also lief verkehrt? In Verzweiflung fügte er die folgenden Worte seinem Gebet hinzu:

Lauschet mir, ihr Götter, meine Herren!
Treibt fort die Plage von der Hethiter Land!
Laßt den Grund, weswegen die Menschen sterben,
sichtbar werden – entweder durch ein Omen,
oder laßt ihn mich in einem Traum sehen,
oder laßt ihn einen Propheten erklären.

Es sollte angemerkt werden, daß die drei Methoden, durch die göttlicher Schutz gewährt wurde – ein Orakel-Traum, ein Omen, oder Kommunikation durch einen Propheten – exakt die gleichen drei Methoden sind, die König Saul auflistete, als er versuchte, Jahwes Schutz zu erhalten.

Aber, genauso wie im Fall des israelitischen Königs, der keine Antwort erhielt, »lauschten die Götter nicht« auf die Appelle des hethitischen Königs; die Plage wurde nicht besser; das Land der Hethiter wurde weiterhin grausam heimgesucht.

»Die Dinge wurden mir zu viel«, schreibt Mursilis in seine Annale und verdoppelte seine frommen Bitten an den Gott Teshub (»Der Windbläser« oder »Sturmgott«,, den die Sumerer Ishkur und die Semiter Adad nannten – Abb. 80) Schließlich schaffte er es, ein Orakel zu erhalten; da es weder ein Omen war noch eine Prophezeiung, muß es ein Traum-Orakel gewesen sein, die dritte Methode göttlicher Kommunikation mit einem König. Auf diese Weise erfuhr Mursilis, daß sein Vater Shuppiliumas, in dessen Zeit die Plage begann, sich auf zweierlei Arten der Übertretung von Gesetzen schuldig gemacht hatte: Er setzte bestimmte Gaben an die Götter nicht fort, und brach seinen Eid aus einem Friedensvertrag mit den Ägyptern und nahm ägyptische Gefangene mit ins hethitische Reich; durch sie wurde die Seuche unter den Hethitern eingeschleppt und setzte sich fest.

Wenn das so war, sagte der König dem Teshub flehentlich, würde er Wiedergutmachung anbieten, »seines Vaters Sünden bekannt machen« und die volle Verantwortung übernehmen. Falls mehr Reue oder Wiedergutmachung nötig sei, bat er den Gott wieder, »lasse es mich in einem Traum sehen, oder laß es durch ein Omen herausgefunden werden, oder lasse es mir durch einen Propheten erklären.«

Wiederum zählte er die drei akzeptierten oder erwarteten Methoden göttlicher Kommunikation auf. Nachdem der Text, als er gefunden wurde, hier endet, muß man annehmen, daß damit der Zorn von Teshub endete und ebenso die Plage.

Andere hethitische Inschriften, die von Göttlichen Begegnungen mittels Träumen und Visionen berichten, wurden gefunden. Einige von ihnen betreffen die Göttin Ishtar, die sumerische Inanna, deren Aufstieg zu Berühmtheit auch nach der sumerischen Zeit stetig anwuchs.

In einer solchen Inschrift gab der hethitische Prinz, der Thronerbe war, an, die Göttin sei seinem Vater im Traum erschienen und habe gesagt, daß der junge Prinz nur noch wenige Jahre zu leben habe; wenn er aber Ishtar als Priester geweiht würde, »dann wird er am Leben bleiben.« Als der König dem Orakel-Traum folgte, lebte der Prinz weiter, und sein Bruder (Muwatallis) erbte den Thron an seiner Stelle.

Der gleiche Muwatallis und Ishtar sind die Hauptpersonen in einem Traum, von dem Hattusilis III (1275-1250 V.Chr.), auch ein Bruder von Muwatallis, berichtet. Er erzählt davon, daß Muwatallis, offenbar mit bösen Absichten anordnete, sein Bruder Hattusilis müsse sich vor Gericht verantworten, »durch das heilige Rad« (eine Prozedur oder Tortur, deren Natur ungewiß ist). »Jedoch«, erklärt der Bericht des beabsichtigten Opfers, »meine Herrin Ishtar erschien mir im Traum; im Traum sagte sie folgendes zu mir: ›Soll ich dich einer feindlichen Gottheit aussetzen? Habe keine Angst!‹ Und mit Hilfe der Göttin wurde ich freigesprochen; denn die

Göttin, meine Herrin, hielt mich bei der Hand; sie überließ mich nie einer feindlichen Gottheit oder einem bösen Urteil.«

Laut zahlreicher königlich hethitischer Annalen aus dieser Zeit, gab die Göttin Ishtar ihre Unterstützung von Hattusilis III in seinem Kampf um den Thron gegen seinen Bruder Mutawallis in verschiedenen Orakel-Träumen bekannt. In einem Bericht wurde die Behauptung aufgestellt, daß die Göttin ihm in einem Traum von Hattusilis Frau den hethitischen Thron versprach – einer Frau, die laut einer anderen Aufzeichnung, mit ihm »auf Geheiß der Göttin Ishtar verheiratet war; die Göttin vertraute ihn mir in einem Traum an.« In einem dritten Traumbericht wird über Ishtar gesagt, sie sei Urhi-Teshub erschienen, dem Erben, von Mutawallis zu seinem Nachfolger bestimmt, und habe ihm in einem Traum gesagt, daß all seine Anstrengungen, Hattusilis Pläne zu durchkreuzen, vergeblich seien: »Sinnlos hast du dich selbst erschöpft, denn ich, Ishtar, habe das ganze Land der Hethiter an Hattusilis übergeben.«

Hethitische Traumberichte spiegeln, zumindest soweit sie bis jetzt gefunden wurden, die Wichtigkeit wider, die der ordentlichen Überwachung der Riten und der Erfordernis der Verehrung beigemessen wurde. In einem entdeckten Text, »einem Traum seiner Majestät, dem König« wird folgendes berichtet: In dem Traum sagte die Herrin Hebat-Die-Richtet (die Gattin von Teshub) wieder und wieder zu seiner Majestät, ›Wenn der Sturmgott vom Himmel kommt, sollte er dich nicht knauserig vorfinden‹.« Während der König träumte, antwortete er, er habe ein goldenes Ritualobjekt für den Gott gemacht. Aber die Göttin sagte: »Es ist nicht genug!« Dann betrat ein anderer König, der König von Hakmish, die Traumkonversation und sagte zu seiner Majestät: »Warum hast du die Huhupal-Instrumente und die Lapis-Lazuli Steine, die du Teshub versprochen hast, nicht hergegeben?«

Als der hethitische König von diesem Dreiergespräch-Traum erwachte, berichtete er ihn der Priesterin Hebatsum. Und sie sagte, der Traum bedeute, daß »Du die Huhupal-Instrumente und die Lapis-Lazuli Steine dem großen Gott geben mußt.«

Uncharakteristischerweise für die Aufzeichnung von königlichen Traumberichten im alten Nahen Osten, haben einige der hethitischen mit Träumen von Königinnen zu tun, weiblichen Mitgliedern der königlichen Familie. Eine solche Aufzeichnung, die mit der einführenden Aussage »Ein Traum der Königin« beginnt, erklärt, daß »die Königin in einem Traum der Göttin Hebat gegenüber einen Schwur geleistet hat.« In diesem Traum-Schwur sagte die Königin zur Göttin: »Wenn du, meine Herrin, Göttliche Hebat, den König gut machen wirst und ihn nicht dem Bösen übergibst, dann mache ich für die göttliche Hebat eine goldene Statue und eine Rosette aus Gold, und für deine Brust werde ich ebenso einen goldenen Brustschmuck machen.«

In noch einem anderen Beispiel war das aufgezeichnete Ereignis ein unidentifizierter Gott, der der Königin im Traum erschien – vielleicht der gleichen Königin, die um Hebats Eingreifen ersuchte, um ihren kranken königlichen Gatten zu heilen. In dem Traum sagte der Gott der Königin »hinsichtlich der Angelegenheit, die dir schwer am Herzen liegt, deinen Ehemann betreffend: Er wird leben; ich werde ihm 100 Jahre geben.« Dies hörend, machte die Königin in ihrem Traum folgenden Schwur: »Wenn du dies für mich tust und mein Mann am Leben bleibt, werde ich den Göttern drei Harshialli-Behälter geben, einen mit Öl, einen mit Honig und einen mit Früchten.«

Die Krankheit des Königs muß der Königin tatsächlich schwer zu Herzen gegangen sein, denn in einer dritten Traumaufzeichnung berichtet die Königin, daß jemand, den sie nicht sehen konnte, in diesem Traum wieder und wieder zu ihr sagte: »Leiste der Göttin Ningal« (der Gattin von Nannar/Sin) »einen Schwur« , verspreche der Göttin Ritualobjekte aus Gold, verziert mit Lapis-Lazuli, wenn der König sich erholt. Hier wird die Krankheit als »Feuer der Füße« beschrieben.

In einem anderen Teil von Kleinasien, in Lydien, wo griechische Städte ihre Blüte erlebten, hatte ein König namens Gyges – laut seinem Gegenspieler, dem assyrischen König Ashurbanipal – eine Traumvision. Darin wurde dem schlafenden König eine Inschrift gezeigt mit dem Namen Ashurbanipal. Die göttliche Botschaft besagte: Beuge dich vor den Füßen von Ashurbanipal, dem König von Assyrien; dann wirst du deine Feinde besiegen nur durch Erwähnung dieses Namens.«

Laut der Inschrift in den Annalen des assyrischen Königs sandte König Gyges, »noch am gleichen Tag, an dem er den Traum gehabt hatte, einen Reiter, um mir Gutes zu wünschen und mir den Traum zu melden; und von Tag an verbeugte er sich vor meinen königlichen Füßen. Er besiegte die Cimminiten, die die Einwohner dieses Landes schikanierten«.

Das Interesse des assyrischen Königs an und die Aufzeichnung von dem Traum eines fremdem Königs ist nichts anderes, als ein Abbild darüber, in welchem Ausmaß die Assyrer an die Macht von Träumen als Form Göttlicher Begegnungen glaubten. Die Erscheinungen und Orakel, von königlichen Träumen übermittelt, waren ein Phänomen, nach dem von den assyrischen Königen eifrig gesucht und berichtet wurde; das Gleiche gilt für die Könige ihres Nachbarn und Rivalen Babylonien.

Ashurbanipal selbst (686-626 v.Chr.) berichtete in seinen ausführlichen Annalen, in Tonprismen gebrannt (wie dieses eine, das sich jetzt im Louvre Museum befindet, Abb. 81) und zeichnete viele Traumerfahrungen auf; oft waren sie von anderen als ihm selbst, so wie im Fall von König Gyges.

In einem Beispiel war es eine Aufzeichnung eines Priesters, der schlafen ging und mitten in der Nacht »folgenden Traum hatte: Es stand geschrieben auf dem Sockel von Gott Sin; der Gott Nabu, der Schreiber der Welt, las die Inschrift wieder und wieder: ›Über die, die etwas Böses gegen Ashurbanipal, den König von Assyrien, planen und zu Feindseligkeiten greifen, werde ich elenden Tod bringen, ich werde ihren Leben ein Ende setzen mit einem schnellen Eisendolch, einer Feuersbrunst, Hunger und Krankheit‹.« Ein Postskriptum von Ashurbanipal über diesen Traumbericht besagt: »Diesen Traum hörte ich und lege mein Vertrauen in das Wort meines Herrn Sin.«

In einem anderen Beispiel wurde behauptet, daß ein- und derselbe Traum – Vision wäre wohl der bessere Begriff – von einer ganzen Armee erfahren wurde. In der entsprechenden Aufzeichnung erklärt Ashurbanipal, daß der Fluß Idide, als die Armee ihn erreichte, zum wütenden, reißenden Strom geworden war und die Soldaten Angst hatten, eine Durchquerung zu versuchen. »Aber die Göttin Ishtar, die in Arbela wohnt, ließ meine Armee mitten in der Nacht einen Traum haben.« In diesem Massentraum oder dieser Vision hörte man Ishtar sagen: »Ich werde Ashurbanipal, den ich selbst erschaffen habe, vorangehen.« Die Armee, so fügt Ashurbanipal als Postskript hinzu, »verließ sich auf diesen Traum und durchquerte den Fluß sicher.« (Historische Daten bestätigen eine Querung dieses Flusses von Ashurbanipals Armee ca. 648 v.Chr.)

In der Einleitung zu einem anderen Traum, seine Regierung betreffend, beansprucht Ashurbanipal, daß der Traum eines Priesters der Göttin Ishtar das Ergebnis einer vorherigen akkustischen Kommunikation zwischen der Göttin direkt und dem König selbst war. »Die Göttin Ishtar hörte mein sorgenvolles Seufzen und sagte zu mir, ›Fürchte dich nicht... so oft, wie du die Hände im Gebet erhoben hast und deine Augen mit Tränen gefüllt sind, habe ich Erbarmen mit dir‹.«

Es war während genau dieser Nacht der oben beschriebenen Erscheinung, daß »ein Seher-Priester zu Bett ging und einen Traum hatte; als er mit einem Mal erwachte, gab ihm Ishtar eine Nacht-Vision.« Wie der Priester Ashurbanipal berichtete, sah er in der nächtlichen Vision dies: »Die Göttin Ishtar, die in Arbela wohnt, kam herein; Köcher hingen zu ihrer Rechten und Linken; sie hielt den Bogen in ihrer Hand; ihr scharfes Schwert war für die Schlacht gezogen. Du standest vor ihr, und sie sprach zu dir wie eine echte Mutter.« Dann, berichtete der Priester, hörte er in der Nacht-Vision Ishtar zum König sagen: »Warte mit dem Angriff; wohin immer du auch gehst, werde ich dir vorangehen... Bleibe hier, esse, trinke Wein und sei fröhlich und preise meine Göttlichkeit, während ich vorausgehen werde und die Aufgaben vollbringe, um die du gebeten hast.« Dann fuhr der Priester fort, die Vision zu beschreiben: Die Göttin umarmte den König und umgab ihn mit ihrer schützenden Aura; ihr Antlitz schien wie Feuer und sie verließ den Raum.« Die Vision, so sagte der Seher-Priester dem König, bedeute, daß Ishtar an seiner Seite sein würde, wenn er gegen den Feind marschiere. Das Bild einer bewaffneten Ishtar und kriegsgleichen, strahlenaussendenden Göttin wurde in zahlreichen alten Darstellungen wiedergegeben (Abb. 82).

Die Annalen von Ashurbanipal, der beansprucht, daß sich unter seinem großen Wissen auch die Fähigkeit befindet, Träume zu interpretieren, sind reich an Hinweisen auf Orakel – wahrscheinlich durch Träume, obwohl dies nicht näher erläutert wird – die ihm von diesem oder jenem »der großen Götter, meiner Herrn« in Zusammenhang mit seinen militärischen Feldzügen, gegeben wurden. Sein Interesse an Träumen und ihrer Interpretation brachte ihn dazu, auch Staatsarchive aufbauen zu lassen, mit Aufzeichnungen über Orakel-Träume aus vergangener Zeit. Wir erfahren durch den Bericht eines Archivars mit Namen Marduk-shum-usur, daß sein Großvater Sennacherib einen Traum hatte, in dem der Gott Ashur (Abb. 83), Assyriens Nationalgott, ihm erschien und sagte: »O Weiser, König, König der Könige: Du bist der Nachkomme des weisen Adapa; du übertriffst alle Menschen von Aspu (Enkis Hoheitsgebiet) an Wissen.«

Im gleichen Bericht teilt der Archivar, der offenbar als Omen-Priester ausgebildet war, Ashurbanipal auch die Umstände mit, die seinen Vater Esarhaddon veranlaßten, in Ägypten einzufallen.

Es war, als »dein Vater Esarhaddon in der Region von Harran war, daß er einen Tempel aus Zedernholz sah und hineinging und innen den Gott Sin auf einen Stock gelehnt sah, zwei Kronen haltend.« Der Gott Nusku, der göttliche Bote der Götter, »stand dort vor ihm; als der Vater des Königs eintrat, setzte der Gott eine Krone auf seinen Kopf und sagte, ›Du wirst in Länder gehen, worin du siegen wirst‹. Dein Vater machte sich auf und eroberte Ägypten.«

Obwohl der Text dies nicht explizit aussagt, wird angenommen, daß der Zwischenfall im Tempel von Harran auch ein Traum war, ein Visions-Traum, den Esarhaddon sah. In der Tat weisen die historischen und religiösen Texte aus dieser

Zeit darauf hin, daß Nannar/Sin Mesopotamien verlassen hatte, nachdem Sumer verwüstet worden war und Marduk nach Babylonien zurückgekehrt war, um Souveränität »auf Erden und im Himmel« zu beanspruchen (2024 v.Chr. nach unserer Kalkulation). Harran, wo Esarhaddon das großzügige Orakel vom abwesenden Gott erhalten hatte, war ein Zwillings-Kultzentrum von Nannar/Sin, das dem von Nannar/Sins hauptsächlichem Zentrum in Sumer – der Stadt Ur – nachempfunden war. Nach Harran hatte Abrahams Vater, der Priester Terah, seine Familie gebracht, als sie Ur verließ. Und wie wir sehen werden, wurde Harran wieder berühmt, als Traum-Omen und wirkliche Ereignisse wiederum den Lauf der Geschichte veränderten.

Wie von biblischen Propheten vorhergesagt, lag das mächtige Assyrien, die Geißel der Nationen, niedergestreckt vor den achäminidischen (persischen) Eindringlingen, die Ninive 612 v.Chr. überrannten. In Babylon sprang Nebukadnezar, befreit von assyrischen Zwängen in die Lücke, ergatterte Land nah und fern und zerstörte den Tempel von Jerusalem. Aber die Tage von Babylon waren ebenso gezählt, und das Ende war dem hochmütigen König in einer Reihe von Träumen vorausgesagt. Wie in der Bibel aufgezeichnet (Daniel, Kap. 2), hatte Nebukadnezar einen beunruhigenden Traum. Er rief die »Magier, Seher, Zauberer und Chaldäer (d.h. Astrologen) zu sich und bat sie, den Traum zu interpretieren – jedoch ohne ihnen den Traum zu erzählen. Unfähig, dies tun zu können, ordnete er ihre Exekution an. Aber dann wurde Daniel vor den König gebracht und erweckte die Mächte des «Gottes im Himmel, der Geheimnisse enthüllt.« Der Scharfrichter sollte innehalten, denn Daniel erriet zuerst den Traum und löste dann seine Bedeutung. »In deiner Vision«, sagte er dem König, »sahst du eine sehr große Statue, äußerst hell, beängstigend in ihrer Erscheinung, vor dir stehen.« Der Kopf der Statue war aus Gold, ihre Brust und Arme aus Silber, ihr Bauch und ihre Oberschenkel aus Bronze, ihre Beine aus Eisen und die Füße teils aus Eisen und teils aus Ton. Dann erschien ein Stein, den niemandes Hand hielt und schlug die Statue in Stücke; die Stücke verwandelten sich in Spreu, die vom Wind ins Vergessen geblasen wurde; und der Stein verwandelte sich in einen großen Berg.

»Dies ist der Traum«, sagte Daniel, und hier ist seine Bedeutung: Die Statue repräsentiert das große Babylon; der goldene Kopf ist Nebukadnezar; nach ihm werden drei geringere Könige kommen; und am Ende wird alles wie Streu weggewischt werden, und ein anderer König von irgenwoher wird sich zu Größe erheben.

Nebukadnezar hatte daraufhin einen zweiten Traum. Er rief die Seher zu sich, einschließlich Daniel. In »Visionen, als er im Bett lag«, sagte der König, sah er einen großen Baum, der immer weiter wuchs, bis er zu den Himmeln reichte; es war ein Früchte gebender und Schatten spendender Baum. Plötzlich:

In der Vision, am Kopfende meines Bettes,
kam ein Wächter, ein Heiliger herunter vom Himmel.
Er schrie laut auf und sagte:
›Schneide diesen Baum nieder, und hacke seine Äste ab,
Streife seine Blätter ab, und zerstreue seine Früchte,
laß die Tiere seinen Schatten fliehen und die Vögel seine Äste;
aber lasse im Boden seinen Stumpf und seine Wurzeln.‹

Und Daniel sagte dem König, daß er, Nebukadnezar, der Baum war; und die Vision war ein Orakel über zukünftige Ereignisse – das Ende von Nebukadnezar, verurteilt, seinen Verstand zu verlieren und durch die Felder zu streifen, wie windgeblasene Blätter und wie die wilden Tiere zu essen. Die Überlieferung sagt aus, daß Nebukadnezar tatsächlich verrückt wurde und sieben Jahre nach diesem Orakel-Traum starb (562 v.Chr.).

Wie vorausgesagt, waren seine drei Nachfolger kurzlebige Könige, untergegangen und umgebracht in einer Reihe von Rebellionen. In die Bresche sprang die Hohepriesterin des Tempels von Sin in Harran; und in einer Reihe von Bitten und Gebeten an Sin hatte sie diesen Gott überredet, nach Harran zurückzukehren und die Übernahme der Königsschaft durch ihren Sohn Nabunaid (obwohl er nur entfernt verwandt war mit der assyrischen Königslinie) abzusegnen. Dies hatte zum Resultat, daß der letzte tatsächliche König von Babylonien und seine Träume das Ende der mesopotamischen Zivilisation mit Harran verband. Man schrieb das Jahr 555 v.Chr.

Um als Nicht-Babylonier und Anhänger von Sin in Babylon zu regieren, bedurfte es der Zustimmung von Marduk und einer Wiederannäherung zwischen diesem Sohn Enkis und dem Sohn von Enlil (Sin). Der Doppelsegen und die Wiederannäherung wurden mit Hilfe verschiedener Träume von Nabunaid bestätigt – vielleicht herbeigeführt –. Sie waren so bedeutend, daß er sie zur Kenntnis aller auf Stelen aufzeichnete.

Die Omen-Träume von Nabunaid hatten einige ungewöhnliche Merkmale. In wenigstens zweien traten Planeten in Erscheinung, die Gottheiten repräsentierten. In einem anderen nahm die Erscheinung eines toten Königs am Geschehen teil, und der Traum war in zwei Teile unterteilt, als Möglichkeit, einen Traum im Traum zu erzählen.

Im ersten dieser aufgezeichneten Träume sah Nabunaid »den Planeten Venus, den Planeten Saturn, den Planeten Ab-Hal, den Scheinenden Planeten und den Großen Stern, die großen Zeugen, die im Himmel wohnen.« Er (im Traum) stellte Altare für sie auf und betete für dauerndes Leben, beständige Regeln und eine günstige Antwort von Marduk auf seine Gebete. Im selben Traum, oder in einer Fortsetzung dazu – »legte er sich dann nieder und erblickte in einer nächtlichen Vision die Große Göttin, die die Gesundheit wiederherstellt und Leben über den Tod verleiht.« Er betete zu ihr auch um dauerndes Leben »und bat darum, daß sie ihr Gesicht zu mir wenden möge«; und

Sie wendete es tatsächlich
und sah stetig auf mich
mit ihrem scheinenden Gesicht
und erwies mir so ihre Gnade.

In der Präambel zum Bericht eines anderen Traumes erklärt Nabunaid, daß er beunruhigt war hinsichtlich der Konstellation des Großen Sterns und des Mondes«, den himmlischen

Gegenstücken zu Marduk und Nannar/Sin. Dann fuhr er fort den Traum zu erzählen:

Im Traum stand die Erscheinung eines Mannes plötzlich neben mir.
Er sagte zu mir: ›Es gibt keine bösen Vorzeichen in der Konstellation‹.
Im selben Traum erschien mir Nebukadnezar, mein königlicher Vorgänger.
Er stand mit einem Begleiter auf einem Streitwagen.
Der Begleiter sagte zu Nebukadnezar: ›Sprich
zu Nabunaid, so daß er dir den Traum berichtet, den er gerade hatte‹.
Nebukadnezar hörte ihm zu und sagte zu mir: ›Erzähl
mir welche guten Omen du gesehen hast‹.
Ich antwortete ihm, indem ich sagte, ›In meinem Traum sah ich mit Freude
den Großen Stern und den Mond. Und der Planet von Marduk,
hoch oben am Himmel, rief mich bei meinem Namen‹.

Die Konstellation der himmlischen Gegenspieler Marduk und Sin brachten auf diese Weise die Übereinkunft beider zum Aufstieg Nabunaids auf den Thron zum Ausdruck.

Der dritte Traum trieb die Wiederannäherung zwischen Marduk und Sin sogar noch weiter. In ihm wurden »die großen Götter« Marduk und Sin gesehen, wie sie zusammenstanden und Marduk den König tadelte, warum er mit dem Wiederaufbau von Sins Tempel in Harran noch nicht begonnen habe. In dem Zwiegespräch erklärte Nabunaid, daß er dies nicht tun könne, weil die Medier die Stadt belagerten. Woraufhin Marduk den Untergang des Feindes durch die Hand von Zyrrus voraussagte, den achäminidischen König. Dies hat später tatsächlich stattgefunden, notierte Nabunaid in einem Postscriptum zum Bericht dieses Traumes.

Darum kämpfend, das auseinanderfallende Reich zusammenzuhalten, berief Nabunaid seinen Sohn Belhazar zum Regenten von Babylon. Aber da, mitten in einem Bankett, abgehalten um den Aufruhr zu vergessen, erschien die Handschrift an der Wand. Mene, mene tekel u Pharsin lautete es – die Tage von Babylonien sind gezählt, das Königreich wird geteilt werden und an die Meder und Perser übergeben werden. 539 v.Chr. fiel die Stadt an den achäminitischen (persischen) König Zyrrus. Eine seiner ersten Handlungen war, die Rückkehr von Exilanten in ihre Länder zu erlauben und ihnen die Freiheit zu gewähren, in den Tempeln ihrer Wahl Gottesdienste vorzunehmen – ein Erlaß der auf dem Zylinder des Zyrrus (Abb. 84), jetzt im britischen Museum in London, aufgezeichnet ist. Für die jüdischen Exilanten veröffentlichte er eine spezielle Proklamation, die ihnen die Rückkehr nach Judäa gestattete und den Wiederaufbau des Tempels von Jerusalem; er tat dies, gibt die Bibel an, weil ihm von »Jahwe, dem Gott des Himmels befohlen war, so zu handeln.

Träumen auch Götter?

Träumen auch alle Tiere, wenn sie schlafen? Oder nur Säugetiere, oder nur Primaten – oder ist das Träumen der Menschheit vorbehalten?

Wenn ja, was der Fall zu sein scheint, ist das Träumen wirklich eines der einzigartigen Talente und eine der Fähigkeiten, die der Mensch nicht durch die Evolution alleine erworben hat, sondern es scheint Teil der genetischen Hinterlassenschaft zu sein, die uns von den Anunnaki vermacht wurde. Aber um so zu handeln, mußten sie selbst in der Lage sein zu träumen. Waren sie das?

Die Antwort ist Ja.

Auch die Anunnaki »Götter« hatten Orakel-Träume.

Ein Beispiel ist der Orakel-Traum, in dem Dumuzi, der Sohn von Enki, der Ishtar, der Enkelin von Enlil versprochen war, in einem Traum seinen eigenen Tod voraussah, diese Anunnaki-Version von »Romeo und Julia« zu einem tragischen Ende bringend. Der Text, betitelt mit »Sein Herz war gefüllt mit Tränen« erzählt, wie Dumuzi, der seine eigene Schwester Geshtinanna vergewaltigt hatte, sich schlafen legt und Alpträume hat. Er träumt, daß ihm all seine Statussymbole und Besitztümer von einem »prinzgleichen Vogel« und einem Falken, eines nach dem anderen, weggenommen werden. Am Ende sieht er sich tot inmitten seiner zerschlagenen Schafspferche liegen.

Nachdem er aufgewacht war, fragte er seine Schwester nach der Bedeutung des Traumes. »Mein Bruder«, sagte sie, »dein Traum ist nicht günstig.« Er sagte seine Gefangennahme durch »Banditen« voraus, die ihm Handschellen anlegen und seine Arme binden werden. Tatsächlich kommen bald »böse Sheriffs«, die Dumuzi auf Anordnung seines älteren Bruders Marduk gefangennehmen. Eine Geschichte um Entkommen und Verfolgen entbrennt; am Ende findet sich Dumuzi unter seinen Schafspferchen, wie er dies im Traum gesehen hatte. Als der böse Gallu ihn ergreift, wird Dumuzi versehentlich im Kampf getötet; und wie er es im Traum gesehen hat, liegt sein lebloser Körper zwischen den kaputten Holzteilen.

In den kanaanitischen Texten über Ba'al und Anat ist es die Göttin Anat, die in einem Omen-Traum den leblosen Körper von Ba'al sieht, und ihr wird mitgeteilt, wo er sich befindet, so daß sie versuchen könnte, den toten Gott zu retten und wiederzubeleben.

11. Engel und andere Abgesandte

Eine nächtliche Vision, eine UFO-Sichtung und die Erscheinung von Engeln fallen in einem der faszinierendsten Traum-Berichte der Bibel, bekannt als Jakobs Traum, zusammen. Es war eine äußerst bedeutungsvolle Göttliche Begegnung, denn darin schwor Jahwe selbst, Jakob, den Sohn Isaaks und Enkel Abrahams, zu schützen, ihn und seinen Samen zu segnen und ihm und seinen Nachkommen das Gelobte Land für immer zu geben.

Die Umstände, die zu dieser Göttlichen Begegnung führten, in der Jakob die Engel des Herrn – in einer Vision – in Aktion sah, war Jakobs Reise von Kanaan, wo sich seine Familie in Harram angesiedelt hatte, als Abraham weiter südwärts, Richtung Sinai und Ägypten gegangen war. Darauf bedacht, daß sein Sohn Jakob, auf dem die göttlich bestimmte Nachfolge ruhte, keine ungläubige Kanaanitin heiraten würde, »rief Isaak Jakob, segnete ihn und befahl: Du sollst nicht eine Frau von den Töchtern Kanaans nehmen; erhebe dich, gehe nach Padan-Aram, zum Haus des Bethuel, deiner Mutter Vater und nehme dir von da eine Ehefrau aus den Töchtern Labans, deiner Mutter Bruder.«

Harran, man wird sich erinnern, war eine Zwischenstation (was der Bedeutung des Namens entspricht), auf der nördlichen Route von Mesopotamien zu den Mittelmeerländern, und von da nach Ägypten. An diesem Ort blieb Abraham mit seinem Vater Terah, bevor ihm befohlen wurde, sich nach Süden aufzumachen; und dort war es, wo Esarhaddon (etwa fünfzehnhundert Jahre später) das Orakel empfing, nach Ägypten einzufallen und Nabunaid als König über Babylon gewählt wurde. (Harran, das noch immer seinen alten Namen trägt, ist noch immer eine größere Stadt in der südlichen Türkei; aber seit Moslem Schreine auf den alten Erhebungen errichtet wurden, mit der Hauptmoschee da, wo der alte heilige Bezirk war (Abb. 85), ist es Archäologen untersagt, dort Ausgrabungen vorzunehmen. Aber zahlreiche bauliche Überbleibsel werden noch immer mit Abraham in Verbindung gebracht, und eine Quelle nordwestlich der Stadt wird Jakobs Quelle genannt – s. anschließende Erzählung).

Als Jakob seinen nordwärts gerichteten Zug von Beersheba aus startete, erreichte er am Ende eines Tages einen Ort, wo sein Großvater Abraham, einstmals auf seiner Reise in die Gegenrichtung von Harran nach Beersheba, kampierte. Müde legte sich Jakob im steinigen Feld nieder. Was folgte läßt sich am Besten mit der Bibel eigenen Worten wiedergeben (Genesis Kap.28):

Und Jakob ging hinaus aus Beersheba und ging nach
Harran. Und er erreichte einen bestimmten Platz und legte sich
da schlafen, denn die Sonne war untergegangen. Und er entfernte die Steine
von diesem Platz und legte sie, um seinen Kopf darauf zu betten,
und er legte sich an diesem Platz nieder.
Und er träumte und erblickte eine Leiter aufgestellt auf
dem Boden, und ihre Spitze reichte hinauf in den Himmel.
Und siehe:
Engel des Elohim gingen hinauf und kamen daran herunter.
Und siehe, da stand Jahwe auf ihr, und
er sprach: »Ich bin Jahwe, der Elohim von Abraham,
deinem Vorfahren, und der Elohim von Isaak. Das Land, auf
dem du liegst, dir werde ich es geben und deiner Saat.
Und deine Saat soll sich verbreiten, wie Staub auf dem Boden,
nach Westen und Osten und nördlich und südlich; und
in dir und in deiner Saat sollen all die Gemeinschaften der
Erde gesegnet sein. Siehe, ich bin mit dir; ich werde dich
schützen, wohin immer du gehen mögest, und ich werde
dich zurückbringen in dieses Land. Ich werde dich nicht verlassen,
bis ich das getan habe, was ich dir sage.«
Und Jakob erwachte aus seinem Schlaf und sagte: »Fürwahr
Jahwe ist gegenwärtig an diesem Platz, und ich wußte es nicht.«

Und er fürchtete sich und sagte: »Wie überwältigend ist dieser Platz!
Dies ist nichts anderes als eine Wohnstatt der Elohim und dies
ist das Tor zum Himmel!«
Und Jakob stand früh am Morgen auf und nahm den Stein,
den er als Kissen verwendet hatte und stellte ihn als Säule auf
und goß Öl auf ihre Spitze und gab dem Platz den Namen Beth-El.«

In dieser Göttlichen Begegnung, in einer nächtlichen Vision, sah Jakob das, was wir heutzutage zweifellos ein UFO nennen würden; es war für ihn kein UNidentifiziertes Flugobjekt; er erkannte sehr wohl, daß seine Insassen oder Betreiber göttliche Wesen waren, »Engel des Elohim«, und ihr Herr oder Kommandeur niemand anderer als Jahwe selbst, »der darauf stand.« Was er gesehen hatte, ließ bei ihm keinen Zweifel daran zurück, daß der Ort ein »Tor zum Himmel« war – ein Platz, von dem aus die Elohim zum Himmel aufsteigen konnten. Die Wortwahl ist der verwandt, die für Babylon benützt wurde (Bab-Ili, »Tor der Elohim«), wo der Zwischenfall mit der Startrampe, »deren Kopf zum Himmel reichen wird«, stattgefunden hatte.

Der Kommandeur stellte sich Jakob gegenüber selbst als »Jahwe, der Elohim« vor – der DIN.GIR – »von Abraham, deinem Vorfahren und der Elohim von Isaak.« Die Betreiber der »Leiter« werden identifiziert als »Engel der Elohim«, nicht einfach als Engel; und Jakob, der bemerkte, daß er unwissentlich über eine Stätte gestolpert war, die von diesen göttlichen Aeronauten verwendet wurde, benannte den Ort Beth-El (»Das Haus von El«), wobei El der Singular von Elohim ist.

Ein paar Worte über Etymologie und damit über die Identität dieser »Engel« sind erforderlich.

Die Bibel ist darum bemüht, die Untergebenen der Gottheit als »Engel der Elohim« und nicht einfach als »Engel« zu identifizieren, denn der hebräische Begriff Mal'akhim bedeutet überhaupt nicht »Engel«; wörtlich bedeutet er »Abgesandte«;

und der Begriff wird in der Bibel für ausgebildete, menschliche Abgesandte aus Fleisch und Blut verwendet, die eher königliche als göttliche Botschaften transportierten. König Saul sandte Mal'akhim (gewöhnlich als »Boten« übersetzt), um David (I Samuel 16:19) zu holen; David sandte Mal'akhim (ebenso mit »Bote« übersetzt) zum Volk von Jabesh Gilead, um sie zu informieren, daß er zum König gesalbt worden war (II Samuel 2:5); König Ahaz von Judea sandte Mal'akhim (»Abgesandte«) zum assyrischen König Tiglat-Pileser um Hilfe zur Abwehr von Feindesattacken (II Könige 16:7) – und so weiter.

Etymologisch gesehen stammt der Begriff aus derselben Wurzel wie Mela'kha, was variabel als »Arbeit«, »Handwerk«, »Kunstfertigkeit« übersetzt worden ist. Die Bibel benützt den Begriff in dieser Ableitung, in Zusammenhang mit der »Weisheit und dem Verstehen«, das Jahwe Bezalel gab, um fähig zu sein, die Melakha ausführen zu können, die zum Bau des Tabernakels und der Bundeslade in der Wildnis von Sinai erforderlich war. So kennzeichnete ein Mal'akh (der Singular von Mal'akhim) nicht einen einfachen Boten, sondern einen speziellen Abgesandten, ausgebildet und qualifiziert für die Aufgabe und ausgestattet mit Ermessensspielraum (wie ein Ambassador ihn haben würde). Der Hinweis auf den folgenden Seiten bezieht sich auf »Engel der Elohim«, die göttlichen Abgesandten.

Die Geschichte von Jakob ist durchzogen von Orakel-Träumen und Begegnungen mit Engeln – und setzt damit, wie wir sehen werden, die Erfahrungen der Patriarchen, seines Großvaters Abraham und seines Vaters Isaak, fort.

Als er Rachel bei der Wasserquelle auf den Weiden von Harran trifft und entdeckt, daß sie die Tochter seines Onkels Laban ist, erbittet Jakob Labans Erlaubnis, sie zu heiraten. Der Onkel willigte ein, wenn Jakob ihm im Gegenzug sieben Jahre dienen würde; aber als er dies tat, ließ Laban ihn erst seine ältere Tochter Lea heiraten und forderte, daß er ihm weitere sieben Jahre diene, um Rachel als zweite Frau zu bekommen. Auf Grund des Insistierens von Laban, »blieb Jakob, seine Frauen, die Kinder, die sie ihm gebaren und die

Herde, die er vermehren konnte, blieb und blieb 20 Jahre lang«.

Dann, eines Nachts, hatte Jakob einen Traum. Im Traum sah er »Schafsböcke unter der Herde herumspringen, und sie waren gestreift, gesprenkelt und graumeliert.« Erstaunt über das, was er sah, erhielt Jakob dann, im zweiten Teil des Traums, in dem ein »Engel der Elohim« erschien und seinen Namen rief, ein göttliches Orakel. »Und Jakob sagte: Hier bin ich. Und der Engel sagte: Erhebe deine Augen und sehe auf alle Böcke, die in der Herde herumspringen; sie sind gestreift und gesprenkelt und graumeliert, denn ich habe alles gesehen, was Laban dir getan hat. Ich bin der El von Beth-El, dem Platz, wo du eine Säule salbtest... Nun erhebe dich und bringe dich aus diesem Land und kehre zurück zum Land deiner Geburt.«

So sammelte Jakob, indem er gemäß dem Traum-Orakel handelte, seine Familie und seine Habseligkeiten ein und ergriff die Gelegenheit, als Laban zum Scheren der Schafe wegging, und verließ Harran in Eile. Als die Nachricht Laban erreichte, war er außer sich. »Aber Elohim kam zu Laban, dem Aramäer, in einem nächtlichen Traum und sagte zu ihm: Beherzige dies! Spreche weder Drohungen noch süße Reden zu Jakob.« So ermahnt, stimmte Laban am Ende Jakobs Abreise zu, und die beiden setzten einen Stein, der als Grenze zwischen ihnen diente und von keinem der beiden im Zorn überschritten werden sollte. Zur Bezeugung der Vertragseide wurden die Elohim als Garanten bemüht.

Das Aufstellen solcher Grenzsteine entspricht den Gebräuchen bis zum heutigen Tag. Kudurru ganannt, waren sie an der Spitze gerundet; die Daten der Grenzabsprache wurden auf ihnen notiert und endeten mit dem Beeiden und dem Anführen der Götter beider Seiten als Garanten des Vertrages; manchmal wurden die Symbole der himmlischen Pendants der angeführten Gottheiten nahe bei oder auf den gerundeten Steinoberseiten eingraviert (Abb. 86). Es läßt daher auf die Genauigkeit der Bibel-Beschreibung des Ereignisses rückschließen, wenn diese (Genesis 31:53) behauptet, daß »die Elohim von Abraham und die Elohim von Nahor über uns urteilen sollen, die Elohim von ihrem Vater.« Während der Name von Abrahams Gott Jahwe nicht erwähnt wird, wird eine Unterscheidung gemacht zwischen Ihm und den Göttern seines Bruders Nahor (der in Harran zurückgeblieben war); laut Laban waren alle von ihnen, Elohim, von ihrem Vater Terah.

Die biblischen Daten lassen vermuten, daß die Lieblingsroute der Patriarchen zwischen dem Negev (dem südlichen Teil von Kanaan, an die Sinaihalbinsel angrenzend), von dem Beersheba die bedeutendste Stadt war (und noch ist), eine Überquerung des Jordan mit einschloß; das deutet an, daß der Weg der Könige östlich des Flusses benutzt wurde, (eher, als der Weg der See, an der Küste – s. Karte). Als Jakob, der mit seiner Familie, Gefolge und Herden südwärts reiste, einen Platz erreichte, wo der Yabbok-Nebenfluß eine einfachere Passage durch die Berge zum Jordan geschaffen hatte, fand seine nächste Begegnung mit den Mal'akhim stattfand. Dieses Mal jedoch war es weder in einem Traum noch in einer Vision: es war eine Begegnung von Angesicht zu Angesicht!

Über das Ereignis wird in Kapitel 32 der Genesis berichtet:

Als Jakob auf seinem Weg ging,
begegneten ihm Engel der Elohim.
Und als Jakob sie sah, sagte er:
»Es ist ein Lager der Elohim!«
Und er nannte den Platz Mahana'im
(der Platz zweier Lager).

Das Ereignis ist hier nur in zwei Versen wiedergegeben, bildet bedeutenderweise jedoch eine eigene Abteilung in den formalen Beschreibungen der Bibel. In den folgenden Versen wird die darauffolgende, aber nicht in Zusammenhang stehende Geschichte von Jakobs Treffen mit seinem Bruder Esau erzählt.

Die Art und Weise, in der die alten Bearbeiter der Schriften diese zwei Verse behandelten, bringt in Erinnerung, wie über die Nefilim in Kapitel 6 der Genesis (die der Geschichte von Noah und der Arche vorausgeht) erzählt wurde, wo der Abschnitt eindeutig ein zurückbehaltener Rest eines längeren

Textes ist. Bei dem Hinweis auf die Begegnung mit einer tatsächlichen Gruppe oder Truppe Göttlicher Abgesandter muß es auch so sein – zwei Verse, die erhalten blieben aus einer längeren und detailierteren Aufzeichnung.

Die alten Bearbeiter der Genesis müssen die kurze Erwähnung wegen der nachfolgenden Episode zurückgehalten haben, die hinzugefügt werden mußte, weil sie erklärt, warum Jakobs Name in »Israel« geändert wird.

Als er den Yabbok zur Überquerung erreicht hatte und unsicher war, wie sich sein Bruder Esau verhalten würde, angesichts des Umstands, seinen Rivalen zum Antritt der Nachfolge heimkehren zu sehen, begann Jakob, sein Gefolge nach und nach vorauszuschicken. Schließlich verblieben nur er, seine beiden Frauen und zwei Kammerzofen und seine elf Kinder für die Nacht im Lager; so nahm Jakob sie im Schutz der Dunkelheit »und ließ sie den Fluß überqueren und brachte alles, was geblieben war, hinüber.«

Da ereignete sich die unerwartete Göttliche Begegnung:
Und Jakob war alleine;
Und da rang ein Mann mit ihm
bis zum Tagesanbruch zur Morgendämmerung.
Und da er sah, daß er nicht siegen konnte
gegen ihn, schlug er gegen die Beuge
seines (Jakobs) Oberschenkels; und die Beuge von
Jakobs Oberschenkel wurde ausgerenkt
als er mit ihm kämpfte.
Und er sagte: »Laß los, denn es ist Tagesanbruch.«
Aber Jakob sagte: »Ich werde dich nicht lassen
solange du mich nicht segnest.«
Und er sagte zu ihm: »Wie ist dein Name?«
Und er sagte: »Jakob.«
So sagte er: »Dein Name soll nicht mehr länger
Jakob genannt werden; sondern vielmehr ›Israel‹,
denn du hast gekämpft mit Elohim und Menschen und hast gesiegt.«
(Isra-El ist ein Spiel mit Worten und bedeutet »Kämpfen, Wetteifern« mit El, einer Gottheit).
Und Jakob fragte ihn und sagte:

»Nenne mir deinen Namen!«
Und er sagte: ›Weshalb fragst du
nach meinem Namen?« Und er segnete ihn dort.
Und Jakob nannte den Ort Peni-El
(das Gesicht von El)
Denn ich habe Elohim von Angesicht zu Angesicht gesehen,
und mein Leben wurde bewahrt.
Und es wurde Sonnenaufgang, als er bei
Peniel übersetzte, mit seinem Schenkel hinkend.

Der erste Hinweis in der Bibel auf einen Engel des Herrn, in Kapitel 16 der Genesis, erzählt von einem Ereignis aus der Zeit von Jakobs Großvater Abraham: Abraham und seine Frau Sarah wurden alt – er Mitte 80, sie 10 Jahre jünger; und noch immer hatten sie keinen Nachkommen. Abraham hatte gerade seine Mission, für die er nach Kanaan befohlen worden war, erfüllt – Attacken am Raumhafen im Sinai abzuwehren: der Krieg der Könige (beschrieben in Kapitel 14 der Genesis). Der dankbare Herr Jahwe erschien Abram in einer Vision und sagte:

»Fürchte dich nicht Abram; ich bin dein Schild;
deine Belohnung soll überaus groß sein.«

Aber der kinderlose Abraham (noch bei seinem sumerischen Namen Abram genannt) antwortete bitter: »Mein Herr Jahwe, was würdest du mir geben? Ich bin doch kinderlos!« Ohne Erben, sagte Abram, was ist eine Belohnung wert?

Dann kam das Wort Jahwes so zu ihm:
»Niemand soll dich beerben, außer dem,
der aus deinem Inneren kommt.«
Und er brachte ihn nach draußen und sagte:
»Blicke nun hinauf zu den Himmeln und zähle
die Sterne, wenn du fähig bist sie zu beziffern;
so groß wird deine Saat sein.«

»Es war an diesem Tag, daß Jahwe einen Bund mit Abram schloß, der besagte: Deiner Saat habe ich dieses Land gegeben, vom Bach Ägyptens bis zum großen Strom, dem Strom Euphrat.«

Aber, fährt die biblische Geschichte fort, trotz des Versprechens zahlreicher Abkömmlinge, gebar Sarah Abraham noch immer kein Kind. So sagte Sarah zu Abraham, vielleicht sei es die Absicht Gottes, daß Abrahams Nachkommen nicht von ihrer Fähigkeit Kinder zu gebären abhängen sollte und schlug vor, daß er »zu« Hagar ihrer ägyptischen Zofe »kommen« sollte. Und »Hagar wurde schwanger« und begann ihre Herrin herabzusetzen.

Obwohl es ihr eigener Vorschlag gewesen war, war Sarah nun wütend »und behandelte Hagar sehr streng«, und Hagar rannte weg.

Und ein Engel Jahwes fand sie
bei einer Quelle in der Wüste, die Quelle,
die auf dem Weg nach Shur liegt.
Und er sagte zu Hagar, Sarahs Zofe,
»Woher kommst du, und wohin gehst du?«

Als sie erklärte, daß sie vor ihrer Herrin Sarah davonrannte, hieß sie der Engel zurückzugehen, denn sie würde einen Sohn haben und von ihm zahlreiche Nachkommen. »Und du sollst ihn Ishma-El nennen« – ›Gott hat gehört‹ – »denn Jahwe hat deine Notlage gehört.« So ging Hagar zurück und gebar Ismael; »und Abram war 86 Jahre alt, als Hagar dem Abram Ismael gebar.« Weitere 13 Jahre sollten vergehen, bis Jahwe wieder »Abram erschien« und den Bund mit Abraham und seinen Nachkommen erneuerte, er leitete Schritte ein, Abraham mit einer legitimen Nachfolge durch einen Sohn von seiner Halbschwester (Sarah) zu versorgen. Als Teil der Legitimierung mußten Abraham und sein gesamter männlicher Haushalt beschnitten werden; und als Teil des Erbantritts von Kanaan und um die verbleibenden Bindungen zum Alten Land, Sumer zu erschweren, mußten der hebräische Patriarch und seine Frau, sich von ihren sumerischen Namen (Abram und Sarai) trennen und die semitische Version, Abraham und Sarah, annehmen. (Unsere Verwendung von »Abraham« und »Sarah« vor diesem Ereignis geschah lediglich aus Bequemlichkeitsgründen; in der Bibel wurden sie bis zu diesem Zeitpunkt Abram und Sarai genannt). Und Abraham war damals 99 Jahre alt.

Die Einzelheiten dieser göttlichen Anweisungen, verbunden mit der Voraussage der Geburt von Isaak durch Sarah, werden in Kapitel 17 der Genesis wiedergegeben. Die Umstände – die Gotteserscheinung, die zum Aufruhr von Sodom und Gomorra führten – werden im folgenden Kapitel, »als Jahwe sich« Abraham »zeigte«, beschrieben. Der alternde Patriarch saß am Eingang zu seinem Zelt; es war Mittag, die heißeste Zeit des Tages. Plötzlich erschienen Abraham drei Fremde, wie aus dem Nichts:

Und er erhob seine Augen und siehe,
er erblickte drei Personen, die über ihm standen.
Und als er sie sah, rannte er zu ihnen
vom Eingang des Zeltes und beugte sich nieder.
Und er sagte:
»Mein Herr, wenn ich Gnade in deinen Augen finde,
bitte hebe dich nicht über deinen Diener hinweg.«

Die Szene ist voll von Geheimnissen. Drei Fremde erscheinen Abraham plötzlich und werden von ihm gesehen, als er die Augen Richtung Himmel erhebt. Er sieht sie »über sich« stehen. Obwohl sie bis zu diesem Punkt noch unidentifiziert sind, erkennt er schnell ihre außergewöhnliche – göttliche? – Natur. Irgendwie ragt einer von ihnen heraus, und Abraham spricht ihn an und nennt ihn »Mein Herr«. Seine Worte beginnen mit der wichtigsten Bitte: »Bitte hebe dich nicht über deinen Diener hinweg.« Er erkannte, mit anderen Worten, ihre Fähigkeit, die Himmel zu durchstreifen... Und doch waren sie so menschenähnlich, daß er ihnen Wasser anbietet, ihre Füße zu waschen, im Schatten des Baumes auszuruhen, und ihre Herzen mit Nahrung zu stärken, bevor sie sich wieder »hinwegheben«. »Und sie sagten: Tu, wie du gesagt hast«.

»So eilte Abraham in das Zelt zu Sarah« und bat sie, schnell Brot herzustellen, während er die Vorbereitung einer Fleischmahlzeit überwachte, und ließ ihnen das Mahl servieren. Und einer von ihnen, der sich nach Sarah erkundigte, sagte: »In einem Jahr, wenn ich zu dir zurückkehre, wird Sarah, deine Frau, einen Sohn haben.« Sarah, die dies im Zelt hörte, lachte, denn wie konnte sie und Abraham, zu alt nun, einen Sohn haben?

Dann sagte Jahwe zu Abraham:
»Weswegen lachte Sarah,
und denkt: Würde ich wirklich ein Kind gebären,
wenn ich alt geworden bin?
Ist irgendetwas zu wundersam für Jahwe?
Zur vereinbarten Zeit werde ich zu euch
zurückkehren, zur gleichen Zeit, nächstes Jahr,
und dann wird Sarah einen Sohn haben.«

Und es wäre durch Isaak und seine Saat, daß der Bund mit Abraham immerwähre, sagte Jahwe.

In der Fortsetzung der Geschichte erfahren wir, daß »die Personen sich von dort erhoben, um sich Sodom zu betrachten; und Abraham ging mit ihnen, um sie zu verabschieden.« Aber während die Geschichte fortfährt, die drei plötzlichen Besucher als Anashim – »Leute« – zu beschreiben, hat uns das Orakel über die zukünftige Geburt von Isaak (dessen hebräischer Name Itz'hak ein Wortspiel über die »lachende« Sarah ist) wissen lassen, daß einer der drei kein anderer als Jahwe selbst war. Es war eine äußerst bemerkenswerte Gotteserscheinung, in der der hebräische Patriarch das Privileg hatte, den Herrn Jahwe als seinen Gast zu haben!

Als sie bei einem Vorgebirge ankommen, von wo man Sodom im Tal des Salzsees liegen sah, entschied sich Jahwe, Abraham den Grund ihres Besuchs zu erzählen.

Weil der Aufschrei Sodom und Gomorra betreffend
groß gewesen ist und die Beschuldigungen
gegen sie schwer wiegen, [sagte ich:]
Laß mich herniederkommen und die Wahrheit herausfinden:
Wenn es so ist, wie der Aufschrei, der mich erreicht,
werden sie es völlig vernichten;
und falls nicht, möchte ich Bescheid wissen.

Dies war dann also die Mission der zwei anderen »Personen«, die bei Jahwe waren – die Wahrheit über und das Ausmaß der

Versündigung der zwei Städte im Jordantal, nahe dem Toten Meer, herauszufinden, so daß der Herr über ihr Schicksal bestimmen konnte. »Und die Personen entfernten sich von dort und gingen nach Sodom, aber Abraham blieb vor Jahwe stehen«, lesen wir in der Genesis 18:22; aber wenn dann über die Ankunft der zwei »Personen« in Sodom berichtet wird (Genesis 19:1), wird klar, wer die beiden sind: »Und die zwei Engel kamen am Abend nach Sodom.« Die drei Besucher, die bei Abraham auftauchten, waren demnach Jahwe und zwei seiner Abgesandten.

Bevor sich die Bibel auf den Besuch der Engel von Sodom und Gomorra und die bevorstehende Zerstörung der »bösen Städte«, konzentriert, berichtet diese über ein höchst ungewöhnliches Gespräch zwischen Abraham und Jahwe. Abraham nähert sich dem Herrn und übernimmt die Rolle eines Fürsprechers, eines Verteidigers für Sodom, (wo sein Neffe Lot mit seiner Familie lebte). »Vielleicht gibt es 50 Rechtschaffene in der Stadt«, sagte er zu Jahwe, »willst du den Platz zerstören oder ihn nicht doch verschonen, zu Gunsten der 50? Sicherlich liegt es dir fern, die Rechtschaffenen mit den Schlechten zu vernichten?«

Indem Abraham Jahwe daran erinnerte, daß er »der Richter der gesamten Erde war«, einer, der immer gerecht handelte, brachte er den Herrn in ein Dilemma. So antwortete der Herr Jahwe, daß er die ganze Stadt verschonen würde, wenn es darin 50 Rechtschaffene gäbe. Aber kaum hatte der Herr dies zugestanden, als Abraham – der um Vergebung für seine Unverfrorenheit bat, weil »er sich erdreistet zu meinem Herrn zu sprechen« – eine andere Frage stellte: Was wäre, wenn die Zahl 50 um 5 unterschritten würde? »Und Er sagte, ich werde es nicht zerstören, wenn ich 45 dort finde.« Die Offensive ergreifend, handelte Abraham weiter und reduzierte die Anzahl der Rechtschaffenen, auf Grund derer die ganze Stadt verschont bliebe, herunter auf 10. Und damit »entschwand Elohim über Abraham«, himmelwärts, von wo Er früher am Tag erschienen war. »Und Abraham kehrte zu seinem Platz zurück.«

»Und die zwei Engel kamen am Abend nach Sodom, und

Lot saß am Tor von Sodom. Und Lot sah sie, erhob sich vor ihnen und verbeugte sich mit dem Gesicht zur Erde. Und er sagte: Wenn es euch gefällt, so geht in Eures Dieners Haus für die Nacht, wascht Eure Füße, und am Morgen, in aller Frühe, setzt Euren Weg fort.« Als die beiden in Lots Haus blieben, »umschlossen die Menschen der Stadt, die Menschen von Sodom, jung und alt, das Haus; und sie riefen nach Lot: »Wo sind die Männer, die heute Nacht zu dir kamen? Bring sie heraus zu uns, daß wir sie kennenlernen.« Und als die Menschen darauf beharrten und sogar versuchten, die Tür von Lots Haus aufzubrechen, blendeten die Engel »die Menschen an der Tür, Jung und Alt, mit einer Blindheit, und sie gaben es auf, die Tür zu finden.«

Verwendeten die Engel irgendeinen Zauberstab, einen Strahlenemitter, mit dessen Strahl die Leute, die versuchten, die Tür aufzubrechen, mit Blindheit geschlagen wurden? In der Antwort auf diese Frage liegt die Antwort auf ein größeres Rätsel. Bei der Beschreibung der Ankunft der Besucher bei Abraham und dann bei Lot, werden die Besucher Anashim genannt – »Leute« (nicht notwendigerweise »Menschen«, wie der Ausdruck oft übersetzt wird). Allerdings erkennen die Gastgeber in beiden Beispielen etwas, das sie anders aussehen läßt, etwas »göttliches« an ihnen. Die Gastgeber nennen sie von der Stelle weg »Herren« und verneigen sich vor ihnen. Wenn, wie beschrieben, die Besucher völlig menschenähnlich waren, was war dennoch so anders an ihnen?

Die Antwort, die einem sofort in den Kopf kommt, ist warum – natürlich – ihre Flügel! Aber dies ist – wie wir zeigen werden – nicht notwendigerweise so.

Die populäre Vorstellung von Engeln ist die völlig anthropomorpher, menschengleicher Wesen, die, anders als Menschen, mit Flügeln ausgestattet sind, ein Aussehen, das durch Jahrhunderte religiöser Kunst aufrechterhalten und gestärkt wurde. Tatsächlich, würde man ihnen die Flügel abstreifen, wären sie von Menschen nicht zu unterscheiden. Durch die Ikonen vom frühen Christentum in den Westen gebracht, war der unbezweifelte Ursprung solch einer Vertretung durch Engel der antike Nahe Osten. Wir fanden sie in der sumerischen Kunst – der geflügelte Abgesandte, der Enkidu wegführte, die Wächter mit den tödlichen Strahlen. Wir finden sie in der religiösen Kunst von Assyrien und Ägypten, Kanaan und Phönizien (Abb. 87). Ähnliche hethitische Vertretungen (Abb, 88a) wurden sogar in Südamerika dupliziert, auf dem Sonnentor in Tiahuanacu (Abb. 88b) – Beweis für hethitische Kontakte mit diesem entfernten Platz. Obwohl moderne Gelehrte, vielleicht weil sie religiöse Assoziationen vermeiden wollten, die dargestellten Wesen als »Schutzgeister« ansehen, betrachteten die Menschen aus vorgeschichtlicher Zeit sie als Klasse geringerer Götter, eine Art Truppe göttlicher Wesen, die nur die Anordnungen der »Großen Herren« ausführte, die die »Götter von Himmel und Erde« waren.

Ihre Darstellung als Geflügelte Wesen war klar beabsichtigt, um erkennen zu lassen, daß sie die Fähigkeit hatten, durch die irdischen Himmel zu fliegen; und darin ahmten sie die Götter selbst nach und speziell solche, die als geflügelte Gottheiten dargestellt wurden – Utu/Schamasch (Abb. 89) und seine Zwillingsschwester Inanna/Ishtar (Abb. 90). Die Verwandtschaft mit den Adlermenschen (s.Abb. 16), deren Kommandeur Utu/Schamasch war, ist offensichtlich. In diesem Zusammenhang mag die Aussage des Herrn (Exodus 19:4), er würde die Kinder Israels »auf Adlers Schwingen« tragen, mehr als allegorisch gemeint sein; sie ruft auch die Geschichte von Etana (s.Abb. 30) in Erinnerung, den ein Adler oder Adlermensch auf Anordnung von Schamasch in die Lüfte gehoben hatte.

Aber wie die biblischen Textbeschreibungen und ein Blick auf Abb. 71 bestätigen werden, wurden diese geflügelten, göttlichen Helfer in der Bibel eher Cherubim als Mal'akhim genannt. Cherub (der Singular von Cherubim) ist abgeleitet vom akkadischen Karabu – »segnen, weihen.« Ein Karibu (männlich) war »ein Gesegneter/Geweihter«, und eine weibliche Kuribi bedeutete eine Schutzgöttin. Demnach waren die biblischen Cherubim mit der Aufgabe betraut, »den Weg zum Baum des Lebens« zu bewachen, damit die aus dem Garten Eden vertriebenen Adam und Eva nicht dahin zurückkehrten; mit ihren Flügeln die Bundeslade zu schützen, und als Träger des Herrn zu dienen, sei es als Unterstützer des göttlichen Thrones in der Hesekiel-Version oder einfach Jahwe empor zu tragen: »Er ritt auf einem Cherub und flog davon«, lesen wir in II Samuel 22:11 und den Psalmen 18:11 (einer anderen Parallele zur Erzählung von Etana). Laut Bibel hatten die geflügelten Cherubim demnach spezielle und begrenzte Funktionen; nicht so die Mal'akhim, die Abgesandten, die auf Grund zugewiesener Aufträge kamen und gingen und als bevollmächtigte Gesandte über beträchtlichen Ermessensspielraum verfügten.

Durch die Ereignisse um Sodom wurde dies klar. Die Gewaltbereitschaft der Menschen von Sodom mit eigenen Augen sehend, wiesen die beiden Mal'akhim Lot und seine Familie an, sofort zu gehen, »denn Jahwe wird die Stadt zerstören«. Aber Lot verweilte und bat die »Engel« unaufhörlich, die Umwälzung der Stadt aufzuschieben, bis er, seine Frau und seine zwei Töchter die Sicherheit der Berge erreicht hätten, die nicht so nahe lagen.

Und die Abgesandten gewährten ihm seine Bitte und versprachen, den Aufruhr in der Stadt zu verschieben, um ihm und seiner Familie das Entkommen zu ermöglichen.

In beiden Beispielen, (der plötzlichen Erscheinung bei Abraham, der Ankunft am Tor von Sodom) werden die »Engel« »Leute« genannt, menschengleich in ihrer Erscheinung; durch was, wenn nicht durch ihre Flügel, wurden sie als göttliche Abgesandte erkennbar?

Wir finden einen Hinweis in der Darstellung des hethitischen Pantheon, eingegraben in ein Felsheiligtum, bei einem Ort, namens Jasilikaya in der Türkei, nicht weit entfernt von den beeindruckenden Ruinen der hethitischen Hauptstadt. Die Gottheiten sind in zwei Prozessionen angeordnet, die männlichen marschieren von links herein und die weiblichen von rechts. Jeder Zug wird angeführt von den großen Göttern (Teshub führt die männlichen, Hebat die weiblichen), gefolgt von ihren Nachkommen, Helfern und Trupps von geringeren Göttern. In der männlichen Prozession sind die zuletzt Marschierenden zwölf »Abgesandte«, deren Göttlichkeit oder Rolle und Status an ihrem Kopfputz und der gekrümmten Waffe, die sie halten, erkennbar ist (Abb. 91a); über ihnen marschiert eine weit wichtigere Gruppe von Zwölfen, wiederum gekennzeichnet mit Kopfschmuck und dem Instrument – einem Stab, mit einer Schlaufe oder Scheibe an der Spitze – das sie halten (Abb. 91b). Dieser Stab wird auch von den beiden männlichen Hauptgottheiten gehalten (Abb. 91c).

Die 12-Männer Gesellschaft dieser geringeren Götter in der hethitischen Darstellung, bringt unvermeidlich die Truppe der Mal'akhim in Erinnerung, die Jakob auf seinem Rückweg von Harran – in der heutigen Türkei – nach Kanaan, begleitete. Was einem dann zu Bewußtsein kommt, ist, daß der Besitz eines in der Hand gehaltenen Hilfsmittels die Engel zu dem macht, was sie sind (zusammen mit, zumindest manchmal, ihrer einzigartigen Kopfaufmachung).

Wundertaten der Mal'akhim sind in der Bibel in Fülle vorhanden, das Erblindenlassen der widerspenstigen Menge in Sodom ist nur eine davon; von einem ähnlichen Zwischenfall wunderhafter Erblindung wird in Verbindung mit Aktivitäten und Prophezeiungen von Elisha, dem Anhänger und Nachfolger des Propheten Elias berichtet. In einem anderen Beispiel wurde Elias selbst, um sein Leben flüchtend, von einem »Engel Jahwes gerettet, als er ohne Brot und Wasser in der Negev-Wüste erschöpft war, nachdem er Hunderte von Ba'al-Priestern getötet hatte – in genau dem gleichen Gebiet, wo die Engel, die wandernde, durstige und hungrige Hagar fanden. Als der sterbensmüde Elias sich unter einen Baum schlafen legte, berührte ihn urplötzlich ein Mal'akh und sagte: Steh auf und iß.« Zu seiner äußersten Überraschung sah Elias neben seinem Kopf ein gebackenes Brot und einen Krug mit Wasser. Er aß und trank ein bißchen und schlief ein – nur um wieder vom Engel berührt zu werden, der ihm sagte, er solle all das Essen und das Wasser zu sich nehmen, denn es stünde ein weiter Weg bevor (das Ziel war »der Berg der Elohim«, der Berg Sinai, in der Wildnis). Obwohl die Erzählung (I Könige 19:5-7) nicht angibt, wie der Engel Elias berührte, kann man als sicher annehmen, daß dies nicht mit der Hand geschah, sondern mit seinem göttlichen Stab oder Stock.

Über die Verwendung solch eines Geräts wird klar in der Geschichte Gideons berichtet (Richter Kapitel 6). Um Gideon zu überzeugen, daß seine Auswahl die Israeliten gegen ihre Feinde zu führen, von Jahwe bestimmt war, wies der »Engel Jahwes« Gideon an, das Fleisch und Brot, das er als Gabe an den Herrn vorbereitet hatte, zu nehmen und es auf einen Felsen zu legen; und als Gideon dies getan hatte,

Richtete der Engel von Jahwe das Ende
des Stabes, der in seiner Hand war, nach vorn
und berührte das Fleisch und das Brot.
Und da loderte ein Feuer auf aus dem Felsen
und verzehrte das Fleisch und das Brot.
Dann entschwand der Engel Jahwes;
und Gideon erkannte, daß es [tatsächlich]
ein Engel von Jahwe war.

In solchen Beispielen mag der Wunderstab wie der Stock der bedeutenderen Zwölfergruppe in der Jasilikaya Prozession ausgesehen haben. Das gebogene Instrument, das vom letzten der Marschierenden gehalten wurde, könnte sehr gut ein »Schwert« gewesen sein, das man die Mal'akhim halten sieht, wenn sie zu zerstörerischen Missionen entsandt wurden. Von einer solchen Sichtung wird in Josua Kapitel 5 berichtet. Als sich der israelitische Führer der Eroberung von Kanaan seinem herausforderndsten Ziel gegenüber sah – der außerordentlich befestigten Stadt Jericho – erschien ihm ein Göttlicher Abgesandter, um ihm Anweisungen zu geben:

Als Josua bei Jericho war,
erhob er seine Augen und siehe,
er erblickte einen Mann, der ihm gegenüberstand,
ein gezogenes Schwert in seiner Hand.
Und Josua ging zu ihm,
und sagte zu ihm:
»Bist du einer von uns oder einer unserer Gegner?«
Und er antwortete:
»Keines von beidem; der Anführer der Truppe Jahwes bin ich.«

Eine anderes Begebnis, in dem ein kriegerischer Mal'akh mit einem schwertgleichen Objekt in seiner Hand erschien, fand zur Zeit König Davids statt. Das Verbot, keine Zählung seiner gut gebauten Männer vorzunehmen, nicht beherzigend, empfing David das Wort des Herrn durch Gad den Visionär, daß er die Wahl habe, welche von drei Bestrafungsarten Gott auferlegen solle. Als David zögerte,

erhob er seine Augen
und sah den Engel Jahwes
zwischen Erde und den Himmeln verharren,
und sein gezogenes Schwert streckte sich
über Jerusalem.
Und David und die Ältesten kleideten sich in Säcke
und fielen mit dem Gesicht zur Erde nieder.
(I Chronik 21:16)

Ähnlich anschaulich sind die Beispiele, als Engel ohne solch ein unterscheidbares Objekt in ihren Händen erschienen, denn dann mußten sie zu anderen magischen Handlungen greifen, um die Empfänger des Göttlichen Wortes davon zu überzeugen, daß die Botschaft authentisch war. Während im Fall der Begegnung von Gideon der Wunderstab besonders erwähnt wurde, war solch ein Stab offenbar nicht sichtbar, als der Engel Jahwes der unfruchtbaren Ehefrau von Mano'ah erschien und ihr die Geburt von Samson voraussagte, vorausgesetzt, er sei ein Nazarener und die Frau sich, wie ihr Sohn, wenn er erst geboren war, enthalten würde, Wein oder Bier zu trinken oder unreine Nahrung zu essen (zusätzlich sollte das Haar des Jungen niemals geschnitten werden). Als der Engel ein zweites Mal erschien, um sicherzugehen, daß die Anweisungen für das Empfangen und Aufziehen des Jungen auch befolgt wurden, suchte Mano'ah die Identität des Sprechers herauszufinden, denn er sah aus wie »ein Mensch«. So fragte er den Abgesandten: »Wie lautet dein Name?«

Anstatt seine Identität zu enthüllen, wirkte der »Engel ein Wunder:«

Und der Engel Jahwes sagte zu ihm:
»Warum fragst du nach meinem Namen,

der ein Geheimnis ist?
So nahm Mano'ah das Opferzicklein
und legte es auf den Stein
als eine Gabe an Jahwe.
Und der Engel tat ein Wunder,
als Mano'ah und seine Frau darauf blickten:
Als sich die Flamme vom Altar erhob,
stieg der Engel Jahwes zum Himmel
innerhalb der Flamme.
Und Mano'ah und seine Frau waren Zeugen davon;
und sie fielen auf ihren Gesichtern zu Boden.
Danach erschien der Engel Jahwes
nie mehr Mano'ah und seiner Frau.
Aber Mano'ah wußte, daß es ein Engel
Jahwes gewesen war.

Ein berühmteres Beispiel, Feuer für Wunder zu verwenden, um den Beobachter zu überzeugen, daß ihm tatsächlich eine göttliche Botschaft gegeben wird, ist die Episode vom brennenden Busch. Es war, als Jahwe Moses auserwählt hatte, einen hebräisch aufgezogenen ägyptischen Prinzen, die Israeliten aus den Grenzen Ägyptens hinauszuführen. Nachdem sie dem Zorn des Pharaos in die Wildnis des Sinai entkommen waren, hütete Moses die Herde seines Schwiegervaters, des Priesters von Midian, »und er kam zu dem Berg der Elohim in Horeb«, wo ein wundersamer Anblick seine Aufmerksamkeit erweckte:

Und ein Engel Jahwes erschien ihm
in einer Flamme aus Feuer, aus der Mitte
eines Dornbusches.
Und er schaute und siehe –
der Dornbusch brannte durch Feuer,
aber der Dornbusch wurde nicht verschlungen.
Und Moses sagte [zu sich]:
›Laß mich näher herangehen und
diesen großartigen Anblick beobachten, denn warum
brennt der Dornbusch nicht herunter?‹
Und als Jahwe sah, daß Moses sich daran gemacht hatte,

einen näheren Blick zu werfen,
rief Elohim ihm aus dem Dornbusch zu:
»Moses, Moses!«
Und er sagte: »Hier bin ich.«

Solche Wunder waren nicht nötig, wie wir gezeigt haben, um den Sprecher als göttliches Wesen zu identifizieren, wenn der Sprecher die gebogene Waffe oder den Wunderstab hielt.

Vorgeschichtliche Darstellungen lassen vermuten, daß es da möglicherweise noch ein anderes Unterscheidungsmerkmal gab, durch das »Leute« oder »Menschen« als Göttliche Abgesandte erkannt werden konnten, zumindest in einigen Beispielen: Die speziellen »Schutzbrillen«, die sie gewöhnlich als Teil ihres Kopfschmucks trugen. In diesem Zusammenhang ist das hethitische Piktogramm, das den Begriff »göttlich« ausdrückt (Abb. 92a), aufschlußreich, denn es versinnbildlicht das »Augen«-Symbol, das sich in der Region des oberen Euphrat als Idol ausbreitete (Abb. 92b) und auf die Altare oder Sockel gestellt wurde. Die letzteren waren eindeutig nachahmende Darstellungen von Gottheiten, deren herausragendes Merkmal (neben ihrem göttlichen Helm) die bebrillten Augen waren (Abb. 92c).

Als Beispiel mag die Statuette dienen, die einen behelmten und bebrillten gottähnlichen »Menschen« darstellt, der ein gebogenes Instrument hält (Abb. 93), mit dem die biblischen Engel Abraham und Lot erschienen sind.

(Wenn in diesen Beispielen die Stab-Waffen verwendet wurden, um mit ihrem Strahl blind zu machen, dann können die Schutzbrillen erforderlich gewesen sein, um die »Engel« von den blind machenden Effekten zu schützen – eine Möglichkeit, die durch die neuesten Entwicklungen (durch die USA und verschiedene andere Länder) über blindmachende Waffen als einer Art »nicht-todbringender« Waffen, vorstellbar ist. Kobra-Laser-Gewehre genannt, entwickeln diese Waffen eine Technik, die sowohl vom chirurgischen Laser als auch dem Laser, der Flugkörper lenkt, abgeleitet ist. Die Soldaten, die sie benützen, müssen Schutzbrillen tragen, damit sie nicht durch ihre eigenen Waffen erblinden).

Wie ein Vergleich der oben beschriebenen Darstellungen mit der behelmten und bebrillten Ishtar als Pilotin andeutet (s.Abb. 33), ahmten die Kleidung und die Waffen der Mal'akhim nur jene der Großen Götter selbst nach. Der große Enlil konnte von seinem Zikkurat in Nippur aus »die Strahlen erheben, die das Herz der ganzen Länder suchen konnte« und hatte da »Augen, die alle Länder durchleuchten konnten«, ebenso wie ein »Netz«, das unerlaubte Eindringlinge einfangen konnte. Ninurta war bewaffnet mit »der Waffe, die auseinanderreißt und einem die Sinne raubt« und mit einer Genialität, die Berge pulverisieren konnte, ebenso wie einem einmaligen IB – einer »Waffe mit 50 todbringenden Köpfen.« Teshub/Adad war bewaffnet mit einem »Blitzgewitter, das die Felsen sprengt« und mit dem »Blitzen, das furchterregend erstrahlt.«

Mesopotamische Könige machten von Zeit zu Zeit geltend, daß ihre Patronatsgottheit sie mit göttlichen Waffen versorgte, um sich eines Sieges zu versichern. Es wurde dadurch noch weit plausibler, daß die Götter ihren eigenen Abgesandten, den Engeln, Waffen oder Wunderstäbe zur Verfügung stellten.

Tatsächlich kann die eigentliche Erwähnung von Göttlichen Abgesandten zurückverfolgt werden, bis zu den Göttern von Sumer, den Anunnaki, als sie Abgesandte eher für ihre Geschäfte untereinander beschäftigten, als für die Erdlinge.

Derjenige, auf den sich Gelehrte als »den Wesir der großen Götter« beziehen, war Papsukkal; sein Beiname bedeutete »Vater/Vorfahr der Abgesandten«. Er führte Missionen aus, auf Geheiß von Anu, übermittelte Anus Entscheidungen oder Ratschläge an die Anunnaki-Führer auf Erden; hin und wieder zeigte er beträchtliches diplomatisches Geschick. Die Texte lassen vermuten, daß manchmal, vielleicht wenn Anu sich nicht auf der Erde befand, Papsukkal als ein Abgesandter von Ninurta fungierte, (obwohl Ninurta während des Krieges mit Zu seinen Hauptwaffenträger Sharur als Göttlichen Abgesandten beschäftigte).

Enlils hauptsächlicher Sukkal oder Abgesandter wurde Nusku genannt; er wird in einer Vielzahl von Rollen erwähnt, meistens in Mythen, Enlil betreffend. Als die Anunnaki sich in den Minen des Abzu (im südöstlichen Afrika) abmühten, meuterten und das Haus, in dem sich Enlil aufhielt, belagerten, war es Nusku, der ihnen mit seinen Waffen den Weg versperrte; er war es auch, der als Vermittler handelte und die Konfrontation zerstreute. In sumerischen Zeiten war er der Abgesandte, der denen das »Wort von Ekur« (Enlils Zikkurat in Nippur) brachte – sowohl Göttern, als auch Menschen – deren Schicksal Enlil beschlossen hatte. Eine Hymne auf Enlil, den Allergütigen, besagte, daß »nur seinem ausgesprochenen Wesir, dem Kammerdiener (Sukkal) Nusku, gibt er (Enlil) den Befehl, das Wort, das in seinem Herzen ist, bekannt zu machen.« Wir haben früher ein Beispiel erwähnt, in dem Nusku, der mit Sin im Harran-Tempel stand, den assyrischen König Esarhaddon von der göttlichen Erlaubnis, in Ägypten einzufallen, informierte. Ashurbanipal behauptet in seinen Annalen, daß es »Nusku, der treue Abgesandte« war, der die göttliche Entscheidung überbrachte, ihn zum König über Assyrien zu machen; dann, auf Gottes Anordnung hin, begleitete Nusku Ashurbanipal auf einem militärischen Feldzug, um den Sieg sicherzustellen.

Nusku, so schrieb Asurbanipal, »übernahm die Führung über meine Armee und warf meine Feinde mit der göttlichen Waffe nieder.« Die Behauptung bringt den gegenteiligen Fall, von dem in der Bibel berichtet wird, ins Gedächtnis, als die Engel Jahwes die Armee Assyriens schlugen, die Jerusalem eroberten:

> Und es begab sich diese Nacht
> daß der Engel Jahwes
> hinausging und das Lager der Assyrer schlug,
> Und als sie sich (die Menschen von Jerusalem)
> früh am Morgen erhoben, siehe und erblicke:
> waren sie (die Assyrer) alle tot.
> (II Könige 19:35).

Enkis Haupt-Abgesandter namens Isimud in den sumerischen Texten und Usmu in den akkadischen Versionen, spielte eine unverzichtbare Rolle bei den sexuellen Unarten seines Meisters. In der »Mythe« von Enki und Ninharsag, in der über Enkis Anstrengungen, einen männlichen Nachfolger mit Hilfe seiner Halbschwester zu erhalten, berichtet wird, handelte Isimud/Usmu erst als Vertrauter und später als der Beschaffer einer Reihe von Früchten, mit denen sich Enki von der Lähmung zu heilen suchte, mit der ihn Ninharsag gestraft hatte. Als Inanna/Ishtar nach Eridu kam, um die MEs zu erhalten, war es Isimud/Usmu, der die Vorbereitungen für den Besuch traf. Später, als der wieder nüchterne Enki erkannte, daß ihm wichtige MEs abgeluchst worden waren, war es sein treuer Sukkal, der beordert wurde, Inanna zu verfolgen (die mit ihrem »Himmelsboot« geflohen war) und die MEs zurückzubringen.

Von Isimud/Usmu wurde in den Texten manchmal als »zweigesichtig« gesprochen. Die seltsame Beschreibung, so stellt sich heraus, war eine echte; denn als Statue und auf Rollsiegeln wurde er tatsächlich mit zwei Gesichtern gezeigt (Abb. 94). War er von Geburt aus durch eine Genaberration verunstaltet, oder gab es einen stichhaltigen Grund, ihn so darzustellen?

Während dies niemand zu wissen scheint, scheint es uns, daß die Zweigesichtigkeit dieser Abgesandten eine himmlische Verbindung widergespiegelt haben mag.

Es gab auch etwas Ungewöhnliches beim Sukkal von Inanna/Ishtar, dessen Name Ninshubur war. Das Rätsel war, daß Ninshubur manchmal maskulin erschien, wonach die Gelehrten seinen Titel dann als »Kammerdiener, Wesir« übersetzen; zu anderen Zeiten erscheint Ninshubur feminin, wo sie dann Zimmermädchen genannt wird.

Die Frage ist, war Ninshubur bisexuell oder asexuell? Ein Androgyn, ein Eunuche, oder was genau?

Ninshubur handelt als die Vertraute von Inanna/Ishtar während des Hofierens mit Dumuzi, in welcher Rolle sie als weiblich behandelt wird (bzw. dies vermutet wird); Thorkild Jacobsen übersetzt in *The Treasures of Darkness* ihren Titel mit »Kammerzofe«. Aber in der Erzählung über Inanna/Ishtars Entkommen mit den MEs, ist Ninshubur ein Gegner für den männlichen Isimud/Usmu und wird von der Göttin als

»mein Krieger, der an meiner Seite kämpft« bezeichnet – offensichtlich eine männliche Rolle. Die diplomatischen Talente dieses Abgesandten wurden auf eine harte Probe gestellt, als Inanna/Ishtar sich entschloß, ihre Schwester Ereshkigal in der Niederen Welt zu besuchen, um ein Verbot abzuwenden; in diesem Beispiel bezieht sich der große Sumerologe Samuel N. Kramer (Inannas Descent to the Nether World) auf Ninshubur, als »er«; so auch A. Leo Oppenheim (Mesopotamian Mythology).

Die rätselhafte Bisexualität oder Asexualität von Ninshubur spiegelt sich auch im Vergleich von ihr/ihm mit anderen Wesen – meistens, aber nicht nur die Schöpfungen von Enki – die weder männlich noch weiblich, ebenso wie weder göttlich noch menschlich zu sein scheinen, eine Art von Andrciden – Roboter in menschlicher Gestalt.

Die Existenz solch rätselhafter Abgesandter und ihrer verwirrenden Eigenarten kommen im oben erwähnten Text ans Licht, der sich mit Inannas ungenehmigtem Besuch in dem Gebiet ihrer älteren Schwester Ereshkigal, in der Niederen Welt (südliches Afrika) beschäftigt. Für die Reise zog Inanna ihren Aeronautenanzug an; die sieben Ausrüstungsgegenstände, die in den Texten aufgelistet sind, stimmen mit ihrer Darstellung als lebensgroße Statue überein, die in Mari ausgegraben wurde (Abb. 95a und 95b). Als Eintrittsgeld zur verbotenen Zone mußte Inanna ihre Habseligkeiten aufgeben, jeweils eine für jede der sieben Zonen des Gebiets, die sie passierte; dann, »nackt und tief gebückt, betrat Inanna den Thronraum.« Kaum hatten sich die zwei Schwestern in die Augen gesehen, als sie auch schon in Zorn entbrannten; und Ereshkigal beorderte ihren Sukkal Namtar, Inanna zu ergreifen und von Kopf bis Fuß zu peinigen. »Inanna wurde zu einem Leichnam und auf einen Pfahl gehängt.«

Die Schwierigkeiten voraussehend, hatte Inanna ihren Abgesandten Ninshubur, bevor sie sich auf die riskante Reise gemacht hatte, angewiesen, einen Sturm der Empörung für sie zu erheben, falls sie nicht innerhalb von drei Tagen wieder zurück wäre.

Als Ninshubur erkannte, daß Inanna nun in Schwierigkeiten steckte, eilte er von Gott zu Gott, um Hilfe zu holen; aber keiner außer Enki konnte dem todbringenden Namtar entgegenwirken. Sein Name bedeutete »Beender«; die Assyrer und Babylonier nannten ihn mit Spitznamen Memittu – »den Totschläger«, einen Todesengel. Ungleich den Göttern oder Menschen – »er hat keine Hände, er hat keine Füße; er trinkt kein Wasser, ißt nicht.« Um Inanna also zu retten dachte sich Enki eine Möglichkeit aus, ähnliche Androiden zu erstellen, die in das »Land ohne Wiederkehr« gehen könnten und ihren Auftrag sicher ausführen würden.

In der sumerischen Version der »Mythe« lesen wir, daß Enki zwei Ton-Androiden kreierte und sie aktivierte, indem er einem die Nahrung des Lebens gab und dem anderen das Wasser des Lebens. Der Text nennt den einen Kurgarru und den anderen Kalaturru, Begriffe, die die Gelehrten aufgrund ihrer Komplexität unübersetzt lassen; bezieht man sich auf die »privaten Teile« der Wesen, dann unterstellen die Begriffe besondere sexuelle Organe: wörtlich übersetzt, eines, deren »Öffnung« »verschlossen« ist, und das andere, dessen »Eindringer« »krank« ist.

Als Ereshkigal sie in ihrem Thronraum erscheinen sieht, fragt sie sich, wer sie sind: »Seid ihr Götter? Seid ihr Sterbliche?« fragt sie, »was wollt ihr?« Sie baten um den leblosen Körper von Inanna und nachdem sie ihn bekommen hatten, »richteten sie den Pulser und Abstrahler auf den Leichnam«, dann besprengten sie ihren Körper mit dem Wasser des Lebens und gaben ihr die Pflanze des Lebens, »und Inanna erhob sich.«

Wenn A.Leo Oppenheim, (Mesopotamian Mythology), die Beschreibung der zwei Abgesandten kommentiert, sieht er die Haupteigenschaften, die sie berechtigten, in das Hoheitsgebiet von Ereshkigal einzudringen und Inanna zu retten, darin, daß sie (a) weder männlich noch weiblich waren, und daß sie (b) nicht in einer Gebärmutter erschaffen worden waren. Darüberhinaus fand er einen Hinweis auf die Fähigkeit der Götter, »Roboter« im Enuma elish zu erschaffen, der babylonischen Version des Erschaffungsepos, in dem die himmlische Schlacht mit Tiamat und den wundersamen

Erzeugnissen, die folgten, alle Marduk zugeschrieben wurden – einschließlich der Idee, den Menschen zu erschaffen.

In dieser Lesart des babylonischen Textes war es Marduk, »der, während er den Worten der Götter zuhörte, die Idee hatte, ein schlaues Hilfsmittel zu erschaffen, das ihnen helfen würde.« Marduk sagte zu seinem Vater Ea/Enki, als er ihm die Idee offenbarte: »Ich werde einen Roboter zum Leben bringen; sein Name soll ›Mensch‹ sein...

Er soll betraut sein mit dem Dienst an den Göttern, und auf diese Art wird ihnen Erleichterung zuteil«. Aber »Ea antwortete ihm und machte ihm einen anderen Vorschlag, um seine Meinung in Zusammenhang mit der Idee, den Göttern Erleichterung zu verschaffen, zu ändern«; es war der, wie wir früher dargelegt haben, »die Eigenart« der Götter – ihren genetischen Abdruck – »einem Wesen, das bereits existierte« mitzugeben (und damit den Homo sapiens hervorzubringen).

In einer auf den neuesten Stand gebrachten Übersetzung der sumerischen Version des Besuchs der Niederen Welt, erklärt Diane Wolkenstein (Inanna, Queen of Heaven and Earth), die Natur der zwei Abgesandten als »Kreaturen, weder männlich noch weiblich.« Eine präzisere Erklärung wird allerdings in der akkadischen Version gegeben, in der Enki/Ea nur ein Wesen erschuf, Ishtar zu retten. Wie von E.A.Speiser (Descent of Ishtar to the Nether World) wiedergegeben, lesen sich die relevanten Verse so:

> Ea erhielt in seinem weisen Herzen eine Vorstellung
> und erschuf Ashushunamir, einen Eunuchen.

Der akkadische Begriff, der frei übersetzt »Eunuch« bedeutet, ist Assinnu, was wörtlich »Penis-Vagina« bedeutet – eher ein bisexuelles Wesen, als ein kastriertes männliches (was »Eunuch« aber heißt). Daß dies die wahre Natur der Kreatur oder der Kreaturen war, die Ereshkigal in Erstaunen versetzte, wird deutlich durch konkrete Darstellungen von ihnen, in Form von Statuetten, die von Archäologen entdeckt worden sind (Abb. 96a); sie scheinen sowohl männliche als auch weibliche Organe zu besitzen und haben somit unausgesprochen kein wirkliches Geschlecht.

Im Besitz eines Stabes oder einer Waffe, gehörten diese Androiden zu einer Klasse von Abgesandten, die Gallu genannt wurden – üblicherweise mit »Dämonen« übersetzt – denen wir bereits in der Geschichte über den Tod von Dumuzi begegnet sind, als Marduk die »Sheriffs« ausgesendet hatte – die Gallu – um ihn gefangenzunehmen. In einer Erzählung, die davon handelt, wie ein Sohn von Enki, Nergal, gekommen war, um Ereshkigal zur Frau zu nehmen, wird gesagt, daß Enki, um seinen Sohn bei dessen Besuch vor der gefährlichen Domäne zu schützen, 14 Gallu erschuf, die ihn begleiteten und schützten. In der Erzählung über Inanna/Ishtars Abstieg zu diesem Gebiet, wird gesagt, daß Namtar versuchte, das Entkommen der wiederbelebten Göttin zu verhindern, indem er Gallus sandte, um ihren Aufstieg zu blockieren.

All diese Texte heben hervor, daß die Gallu, obwohl sie weder das Gesicht, noch den Körper der göttlichen Sukkals hatten, als Abgesandte zwischen den Göttern selbst fungierten, sie »einen Stab in ihren Händen hielten und eine Waffe an ihren Lenden trugen.« Weder Fleisch noch Blut, wurden sie als Wesen beschrieben, »die keine Mutter haben, keinen Vater, weder Schwester oder Bruder, noch Frau oder Kind; sie kannten kein Essen, kannten kein Wasser.

Sie flattern in den Himmeln über der Erde umher, wie Aufseher«.

Sind diese Androiden aus vorgeschichtlicher Überlieferung in jüngster Zeit zurückgekommen?

Die Frage ist relevant wegen der Beschreibung der Insassen von UFOs durch die Menschen, die behaupten, ihnen begegnet zu sein (oder sogar von ihnen entführt worden zu sein): von unbestimmtem Geschlecht, einer Plastikhaut, konischen Köpfen, ovalen Augen – menschenähnlich in der Gestalt, aber eindeutig nicht-menschlich, sich wie Androiden verhaltend. Daß ihre Darstellung (Abb. 96b) von jenen, die behaupten, sie gesehen zu haben, den vorgeschichtlichen Darstellungen der Gallus so ähnlich sind, ist wahrscheinlich kein Zufall.

Es gab noch eine andere Klasse von göttlichen Abgesandten – dämonische Wesen. Einige standen in Diensten von Enki, einige in Diensten von Enlil. Einige wurden als die Abkömmlinge des Bösewichts Zu angesehen, »böse Geister«, die nichts Gutes ahnen ließen, Träger von Krankheit und Pestilenz; Dämonen, die hin und wieder vogelähnliche Merkmale aufwiesen.

Im »Mythos« von Inanna und Enki wird erzählt, daß Isimud, als er ihm befohlen hatte, die MEs zurückzubringen, die von Inanna genommen worden waren, ihr einen Trupp absonderlicher Abgesandter nachschickte, die fähig waren, das Himmelsboot zu kapern: Uru Riesen, Lahama Monster, »schrill-tönende« Kugalgal und die Enunun »Himmelsriesen«. Sie alle waren offenbar die Klasse von Kreaturen, die Enkum genannt wurden – »teils menschlich, teils tierisch«, laut Interpretation von Margaret Whitney Green (Eridu in Sumerian Literature) – vielleicht wie die furchteinflößenden »Griffins« aussehend (Abb. 97), die erschaffen wurden, um Tempelschätze zu bewachen.

Eine Begegnung mit einer ganzen Truppe solcher Wesen wird in einem Text beschrieben, der als die Legende von Naram-Sin bekannt ist; er war der Enkel von Sargon I. (dem Gründer der akkadischen Dynastie) und, laut seiner Annalen, im Auftrag der enlilitischen Götter an verschiedenen Militärkampagnen beteiligt. Aber wenigstens in einem Beispiel, nahm er die Angelegenheiten, als die göttlichen Orakel von weiterem Kriegsgeschehen abrieten, in seine eigenen Hände. Dies war, als ein Gastgeber der »Geister« gegen ihn geschickt wurde, offenkundig aufgrund einer Entscheidung oder Anweisung von Schamasch.

Sie waren
Krieger mit Körpern wie Höhlenvögel,
eine Rasse mit Rabengesichtern :
Die großen Götter schufen sie;
in der Ebene bauten die Götter ihnen eine Stadt.

Verwirrt durch ihre Erscheinung und ihre Natur, wies Naram-Sin einen seiner Offiziere an, einem dieser Wesen nachzuschleichen und einen von ihnen mit seiner Lanze zu stechen. »Wenn Blut herauskommt, dann sind es Menschen, wie wir es sind«, sagte der König; aber »wenn kein Blut herauskommt, dann sind es Dämonen, Teufel, von Enlil erschaffen.« (Der Bericht des Offiziers besagte, daß er Blut gesehen habe, woraufhin Naram-Sin einen Angriff anordnete: keiner seiner Soldaten kehrte lebend zurück).

Von besonderer Berühmtheit unter den halb-menschenähnlichen, halb-vogelgleichen Dämonen war die weibliche Lilith (Abb. 98). Ihr Name bedeutete sowohl »Sie von der Nacht« und »der Heuler«, und sie spezialisierte sich darauf, Männer in den Tod zu locken und Müttern ihre Neugeborenen wegzuschnappen, ein Glaube (oder Aberglaube), der Jahrtausende überdauerte. Obwohl sie in einigen nach-biblischen Legenden als die vorgesehene Braut von Adam angesehen wird (und Männer haßte, weil sie zu Gunsten von Eva zurückgewiesen wurde), ist es plausibler, daß sie die einstmalige Gemahlin des bösen Zu (oder AN.ZU, »der himmlische Zu«) war; in der sumerischen Geschichte, bekannt als Inanna und der Huluppu-Baum, war der ungewöhnliche Baum die Heimat sowohl des bösen, vogelgleichen Anzu als auch »der dunklen Maid« Lilith. Als der Baum gefällt wurde, um daraus Möbel für Inanna und Schamasch zu machen, flog Anzu weg, und Lilith »floh zu wilden unbewohnten Orten.«

Im Lauf der Zeit, und als die Götter selbst sich mehr distanzierten und weniger sichtbar waren, wurden die »Dämonen« für jedes Übel, Mißgeschick oder Unglück verantwortlich gemacht. Beschwörungen und vorgeschriebene Anrufungen an die Götter wurden zusammengestellt, um die Übeltäter wegzujagen; Amulette wurden gemacht (zum Tragen oder zum Befestigen an Türpfosten), deren »heilige Worte« die Dämonen, die auf dem Amulett dargestellt wurden, abwehren konnten – eine Praxis, die sich weit in die letzte vorchristliche Zeit fortsetzte (Abb. 99) und auch noch danach anhielt.

Andererseits dominierte in nachbiblischen Zeiten und dem hellenistischen Zeitalter, das den Eroberungen von Alexander folgte, die Vorstellung von Engeln, wie wir sie heute sehen, in den populären und religiösen Glaubensanschauungen.

In der hebräischen Bibel werden (im Buch Daniel) nur Gabriel und Michael aus der Reihe der sieben Erzengel erwähnt, die in nach-biblischen Zeiten aufgelistet werden. Die Engelserzählungen im Buch Henoch und anderen Büchern der Apokryphen waren gerade nur die Grundlage des ganzen Areals von Engeln, die die verschiedenen Himmel bevölkerten und göttliche Anordnungen ausführten – Komponenten einer weitreichenden Engelskunde, die die menschliche Vorstellung und ihr Sehnen seit jeher in Besitz genommen hat. Und wer wünscht sich nicht bis zum heutigen Tag einen Schutzengel?

Der zweigesichtige Pluto

Die früheste Erwähnung von Usmu findet sich im Erschaffungsepos, in dem Abschnitt, der sich mit der Wiederanordnung des Solarsystems durch Nibiru/Marduk, nach der himmlischen Kollision, beschäftigt. Nachdem die Eindringlinge Tiamat gespalten hatten, die intakte Hälfte verschoben, die die Erde wurde (mit ihrem Begleiter, dem Mond), und aus der zerschmetterten Hälfte den Asteroidengürtel zwischen Mars und Jupiter (und Kometen) schufen, richtete der Eindringling seine Aufmerksamkeit dann auf die äußeren Planeten.

Dort wurde Gaga, ein Satellit von Anshar (Saturn), aus seinem Orbit gerissen, um die anderen Planeten »zu besuchen«. Nun präsentierte Nibiru/Marduk, den Planeten, an den er sich am meisten gebunden fühlte, der ihn »gezeugt« hatte – Nudumud/Ea (denjenigen, den wir Neptun nennen) – den vagabundierenden kleinen Planeten als ein »Geschenk« für Eas Gattin Damkina: »Damkina, seiner Mutter überreichte er ihn, als Freude bereitendes Geschenk; als Usmu brachte er ihn ihr an einen unbekannten Ort, und vertraute ihm die Kanzlerschaft über die Tiefe an.«

Der sumerische Name dieses planetarischen Gottes, Isimud, bedeutete »an der Spitze, am äußersten Ende.« Der akkadische Name Usmu bedeutete »Zweigesichtig«. Dies ist tatsächlich eine perfekte Beschreibunmg des merkwürdigen Orbits des äußersten Planeten (mit Ausnahme von Nibiru).

Die Umlaufbahn ist nicht nur deshalb ungewöhnlich, weil sie gegenüber der allgemeinen Orbitalebene der Planeten in unserem Sonnensystem geneigt ist – sie ist auch so angelegt, daß sie Pluto (nicht nur) für den größeren Teil seiner 248-249jährigen Kreisbahn (Erdjahre, versteht sich) nach außen führt, jenseits von Neptun – und ihn für den Rest der Zeit (s. Illustration), innerhalb der Kreisbahn von Neptun, zurückführt. Pluto zeigt damit seinem »Meister« Enki/Neptun zwei Gesichter: eines, wenn er sich jenseits von ihm befindet und das andere, wenn er vor ihm steht.

Astronomen haben seit der Entdeckung von Pluto im Jahr 1930 darüber spekuliert, daß er einstmals ein Satellit gewesen sein könnte – vermutlich von Neptun; aber laut dem Erschaffungsepos, von Saturn. Die Astronomen jedoch können sich die merkwürdige und geneigte Kreisbahn von Pluto nicht erklären. Die sumerische Kosmogonie, die den Sumerern von den Anunnaki offenbart wurde, enthält die Antwort; Nibiru war dafür verantwortlich...

12. Die grösste Theophanie

Stellen Sie sich vor, daß Außerirdische, nachdem sie Ereignisse auf der Erde beobachtet haben, entschieden haben, Kontakt mit den Erdlingen einzugehen. Unter Verwendung ihrer fortgeschrittenen Technologie wenden sie sich an die Führer der Nationen, Kriege und Unterdrückung zu beenden und menschliche Sklaverei aufzugeben, die menschliche Freiheit zu wahren.

Aber die Botschaften werden als Scherz abgetan, denn politische Führer und gelehrte Weise wissen, daß UFOs ein Scherz sind, und wenn es intelligentes Leben irgendwo im Universum gäbe, wäre es Lichtjahre von der Erde entfernt. So greifen die Außerirdischen zu »Wundern« und verstärken ihre Wirkung auf die Erde und ihre Bewohner durch zunehmende Wunder, bis sie ihre ultimativen Kräfte demonstrieren: Sie stoppen die Rotation der Erde – wo es Tag war auf Erden, ging die Sonne nicht mehr unter, wo es Nacht war, ging die Sonne nicht mehr auf.

Nach dieser Art der Bemühungen um die Einstellungen der Erdlinge und ihrer Führer, beschließen die Außerirdischen, es sei an der Zeit, sich zu zeigen. Ein riesiges, scheibenförmiges Raumschiff erscheint am Himmel der Erde; eingehüllt in einen strahlenden Glanz senkt es sich an Lichtstrahlen hernieder. Sein Zielort ist die mächtigste Hauptstadt der Erde. Dort landet es, unter den Augen einer fassungslosen, ungeheuren Menschenmenge. Eine Öffnung gleitet auf und entläßt ein strahlendes Licht. Ein riesiger, gigantischer Roboter schreitet heraus, bewegt sich vorwärts und erstarrt. Als die Menschen aus Furcht vor dem Unbekannten auf ihre Knie fallen, erscheint eine menschenähnliche Gestalt – der eigentliche Außerirdische. »Ich bringe euch Frieden«, sagt er.

In Wahrheit muß man sich das oben geschilderte Szenario nicht vorzustellen, denn es ist der Kern des Filmes von 1952: »Der Tag, an dem die Erde stillstand« (*The Day The Earth Stood Still*), in dem der unvergeßliche Michael Rennie der

Außerirdische war, der in Washington D.C. ausstieg und seine beruhigenden Worte auf Englisch sprach...

In Wirklichkeit braucht dieses obige Szenario auch nicht die Zusammenfassung eines Science-Fiction Films zu sein; denn, was wir beschrieben haben – hat im Wesentlichen, wenn auch nicht im Einzelnen – tatsächlich stattgefunden. Nicht in heutiger Zeit, sondern im grauer Vorzeit; nicht in den Vereinigten Staaten, sondern im antiken Nahen Osten; und in Wirklichkeit stand die Erde einige Zeit nachdem das Raumschiff erschienen war, still, und nicht davor.

Es war tatsächlich die größte Göttliche Begegnung in der menschlichen Erinnerung – die größte aufgezeichnete Gotteserscheinung, bezeugt von nicht weniger als 600.000 Menschen.

Der Ort der Gotteserscheinung war der Berg Sinai, der »Berg der Elohim« auf der Halbinsel Sinai; der Anlaß war die Übergabe der Gesetztestafeln des Bundes an die Kinder Israels, der Höhepunkt eines ereignisreichen und von Wundern angefüllten Auszugs aus Ägypten.

Ein kurzer Rückblick über die Kette von Ereignissen, die im Auszug gipfelten, wäre hilfreich; es war ein Pfad, dessen Meilensteine Göttliche Begegnungen waren.

Abraham – damals noch in der Bibel bei seinem sumerischen Namen Abram genannt – ging mit seinem Vater Terah (dem Namen nach zu urteilen ein Orakelpriester) von Ur in Sumer, nach Harran am oberen Euphrat. Nach unserer Berechnung fand dies 2096 v.Chr. statt, als der große sumerische König Ur-Nammu unerwartet starb und die Leute sich beklagten, daß der Tod gekommen sei, weil »Enlil sein Wort« Ur-Nammu gegenüber »geändert« habe. Vor dem Hintergrund wachsender Vorbehalte in Sumer gegen »sündige« Städte im Westen, entlang der Mittelmeerküste, wurde Abram/Abraham von Jahwe beauftragt, mit seiner Familie, seinem Gefolge und seinen Herden südwärts zu ziehen und im Negev, der trockenen Gegend an der Grenze zum Sinai, Stellung zu beziehen. Der Umzug in Sumer fand, zur Zeit des Todes von Ur-Nammus Nachfolger (Shulgi), im Jahr 2048 v.Chr. statt, als der hebräische Patriarch 75 Jahre alt war. Es war genau das Jahr, als Marduk, in Vorbereitung darauf, die Vormachtstellung unter den Göttern zu erreichen, im Land der Hethiter, nördlich von Mesopotamien ankam.

Wegen einer durch Trockenheit verursachten Hungersnot setzte Abram seinen Weg bis nach Ägypten fort. Dort wurde er vom Pharao empfangen – dem letzten Pharao der 10. nördlichen Dynastie, der ein paar Jahre später (2040 v.Chr.) von den Prinzen und Priestern aus Theben im Süden unterworfen wurde.

Zwei Jahre zuvor, 2042 v.Chr. nach unserer Rechnung, kehrte Abram zu seinem Außenposten im Negev zurück; er hatte nun das Kommando über eine Truppe von Reitern (wahrscheinlich schnellen Kamelreitern). Er kehrte rechtzeitig zurück, um den Versuch einer Koalition von »Königen des Ostens« abzubiegen, die eine Invasion der Mittelmeerländer planten und den Raumhafen im Sinai erreichen wollten.

Abrams Aufgabe war es, die Annäherungen an den Raumhafen zu überwachen und keine Partei im Krieg der Menschen aus dem Osten gegen die Könige Kanaans zu ergreifen. Aber als die umgeleiteten Eindringlinge Sodom überrannten und Abrams Neffen Lot gefangen nahmen, verfolgte er sie mit seiner Kavalerie bis nach Damaskus, befreite seinen Neffen und brachte die Beute zurück. Bei seiner Rückkehr wurde er in der Umgebung von Shalem (dem zukünftigen Jerusalem) als Sieger gefeiert: und die ausgetauschten Grußformeln waren von anhaltender Bedeutung:

Und Melchizedek, der König von Shalem,
brachte Brot und Wein heran,
denn er war ein Priester des Höchsten Gottes.
Und er segnete ihn und sagte:
»Gesegnet sei Abram durch den Höchsten Gott,
dem Eigner von Himmel und Erde, und
gesegnet sei der Höchste Gott,
der seine Feinde deinen Händen ausgeliefert hat.«

Und die kanaanitischen Könige, die bei der Zeremonie anwesend waren, boten Abram an, die ganze Beute zu behalten und nur die Gefangenen auszuliefern. Aber Abram weigerte sich, auch nur irgend etwas zu nehmen und sagte unter Eid:

»Ich erhebe hiermit meine Hände zu Jahwe,
dem Allerhöchsten Gott, Eigner von Himmel und Erde:
Weder einen Faden noch einen Schnürsenkel
werde ich nehmen – nichts, das dein ist.«

»Und es war nach diesen Dingen« – nachdem Abram seine Mission-nach-Kanaan ausgeführt hatte, um den Raumhafen zu schützen, – »daß das Wort Jahwes zu ihm kam, in einer Vision« (Genesis 15:1). »Fürchte dich nicht, Abram«, sagte der Herr, »ich bin dein Schild, [und] deine Belohnung wird außerdordentlich groß sein.« Aber Abram antwortete, welchen Wert irgendeine Belohnung in Mangel eines Erben schon haben könnte? So »kam das Wort Jahwes zu ihm« und versicherte ihm, daß er seinen eigenen natürlichen Sohn haben würde und so viele Nachkommen, wie Sterne am Himmel, die das Land, auf dem er stünde, erben würden.

Um keinen Zweifel bei Abram darüber zu hinterlassen, daß sein Versprechen, was auch immer geschähe, sich erfüllen würde, offenbarte die Gottheit, die zum kinderlosen Abram sprach, seine Identität. Bis zu diesem Punkt mußte das Wort der biblischen Geschichte genügen, daß es Jahwe war, der zu Abram gesprochen hatte oder ihm erschienen war. Nun identifizierte sich der Herr zum ersten Mal namentlich:

»Ich bin Jahwe
der dich aus Ur von den Chaldäern gebracht hat,
um dir dieses Land zu geben, es zu erben.«
Und Abram sagte:
»Mein Herr Jahwe,
Wodurch soll ich wissen, daß ich es erben werde?«

Um den zweifelnden Abram zu überzeugen, »schloß Jahwe an diesem Tag einen Bund mit ihm, nämlich: Deiner Saat habe ich dieses Land gegeben, von dem Bach Ägyptens zum Fluß Euphrat, dem großen Fluß.«

Das »Schließen des Bundes« zwischen Jahwe – »dem Allerhöchsten Gott, Eigner von Himmel und Erde« – und dem gesegneten Patriarchen, beinhaltete ein magisches Ritual, dessen Art nirgendwo sonst in der Bibel erwähnt wird, weder davor, noch danach. Der Patriarch wurde angewiesen, eine Färse, eine Geis, einen Widder, eine Turteltaube und eine Taube zu nehmen und sie auseinander zu schneiden und die Stücke einander gegenüber anzuordnen. »Und als die Sonne unterging, kam ein tiefer Schlaf über Abram und ein Entsetzen, dunkel und groß, befiel ihn.« Die Prophezeiung – eine Bestimmung, an die sich Jahwe gebunden erklärte – wurde dann verkündet: Nach einer Dauer von 400 Jahren der Leibeigenschaft in einem fremden Land, werden die Nachfahren von Abram das Gelobte Land erben. Kaum hatte der Herr dieses Orakel ausgesprochen, als »ein beißender Rauch und eine glühendheiße Fackel sich zwischen den Stücken hindurchbewegte.« Es war an diesem Tag, so besagt die Bibel, »daß Jahwe den Bund mit Abram schloß«.

(Etwa fünfzehn Jahrhunderte später warf, »die Entscheidung der Götter Schamasch und Adad suchend«, der assyrische König Esarhaddon sich ehrfürchtig nieder.« Um eine »Vision Assur, Babylon und Ninive betreffend«, zu erhalten, schrieb der König: »...legte ich die Teile von Opfertieren auf beiden Seiten nieder; die Zeichen des Orakels befanden sich in perfekter Übereinstimmung, und sie gaben mir eine günstige Antwort.« Aber in diesem Fall kam kein göttliches Feuer hernieder, um sich zwischen den Teilen der geopferten Tiere zu bewegen.)

Im Alter von 86 Jahren erhielt Abram einen Sohn von der Zofe Hagar, aber nicht von seiner Frau Sarai (wie sie noch bei ihrem sumerischen Namen genannt wurde). Es war dreizehn Jahre später, am Vorabend bedeutsamer Ereignisse, Götter und Menschen betreffend, daß Jahwe »dem Abram erschien« und ihn für die neue Ära vorbereitete: dem Wechsel der Namen vom sumerischen Abram und Sarai in die semitischen Abraham und Sarah und die Beschneidung aller männlichen Personen, als Zeichen des immerwährenden Bundes.

Es war nach unseren Berechnungen (die auf Vergleichen von sumerischen und ägyptischen Chronologien beruhen) im Jahr 2024 v.Chr. , daß Abraham Zeuge des Aufruhrs von Sodom und Gomorra wurde, der dem Besuch Jahwes und zweier Engel folgte. Die Zerstörung, die wir in *Die Kriege der Men-*

schen und Götter aufgezeigt haben, war nur ein Nebenkriegsschauplatz zum Haupt-»ereignis« – dem Zerstrahlen des Raumhafens im Zentrum der Sinai-Halbinsel durch Ninurta und Nergal, mit Nuklearwaffen, um Marduk die Raumanlagen zu entziehen. Das unbeabsichtigte Ergebnis des nuklearen Holocaust war, daß eine atomare Wolke nach Osten trieb; sie verursachte Tod (aber keine Zerstörung) in Sumer und brachte diese große Zivilisation zu einem bitteren Ende.

Nun war es nur Abram/Abraham und seine Saat – seine Nachfahren – die verblieben waren, um die alten Traditionen weiterzuführen, »den Namen Jahwe auszurufen,« ein heiliges Bindeglied zu den Anfängen der Zeit zu bewahren.

Um vor dem nuklearen Gift sicher zu sein, wurde Abraham angewiesen, aus dem Negev (dem trockenen Gebiet, das an den Sinai angrenzte) wegzugehen und einen Hafen in der Nähe der Mittelmeerküste zu finden, im Gebiet der Philister. Ein Jahr nach diesem Ereignis wurde Isaak von seiner (Abrahams) Frau und Halbschwester Sarah geboren, wie Jahwe es vorausgesagt hatte.

37 Jahre später starb Sarah und der alte Patriarch war besorgt um die Nachfolge. Er fürchtete, daß er sterben würde, bevor sein Sohn Isaak verheiratet wäre und veranlaßte seinen höchsten Diener zu schwören, »bei Jahwe, dem Gott des Himmels und dem Gott der Erde«, daß er auf keinen Fall für Isaak eine Hochzeit mit einer örtlichen Kanaanitin ausrichten lassen würde. Um sicher zu gehen, sandte er ihn aus, eine Braut für Isaak unter den Töchtern seiner Verwandten, die in Harran am oberen Euphrat zurückgeblieben waren, auszusuchen. Im Alter von 40 heiratete Isaak seine eingeführte Braut Rebekka; und sie gebar ihm 20 Jahre später zwei Söhne, die Zwillinge Esau und Jakob. Dies war nach unseren Berechnungen im Jahr 1963 v. Chr.

Einige Zeit später, als die Jungen heranwuchsen, »war eine Hungersnot im Land, anders als die erste Hungersnot, die zu Zeiten Abrahams aufgetreten war.« Isaak dachte daran, es seinem Vater gleich zu tun und nach Ägypten zu gehen, dessen Felder nicht von Regen, sondern vom jährlichen Anstieg der Nil-Wasser abhängig waren.

Aber um dies zu tun, mußte er den Sinai durchqueren, und das war verständlicherweise noch immer gefährlich, selbst Dekaden nach dem nuklearen Vernichtungsschlag. So »wurde ihm Jahwe gezeigt«, und dieser wies ihn an, nicht nach Ägypten zu gehen; stattdessen sollte er nach Kanaan, in einen Bezirk, wo man Brunnen zur Wasserversorgung anlegen konnte. Dort blieben Isaak und seine Familie viele Jahre lang, lange genug für Esau, örtlich zu heiraten und für Jakob, nach Harran zu gehen, wo er Lea und Rachel heiratete.

Bald hatte Jakob zwölf Söhne, sechs von Lea, vier von Konkubinen und zwei von Rachel: Joseph und den Jüngsten, Benjamin (bei dessen Geburt Rachel starb). Von diesen allen war Joseph sein Liebling; und deshalb verkauften ihn die älteren Brüder, die neidisch auf Joseph waren, an Karawanenführer, die nach Ägypten zogen. Und so begann sich die Göttliche Prophezeiung eines Aufenthalts von Abrahams Nachfahren in einem fremden Land zu erfüllen.

Durch eine Reihe erfolgreicher Traum-Deutungen, wurde Joseph Aufseher von Ägypten, verantwortlich für die Aufgabe, das Land während sieben ertragreicher Jahre für sieben vorausgesagte nachfolgende Hungerjahre vorzubereiten. Es ist unsere Überzeugung, daß Joseph mit seiner Erfindungsgabe eine natürliche Senke nutzte, um einen künstlichen See zu schaffen und ihn mit dem Wasser des noch immer jährlich hoch anschwellenden Nils, aufzufüllen; dann nutzte er das gespeicherte Wasser, das ausgetrocknete Land zu bewässern. Der geschrumpfte See wässert noch immer Ägyptens fruchtbarste Gegend namens Elfayum. Der Kanal, der den See mit dem Nil verbindet, wird noch immer ›Der Wasserweg des Joseph‹ genannt).

Als die Hungersnot zu hart zu ertragen wurde, sandte Jakob seine anderen Söhne (außer Benjamin) nach Ägypten, um Nahrung zu beschaffen – nur, um nach verschiedenen dramatischen Begegnungen mit dem Aufseher, zu entdecken, daß dieser kein anderer als ihr jüngerer Bruder Joseph war. Nachdem Joseph ihnen erzählte, daß der Hunger noch weitere fünf Jahre dauern würde, sagte er ihnen, sie sollten zurückgehen und ihren Vater und verbliebenen Bruder, sowie den Rest von

Jakobs Haushalt herüber nach Ägypten bringen. Nach unseren Berechnungen war dies im Jahr 1833 v.Chr., und der regierende Pharao war Amenemhet III. der zwölften Dynastie.

(Eine Darstellung in einem königlichen Grab aus dieser Zeit zeigt eine Gruppe von Männern, Frauen und Kindern mit einigem Vieh in Ägypten ankommen. Die Einwanderer werden dargestellt als »Asiaten«und in der begleitenden Inschrift, als solche identifiziert (Abb. 100); ihre farbenfrohen Gewänder, in lebhaften Farben auf die Grabwände gemalt, entsprechen genau der vielfarbig gestreiften Art, die Joseph trug, als er in Kanaan lebte. Während die Asiaten, die hier dargestellt sind, nicht notwendigerweise die Karawane von Jakob und seiner Familie sind, zeigt das Gamälde genau, wie sie sicherlich ausgesehen haben).

Die Anwesenheit von Jakob in Ägypten wird direkt bestätigt durch A. Mallon in Les Hébreux en Egypte, ebenso, wie von verschiedenen Inschriften auf Skarabäen, die den Namen Ya'aqob ergeben (der hebräische Name, der im Deutschen zu »Jakob« wird). Manchmal in königlichen Zier-Kartouchen geschrieben (Abb. 101), wird er hieroglyphisch Yy-A-Q-B, mit der Anhängung H-R buchstabiert, was der Inschrift die Bedeutung, »Jakob ist zufrieden« gibt, oder »Jakob ist in Frieden«.

Jakob war 130 Jahre alt, als die Kinder Israels ihren Aufenthalt in Ägypten begannen; wie prophezeit, endete er 400 Jahre später in Sklaverei. Mit dem Tod und dem Begräbnis von Jakob und dem darauffolgenden Tod und der Mumifizierung von Joseph, endet das Buch der Genesis (I Moses).

Das Buch des Exodus (II Moses) nimmt die Geschichte Jahrhunderte später wieder auf, »als sich da ein neuer König über Ägypten erhob, der Joseph nicht kannte.« In den dazwischenliegenden Jahrhunderten, war in Ägypten viel geschehen.

Es gab Bürgerkriege, die Hauptstadt wurde zurück- und vorverlegt, die Ära des mittleren Königreiches verging, die sogenannte zweite Zwischenperiode des Chaos fand statt. 1650 v.Chr. begann das Neue Königreich mit der 17. Dynastie und 1570 v.Chr. bestieg die berühmte 18. Dynastie den pharaonischen Thron in Theben, im oberen (südlichen) Ägypten, und hinterließ ihre prachtvollen Monumente, Tempel und Statuen in Karnak und Luxor und ihre großartigen Gräber, die in den Bergen, im Tal der Könige, versteckt lagen.

Viele der Thronnamen, die von den Pharaonen jener neuen Dynastien ausgewählt wurden, waren Beinamen, durch den sie den Status als Halbgötter sicherten; so wie beim Namen Ra-Ms-S (Ramesses oder Ramses im Deutschen), was »Von Gott Ra ausgehend ist« heißt. Der Gründer der 17. Dynastie nannte sich selbst Ah-Ms-S (Ah-Mose) – Abb. 102a) – was »Von Gott Ah ausgehend ist«, bedeutete, (Ah war der Namen des Mondgottes). Diese neue Dynastie begann das Neue Königtum, das, so unterstellen wir, nach etwa drei Jahrhunderten alles über Joseph vergessen hatte. Folglich vermuten wir, ein Nachfolger von Ahmose, namens Tehuti-Ms-S (Abb. 102b) (Thothmose oder Tutmosis I.) – »Von Gott Thoth ausgehend ist«, der Herrscher, in dessen Zeit die Geschichte von Moses und die Ereignisse des Exodus begannen. (Mose 2, Exodus)

Dieser Pharao war es, der die Macht eines vereinigten und gestärkten Ägyptens nutzte und Armeen nordwärts sandte, bis zum Oberen Euphrat – in das Gebiet, in dem die Verwandten von Abraham verblieben waren. Er regierte von 1525 bis 1512 v.Chr., und er war es, so haben wir in »Die Kriege der Menschen und Götter« vermutet, der fürchtete, daß die Kinder Israels sich dem Kriegsgeschehen mit Unterstützung ihrer Verwandten aus dem Euphratgebiet anschließen würden. So zwang er die Israeliten zu strenger Arbeit und veranlaßte, daß jedes neugeborene, männliche israelitische Kind bei der Geburt getötet werden sollte.

Es war 1513 v.Chr., daß eine levitische Frau von einem levitischen Hebräer einen Sohn gebar. Fürchtend, daß er getötet würde, legte ihn die Mutter in eine wasserabweisene Kiste, aus Teichsimsen des Nils und setzte die Kiste in den Fluß. Und so geschah es, daß der Fluß die Kiste dahin trug, wo die Tochter des Pharaos badete; diese entschloß sich, den Jungen als Sohn zu adoptieren, »und nannte ihn Moses« – Moshe im Hebräischen.

Die Bibel erklärt, daß sie ihn so nannte, da er »aus den Wassern gezogen« war. Wir aber haben keinen Zweifel daran, daß die Tochter des Pharaos ihm den Beinamen gab, der in ihrer Dynastie üblich war, die Komponente Mss (Mose, Mosis), mit einem vorangestellten Namen einer Gottheit, den die Bibel vorzog, wegzulassen.

Die Chronologie, die wir vorschlagen, die die Geburt von Moses in das Jahr 1513 v.Chr. legt, verwebt die biblische Erzählung mit der ägyptischen Chronologie und einem Netz von Intrigen und Machtkämpfen am ägyptischen Königshof.

Nachdem Thothmes I. von seiner Frau und Halbschwester eine Tochter geboren war, trug sie tatsächlich den exklusiven Titel ›Des Pharaos Tochter‹. Als Thothmes I. 1512 v.Chr. starb, war der einzige männliche Erbe, ein Sohn von einem Haremsmädchen. Als er den Thron als Thothmes II. bestieg, heiratete er seine Halbschwester Hatshepsut, um Legitimität für sich und seine Kinder zu erhalten. Aber dieses Paar hatte nur Töchter und der einzige Sohn, den dieser König hatte, war von einer Konkubine. Thothmes II. hatte eine kurze Regierungszeit, nur neun Jahre. Als er starb, war der Sohn – der zukünftige Thothmes III. – noch ein Junge, zu jung, um ein Pharao zu sein. Hatshepsut wurde zur Regentin berufen, krönte sich nach ein paar Jahren aber selbst zur Königin – ein weiblicher Pharao (die sogar anordnete, daß ihre gemeißelten Abbildungen sie mit Bart zeigten). Man kann sich vorstellen, daß unter diesen Umständen der Neid und die Feindschaft zwischen dem Sohn des Königs und dem adoptierten Sohn der Königin anwuchsen und sich intensivierten.

Schließlich starb Hatshepsut 1482 v.Chr. (oder wurde umgebracht), und der Sohn der Konkubine übernahm den Thron als Thothmes III. Er verlor keine Zeit und setzte die fremden Eroberungen (einige Gelehrte sprechen von ihm, als dem »Napoleon des alten Ägyptens«) und die Unterdrückung der Israeliten fort. »Und es geschah in diesen Tagen, als Moses erwachsen war, daß er hinaus ging unter seine Brüder und ihre Leiden sah.« Als er einen ägyptischen Sklavenhalter umbrachte, gab er dem König die Möglichkeit, seinen Tod anzuordnen. »So floh Moses vom Pharao und blieb einige Zeit im Land der Midianiten«, auf der Sinai-Halbinsel. Schließlich heiratete er die Tochter des midianitischen Priesters.

»Und es geschah, daß nach langer Zeit, der ägyptische König starb; und die Kinder Israels beklagten ihr Sklaventum und riefen nach den Elohim.

Und Elohim hörte ihre Klagen, und Elohim erinnerte sich seines Bundes mit Abraham und mit Isaak und mit Jakob; und »Elohim erblickte die Kinder Israels, und Elohim fand heraus«.

Beinahe 400 Jahre waren vergangen, seit der Herr das letzte Mal zu Jakob »in einer nächtlichen Vision« gesprochen hatte, bis er jetzt kam, um einen Blick auf die Kinder von Jakob/Israel zu werfen, wie sie aufschrien in ihrem Sklaventum. Daß der Elohim, der hier gemeint ist, Jahwe war, wird klar durch die nachfolgende Geschichte. Wo war Er während dieser langen vier Jahrhunderte? Die Bibel sagt nichts darüber; aber es ist eine Frage, über die man nachdenken sollte.

Sei es, wie es mag, die Zeit war günstig für eine drastische Tat. Wie die biblische Erzählung deutlich macht, wurde diese Kette neuer Entwicklungen durch den Tod des Pharao »nach langer Regierungszeit« ausgelöst. Ägyptische Aufzeichnungen zeigen, daß Thothmes III., der angeordnet hatte, daß Moses getötet werden solle, 1450 v.Chr. starb. Sein Thronnachfolger, Amenhotep II., war ein schwacher Herrscher, der Schwierigkeiten hatte, Ägypten vereint zu halten; und mit seinem Aufstieg erlosch die Todesstrafe gegen Moses.

Es war zu dieser Zeit, als Jahwe zu Moses aus dem Inneren des brennenden Busches sprach und ihm sagte, daß Er entschieden habe, »herunterzukommen und« die Israeliten aus der Sklaverei in Ägypten zu »retten« und sie zurück ins Gelobte Land zu führen; und er sagte Moses, daß er auserwählt sei, Gottes Abgesandter zu sein und diese Freiheit vom Pharao zu erwirken und die Israeliten auf ihrem Auszug aus Ägypten zu führen.

Dies geschah, so wird uns in Exodus, Kapitel 3 erzählt, als Moses die Herde seines Stiefvaters hütete, »die Herde hinter die Wüste führte und zum Berg der Elohim in Horeb kam« und da den Dornbusch brennen sah, ohne daß er verbrannte; so ging er näher heran, um sich den unglaublichen Anblick zu betrachten.

Die biblische Erzählung bezieht sich auf den »Berg der Elohim«, als sei er eine wohlbekannte Landmarkierung; die Ungewöhnlichkeit des Ereignisses bestand weder darin, daß Moses seine Herde dorthin geführt hatte, noch daß es da Büsche gab. Der außergewöhnliche Aspekt war, daß der Busch brannte, ohne zu verbrennen!

Dies war nur die erste einer Serie von erstaunlichen magischen Handlungen und Wundern, die der Herr vollziehen mußte, um Moses, die Israeliten und den Pharao von der Echtheit des Auftrags und der göttlichen Bestimmung, die ihr zu Grunde lag, zu überzeugen.

Zu diesem Zweck befähigte Jahwe Moses zu drei wundersamen Taten: Sein Stock konnte sich in eine Schlange und zurück in einen Stock verwandeln; seine Hand konnte leprös und wieder gesund gemacht werden; und er konnte etwas Nilwasser auf den Boden schütten und der Boden blieb trokken. »Die Leute, die deinen Tod wollten, sind alle tot«, sagte Jahwe Moses; fürchte dich nicht mehr; begegne dem neuen Pharao und führe die Wunder vor, die ich dir gewährt habe und sage ihm, daß die Israeliten freigelassen werden müssen, um ihren Gott in der Wüste anzubeten. Als Assistenten berief Jahwe Aaron, den Bruder von Moses, der ihn begleiten sollte.

Bei der ersten Begegnung mit dem Pharao war der König nicht aufgeschlossen. »Wer ist dieser Jahwe, auf den hin ich die Israeliten gehen lassen sollte?« sagte er. »Ich kenne keinen Jahwe, und die Israeliten werde ich nicht gehen lassen«. Anstatt die Israeliten freizulassen, verdoppelte und verdreifachte der Pharao die Ziegelstein-Herstellungsquote. Als die Zaubertricks mit dem Stab den Pharao nicht beeindruckten, wurde Moses vom Herrn angewiesen, die Reihe von Plagen zu starten – »Schläge«, wenn man das hebräische Wort buchstäblich übersetzt – die an Schwere zunahmen, als der ägyptische König sich anfangs widersetzte, die Israeliten freizulassen, dann schwankend wurde, dann zustimmte und seine Meinung änderte. Insgesamt zehn an der Zahl, reichten sie von der einwöchigen Farbveränderung des Nilwassers, in rot wie Blut, über Schwärme von Fröschen in Flüssen und Seen; den

Befall der Menschen mit Läusen und dem Vieh mit Seuchen; Verwüstung durch Hagelstürme und Schwefel und Heuschrecken; und einer Dunkelheit, die drei Tage dauerte. Und als all dies die Freiheit der Israeliten nicht erbrachte, als alle »Wunder von Jahwe« ihre Wirkung verfehlten, kam der letzte und entscheidende Schlag: Alles Erstgeborene Ägyptens, egal, ob Mensch oder Tier, wurden getötet, »als Jahwe durch das Land der Ägypter zog«. Aber die Häuser der Israeliten, die mit Blut an ihren Türpfosten gekennzeichnet waren, wurden davon ausgenommen. In genau dieser Nacht ließ der Pharao sie aus Ägypten ziehen; und deshalb wird dieses Ereignis bis zum heutigen Tag vom jüdischen Volk als der Feiertag des Aus-Zugs gefeiert. Es geschah in der Nacht des 14. Tages des Monats Nissan, als Moses 80 Jahre alt war – im Jahr 1433 v.Chr., nach unseren Berechnungen.

Der Exodus aus Ägypten hatte begonnen – aber dies war nicht das Ende der Schwierigkeiten mit dem Pharao.

Als die Israeliten den Rand der Wüste erreichten, wo die Seenkette hinter den ägyptischen Forts eine Wasserbarriere bildet, schloß der Pharao, daß die Entfliehenden in der Falle saßen und schickte seine schnellen Kampfwagen, um sie wieder einzufangen. Da sandte Jahwe einen Engel, »den Engel der Elohim, der vor der israelitischen Menge gegangen war«, um sich selbst und eine Säule aus dunklen Wolken zwischen die Israeliten und die verfolgenden Ägypter zu stellen, und die Lager dadurch zu trennen. Und in dieser Nacht »trieb Jahwe das Meer durch einem starken Ostwind zurück, trocknete die See aus, und die Wasser waren geteilt, und die Kinder Israels gingen auf trockenem Grund in das Meer.«

Am frühen Morgen versuchten die benommenen Ägypter den Israeliten durch das geteilte Wasser zu folgen, aber kaum hatten sie dies versucht, als die Mauer aus Wasser sie einschloß und sie darin umkamen.

Erst nach diesem wundersamen Ereignis – das so lebendig und kunstvoll von Cecil B. De Mille in seinem monumentalen Film »Die 10 Gebote« für jedermann zum Ansehen, nachgestellt wurde – waren die Kinder Israels endlich frei, frei um durch die Wüste und ihre Unannehmlichkeiten zum Rand der

Sinai-Halbinsel zu gelangen – die ganze Zeit geleitet von der göttlichen Säule, die bei Tag eine dunkle Wolke war und ein Leuchtfeuer in der Nacht. Wasser- und Nahrungsmittelknappheit wurden auf wundersame Weise abgewendet, und nur ein Krieg mit einem unerwarteten amalekitischen Feind stand ihnen noch bevor. Schließlich kamen sie »im dritten Monat« in der Wildnis des Sinai an »und lagerten gegenüber des Berges«.

Sie waren an ihrem vorbestimmten Zielort angekommen: »dem Berg der Elohim«. Die größte Theophanie (Gotteserscheinung) war im Begriff, ihren Anfang zu nehmen.

Es gab Vorbereitungen und Voraussetzungn für diese denkwürdige und einmalige Göttliche Begegnung und ein Preis, der von ihren ausgewählten Zeugen gezahlt werden mußte. Es begann mit »Moses Hinaufgehen zu den Elohim« auf den Berg, als »Jahwe vom Berg aus nach ihm rief«, um die Vorbedingung für die Gotteserscheinung und ihre Konsequenzen zu hören. Moses wurde mitgeteilt, den Kindern Israels die exakten Worte des Herrn zu wiederholen:

Wenn ihr auf mich hören werdet
und den Bund bewahren werdet, dann -
von allen Völkern -
werdet ihr mein Volk sein,
denn die ganze Erde gehört mir.
Ihr sollt mein Königreich von Priestern werden
und ein heiliges Volk.

Früher, als Moses von genau demselben Berg aus seine Botschaft gegeben wurde, äußerte Jahwe seine Absicht, »die Kinder Israels als sein Volk zu adoptieren«, und im Gegenzug »ein Elohim bei ihnen zu sein«. Nun formulierte der Herr diesen Handel in Verbindung mit der Gotteserscheinung. Mit dem Bund kamen Gebote und Gesetze und Verbote; sie waren der Preis, der gezahlt werden mußte, um sich für die Gotteserscheinung zu qualifizieren – ein einmaliges Ereignis, durch das die Israeliten zum Auserwählten Volk werden, dem Gott geweiht.

»Und Moses kam und versammelte die Ältesten der Leute

und legte ihnen all diese Worte vor, wie Jahwe es befohlen hatte. Und all das Volk antwortete, alle zusammen sagten: ›Alles was Jahwe gesprochen hat, werden wir tun.‹ Und Moses brachte das Wort des Volkes zu Jahwe.«

Nachdem Jahwe seine Einwilligung gegeben hatte, »sagte er zu Moses: Siehe, ich werde zu dir kommen in einer dicken Wolke und das Volk befähigen zu hören, wenn ich zu dir spreche, so daß sie auch in dich Glauben gewinnen.« Und der Herr ordnete Moses an, die Menschen sich selbst weihen zu lassen und sich dann für drei Tage bereit zu halten; er informierte sie, daß »Jahwe am dritten Tag herunterkommen wird auf den Berg Sinai, in voller Sicht all der Menschen.«

Die Landung, sagte Jahwe zu Moses, würde für jeden, der zu nahe käme, Gefahr bedeuten. »Du solltest Abgrenzungen um den Berg anbringen«, wurde Moses gesagt, um die Menschen auf Distanz zu halten, solle er ihnen sagen, sie mögen es nicht wagen, zu versuchen hinaufzugelangen, oder selbst den Rand zu berühren, »denn jeder, der ihn berührt, wird mit Sicherheit zu Tode kommen.«

Als diese Instruktionen befolgt wurden, »war es am dritten Tag, als es Morgen war«, daß die versprochene Landung von Jahwe auf dem Berg der Elohim begann. Es war ein feuriger und ein geräuschvoller Abstieg: »Es gab Donnergeräusche und Gewitterblitze und eine dichte Wolke [befand] sich über dem Berg und ein außergewöhnlich starker Shofar Klang; und alle Menschen in dem Lager hatten Angst.«

Als der Abstieg des Herrn Jahwe begann, »brachte Moses die Menschen vom Lager näher zu dem Elohim, und sie stellten sich an den Fuß des Berges«, an die Begrenzung, die Moses um den ganzen Berg herum angebracht hatte.

Und der Berg Sinai war völlig von Rauch eingehüllt,
denn Jahwe war auf ihm in einem Feuer niedergekommen.
Und der Rauch davon stieg auf, wie der eines Brennofens,
und der ganze Berg bebte großartig.
Und der Klang des Shofar fuhr fort lauter zu werden;
Als Moses sprach, antwortete ihm der Elohim mit lauter Stimme.

(Der Begriff Shofar, der im Text in Verbindung gebracht wird mit den Tönen, die vom Berg ausgingen, wird normalerweise mit »Horn« übersetzt. Wörtlich jedoch bedeutet es »Verstärker« – ein Gerät, so glauben wir, das benutzt wurde, um es der gesamten israelitischen Menge, die am Fuß des Berges stand, zu ermöglichen Jahwes Stimme und sein Gespräch mit Moses zu hören).

Und so kam Jahwe tatsächlich, in völliger Sicht der ganzen Versammlung – aller 600.000 Menschen – »hernieder auf den Berg Sinai, auf seinen Gipfel; und Jahwe rief Moses herauf auf den Gipfel des Berges, und Moses ging hinauf.«

Es war dann, vom Gipfel des Berges, von innerhalb der dikken Wolke, »daß Elohim die folgenden Worte sprach«, verkündete die Zehn Gebote – die Grundlagen des hebräischen Glaubens, die Richtlinien für soziale Gerechtigkeit und menschliche Moral; eine Zusammenfassung des Bundes zwischen Mensch und Gott, die Gesamtheit der Göttlichen Lehren, knapp ausgedrückt.

Die ersten drei Gebote errichteten den Monotheismus, verkündete Jahwe als der Elohim von Israel, der alleinige Gott, und verbat das Herstellen von Götzen und ihre Anbetung:

I Ich bin Jahwe, dein Elohim,
der dich aus dem Land Ägypten geführt hat,
aus dem Haus der Sklaverei.

II Ihr sollt keinen anderen Elohim außer mir haben;
ihr sollt euch für euch keine irgendwie geformten Abbilder machen
von Ähnlichem aus allem, was oben im Himmel ist,
oder was unten auf der Erde ist, oder was in den
Wassern unter der Erde ist. Ihr sollt euch davor nicht
verbeugen noch es anbeten...

III Ihr sollt den Namen von Jahwe, eurem Elohim,
nicht ohne Grund nennen.

Als nächstes kam ein Gebot, das die Heiligkeit des Volkes Israel zum Ausdruck bringen wollte und ihre Verschreibung an einen höheren Standard des Alltagslebens, sichtbar daran, daß sie einen Tag der Woche reservierten, als den Sabbath –

einem Tag, der der Kontemplation und der Ruhe gewidmet war, der für alle Menschen gleichermaßen galt, für Menschen ebenso, wie ihr Vieh:

IV Denke daran, den Tag des Sabbaths zu wahren und ihn zu heiligen.
Sechs Tage sollst du arbeiten und all deine Arbeit tun; aber der 7. Tag ist der Sabbath von Jahwe, deinem Elohim:
An diesem sollst du keine Arbeit tun –
weder du, noch dein Sohn, noch deine Tochter; weder dein Knecht, noch deine Magd, noch dein Vieh;
Wie auch der Fremde, der sich innerhalb deiner Tore befindet.

Das 5. affirmative Gebot begründete die Familie als die menschliche Einheit, vorgestanden von dem Patriarchen und dem Matriarchen:

V Ehre deinen Vater und deine Mutter,
so daß deine Tage lange währen mögen auf dem Land, das Jahwe, dein Elohim, dir gegeben hat.

Und dann folgten die 5 Verbote, die die Moral und den sozialen Kodex eher zwischen Mensch und Mensch darlegten, (als zwischen Mensch und Gott, wie es anfangs der Fall war):

VI Du sollst nicht morden.
VII Du sollst nicht ehebrechen.
VIII Du sollst nicht stehlen.
IX Du sollst nicht falsches Zeugnis abgeben gegen deinen Nachbarn.
X Du sollst nicht begehren deines Nachbarn Haus;
Du sollst nicht begehren deines Nachbarn Frau,
weder seinen Knecht oder seine Magd, seinen Ochsen, seinen Esel, noch irgendetwas, das ihm gehört.

Viel Aufhebens ist in unzähligen Texten um das Gesetz des Hammurabi, dem babylonischen König aus dem 18. Jh. v.Chr. gemacht worden, das er auf eine Stele (jetzt im Louvre Museum) gravierte, auf der er gezeigt wird, wie er die Gesetze des Gottes Schamasch erhielt. Aber dies war nur eine Auflistung von Verbrechen und ihren Bestrafungen. Einige 1000 Jahre vor Hammurabi errichteten sumerische Könige Gesetze und soziale Gerechtigkeit – du sollst einer Witwe nicht den Esel wegnehmen, oder den Lohn eines Tagelöhners aufschieben, so verfügten sie, (um zwei Beispiele zu geben). Aber niemals vorher (und auch nicht danach) legten Zehn Gebote so klar alles Wesentliche fest, was ein ganzes Volk und jedes menschliche Wesen als Richtlinie benötigt!

Die donnernde Stimme von der Spitze des Berges herabhallen zu hören, mußte eine überwältigende Erfahrung sein. Tatsächlich lesen wir, als »all die Menschen das Donnern und Blitzen und den Ton des Shofar und den Berg, eingehüllt in Rauch, wahrnahmen, da wurden sie alle von Furcht ergriffen und bewegten sich weg und standen in einiger Entfernung. Und sie sagten zu Moses: ›Spreche du zu uns, und wir werden hören, aber lasse nicht den Elohim selbst zu uns sprechen, damit wir nicht sterben‹«. Und nachdem sie Moses gebeten hatten, der Überbringer der göttlichen Worte zu sein, anstatt sie direkt anzuhören, »stellten sich die Menschen weiter weg; und Moses ging durch den dicken Nebel, wo der Elohim war«, denn Gott hatte ihn gerufen:

Und Jahwe sagte zu Mosese:
Komme herauf zu mir, auf den Berg, und bleibe da;
und ich werde dir die Steintafeln geben
mit dem Gesetz und dem Gebot
die ich aufgeschrieben habe, um sie ihnen zu lehren.

Dies (in Genesis 24) ist die erste Erwähnung der Gesetzestafeln und die Behauptung, daß sie von Jahwe selbst eingeschrieben wurden. Dies wird in Kapitel 31 bestätigt, wo die Anzahl der Tafeln mit Zwei angegeben wird, »aus Stein gemacht, beschrieben durch den Finger des Elohim«; und wiederum in Kapitel 32: »Tafeln beschrieben auf beiden ihrer Seiten – auf der einen Seite und auf der anderen Seite waren sie beschrieben; und die Tafeln waren das Kunstwerk des Elohim, und das Geschriebene war die Schrift des Elohim, eingraviert auf die Tafeln.« Dies wird bestätigt im Deuteronomium (Moses 5).

Geschrieben auf den Tafeln standen die Zehn Gebote, wie auch detailiertere Bestimmungen, die tägliche Führung der Menschen zu verwalten, einige Regeln zum Gottesdienst an Jahwe und strikte Verbote, gegen die Verehrung oder selbst das Aussprechen der Namen, der Götter von Israels Nachbarn. All dies beabsichtigte der Herr Moses, als die Tafeln des Bundes zu geben, damit sie für immer in der Bundeslade aufbewahrt werden mögen, die nach detaillierten Anweisungen gebaut werden sollte. Die Gewährung der Tafeln war ein Ereignis von bleibender Bedeutung und lag eingebettet in die Erinnerung der Kinder Israels und gibt daher Zeugnis von höchstem Rang. Deshalb wies Jahwe Moses an, heraufzukommen, um die Tafeln in Begleitung seines Bruders Aaron und Aarons zwei priesterlichen Söhnen, sowie 70 der Stammesältesten, in Empfang zu nehmen.

Ihnen war es nicht erlaubt, bis ganz nach oben zu gehen (nur Moses konnte dies tun), aber sie waren nahe genug, um »den Elohim von Israel zu sehen«. Selbst dann war alles, was sie sehen konnten, der Raum unter den Füßen des Herrn, »gemacht, wie aus purem Saphir, wie die Farbe des Himmels an einem klaren Tag.« So nahe heran zu kommen, kostete sonst das Leben; aber dieses Mal, nachdem er sie eingeladen hatte, »streckte Jahwe seine Hand nicht gegen die Edlen von Israel aus.« Sie lebten weiter, um die Göttliche Begegnung zu feiern und zu bezeugen, daß Moses hinaufgegangen war, die Tafeln in Empfang zu nehmen:

Und Moses stieg den Berg hinauf,
und die Wolke umschlang den Berg.
Und die Herrlichkeit Jahwes lastete auf dem Berge Sinai,
bedeckt von der Wolke, sechs Tage lang;
und am Siebten Tag rief Er nach Moses
aus dem Inneren der Wolke...
Und Moses ging in die Wolke
und stieg hinauf auf den Berg.
Und Moses war auf dem Berg für 40 Tage
und 40 Nächte.

Weil die zwei Tafeln bereits beschrieben waren, wurde die lange Zeit, die Moses am Gipfel des Berges verblieb, dazu genutzt, ihm die Konstruktion des Tabernakels, des Mishkan (»Residenz«) zu erklären, in dem Jahwe den Kindern Israels seine Anwesenheit kundtun würde. Es war damals, daß Jahwe Moses auch das »Baumodell der Residenz und Modelle aller Werkzeuge dafür« zeigte, zusätzlich zu den architektonischen Einzelheiten, die ihm mündlich gegeben wurden. Diese schlossen die Bundeslade, die hölzerne mit Gold ausgelegte Truhe mit ein, in der die beiden Tafeln aufbewahrt werden, und auf dessen Oberseite die beiden goldenen Cherubim angebracht werden sollten. Das, so erklärte der Herr, wäre das Dvir – wörtlich der Sprecher – »wo ich mich mit dir treffen werde und zu dir von zwischen den Cherubim sprechen werde.«

Es war ebenso während dieser Göttlichen Begegnung auf dem Gipfel des Berges, daß Moses in die Priesterschaft eingeführt wurde und er als die einzige die im Tabernakel fungieren, und sich (außer Moses) dem Herrn nähern konnten Aaron, den Bruder Moses und die vier Söhne von Aaron benannte. Ihre Priestergewänder wurden bis ins kleinste Detail ausführlich beschrieben, einschließlich der Brusttasche für die Losentscheidungen, die zwölf wertvolle Steine enthielt, in denen die Namen der zwölf Stämme Israels eingeschrieben waren. Die Brusttasche war auch dazu da, das Urim und Tumin an ihrem Platz – genauer gegen das Herz des Priesters – zu halten. Obwohl die genaue Bedeutung des Begriffs sich den Gelehrten entzog, wird aus anderen biblischen Zusammenhängen klar (z.B. Numeri 27,21), das sie als ein Orakelratespiel dienten, das dem Fragesteller ein Ja oder Nein des Herrn als Antwort auf eine Frage gab. Die Frage der jeweiligen Person wurde dem Herrn durch den Priester vorgetragen, »um das Urim vor Jahwe um die Entscheidung zu bitten und in Übereinstimmung damit zu handeln.« Als König Saul (I Samuel 28;6) Jahwes Rat suchte, ob er sich am Krieg mit den Philistern beteiligen sollte, »befragte er Jahwe in Träumen durch das Urim und durch Propheten.«

Während sich Moses beim Herrn befand, wurde im Lager

seine lange Abwesenheit als schlechte Nachricht interpretiert und sein Ausbleiben nach etlichen Wochen als Anzeichen dafür genommen, daß er beim Angesicht Gottes umgekommen war, »denn gibt es da irgendein Fleisch« – irgendeinen sterblichen Menschen – »der die Stimme eines lebendigen Elohim gehört hätte, der aus dem Feuer heraus sprach, und am Leben geblieben wäre?« Es war so, daß »die Menschen, die sahen, daß Moses nicht vom Berg zurück kam, sich um Aaron versammelten und zu ihm sagten: ›Komm, mache für uns einen Elohim der uns führen kann, denn dieser Mann Moses, der uns aus Ägypten gebracht hat – wir wissen nicht, was aus ihm geworden ist‹.« So errichtete Aaron, in der Absicht Jahwe anzurufen, einen Altar für Jahwe und stellte davor die Skulptur eines Kalbes, das mit Gold besetzt war.

Alarmiert von Jahwe »wandte sich Moses um und kam, den Berg mit den zwei Tafeln der Angaben in seiner Hand, herunter.« Und als er sich dem Lager näherte und das goldene Kalb sah, war Moses wütend, »und er schmiß die Tafeln aus den Händen und zerbrach sie am Fuß des Berges; und er nahm das Kalb, das sie gemacht hatten und verbrannte es mit Feuer und [sein Gold] zermahlte er zu Pulver und streute den Staub über das Wasser.« Nachdem er die Anstifter der Ungeheuerlichkeit gesucht hatte und sie vor das Schwert geführt hatte, flehte er den Herrn an, die Kinder Israels nicht zu verlassen. Wenn die Sünde nicht vergeben werden kann, laß mich alleine die Strafe tragen, sagte er; laß es mich sein, der aus dem Buch des Lebens ausradiert wird. Aber der Herr war nicht völlig besänftigt, sondern behielt sich weitere Vergeltung vor: »Wer immer sich gegen mich versündigt hat, soll in der Tat aus meinem Buch gelöscht werden.«

»Und als die Menschen diese üble Kunde hörten, trauerten sie.« Moses selbst, entmutigt und verzweifelt, nahm sein Zelt und stellte es außerhalb des Lagers auf, weit weg davon. »Und als Moses sich aufmachte, ins Zelt zu gehen, erhoben sich alle Menschen, und jeder stellte sich an die Tür seines Zeltes und beobachtete, wie er ging, bis er das Zelt betreten hatte.« Das Gefühl einer gescheiterten Mission hatte ihn und alle anderen ergriffen.

Aber dann geschah ein Wunder; Jahwes Erbarmen wurde sichtbar:

Und es geschah,
als Moses das Zelt betrat,
daß sich die säulenhafte Wolke niedersenkte
und am Eingang des Zeltes stand
und ein Stimme zu Moses sprach.
Und als alle Menschen
die Säule aus Wolke stehen sahen,
am Eingang des Zeltes,
erhoben sich alle Menschen und warfen sich nieder,
jeder an seines Zeltes Eingang.
Und Jahwe sprach zu Moses von Angesicht zu Angesicht,
wie ein Mann zu seinem Freund sprechen würde.

Als der Herr zu Moses aus dem brennenden Busch gesprochen hatte, »bedeckte Moses sein Gesicht, denn er fürchtete sich, auf den Elohim zu blicken.« Die Ältesten und Edlen, die Moses den Berg hinauf begleitet hatten, gingen nur bis zur Hälfte und waren nur in der Lage, des Herrn Fußstütze zu sehen – und selbst dann war es ein Wunder, daß sie nicht zerschmettert wurden. Am Ende der vierzigjährigen Wanderschaft, als die Israeliten bereit waren Kanaan zu betreten, betonte Moses in seiner testamentarischen Rückschau des Exodus und der großen Gotteserscheinung, daß »an dem Tag, als Jahwe zu euch in Horeb gesprochen hat, aus der Mitte des Feuers, saht ihr kein Antlitz irgendeiner Art:«

Ihr kamt herbei und standet am Fuß des Berges,
und der Berg war eingehüllt von Feuer,
das bis zur Mitte des Himmels reichte,
und [da war] eine dunkle Wolke und dicker Nebel.
Und Jahwe sprach zu euch aus dem Feuer;
Ihr hörtet den Klang der Worte,
aber die Ähnlichkeit eines Antlitzes saht ihr nicht -
nur eine Stimme wurde gehört.
(Deuteronomium 4;11-15)

Dies war offensichtlich ein wichtiges Element des Erlaubten und Verbotenen, bei nahen Begegnungen mit Jahwe. Aber nun, als der sich erbarmende Gott zu Moses »von Angesicht zu Angesicht« – aber noch immer aus der Wolkensäule – sprach, ergriff Moses die Gelegenheit und suchte nach Bekräftigung für seine Rolle als des vom Herrn auserwählter Führer. »Zeige mir dein Gesicht!« bat er den Herrn.

Rätselhaft antwortete Jahwe, indem er sagte: »Du kannst mein Gesicht nicht sehen, denn kein Mensch kann mich sehen und weiterleben.«

So flehte Moses wieder: »Bitte zeige mir deine Herrlichkeit!«

Und Jahwe sagte: »Siehe, da ist ein Platz neben mir; gehe und stelle dich da auf den Felsen. Und wenn meine Herrlichkeit daran vorübergehen wird, werde ich dich in den Spalt des Felsens stellen und dich mit meiner Hand bedecken, bis ich vorbei gegangen bin; und dann werde ich meine Hand wegnehmen und du wirst meinen Rücken sehen; aber mein Gesicht wird nicht gesehen werden.«

Das hebräische Wort, das zu »Herrlichkeit« in deutschen (»Glory« im Englischen) Übersetzungen in allen oben zitierten Beispielen wurde, ist Kabod; es stammt aus der Wurzel KBD, dessen ursprüngliche Bedeutung »gewichtig, schwer« ist. Wörtlich würde Kabod demnach »die Schwere, das gewichtige Ding« bedeuten. Daß ein »Ding«, ein physikalisches Objekt und keine abstrakte »Herrlichkeit« gemeint ist, als es Jahwe gegeben wurde, ist klar durch seine erste Erwähnung in der Bibel, als die Israeliten, »die Kabod von Jahwe erblickten«, umgeben von einer allgegenwärtigen Wolke, nachdem der Herr sie wunderbarerweise mit Manna als ihrer täglichen Nahrung versorgte. Im Exodus 24:16 lesen wir, »daß die Kabod Jahwes auf dem Berg Sinai ruhte, sechs Tage lang bedeckt von einer Wolke«, bis er Moses am Siebten Tag hinauf rief; und Vers 17 fügt hinzu, daß »die Erscheinung der Kabod von Jahwe, auf dem Gipfel des Berges in voller Sicht der Kinder Israels« zum Nutzen derer, die nicht gegenwärtig waren, »wie ein alles verschlingendes Feuer war.«

In allen fünf Büchern des Pentateuch – Genesis, Exodus,

Leviticus, Numeri, Deuteronomium wird der Begriff Kabod verwendet, um eine Manifestation Jahwes anzudeuten. In allen Beispielen, die Kabod von Jahwe genannt werden, stellte es etwas Konkretes dar, das die Menschen sehen konnten – aber immer war es eingehüllt von einer Wolke, wie von einem dichten Nebel.

Der Begriff wird wiederholt vom Propheten Hesekiel bei der Beschreibung des Göttlichen Wagens verwendet, (wo ein Fußschemel beinahe genau so beschrieben wird, wie in den Versen über das, was die Ältesten von Israel auf halbem Weg am Berg Sinai gesehen hatten).

Der Wagen, berichtete Hesekiel, war von einer hellen Strahlung eingehüllt; dies war, sagte er, »die Erscheinung der »Kabod von Jahwe.« Auf seiner ersten prophetischen Mission zu den Exilbehausungen am Fluß Khabur wurde er vom Herrn in einem Tal angesprochen, wo »die Kabod von Jahwe stationiert war, eine Kabod wie die früher gesehene.« Als er hinaufgenommen wurde, um Jerusalem »in göttlichen Visionen zu sehen«, sah er wieder »die Kabod des Gottes von Israel, wie die, die ich im Tal gesehen hatte«. Und als der angekündigte Besuch vollendet war, stellte sich die »Kabod von Jahwe« selbst auf die Cherubim, und die Cherubim erhoben ihre Flügel und »hoben sich von der Erde« und nahmen die Kabod mit hinauf zum Himmel.

Die Kabod, so schrieb Hesekiel (10:4), hatte eine Leuchtkraft, die durch die Wolke, die sie einhüllte, hindurch schien, eine Art von Strahlung. Dieses Detail liefert einen Einblick in eine Facette der nahen Begegnung zwischen Moses und dem Herrn Jahwe und seiner Kabod. Es war, nachdem Jahwe sich nach seinem Ärger erbarmt hatte und Moses sagte, zwei neue Steintafeln herzustellen, ähnlich den beiden zwei Tafeln, die Moses zerbrochen hatte und wieder auf den Gipfel des Berges Sinai zu kommen, um die Zehn Gebote und andere Bestimmungen wieder in Enpfang zu nehmen. Diese Mal jedoch, wurden die Worte Moses vom Herrn diktiert. Wieder verbrachte er 40 Tage und 40 Nächte auf dem Berg; und die ganze Zeit über »blieb Jahwe mit ihm dort« – und sprach mit ihm nicht aus der Entfernung durch einen Verstärker, »sondern blieb bei ihm.«

Und es geschah,
als Moses vom Berge Sinai herabkam,
mit den beiden Tafeln der Aussagen in seiner Hand
– als Moses vom Berg herunter kam –
wußte er nicht, daß die Haut seines Gesichts strahlte,
als Er zu ihm sprach.
Und Aaron und alle der Kinder Israels,
die Moses sahen, sahen, daß die Haut seines Gesichts strahlte;
und sie fürchteten sich ihm nahe zu kommen.

So »zog Moses eine Schutzmaske über sein Gesicht. Aber wenn Moses vor Jahwe trat, um mit ihm zu sprechen, pflegte er seine Schutzmaske abzunehmen, bis er wieder ging und herauskam und zu den Kindern Israels über das, was ihm angewiesen worden war, sprach; aber wenn die Kinder Israels sein Gesicht sehen würden, dessen Haut strahlte, dann setzte er die Schutzmaske wieder auf, bis zum nächsten Mal, wo er wieder mit dem Herrn sprechen würde«.

Es ist von Bedeutung, daß Moses, wenn er in der Nähe der Kabod war, einer Art von Strahlung ausgesetzt war, die seine Haut beeinflußte. Um welche Art Strahlenquelle es sich dabei handelte, wissen wir nicht, aber wir wissen sicher, daß die Anunnaki Strahlung für verschiedene Zwecke anwenden konnten und anwandten. Wir lesen darüber in der Erzählung von Inannas Abstieg in die niedere Welt, als sie mit einer pulsierenden Strahlung wiederbelebt wurde (vielleicht nicht unähnlich der, die auf einer Tonplakette aus Mesopotamien gefunden wurde, auf der der Patient, geschützt durch eine Maske, mit Strahlung behandelt wird – (Abb. 103). Wir lesen darüber, daß sie als todbringender Strahl verwendet wurde, als Gilgamesch die Verbotene Zone auf der Sinai-Halbinsel betreten wollte und ihre Wachen die Strahlung auf ihn richteten (s. Abb. 46). Und wir haben in der Erzählung des Zu gelesen, was passierte, als er die Tafel der Bestimmungen vom Missions-Kontroll-Zentrum in Nippur entfernte: »Stille verbreitete sich überall, Stille herrschte; das Strahlen des Heiligtums war fortgenommen.«

Ein phsikylisches Objekt, eines, das sich umherbewegen, sich selbst auf einen Berg stellen, sich erheben und aufsteigen kann, das, in eine Wolke aus dunklem Nebel gehüllt, einen Glanz abstrahlen kann – so beschreibt die Bibel die Kabod – wörtlich »das schwere Objekt« – in dem Jahwe sich fortbewegte. All dies beschreibt das, was wir heutzutage aus Ignoranz oder Unglauben ein UFO nennen – ein UNidentifiziertes Fliegendes Objekt.

In diesem Zusammenhang wird es hilfreich sein, die akkadischen und sumerischen Wurzeln zurückzuverfolgen, von denen der hebräische Begriff abgeleitet ist. Während das akkadische Kabbuttu »schwer, gewichtig« bedeutete, hatte das ähnlich klingende Kabdu (eine Parallele zum hebräischen Kabod) die Bedeutung »Flügel-Halter« – etwas, an dem Flügel befestigt werden, oder vielleicht, wo hinein Flügel zurückgezogen werden. Und der sumerische Begriff KI.BAD.DU bedeutete »zu einem weitentfernten Platz aufsteigen.« In einem Fall, in dem der Thron einer Gottheit beschrieben wird, wird das Adjektiv HUSH »rotglühend« – verwendet, um das »weit aufsteigende« Objekt zu beschreiben.

Wir können nur spekulieren, ob die Kabod wie der geflügelte »Göttliche Schwarze Vogel« von Ninurta aussah, wie die flügellosen (oder mit eingezogenen Flügeln) bauchigen Fahrzeuge, die in den Wandbildern von Tell Ghassul dargestellt werden (s. Abb. 72) – oder wie die raketenähnlichen Objekte, die Gilgamesch vom Landeplatz im Libanon aufsteigen sah (ein Aufstieg der, macht man ihn zum Abstieg, sich beinahe wie die Beschreibung aus Exodus, Kapitel 19, liest).

Mag es einem amerikanischen Shuttleflugzeug ähnlich gesehen haben (Abb. 104a)? Wir fragen uns dies, wegen der Ähnlichkeit mit einem kleinen Figürchen, das vor einigen Jahren an einer Stelle (dem vorgeschichtlichen Tuspa) in der Türkei entdeckt worden ist. Aus Ton hergestellt, zeigt es eine Flugmaschine, die das Aussehen eines modernen Shuttleflugzeugs (einschließlich der Abgasrohre) hat, mit dem Cockpit für ein Einsitzerflugzeug, Abb. 104b. Sowohl das teilweise zerstörte Abbild des »Piloten« im Cockpit, als auch die Gesamtheit der künstlerischen Darstellung, erinnert uns an mesoamerikanische Darstellungen von bärtigen Göttern in Begleitung von raketenähnlichen Objekten (Abb. 104c, 104d). Das archäologische Museum in Istanbul, das dieses Figürchen aufbewahrt, stellt es nicht aus; die offizielle Entschuldigung dafür ist, daß seine »Echtheit« nicht erwiesen ist. Wenn es echt ist, würde es nicht nur dazu dienen, vorgeschichtliche UFOs zu veranschaulichen, sondern auch Licht in die Verbindungen zwischen dem vorgeschichtlichen Nahen Osten und Amerika bringen.

Nachdem Moses gestorben war und Josua vom Herrn auserwählt worden war, die Israeliten zu führen, rückten sie zur östlichen Seite des Jordan vor und durchquerten ihn in der Nähe von Jericho; beinahe bei jeder Wende wurden sie von göttlichen Wundern unterstützt. Von allen ist für die Gelehrten und Wissenschaftler jene Erzählung über den Kampf im Tal von Gibeon am schwersten zu glauben, als – laut dem Buch Josua, Kapitel 10 – Sonne und Mond für einen Tag stillstanden.

Und die Sonne stand still, und der Mond verweilte,
bis die Leute sich an ihren Feinden gerächt hatten.
Tatsächlich steht alles geschrieben im Buch von Jashar:
Die Sonne stand still in der Mitte der Himmel,
und sie beeilte sich, nicht unterzugehen,
etwa einen ganzen Tag.

Was konnte die Rotation der Erde angehalten haben, so daß der Sonnenaufgang im Osten und der Monduntergang im Westen stillzustehen schien, für einen guten (»etwa einen«) Tag (von 24 Stunden)? Für solche, die an die Bibel glauben, ist das ein weiterer göttlicher Eingriff, zu Gunsten von Gottes Auserwähltem Volk. Das andere Extrem stellen jene dar, die die ganze Erzählung als bloße Fiktion, einen Mythos abtun. Dazwischen befinden sich jene, die für die Zehn Plagen, die Ägypten befielen, und die sich teilenden Wasser des Roten Meeres (die Ereignisse werden mit dem Vulkanausbruch auf der Mittelmeerinsel Thera/Santorin in Verbindung gebracht), nach einem natürlichen Phänomen oder einer Katasthrophe als Ursache suchen. Einige haben eine außerordentlich lange

Sonnenfinsternis vermutet; aber die Bibel sagt, daß die Sonne sichtbar war und Tageslicht für einen verlängerten Tag herrschte und daß die Sonne nicht verdunkelt war. Weil der lange Tag mit »großen Steinen«, die vom Himmel fielen begann, haben einige als Erklärung den Vorbeiflug eines großen Kometen vermutet (Immanuel Velikowsky behauptet in Welten im Zusammenstoß, daß solch ein Komet sich in der Umlaufbahn fing und zum Planeten Venus wurde).

Sumerische und altbabylonische Texte sprechen von himmlischem Aufruhr, der am Himmel beobachtet wurde und zu Beschwörungen gegen die himmlischen »Dämonen« aufrief. Wie »magische Texte« behandelt (z.B. Charles Fossey, Textes Magique; Morris Jastrow, Die Religion Babyloniens und Assyriens; und Eric Ebeling, Tod und Leben), beschrieben solche Texte »böse Sieben, geboren in den leeren Himmeln, unbekannt im Himmel, unbekannt auf Erden«, die »Sin und Schamasch angriffen« – den Mond und die Sonne, und zur gleichen Zeit Ishtar (Venus) und Adad (Merkur) erschütterten. Vor 1994 war die Möglichkeit, daß sieben Kometen auf einmal unsere Himmelsregion »angreifen« würden, so abwegig, daß der Text eher eine Phantasie als eine Realität, die von mesopotamischen Astronomen bezeugt wurde, zu sein schien. Aber als im Juli 1994 der Komet Shoemaker-Levy 9 in 21 Stücke auseinanderbrach, die in schneller Folge auf Jupiter aufprallten – unter den Augen der irdischen Beobachter – gewinnen die mesopotamischen Texte eindrucksvolle Realität.

War ein Komet in sieben Teile zerbrochen und verursachte die Verwüstung in unserer himmlischen Umgebung, prallten sie auf der Erde auf und unterbrachen sie ihre Umdrehung? Oder, wie Alfred Jeremias (*The Old Testament in the Light of Ancient Near East*), der, wie er es nannte »einen wichtigen astral-mythologischen Text« wiedergab, es als mögliche ungewöhnliche Konstellation von sieben Planeten in einer Linie ansah, deren sich daraus ergebende gravitationelle Zugkraft, aus der Erdperspektive betrachtet, die Sonne und den Mond beeinflußte – und Sonne und Mond anscheinend zum Stillstand brachte, während es in Wirklichkeit die Erde war, deren Rotation zeitweise zum Stehen kam.

Wie auch immer die Erklärung aussieht, es gibt von der anderen Seite der Welt Bestätigung für die Erscheinung selbst. In Mittelamerika und Südamerika haben sich »Legenden« – kollektive Erinnerungen – über eine lange Nacht von ungefähr 20 Stunden erhalten, während der die Sonne nicht aufging. Unsere Nachforschungen (vollständig wiedergegeben in »Versunkene Reiche«) ergaben, daß sich diese lange Nacht in beiden Amerikas um ca. 1400 v.Chr. ereignete – zur gleichen Zeit, also da die Sonne in Kanaan über eine ähnliche Zeitspanne nicht unterging. Nachdem ein Phänomen das Gegenteil des anderen ist, die gleiche Erscheinung – was immer dafür die Ursache sein mag – die die Sonne erscheinen und in Kanaan stillstehen ließ, hätte die Sonne auf der gegenüberliegenden Seite der Erde, in den amerikanischen Ländern, nicht aufgehen lassen.

Die mesopotamischen und südamerikanischen Erinnerungen bestätigen damit die Erzählung vom Tag, an dem die Erde stillstand – nicht das Filmdrehbuch, sondern die alte biblische Erzählung. Und damit benötigen wir weder Science Fiction noch Phantasien, um die Geschichte der größten Gotteserscheinung, die es jemals gab, als das zu nehmen, was sie war – ein denkwürdiges Faktum.

Beschneidung: ein Zeichen der Sterne?

Als Jahwe mit Abraham »einen Bund schloß«, wurde der Patriarch und alle Männer seines Hausstandes veranlaßt, sich beschneiden zu lassen: »Jeder Mann unter euch soll beschnitten werden, am Fleisch eurer Vorhaut, und es soll ein Zeichen des Bundes zwischen Mir und euch sein. Er, der acht Tage alt ist, soll unter euch beschnitten werden, jeder Mann durch eure Generationen... Dies soll ein Bund sein in eurem Fleisch, ein immerwährender Bund« (Genesis 17;11-14). Die Unterlassung hätte den Ausschluß des Täters vom Volk Israel zur Folge gehabt.

Die Beschneidung war demnach gedacht als einmaliges »Zeichen im Fleisch«, zu dienen, das die Abkömmlinge Abrahams von ihren Nachbarn unterschied. Einige Forscher glauben, daß die Beschneidung im ägyptischen Königshaus ausgeübt wurde, wie dies in einer vorgeschichtlichen Illustration nachgewiesen wird – obwohl die Darstellung eher ein Pubertätsritual sein könnte, als eine religiöse Beschneidung.

Mit oder ohne exemplarischem Beispiel, auf was läßt der Symbolismus, der der Erfordernis der hebräischen Männer zum Mul (übersetzt mit »Beschneiden«) innewohnt, schließen? Niemand weiß es wirklich. Unerklärt bleibt auch der Ursprung des Begriffs; Linguisten, die nach Parallelen in akkadischen oder späteren semitischen Sprachen suchten, kamen mit leeren Händen zurück.

Wir vermuten, daß die Antwort auf das Rätsel in Abrahams sumerischem Ursprung liegt. Sucht man da nach der Bedeutung, gewinnt der Begriff eine verblüffende Bedeutung, denn MUL war der sumerische Begriff für »himmlischer Körper«, ein Stern oder Planet!

Als Jahwe demnach Abraham anwies, sich und den anderen Männern Mul zu tun, könnte er ihnen gesagt haben, das »Zeichen der Sterne« in sein Fleisch zu schneiden – ein immerwährendes Symbol einer himmlischen Verbindung.

13. Propheten eines Unsichtbaren Gottes

Die größte Gotteserscheinung, die jemals stattfand, war einmalig, nicht nur aufgrund ihres Ausmaßes – 600.000 Leute waren zugegen, nicht nur wegen ihrer Dauer – etliche Monate, und nicht nur in Erreichung ihrer Ziele – der Bund zwischen Gott und dem auserwählten Volk und die Verkündigung der Gebote und Gesetze von bleibender Wirkung. Es offenbarte auch einen aufschlußreichen Aspekt in Bezug auf die Gottheit – den einer nicht sichtbaren Gottheit. »Niemand kann mein Gesicht sehen und weiterleben«, stellte Er fest; und selbst dem Ort, wo der Kavod ruhte, zu nahe zu kommen, war eine Gefahr.

Wie aber, wenn man ihm folgen und ihn verehren mußte, konnte man ihn suchen, finden und hören? Wie pflegten Göttliche Begegnungen mit Jahwe stattzufinden?

Die unmittelbare Antwort in der Wildnis des Sinai war der Tabernakel, der tragbare Mishkan (wörtlich: Residenz). mit seinem Zelt der Verabredung.

Am ersten Tag, des ersten Monats, des zweiten Jahres des Exodus war der Tabernakel in Übereinstimmung mit den äußerst detaillierten und exakten Erläuterungen, die Moses vom Herrn diktiert worden waren, fertiggestellt, einschließlich dem Zelt der Verabredung, mit seinem Allerheiligsten; darin, abgetrennt von anderen Abteilungen, befand sich die Bundeslade, die die beiden Tafeln enthielt, und auf der die beiden Cherubim ihre Flügel berührten. Da, wo die Flügel sich berührten, befand sich das Dvir – wörtlich der Sprecher – mit Hilfe dessen Jahwe mit Moses kommunizierte.

Und als Moses »all seine Arbeit« am vorgeschriebenen Tag vervollständigt hatte, »wie Jahwe es gefordert hatte«, landete eine dicke Wolke und hüllte das Zelt der Verabredung ein. »Die Wolke Jahwes«, stellt der letzte Vers des Buches Exodus fest, »befand sich über der Residenz bei Tage und bei Nacht ein Feuer, genau vor den Augen des ganzen Hauses Israel, während seiner Reisen.« Nur wenn sich die göttliche Wolke erhob, bewegten sie sich vorwärts; aber wenn sich die Wolke nicht vom Wohnort erhob, blieben sie, wo sie gerade lagerten, bis die Wolke sich erheben würde.

Während der Ruheperioden (wie der 1. Vers im nächsten Buch des Pentateuch, Levitikus, aussagt) »rief Jahwe Moses und sprach zu ihm vom Zelt der Verabredung.«

Die Instruktionen beinhalteten die Vereinbarung über das Haus von Aaron, als der priesterlichen Linie und die präzisen Einzelheiten über die priesterliche Kleidung, die Weihe und die Rituale für den Gottesdienst an Jahwe.

Selbst dann, unmittelbar nach der Landung auf dem Berg, und innerhalb der geweihten Grenzen des Tabernakel, konnten Jahwes Worte von innerhalb der dicken Wolke aus nebelartiger Dunkelheit, von hinter der abgeschirmten Abteilung, von zwischen den Cherubim gehört werden – die Worte eines Unsichtbaren Gottes. Bei all solchen Vorsichtsmaßnahmen und verbergenden Verhüllungen mußte sogar der Hohepriester einen zusätzlichen lichtundurchlässigen Dunst entfachen, indem er eine spezielle Kombination von Weihrauch abbrannte, bevor er sich dem Schirm nähern konnte, der die Bundeslade verhüllte; und als die beiden Söhne von Aaron den falschen Weihrauch abbrannten und dadurch ein »fremdes Feuer« erzeugten, streckte sie ein Feuerstrahl, »der von Jahwe ausging«, tot nieder.

Während der Ruheperioden wurde Moses in eine lange Liste von anderen Regeln und Vereinbarungen unterwiesen – in alle Arten von Opferungen und Verehrungen gegenüber dem Herrn durch die gewöhnlichen Menschen, die alle als »ein Volk von Priestern« angesehen wurden; in gute Beziehungen zwischen Familienmitgliedern und zwischen einer Person zur anderen, in Beschreibungen hinsichtlich gleicher Behandlung von Bürgern, den Leibeigenen und den Fremden. Es gab Anweisungen darüber, welches Essen geeignet oder ungeeignet war und die Diagnose und Behandlung von verschiedenen Gebrechen. Währenddessen gab es Wiederholungen von strikten Verboten, die Anwendung der Gebräuche »anderer Völker« betreffend, die mit der Verehrung »anderer Götter« gleichgesetzt wurden – wie zum Beispiel das Rasieren des

Kopfes oder der Bärte, das Einritzen von Tätowierungen oder das Opfern von Kindern als Verbrennungsopfer. Verboten war das »Werden zu Zauberern und Sehern«, und mit Nachdruck verboten war das »Herstellen von Idolfiguren und Götzenbildern, das Aufstellen von Statuen oder von gravierten Steinen, um sich vor ihnen zu verbeugen.«

»Durch dies sollen sich die Kinder Israels von anderen unterscheiden – ein heiliges Volk, Jahwe geweiht«, sagte Moses.

Wie die folgenden Bücher, Richter, Samuel, Könige und Propheten enthüllen, war das letzte Verbot am schwierigsten einzuhalten. Denn überall um sie herum konnten die Menschen die Götter sehen, die sie verehrten – manchmal tatsächlich, ansonsten (und meistens) durch ihre Götzenbilder. Aber Jahwe hatte behauptet, daß niemand sein Gesicht sehen und weiterleben konnte, und nun waren die Israeliten aufgerufen, strikt eine Myriade von Geboten zu beachten und den Glauben zu bewahren, an eine einzelne Gottheit, die noch nicht einmal von ihrer Statue repräsentiert werden durfte – die Verehrung einer nicht sichtbaren Gottheit!

Das dies eine völlige Entfernung von den Gepflogenheiten überall sonst war, wurde bereitwillig von Jahwe selbst zugestanden. »Nach den Sitten des Landes Ägypten, in dem ihr gelebt habt, und nach den Sitten des Landes Kanaan, wohin ich euch bringe, sollt ihr nicht handeln, und ihren Prinzipien sollt ihr nicht folgen«, verfügte Jahwe; und Er wußte sehr wohl, wovon er sprach.

Ägypten, woher die Kinder Israels gekommen waren, war – wie alte Darstellungen und archäologische Funde reichlich bestätigen – überschwemmt mit Abbildungen und Statuen der ägyptischen Götter. Ptah, der Patriarch des Pantheons (den wir als Enki identifizierten), Ra sein Sohn, Kopf des Pantheon (den wir mit Marduk identifizierten) und ihr Nachkomme, der vor den Pharaonen über Ägypten regierte, die danach verehrt wurden, erschienen den Königen in verschiedenen Göttlichen Begegnungen in Person oder sie wurden zu anderen Zeiten (was häufiger der Fall war) durch ihre Abbildungen verkörpert (Abb. 105).

Je seltener die Götter im Lauf der Zeit auftraten, desto mehr wandten sich König und Volk an Priester und Magier, Seher und Weissager, um den göttlichen Willen zu erhalten und auszulegen. Kein Wunder, daß Moses, aufgefordert, den zweifelnden Pharao mit den Mächten des hebräischen Gottes zu beeindrucken, sich erst mit Wundern beschäftigen mußte, um die königlichen Magier des Pharaos auszustechen.

In den Reichen der Enliliten war die Vorstellung eines unsichtbaren Gottes sicherlich eine Merkwürdigkeit. Einsiedlerisch, vielleicht; ausgesucht verfügbar, ja; aber unsichtbar – sicherlich nicht. Tatsächlich wurden – mit der augenscheinlichen Ausnahme von Anu – alle »großen Götter« Sumers, in irgendeiner Art dargestellt, in Skulpturen oder Eingravierungen, oder auf Rollsiegeln (Abb. 106). Daß sie tatsächlich von Sterblichen gesehen wurden, wird durch zahllose Rollsiegel bestätigt, die in ganz Mesopotamien, Anatolien und den Mittelmeerländern gefunden wurden.

Sie stellen dar, was Gelehrte »Vorführungs-Szenen« nennen, in der ein König, oft Priester, Gewänder trägt und von einem geringeren Gott (oder einer Göttin) zu einem »großen Gott« geleitet wird. Eine ähnliche Szene ist auf einer großen Steinstele dargestellt, die an einem Ort namens Abu Habba in Mesopotamien gefunden wurde (Abb. 107) – eine Szene, die jene über das Gewähren von Gesetzessammlungen in Erinnerung ruft, die wir in früheren Kapiteln wiedergegeben haben. Und so muß man vermuten, in Fällen, wo die Göttin einen menschlichen Ehemann hatte oder während göttlicher Begegnungen in der Art der Heiligen Hochzeit, war der Gott oder die Göttin sicher nicht unsichtbar.

(Dies erhöhte zusätzlich das Befremden der Israeliten, denn nirgendwo in der ganzen hebräischen Bibel gibt es eine Erwähnung darüber, daß Jahwe eine Ehefrau hatte, sei sie nun menschlich oder göttlich. Dies, so glauben Bibelgelehrte, war der Grund, daß die Israeliten, trotz aller Ermahnungen, zur Verehrung von Asherah, der Hauptgöttin des kanaanitischen Pantheon abschweiften).

Selbst in Sumer, wo die Anwesenheit der Anunnaki-Götter in ihren Zikkurats eine akzeptierte Tatsache war, wurde das

Göttliche Wort dem Volk durch Vermittlung von Orakelpriestern überbracht. Tatsächlich läßt der Name Terah, von Abrahams Vater vermuten, daß er ein Tirhu, ein Orakelpriester war; und die Klanbestimmung der Familie, Ibri, (»Hebräer«), so glauben wir, deutet an, daß seine Familie aus Nippur, Enlils Kultzentrum stammte, dessen sumerischer Name, NI.IBRU lautete – »Wunderbarer Wohnort der Überfahrt«. Nach dem Untergang von Sumer und dem Aufstieg von Babylon (mit Marduk als dem Kopf des Pantheons) und später Assyriens (mit Ashur als Kopf des Pantheons), füllte eine Unmenge an Orakel- und Omenpriester, Astrologen, Traumdeuter, Weissager, Seher, Zauberer, Voyeure und Zukunftsleser, die Tempel, Paläste und einfacheren Wohnstätten – von denen alle beanspruchten, Experten der Vermittlung des Göttlichen Wortes zu sein oder in der Lage zu sein, den göttlichen Willen – das »Schicksal« – aus der Tierleber, der Ausbreitung von Öl auf Wasser, oder Himmelskonstellationen zu erspüren.

Auch in dieser Hinsicht wurden die Israeliten aufgefordert, sich anders zu verhalten. »Ihr sollt keine Weissagung oder Wahrsagerei betreiben«, war die Forderung in Levitikus 19:26.

»Sucht weder Geisterseher, noch Zukunftsverkünder«, ermahnte Levitikus 19:31. In direktem Gegensatz zur Aufnahme solcher »Professioneller« innerhalb der Reihen der Priester anderer Nationen im Altertum, qualifizierten sich die israelitischen Priester und Leviten, die auserwählt wurden, in den Tempeln zu dienen, »vor Jahwe zu stehen«, dadurch, daß sie (neben anderen Einschränkungen) niemals »ein Magier, Weissager, ein Zauberer oder Verzauberer würden, noch jemand, der ein Charmeur ist, oder ein Geisterseher, ein Zukunftsverkünder, oder jemand der die Toten beschwört; denn all diese sind eine Abscheulichkeit für Jahwe – wegen dieser Abscheulichkeiten treibt Jahwe, dein Elohim sie vor dir hinaus.« (Deuteronomium 18:10-12).

Vorgehensweisen, die – sicherlich zur Zeit des Exodus, im 15. Jahrhundert. v.Chr. – wesentlicher Bestandteil der religiösen Praktiken in der alten Welt und der Verehrung von »anderen Göttern« darstellten, waren also strikt verboten durch

Jahwe, für die Religion und den Gottesdienst von Israel. Wie dann konnten die Kinder Israels, wenn sie sich einmal in ihrem Gelobten Land befanden, das Göttliche Wort empfangen und den Göttlichen Willen kennen?

Die Antwort wurde durch Jahwe selbst gegeben.

Zuerst gab es die Engel, die göttlichen Gesandten, die Gottes Willen und seine Führung überbrachten und in seinem Namen handelten. »Ich sende einen Mal'akh, der vor dir sein wird, dich zu beschützen auf deinem Weg und dich zu dem Platz bringen wird, den ich vorbereitet habe«, sagte der Herr zu den Kindern Israels durch Mose; »hütet euch vor ihm, und gehorcht ihm, seid nicht aufsässig gegen ihn, denn er wird eure Übertretungen nicht vergeben; mein Shem ist in ihm« (Exodus 23:20-21). Wenn ihr so Folge leistet, sagte der Herr, wird sein Engel sie sicher ins Gelobte Land bringen.

Es gibt auch andere Kanäle der Kommunikation, sagte Jahwe. Sie wurden deutlich gemacht, als Ergebnis eines Zwischenfalls, in dem Aaron, der Bruder von Moses und Miriam, ihre Schwester, neidisch auf Mose wurden, der als einziger zum Zelt der Offenbarung gerufen wurde, um mit Jahwe zu sprechen. Wie in Numeri, Kapitel 12 berichtet wird,

Und Miriam und Aaron sagten:
›Hat Jahwe nur durch Moses gesprochen?
Hat er nicht auch durch uns gesprochen?‹
Und Jahwe hörte es.
Dann plötzlich sprach Jahwe zu
Moses und Aaron und Miriam und sagte
›Kommt heraus, ihr drei, zum Zelt der Verabredung.‹
Und die drei kamen herbei.
Und Jahwe stieg herab in einer Wolkensäule
und ruhte am Tor des Zeltes.
Und Er rief Aaron und Miriam,
und die beiden schritten vorwärts.

Auf diese Weise errang er ihre Aufmerksamkeit und brachte sie so nahe wie möglich zu der »Säule aus Wolken«, die hernieder gekommen war und sich selbst vor das Zelt gestellt hatte, Jahwe sagte zu ihnen:

›Hört nun meine Worte:

Wenn da ein Prophet von Jahwe unter euch ist,
werde ich mich ihm in einer Vision bekannt machen,
in einem Traum werde ich zu ihm sprechen.
Nicht so ist es mit meinem Diener Moses,
treu in meinem ganzen Haus.
Mit ihm spreche ich von Mund zu Mund,
in Offenheit und nicht in Rätseln;
die Ähnlichkeit Jahwes erblickt er;
Wie also konntet ihr es wagen, schlecht über meinen Diener Moses zu sprechen?‹
Und Jahwes Ärger gegen sie war entfacht,
und Er entfernte sich.
Und die Wolke erhob sich vom Zelt;
und siehe und erblicket,
Miriam wurde leprös, ihre Haut weiß wie Schnee.

Hier also haben wir es, klar ausgesagt: Es wird durch die Propheten von Jahwe geschehen, in einer Vision oder einem Traum wird der Herr erscheinen und zu den Menschen sprechen.

Die gewöhnliche Vorstellung eines »Propheten« ist die eines, der sich mit Prophezeiungen beschäftigt – Vorhersagen der Zukunft (in diesem Fall unter göttlicher Führung oder Eingebung). Aber das Wörterbuch definiert »Prophet« korrekt mit »eine Person, die für Gott spricht« in göttlichen Angelegenheiten, oder nur »ein Sprecher für ein Anliegen, eine Gruppe oder Regierung.« Der voraussagende Aspekt ist gegeben oder wird angenommen; aber die Schlüsselfunktion ist die eines Sprechers. Und tatsächlich ist es das, was der hebräische Begriff Nabih bedeutet: ein Sprecher. Ein »Nabih von Jahwe«, gewöhnlich übersetzt (und so oben zitiert) »ein Prophet von Jahwe«, bedeutet wörtlich »ein Sprecher von Jahwe«, jemand (wie dies in Numeri, Kapitel 11 erklärt wird) »dem der Geist Gottes zuteil wurde«, was ihn (oder sie!) qualifizierte, ein Nabih, ein Sprecher für den Herrn zu sein.

Der Begriff erscheint zum ersten Mal in der Bibel in Kapitel 20 der Genesis, das von der Übertretung Abimelechs, des Philisterkönigs von Gerar handelt, der dabei war, Sarah in seinen

Harem aufzunehmen, ohne zu wissen, daß sie mit Abraham verheiratet war. »Und Elohim kam zu Abimelech in einem nächtlichen Traum« um ihn zu verwarnen. Als Abimelech seine Unschuld beteuerte, teilte ihm der Herr mit, Sarah unbelästigt zu ihrem Ehemann zurückzubringen und ihn um Vergebung zu bitten. »Ein Nabih ist er«, sagte der Herr von Abraham, »und beten wird er für dich.«

Das nächste Mal wird der Begriff in seinem ursprünglichen Sinn verwendet (in Exodus, Kapitel 6). Als Moses die Mission zum Pharao aufgetragen wurde, beklagte er sich, daß er eine »brüchige Stimme« habe, der der Pharao keine Beachtung schenken würde. So sagte Jahwe zu ihm: »Siehe, wie einen Elohim werde ich dich vor dem Pharao machen, und Aaron, dein Bruder, wird dein Nabih sein« – dein Sprecher. Und wieder, als die Kinder Israels das Rote Meer durchquert hatten, als es sich wundersam geteilt hatte, führte Miriam, die Schwester von Moses und Aaron, die Töchter Israels zu Lied und Tanz, zu Ehren von Jahwe; und die Bibel nennt sie »Miriam, die Nebiah«, »Miriam, die Prophetin«. In noch einem anderen Beispiel, als es nötig wurde, die Stammesführer zur Betreuung der Menge von 600 000 aufzulisten,

versammelte Moses 70 Männer
aus den Ältesten des Volkes,
und er stellte sie um das Zelt auf.
Und Jahwe kam herab in der Wolke
und sprach zu ihnen;
Und er ließ den Geist, der über ihm war,
den 70 Ältesten zuteil werden;
Und als der Geist auf ihnen ruhte,
wurden sie Nabihs (Sprecher) –
dann, aber nicht danach.

Aber zwei der Ältesten, so erzählt die Geschichte, blieben weiterhin unter dem Bann des Göttlichen Geistes und handelten als Nabihs im Lager. Es wurde erwartet, daß sie bestraft würden; aber Moses sah es anders: »Ich wünschte, alle Menschen wären Nabihs, daß Jahwe ihnen Seinen Willen zuteil werden ließe«, sagte er zu seinem treuen Diener Josua.

Die Angelegenheit des Nabih als ehrlichem Sprecher für Jahwe hatte näherer Erläuterung bedurft – Zeuge dafür sind die zusätzlichen Anmerkungen im Deuteronomium. Unähnlich anderen Völkern, die »Weissagern oder Magiern« zuhören, sagte der Herr zum Volk Israels, wird er einen Nabih zur Verfügung stellen, einen ihrer eigenen Brüder; »Meine Worte werden in seinem Mund sein, der zu ihnen spricht, wie ich es anordnen werde.« Da er erkannte, daß einige beanspruchen würden, für Gott zu sprechen, ohne daß dem so war, warnte Jahwe, daß solch ein falscher Prophet sicher sterben würde. Aber wie würden die Menschen den Unterschied bemerken? »Wenn sich da aus eurer Mitte ein Prophet erhebt, oder ein Träumer von Träumen, und er gibt euch ein Zeichen oder ein Wunder«, aber dies geschah nur, euch dazu zu bringen »anderen, euch unbekannten Elohim zu folgen und sie zu verehren – lauscht den Worten eines solchen Nabih nicht«, erklärte Jahwe ihnen durch Moses. Es könnte noch einen anderen Test über die Echtheit des Propheten geben, wurde erklärt (Deuteronomium, Kapitel 18): »Wenn das, was der Prophet auf Geheiß von Jahwe sagt, nicht geschehen wird und sich nicht ereignen wird, hat der Prophet in böser Absicht gesprochen – und nicht die Worte Jahwes.«

Daß es keine einfache Sache war, zwischen echten und falschen Propheten zu unterscheiden, wurde von Anfang an so angenommen; die nachfolgenden Ereignisse lieferten eine bittere Bestätigung dieses Problems.

»Und da erhob sich nicht ein Nabih wie Moses in Israel, den Jahwe von Angesicht zu Angesicht gekannt hatte«, so wird im Abschluß des Deuteronomiums (und damit dem Abschluß des Pentateuchs, den sogenannten 5 Büchern Moses) festgestellt; denn Moses, wie verfügt, für all jene, die die Knechtschaft in Ägypten gekannt hatten, war verurteilt dazu, das Gelobte Land nicht zu betreten. Bevor er starb, hieß ihn der Herr auf den Berg Nebo zu steigen, der auf der östlichen Seite des Jordan mit Blick auf Jericho lag, um von dort das Gelobte Land zu sehen.

Bedeutsamer- oder ironischerweise war der Berg Nebo, der für den letzten Akt ausgewählt worden war, nach Nabu, dem

Sohn Marduks benannt. Il Nabium, der »Gott, der ein Sprecher ist«, nannten ihn babylonische Inschriften; denn er war es, der, während sich sein Vater im Exil befand, durch die Länder, die an das Mittelmeer angrenzten, streifte und die Menschen zur Verehrung Marduks bekehrte, in Vorbereitung auf die Übernahme der Oberherrschaft durch Marduk zur Zeit Abrahams.

Die Mission der Propheten Jahwes bahnt sich ihren Weg durch die Ära der Richter, findet Ausdruck in den biblischen Büchern von Samuel und den Königen und erreicht ihre hohe Bedeutung, ihre moralische und religiöse Botschaft und ihre prophetischen Visionen für die Menschheit in den Büchern der Propheten. Führung, Wut und Trost; Lehren, Tadeln und Beruhigen, die Worte und symbolischen Taten dieser »Sprecher« Jahwes malen allmählich, als die Jahre und Ereignisse ins Land gehen, ein Bild von Jahwe und seiner Rolle in der Vergangenheit und Zukunft der Erde und ihrer Bewohner.

»Es war nach dem Tod von Moses, dem Diener Jahwes, daß Jahwe zu Josua, dem Sohn der Nun, dem Minister von Moses, sagte: Moses, mein Diener, starb; deshalb nun, erhebe dich und durchquere den Jordan, du und das ganze Volk, zum Land, das ich ihnen gebe, den Kindern von Israel... Wie ich mit Moses war, so werde ich mit dir sein; ich werde dich nicht fallen lassen, noch dich verlassen... nur sei du stark und standhaft bei der Einhaltung all der Lehren, die Moses, mein Diener, dir gegeben hat – wende dich nicht zur Rechten oder zur Linken.« So beginnt das Buch Josua mit einer Wiederholung des Göttlichen Versprechens auf der einen Seite und mit der eingeforderten absoluten Einhaltung von Jahwes Geboten auf der anderen Seite.

Und Josua erkannte klar, daß es das letztere sein würde, was Probleme bereiten würde, da das erstere vom letzteren abhängig war.

Wie zu Zeiten Mose wurde dem neuen Führer göttliche Unterstützung in Form von Wundern, in zweifacher Hinsicht zuteil: Obwohl unsichtbar, war Jahwe allgegenwärtig sowie allmächtig. Das allererste Hindernis, das den Israeliten, die zur Ostseite des Jordan gezogen waren, begegnete, bestand darin, wie sie den Fluß nach Westen überqueren sollten; es war kurz nach der Regenzeit und der Wasserstand des Flusses war hoch und überflutend.

Er beruhigte die Menschen damit, daß »Jahwe euch Wunder zeigen wird«, und sagte ihnen, sie sollten sich selbst weihen, um für die Überquerung bereit zu sein, denn Jahwe hatte ihn angewiesen, die Bundeslade von den Priestern einen Schritt in den Fluß tragen zu lassen; und siehe und erblicket, in dem Moment, wo die Füße der Priester die Wasser berührten, gefroren die Wasser des Jordans, die von der Nordseite heranflossen und wurden wie ein Wall zurückgehalten und die Israeliten durchquerten den Fluß in seinem trockenen Bett. Und als die Priester, die die Lade trugen, ebenfalls herüberkamen, stürzten die gestauten Wassermassen zusammen und der Fluß füllte sich wieder mit Wasser.

»Dadurch wißt ihr, daß ein lebender Gott unter euch ist«, verkündete Josua – Beweis dafür, daß Er, obwohl unsichtbar, anwesend ist, Er mächtig ist, Er Wunder vollbringen kann. Die Wunder hörten tatsächlich nicht auf; dem der Jordandurchquerung folgte die Erscheinung eines Engels von Jahwe, mit den Anweisungen zum Einstürzen der Mauern Jerichos und dem Gebrauch von Josuas Lanze auf die Art, wie der Stab von Moses gehandhabt worden war – dieses Mal zum wundersamen Sieg über die Bergfestung von Ai. Als nächstes kam der wundersame Sieg über eine Allianz kanaanitischer Könige im Tal von Ajalon, als die Sonne stillstand und für etwa 20 Stunden nicht unterging.

»Und es geschah nach einer langen Zeit, nachdem Jahwe Israel Ruhe vor all ihren umgebenden Feinden gewährt hatte, daß Josua alt und betagt wurde;« so beginnt das Ende des Buches von Josua und die Aufzeichnung der Ereignisse über die Eroberung und die Besiedelung von Kanaan unter seiner Führung. Es endet jedoch, wie es begann: mit der Notwendigkeit, die Existenz und Anwesenheit Jahwes zu bestätigen; denn, wie die Bibel erklärt, nicht nur Josua, sondern all die Ältesten, die sich an den Exodus erinnern konnten und an die Wunder des Herrn, schieden vom Schauplatz.

So versammelte Josua die Stammesführer bei Schechem,

um ihnen die Geschichte der Hebräer vom Anbeginn ihrer Vorväter, bis zur Gegenwart vor Augen zu führen. Auf der anderen Seite des Flusses Euphrat lebten eure Vorfahren, sagte er – Terah und seine Söhne Abraham und Nahor – »und sie verehrten andere Elohim.« Über die Wanderung Abrahams, die Geschichte seiner Abstammung, das Sklaventum in Ägypten und die Ereignisse des Exodus unter der Führung von Moses, wurde dann ein kurzer Rückblick gegeben, ebenso wie über die Überquerung des Jordan und die Besiedelung unter Josuas Führung.

Nun, wo ich und meine Generation die Augen schließe, sagte Josua, seid ihr frei, eure Wahl zu treffen: Ihr könnt Jahwe verbunden bleiben – oder ihr könnt andere Götter verehren:

Würdet ihr Jahwe in Ehrfurcht halten,
und ihn in Ernsthaftigkeit und Wahrheit verehren –
dann entfernt die Elohim, die eure Vorväter
verehrten über dem Fluß [Euphrat]
und in Ägypten, und verehrt [nur] Jahwe.
Aber wenn es euch nicht gefällt, Jahwe zu dienen -
wählt hier und jetzt, wen ihr verehren wollt:
ob die Elohim, denen eure Vorväter gedient hatten,
auf der anderen Seite des Flusses,
oder die Götter der Weststaaten, in deren Land ihr lebt;
und ich und meine Familie werden Jahwe verehren.

Angesichts dieser bedeutsamen, jedoch klar umrissenen Wahl, »antworteten die Menschen und sagten: Es ist undenkbar, daß wir Jahwe verlassen sollten, um andere Elohim zu verehren... Es ist Jahwe unser Gott, den wir verehren werden, er ist es, dem wir gehorchen!«

So »sagte Josua zum Volk: Ihr alle seid Zeugen gegen euch selbst, daß ihr Jahwe erwähltet, ihn zu verehren. Und sie sagten: Wir sind Zeugen.« Davon »machte Josua einen Bund mit dem Volk dieses Tages«, und schrieb alles »in dem Buch der Lehren Jahwes« nieder. Und er errichtete eine Steinstele unter der Eiche, die beim Tabernakel stand, als Zeugnis des Bundes.

Aber keine Ermahnungen und bezeugten Bündnisse, konnten vor der Realität einer monotheistischen israelitischen Enklave, inmitten einer überquellenden Menge polytheistischer Völker, schützen. Wie in den Aufzeichnungen des jüdischen Theologen und Bibelgelehrten Yehezkel Kaufmann (*The Religion of Israel*) dargelegt, bestand das »Grundproblem«, dem die Israeliten gegenüber standen, darin, daß die Bibel »dem Kampf gegen das Götzentum verschrieben war« – der Verehrung von Götzen, von Statuen aus Holz und Stein, oder Gold und Silber – aber erkannte, daß andere Völker »andere Götter« verehrten. »Die israelitische Religion und das Heidentum stehen historisch miteinander in Zusammenhang«, schrieb er; »beides sind Stufen in der religiösen Evolution des Menschen. Die israelitische Religion entstand zu einer bestimmten Zeit in der Geschichte, und es ist unnötig zu sagen, daß diese Entstehung sich nicht im luftleeren Raum vollzog.«

Zu den Schwierigkeiten, die der Religion Jahwes innewohnten, gehörte das Fehlen einer Genealogie und eines ursprünglichen Reichs, woher die Götter gekommen waren. Die Götter, die von den Eltern und Vorfahren Abrahams von »über dem Fluß« verehrt worden waren – der erste Satz von »anderen Göttern«, der von Josua aufgelistet wurde – schloß Enlil und Enki ein, die Söhne von Anu, die Brüder von Ninharsag. Anu selbst hatte namentlich genannte Eltern. Jeder von ihnen hatte Ehefrauen, Nachkommen – Ninurta, Nannar, Acad, Marduk und so weiter. Es gab sogar eine dritte Generation – Schamasch, Ishtar, Nabu. Es hatte eine Ursprungsheimat gegeben – ein Ort namens Nibiru, eine andere Welt (d.h. ein Planet), von dem sie zur Erde gekommen waren.

Dann gab es da die »anderen Götter« von Ägypten; Jahwe hatte seine Macht ihnen gegenüber gezeigt, als Ägypten bedrängt wurde, die Kinder Israels gehen zu lassen, aber sie wurden weiterhin verehrt, nicht nur in Ägypten, sondern auch überall da, wohin Ägyptens Macht gereicht hatte. Ptah stand ihnen vor, und der große Ra war sein Sohn – der in Himmelsbooten zwischen Erde und dem »Planeten der Millionen Jahre«, der ursprünglichen Wohnstatt, hin- und herreiste. Thot, Seth, Osiris, Horus, Isis, Nephthys waren durch einfache Stammbäume, in der Brüder Halbschwestern heirateten, verwandt. Als die Israeliten fürchteten, daß Moses auf dem Berge Sinai umgekommen war, baten sie Aaron, die Gottheit wieder anzurufen, er formte ein goldenes Kalb – das Abbild des Stieres Apis – der den Stier des Himmels darstellte. Und als eine Plage die Israeliten heimsuchte, machte Moses eine Kupferschlange – das Symbol von Enki/Ptah – um die Plage zu stoppen. Kein Wunder also, daß auch die ägyptischen Götter in den Köpfen der Israeliten lebendig waren.

Und dann gab es da die »anderen Götter der Weststaaten, in deren Land ihr wohnt« – die Götter der Kanaaniten (der westlichen Asiaten), deren Pantheon vom alten Gott El, der sich zurückgezogen hatte (ein günstiger Name oder Beiname, war er doch der Singular, des Plurals Elohim) und seiner Frau Ashera, angeführt wurde; der aktive Ba'al (was einfach »Herr« hieß), ihrem Sohn, seine bevorzugten weiblichen Gefährtinnen Anat und Shepesh und Ashtoret und seine Gegner Mot und Yam. Ihre Spielfelder und Kampfstätten waren die Länder, die sich von der Grenze Ägyptens zu den Grenzen Mesopotamiens erstreckten; jede Nation in dieser Gegend verehrte sie, manchmal unter örtlich angepaßten Namen; und die Kinder Israels lebten nun in ihrer Mitte...

Um das »Grundproblem« der fehlenden Voraussetzungen für einen Stammbaum und einer ursprünglichen Wohnstatt zu verschlimmern, kam eine weitere Schwierigkeit für die Israeliten hinzu: ein unsichtbarer Gott, der noch nicht einmal durch ein Götzenbild repräsentiert werden konnte.

Und so kam es, daß »die Kinder Israels sich« ab und zu »in den Augen Jahwes falsch verhielten und die Ba'al Götter verehrten; sie verließen Jahwe, den Elohim ihrer Vorväter, der sie aus Ägypten gebracht hatte und folgten anderen Elohim aus den Reihen der Götter, deren Nationen sie umgaben... und huldigten Ba'al und den Ashtoreth Göttern« (Richter 2:11-13). Und wieder und wieder erhoben sich Führer – ernannte Richter – um die Israeliten zu ihrem wahren Glauben zurückzuführen und dadurch Jahwes Zorn zu beschwichtigen.

Einer jener Richter, die weibliche Deborah, wird von der Bibel wohlwollend als Nebi'ah erwähnt – eine Prophetin.

Angeregt von Jahwe, wählte sie den richtigen Kommandeur und die richtige Taktik zur Niederlage von Israels nördlichen Feinden; die Bibel enthält ihr Siegeslied – ein Gedicht, das von Gelehrten als einmaliges vorgeschichtliches literarisches Meisterwerk angesehen wird. David Ben-Gurion (der erste Premierminister des modernen Staates Israel), schrieb in »The Jews in Their Land«, daß »dieses religiös-nationale Erwachen bewegend ausgedrückt wurde, im Lied der Deborah mit ihrer Bezugnahme zum großen unsichtbaren Gott«. Tatsächlich bewirkte die Siegeshymne mehr als das: Sie verwies auf die himmlische Natur von Jahwe und versicherte, daß der Sieg möglich wurde, weil Jahwe, dessen Erscheinen, »die Erde zittern macht, die Himmel erschüttert und die Berge zum Schmelzen bringt«, die »Planeten in ihren Umlaufbahnen« veranlaßte, den Feind zu bekämpfen.

Solch ein himmlischer Aspekt Jahwes wird, wie wir sehen werden, höchst bedeutsam werden, im Zusammenhang mit den prophetischen Äußerungen der großen Propheten der Bibel.

Chronologisch kommt der Begriff Nabih und seine Träger in den Büchern Samuels wieder ins Spiel. Es war der Junge, der aufwuchs, um für sein Volk eine Kombination aus Prophet-Priester-Richter zu sein. Wir haben die Serie von Traum-Begegnungen bereits beschrieben, in denen er zum Gesandten von Jahwe berufen wurde; »und der Junge Samuel wuchs auf, und Jahwe war mit ihm, und keines seiner Worte blieb unerfüllt; von Dan bis Beersheba wußte ganz Israel, daß Samuel als ein Nabih Jahwes bestätigt war. Und Jahwe erschien weiterhin in Shiloh, denn es war in Shiloh, wo Jahwe sich Samuel offenbarte, als Jahwe gesprochen hatte.«

Samuels Amtszeit fiel zusammen mit dem Aufstieg eines neuen und machtvollen Feindes von Israel, den Philistern, die die Küstenebene von Kanaan von fünf Hochburgen aus befehligten. Der Konflikt war bereits früher, zu Zeiten Samsons und bei einem anderen Zwischenfall aufgeflammt, als die Philister sogar die Bundeslade raubten und sie in den Tempel ihres Gottes Dagon brachten (dessen Statue, sagt die Bibel, vor der Lade niederfiel). Danach versammelten sich die Führer der zwölf Stämme vor Samuel und baten ihn, einen König für sie zu wählen – ein Regierungssystem »ähnlich dem all der Völker«. Aufgrund dessen wurde Saul, der Sohn von Kish zum ersten König der Kinder Israels gesalbt. Nach einer problematischen Regierungszeit, ging das Königtum an David über, den Sohn von Jesse, der berühmt wurde, nachdem er den Riesen Goliath geschlagen hatte. Und nachdem er von Samuel gesalbt worden war, »war der Geist Jahwes über ihm, von dieser Zeit an.«

Sowohl Saul als auch David, stellt die Bibel fest, »erkundigten sich bei Jahwe« und suchten nach Orakeln, von denen sie ihre Handlungen begleiten ließen. Nachdem Samuel gestorben war, erbat Saul ein Orakel von Jahwe, erhielt aber keines »weder in Träumen oder Visionen, noch durch Propheten« (schließlich sprach er durch ein Medium zum Geist von Samuel). David, lesen wir in I Samuel 30:7, »erkundigte sich bei Jahwe«), indem er das Priestergewand des Hohepriesters mit seiner orakelhaften Brustplatte anlegte. Aber danach wurde ihm das »Wort von Jahwe« durch Propheten zuteil – der erste mit Namen Gad und dann der andere namens Nathan. Die Bibel (II Samuel 24:11) nennt den ersteren »Gad den Nabih, den Seher von David«, durch den das »Wort Jahwes« dem König bekannt gemacht wurde. Nathan war der Prophet, durch den Jahwe David mitgeteilt hatte, daß nicht er, sondern sein Sohn, den Tempel von Jerusalem bauen würde (II Samuel 7:2-17) – »alle Worte sagte Nathan David in Übereinstimmung mit der Vision.«

Die Mission des Nabih als Lehrer und Garanten der moralischen Gesetze und der sozialen Gerechtigkeit und nicht nur als ein Kanal für göttliche Botschaften, erwächst aus den Taten selbst eines so frühen Propheten, wie dem rätselhaften »Nathan« (»Er der erhört war«). Es geschah, als David, der Bathsheba nackt sah, als sie sich auf dem Dach ihres Hauses wusch, seinem General befahl, Bathshebas Mann dem gefährlichsten Kriegsschauplatz auszusetzen, so daß der König Bathsheba zur Frau nehmen konnte, wenn sie erst einmal verwitwet war.

Daraufhin kam Nathan, der Prophet, zum König und erzählte ihm eine Fabel von einem reichen Mann, der viele

Schafe hatte, aber dennoch das einzige Schaf begehrte, das ein armer Mann hatte. Und als David ausrief: »so ein Mann muß mit dem Tod bestraft werden!« sagte ihm der Prophet: »Du bist der Mann!«

Als er seine Sünde erkannt und Wiedergutmachung geleistet hatte, verbrachte David immer mehr Zeit in frommer Meditation und im Einzelgebet; viele der Überlegungen über Gott und den Menschen fanden Eingang in die Psalmen von David; in ihnen klingen die himmlischen Aspekte von Jahwe an und gehen noch über die Worte im Lied von Deborah hinaus. »Dies sind die Worte des Liedes, das David Jahwe sang« (II Samuel 22 und Psalm 18):

Jahwe ist mein Fels und meine Festung;
Er ist mein Erlöser...
In meiner Not rufe ich Jahwe,
zu meinem Gott rufe ich;
Und er hört meine Stimme in seinem Großen Haus,
mein Schrei erreichte seine Ohren.
Dann hob sich die Erde und bebte,
die Fundamente des Himmels wurden zerstört und erschüttert...
In den Himmeln wendete er sich um und kam hernieder,
dicker Nebel lag unter seinen Füßen.
Auf einem Cherub ritt er und flog,
auf den ausgebreiteten Schwingen erschien er...
Aus den Himmeln donnert Jahwe,
der Allerhöchste erhebt seine Stimme...
Von den Höhen reichte er
mich zu ergreifen... um mich von meinem Feind zu retten.

»40 Jahre regierte David über das gesamte Israel – sieben Jahre regierte er in Hebron und 33 in Jerusalem«, wird am Ende des Ersten Buches der Chroniken festgestellt, »und er starb in einem reifen, betagten Alter.« »Und alles, was David betrifft, von seinen ersten bis zu seinen letzten Worten, ist aufgezeichnet in den Büchern von Samuel, dem Seher, und dem Buch von Nathan, dem Propheten, und dem Buch von Gad, dem Mann der Visionen.«

Die Bücher von Nathan und Gad sind verschwunden, ebenso wie andere Bücher – das Buch der Kriege von Jahwe, das Buch von Jashar, um zwei andere zu erwähnen – von denen die Bibel spricht.

Aber Psalme, die David zugeschrieben werden (oder von ihm gesungen wurden), machen gerade die Hälfte (73 um genau zu sein) der 150 Psalmen aus, die in der Bibel enthalten sind. Sie alle bieten eine Fülle an Einblicken in die Natur und Identität von Jahwe.

Die Bedeutung der Aussage, daß David »über ganz Israel« regiert hat, wird sichtbar, wenn sich das Rad der Geschichte vom 2. Jahrtausend v.Chr. zum Beginn des 1.Jahrtausends v.Chr. weiterdreht, als Salomon den Thron in Jerusalem bestieg; denn bald nach seinem Tod zerfiel das Königreich in getrennte Staaten, den von Judäa im Süden und den von Israel im Norden. Abgeschnitten von Jerusalem und dem Tempel, war das nördliche Königreich stärker fremden Sitten und religiösen Einflüssen ausgesetzt. Die Errichtung einer neuen Hauptstadt vom 6. König Israels, ca. 880 v.Chr. signalisierte sowohl einen endgültigen Bruch mit Judäa, als auch mit der Verehrung Jahwes im Tempel von Jerusalem; er nannte die neue Stadt Shomron (Samaria), was »kleines Sumer« bedeutete und neigte zu Gottesverehrung von Göttern, deren Abbilder man sehen konnte.

Diese ganzen turbulenten Jahre über wurde das Wort Jahwes den wetteifernden Königen durch eine Folge von »Männern Gottes« – manchmal Nabih (Prophet), andere Male Hozeh (einer der Visionen hat) oder Ro'eh (Seher) genannt, überbracht. Einige von ihnen überbrachten das direkte Wort Gottes, andere wurden von einem Engel Jahwes begleitet; einige hatten zu beweisen, daß sie »wahre Propheten« waren, indem sie Wunder vollbrachten, die die »falschen Propheten« – jene, deren Äußerungen immer darauf abzielten, dem König zu schmeicheln – nicht nachahmen konnten; alle waren verwickelt in den Kampf gegen das Heidentum und in Anstrengungen, dafür zu sorgen, daß der Thron von einem König besetzt war, der das tat, »was in den Augen von Jahwe rechtschaffen war.«

Einer, dessen Amtszeit und Leistung in dieser Zeit herausragte und der eine unauslöschliche messianische Erwartung noch Generationen danach hinterließ, war der Prophet Elias (Eli-yahu im Hebräischen »Jahwe ist mein Gott«). Er wurde während der Regentschaft von Ahab (ca 870 v.Chr.), dem König von Israel, der völlig dem religiösen Einfluß seiner sidonitischen Frau, der niederträchtigen Jezebel, verfiel, als Prophet berufen. Ahab »ging dazu über, Ba'al zu verehren und sich vor ihm zu verbeugen«; er baute in Samaria einen Tempel für Ba'al und stellte einen Altar für Ashera auf. Über ihn sagt die Bibel (I Könige 16:31-33), daß er »Jahwe, den Gott von Israel, mehr als irgend ein anderer König Israels, der vor ihm regiert hatte, ärgerte.«

Zu diesem Zeitpunkt berief der Herr Elias zum Sprecher und war darauf bedacht, seine Autorität und Echtheit durch eine Reihe von Wundern sicherzustellen.

Das erste aufgezeichnete Wunder geschah, als Elias kam, um bei einer armen Witwe zu bleiben; als sie ihm sagte, daß sie bald kein Essen mehr haben würde, versicherte er ihr, daß das bißchen Mehl und Öl, das sie hatte, noch für viele Tage reichen würde. Und tatsächlich, als sie davon aßen, wurde das Essen wundersamerweise nie weniger.

Während er bei der Frau blieb, wurde ihr Sohn ernsthaft krank, »bis er schließlich aufhörte zu atmen.« Elias bat Jahwe, den Jungen zu verschonen, nahm das Kind auf, legte seinen Körper auf das Bett, beugte sich drei Mal über den Jungen und rief jedes Mal nach dem Herrn; »und die Seele des Kindes kam zurück in ihn, und er begann wieder zu leben.« »Und die Frau sagte zu Elias: Nun weiß ich, daß du ein Mann Gottes bist und daß das Wort Jahwes in deinem Mund die Wahrheit ist.«

Im Lauf der Zeit hatte Jezebel nicht weniger als 450 »Propheten von Ba'al« in ihrem Palast versammelt, und Elias war als einziger ein »Prophet Jahwes«. Von Elias veranlaßt, dem ein Ende zu bereiten, versammelte der König die Menschen und auch Propheten von Ba'al auf dem Berg Carmel. Zwei Ochsen wurden gebracht und zur Opferung auf zwei Altaren vorbereitet, aber auf den Altaren wurde kein Feuer entzündet: Jede Seite mußte zu ihrem Gott um Feuer rufen und beten, den Altar vom Himmel aus zu entzünden. Der ganze Tag verging, ohne daß etwas beim Altar von Ba'al geschah; als aber Elias an der Reihe war, um göttliches Eingreifen zu ersuchen, »fiel Feuer von Jahwe hernieder und verzehrte das Opfer« und den ganzen Altar. »Und als all die Menschen dies sahen, fielen sie auf ihre Gesichter und sagten: Jahwe ist der Elohim!« Und Elias sagte ihnen, sie sollten alle Propheten von Ba'al töten und keinen entkommen lassen.

Als die Nachrichten Jezebel erreichten, befahl sie, Elias zu töten; aber er entkam nach Süden, in Richtung der Wildnis des Sinai. Hungrig und durstig lag er erschöpft da und war bereit zu sterben; da versorgte ihn ein Engel von Jahwe wundersamerweise mit Nahrung und Wasser und zeigte ihm den Weg zu einer Höhle auf dem Berg Sinai, dem »Berg der Elohim.« Dort sprach der Herr mit ihm aus der Stille und wies ihn an, zurück nach Norden zu gehen und einen neuen König in Damaskus, der aramäischen Hauptstadt und einen neuen König über Israel, zu salben; und »Elisha, den Sohn der Shaphat, zum neuen Propheten nach dir zu salben.«

Dies war mehr als ein Hinweis auf Dinge, die kommen sollten – die Beteiligung von Propheten Jahwes an Staatsangelegenheiten – die Voraussage des Niedergangs von Königen und das Salben ihrer Nachfolger; und dies nicht nur in Israel oder Judäa, sondern auch in fremden Hauptstädten.

Bei verschiedenen anderen Gelegenheiten wird über die prophetische Aktivität von Elias berichtet, die stattfand, nachdem ein »Engel von Jahwe« ihm Anweisungen gegeben hatte und es scheint, als sei dies die Art, in der Jahwes Wort ihm nahegebracht wurde. Unbeschrieben von der Bibel allerdings bleibt die Art und Weise, in der Elias die denkwürdigsten (und letzten) Anweisungen zu seinem Aufstieg zum Himmel in einem glühenden Wagen erhielt. Die Ähnlichkeit des Ereignisses, die zurück gehen bis in die Zeiten von Enmeduranki, Adapa und Henoch, werden im Detail in II Könige, Kapitel 2, beschrieben. Aus der Erzählung geht klar hervor, daß der Aufstieg keine plötzliche und unerwartete Eingebung war, sondern eher eine geplante und vorbereitete Handlung, dessen Ort und Zeit Elias im voraus mitgeteilt worden war.

»Und es geschah, als Jahwe dabei war, Elias in einem Wirbelwind in den Himmel hinaufzuholen«, daß Elias mit Elisha von Gilgal wegging – dem Ort, wo Josua einen Steinkreis aufgestellt hatte, um der wundersamen Überquerung des Jordan zu gedenken. Elias dachte daran, dort seinen Hauptjünger zurückzulassen und sich aufzumachen, aber Elisha wollte davon nichts wissen. Als sie Bethel erreichten, versammelten sich ihre Studenten (»Söhne von Propheten« genannt) auch dort und sagten zu Elisha: »Weißt du, daß Jahwe an diesem Tag deinen Meister von dir nehmen wird?« und Elisha antwortete: »Ja, ich weiß es auch, aber seid still.«

Elias versuchte noch immer sich von seinen Begleitern freizumachen, sagte dann, daß sein Ziel Jericho sei und bat Elisha zurückzubleiben; aber Elisha bestand darauf, mitzukommen. Elias machte daraufhin klar, daß er sich alleine zum Fluß aufmachen müsse; aber Elisha bestand darauf, mitzukommen.

Wie ihre Studenten in der Entfernung standen und zusahen, »nahm Elias seinen Umhang, rollte ihn zusammen und berührte damit das Wasser, und das Wasser teilte sich hierhin und dorthin, und die beiden überquerten den Fluß trockenen Fußes.«

Als sie hinüber gelangt waren, – etwa an der Stelle, wo die Israeliten in die entgegengesetzte Richtung hinüber gegangen waren, als sie Kanaan betraten – als sie gingen und miteinder redeten,

Da erschien ein Streitwagen aus Feuer,
und Pferde aus Feuer,
und die beiden wurden getrennt.
Und Elias ging hinauf in den Himmel
in einem Wirbelwind.
Und Elisha sah dies und rief aus:
»Mein Vater! Mein Vater!
Der Streitwagen Israels und seine Reiter!«
Und er konnte ihn nicht mehr sehen.

Wie die biblischen Einzelheiten der Route zeigen, fand Elias Aufstieg in einem glühenden Wirbelwind, in der Nähe (oder bei?) der Stätte Tell-Ghassul statt, wo die bauchigen UFOähnlichen Fahrzeuge mit drei ausgefahrenen Beinen dargestellt worden waren (Abb. 72).

Drei Tage lang suchten die führerlosen Jünger nach dem entschwundenen Meister, obwohl ihnen Elisha gesagt hatte, die Suche wäre vergeblich. Mit dem Umhang Elias in seinem Besitz, den er bei seinem Aufstieg fallengelassen hatte, konnte Elisha nun auch Wunder wirken, einschließlich der Wiederbelebung der Toten und der Ausweitung von etwas Nahrung zu sattmachenden Mengen. Sein Ruhm und seine Wunder beschränkten sich nicht auf das israelische Hoheitsgebiet, und fremde Würdenträger suchten seine Heilkräfte; nach solch einer magischen Behandlung gab der aramäische Führer bekannt, daß »es tatsächlich keinen Elohim auf Erden gibt, außer dem in Israel.«

Wie Elias vor ihm, war auch Elisha an der königlichen Nachfolge, die göttlich angeordnet wurde, beteiligt; als er starb, war der König von Israel der fünfte Nachfolger von Ahab; und wie Propheten nach ihm, war Elisha der Göttliche Sprecher in Kriegs- und Friedensangelegenheiten. II Könige, Kapitel 3 berichtet über die Rebellion von Mesha, den König der Moabiten, gegen die israelitische Übermacht, nach dem Tod Ahabs, als Elisha aufgesucht wurde, um Jahwes Entscheidung einzuholen, ob man die Moabiten bekämpfen sollte. Die Echtheit dieses Grenzkrieges wird durch einen erstaunlichen archäologischen Fund bestätigt – eine Stele genau desselben Königs Mesha, auf der er seine Version dieses Grenzkrieges wiedergibt.

Die Stele (Abb. 108a), die sich nun im Louvre Museum in Paris befindet, ist in der gleichen altsemitischen Schrift beschrieben, die zu Zeiten der Hebräer verwendet wurde, und darin erscheint in Zeile 18 der Name des hebräischen Gottes YHWH – genau so, wie er in israelitischen und judäischen Inschriften geschrieben wurde – (Abb. 108b).

Es war vielleicht kein Zufall, daß die Jahrhunderte, die die israelitische Besiedelung und Eroberung von Kanaan in der Zeit der Richter und frühen Könige umfaßte, eine Zwischenperiode gegenüber dem darstellte, was dann Weltangelegenheiten waren. Die mächtigen Imperien Ägypten, Babylon,

Assyrien und das Reich der Hethiter, die sich nach dem Untergang von Sumer ca. 2000 v.Chr. erhoben und die Länder des östlichen Mittelmeeres zu ihren Schlachtfeldern machten, zogen sich zurück und verfielen. Ihre eigenen Hauptstädte wurden überrannt oder verlassen; uralte religiöse Riten wurden aufgegeben, Tempel wurden baufällig.

H.W.F. Sagga (*The Greatness That was Babylon*) sagt, wenn er diese Zeiten in Babylon und Assyrien kommentiert, »die Beeinträchtigung war so stark, daß eine Chronik, die um 990 v.Chr. datiert, wiedergibt, daß ›Marduk neun Jahre in Folge nicht fort ging, Nabu nicht kam‹, d.h. das Neujahrsfest, zu dem Marduk von Babylon aus der Stadt hinaus, zu einem Schrein Akitu-Haus genannt, ging und Nabu von Borsippa ihn auf ihrer Rückkehr zur Stadt besuchte, nicht ausgeführt wurde.«

Unter diesen Umständen konnte sich nicht nur das hebräische Königtum erheben, sondern auch jene ihrer unmittelbaren Nachbarn – die Edomiten, Moabiten, Aramäer, Phönizier, Philister. Ihre Grenzkriege und ihre Einfälle waren verglichen mit den titanischen Kriegen der vormaligen Imperien der vergangenen Jahrhunderte – und den größeren Attacken, die im Kommen waren – kleine lokale Affären.

879 v.Chr. wurde Kalhu (das biblische Calah), eine neue Hauptstadt in Assyrien, zeremoniell eingeweiht; und dieses Ereignis kann historisch als der Beginn der neuassyrischen Periode angesehen werden. Ihre Kennzeichen waren Expansion, Vorherrschaft, Krieg, Gemetzel und unvergleichbare Brutalität – alles im Namen des »großen Gottes Ashur« und anderer Gottheiten des assyrischen Pantheons.

Die sich ausbreitende assyrische Vorherrschaft erfaßte rechtzeitig die Stadt Babylon – ein Schatten ihrer einstmaligen Herrlichkeit. Als eine Geste gegenüber den bezwungenen Anhängern von Marduk, ernannten die Assyrer »Könige« in Babylon, die nicht mehr als Vizekönigs-Vassallen waren. Aber 721 v.Chr. führte ein einheimischer Führer namens Merodach-Baladan das Neujahrsfest wieder in Babylon ein, »nahm die Hand von Marduk« und beanspruchte ein unabhängiges Königtum. Die Handlung weitete sich zu einer vollen Rebellion aus, die immer wieder aufflackernde Kriege für etwa drei Dekaden nach sich zog. 689 v.Chr. übernahmen die Assyrer wieder die volle Kontrolle über Babylon und gingen so weit, Marduk selbst, als gefangenen Gott, in die assyrische Hauptstadt zu bringen.

Aber fortgesetzter Widerstand von dem, was einstmals Sumer und Akkad gewesen war und assyrische Verwicklungen in entfernten Ländern, führten schließlich zu einem Wiederaufleben von Babylon. Ein Führer namens Nabopolassar erklärte die Unabhängigkeit und den Beginn einer neuen babylonischen Dynastie im Jahr 626 v.Chr. Es war der Beginn der neu-babylonischen Ära; und nun war es Babylon, das Assyrien in nahen und fernen Eroberungen nacheiferte – alles im Namen von »den Herren Nabu und Marduk« und, laut den Inschriften, durch aktive Hilfe von »Marduk, dem König der Götter, dem Herrscher von Himmel und Erde«, der nach 21 Jahren in assyrischer Gefangenschaft, den Untergang von Assyrien und den erneuten Aufstieg von Babylon in die Wege leitete.

Als Grenzkriege sich zu Weltkriegen auswuchsen (in frühgeschichtlichen Begriffen und Ausmaßen) und als ein nationaler Gott gegen den anderen eingesetzt wurde, weiteten auch die biblischen Propheten ihre Mission global aus. Wenn man ihre Prophezeiungen liest, ist man erstaunt und beeindruckt von ihren Kenntnissen über die Geographie und die Politik in entfernten Ländern, ihr Erfassen der Motive nationaler Intrigen und internationaler Konflikte und ihrer Voraussicht und Vorhersage über das Ausgehen von richtigen oder falschen Zügen der Könige von Israel und Judäa, in dem gefährlichen, schachähnlichen Spiel über das Schaffen und Brechen von Bündnissen.

Für jene großen Propheten, die als so wichtig erachtet wurden, daß die Bibel ihre Worte und Ermahnungen in separaten Büchern mit aufnahm, war der internationale Aufruhr, der die Menschheit einhüllte und sogar die Elohim der Nationen mit verwickelte, nicht eine Reihe von beziehungslosen Streitigkeiten, sondern waren es Aspekte eines großen Göttlichen Planes – alles das Werk und das Planen von Jahwe, um individuellen und nationalen Ungerechtigkeiten und Übertretungen ein Ende zu setzen.

Als ginge man zurück zu den Tagen vor der Sintflut, als der Herr seine Unzufriedenheit über die Art, in der sich die Menschheit gewandelt hatte, ausdrückte und danach trachtete sie mit Hilfe der Sintflut vom Angesicht der Erde zu wischen, so war die Göttliche Unzufriedenheit wieder groß, und das Heilmittel war der Untergang aller Königreiche – einschließlich dem von Israel und Judäa. Die Zerstörung aller Tempel – den von Jerusalem eingeschlossen und das Ende aller falscher Verehrung, die sich in Opferungen ausdrückte, um die andauernden Ungerechtigkeiten zu verdecken, und dem Aufstieg, nach solch einer globalen Katharsis, eines »Neuen Jerusalems« das dann ein »Licht für alle Nationen« sein soll.

Es war, wie A.J. Heschel es in »The Prophets« bezeichnete, »das Zeitalter des Zorns«. Ihre 15 literarischen Propheten (wie Gelehrte sie bezeichnen, weil ihre Worte als separate biblische Bücher bewahrt wurden), umspannten fast drei Jahrhunderte, von ca. 750 v.Chr., als Amos (in Judäa) und Hosea (in Samaria) zu prophezeien begannen, bis Malachias ca. 430 v.Chr.; sie schließen die zwei großen Propheten Jesaia und Jeremias ein, die im 8. und 7. Jahrhundert v.Chr. den Untergang der beiden hebräischen Königreiche vorhersahen. Und der Prophet Hesekiel, der sich unter den Exilanten in Babylonien befand, sah die Zerstörung von Jerusalem durch Nebukadnezar im Jahr 587 und prophezeite das Neue Jerusalem.

Auf individueller Ebene sprachen sich die großen Propheten streng gegen leere Pietät aus – Rituale, die Ungerechtigkeiten übertünchten. »Ich hasse, ich verschmähe eure Feste, ich finde keinen Gefallen an euren feierlichen Versammlungen«, sagte der Herr durch Amos; stattdessen, »laßt Gerechtigkeit aufquellen wie Wasser, und Rechtschaffenheit wie ein mächtiger Fluß« (5:21-24). »Welchen Zweck haben die Mengen eurer Opfer?« sagte Jesaia im Namen Jahwes; »bringt keine eitlen Opfergaben mehr... Wenn ihr eure Hände ausstreckt, werde ich meine Augen vor euch verbergen; wenn ihr viel betet, werde ich nicht hören«; statt all dem sucht lieber

»Gerechtigkeit, macht Unterdrückung ungeschehen, verteidigt die Vaterlosen, fleht für die Witwen« (Jesaia 1:17, Jeremias 22:3). Es war ein Ruf zu den Zehn Gebote zurückzukehren, zur Rechtschaffenheit und Gerechtigkeit des vorgeschichtlichen Sumer.

Auf nationaler Ebene sahen die Propheten die Sinnlosigkeit und sahen das Scheitern voraus, Bündnisse mit den Nachbarkönigen zu schließen oder nicht zu schließen, als Anstrengung den Angriffen und der Vorherrschaft der Großen Mächte dieser Zeit zu widerstehen, denn jene umgebenden Nationen wurden bei dem kommenden Aufruhr selbst vom Schicksal heimgesucht: »Ein Sturm von Jahwe, ein Zorn wird kommen, ein Wirbelsturm wird in die Köpfe der Bösen hineinfahren«, sagte Jeremias (23:19) voraus und machte klar, daß die prophetischen Worte sich gleichermaßen auf Israel und Judäa bezogen und auf all die »unbeschnittenen Nationen« in ihrer Gegend – die Sidoniten, die Tyrier, die Amoniten und Moabiten und Edomiten, die Philister, die Wüstenvölker Arabiens.

Die zwei Bücher der Könige unterscheiden die zahlreichen Regentschaften der Könige von Israel und Judäa danach, ob sie »richtig handelten« oder »abwichen von« den Lehren Jahwes; und die Propheten betrachteten die wechselnden Bündnisse als Hauptursache der Abweichungen. Darüberhinaus, während es zu früheren Zeiten tolerierbar war, daß »andere Nationen« »andere Götter« verehrten, betrachteten die Propheten dies jetzt auch als Abscheulichkeit, denn in ihrer Zeit waren die »anderen Götter« der Region nur menschengemachte Götzen, von Menschen aus Holz, Metall und Stein gearbeitet – ungleich Jahwe, der ein »lebender Gott« war. Die Menschen, die Ba'al und Ashtoreth verehrten, Dagon und Ba'alzebub, Chemosh und Molech, waren auch Sünder, die vom rechten Weg abgekommen waren.

Ebenso wie die »falschen Propheten«, gegen die die wahren Propheten Jahwes einen stetigen Krieg führten. Sie wurden beschuldigt, nicht nur im Namen falscher Götter zu sprechen, sondern auch vorzutäuschen, die wahren Worte Jahwes zu vermitteln. Anstatt den Menschen ihre Fehlhandlungen und den Königen bevorstehende Gefahren mitzuteilen, sagten sie nur das, was Königen und Menschen gefiel. »Sie verkünden Frieden! Frieden! aber es gibt keinen Frieden«, sagte Jeremias über sie, wohingegen die Wahren Propheten, die Könige und Menschen nicht verschonten, wenn Verweise und Warnungen nötig waren.

Auf internationaler Ebene zeigten die Propheten ein unheimliches Erfassen geopolitischer Zusammenhänge, und ihr bemerkenswerter Einblick und ihre Voraussicht reichte weit und tief. Sie wußten von dem Wiederaufkommen alter Königreiche, wie das von Elam und dem Auftauchen einer neuen Macht, weiter östlich, der der Meder (später als Perser bekannt); selbst das entfernte China, das Land von Sinim, wurde überwältigt. Die Besetzung der Mittelmeerinseln Kreta und Zypern durch die frühen Stadt-Staaten der Griechen wurde erkannt. Der Status der alten und neuen Mächte aus Afrika, die an Ägypten angrenzten, war bekannt. Tatsächlich werden »all die Einwohner der Welt und Bewohner der Erde« von Jahwe gerichtet werden, denn sie sind alle vom rechten Weg abgekommen.

Auf der Hauptbühne agierten die drei Langzeit-Mächte: Ägypten, Assyrien und Babylon; von denen Ägypten – und seine Götter – mit dem geringsten Respekt behandelt wurde. Trotz der engen und manchmal freundlichen Beziehungen zwischen den hebräischen Königreichen und Ägypten (Salomon heiratete die Tochter eines Pharaos und wurde von Ägypten mit Pferden und Kampfwagen versorgt), wurde Ägypten als heimtückisch und und unzuverlässig angesehen. Sein König Sheshonq – der biblische Shishak (I Könige 11 und 14) – plünderte den Tempel von Jerusalem und Necho II. tötete auf seinem Weg, die mesopotamischen Armeen abzuwehren, den judäischen König Josiah, der herausgekommen war, ihn zu begrüßen (II Könige 23). Sowohl Jesaia und Jeremias sprachen sich über weite Strecken gegen Ägypten und seine Götter aus und prophezeiten den Untergang von beidem.

Jesaia (Kapitel 19) sah in einem »Orakel über Ägypten« Jahwe über Ägypten aus dem Himmel an dem Tag ankommen, als er Ägypten und die Ägypter richten und bestrafen würde:

Siehe, Jahwe,
auf einer schnellen Wolke reitend,
kam über Ägypten.
Die Götzen von Ägypten werden zittern vor Ihm,
das Herz Ägyptens wird schmelzen, wenn Er näher kommt.

Nachdem der Prophet – korrekt – das Kommen interner Streitigkeiten und den Bürgerkrieg in Ägypten vorausgesagt hatte, sah er den Pharao vergeblich die Ratsversammlung seiner Seher und Zauberer einberufen, um Jahwes Absichten herauszufinden. Der göttliche Plan, verkündete Jesaia, war dieser: »An diesem Tag wird ein Altar für Jahwe, in der Mitte des Landes Ägypten sein und eine Säule für Jahwe, an seiner Grenze wird ein Zeichen und ein Zeuge für Jahwe, den Herrn der Heerscharen sein, im Land Ägypten... und Jahwe wird sich selbst bekannt machen in Ägypten.« Jeremias konzentrierte sich mehr auf die Götter Ägyptens, und gibt (in Kapitel 43) Jahwes Schwur wieder, »ein Feuer in den Tempeln der Götter Ägyptens zu entfachen und sie niederzubrennen... die Statuen von Heliopolis zu zerschlagen, durch Feuer die Tempel der Götter Ägyptens zu zerstören.«

Der Prophet Joel (3:19) erklärte, warum »Ägypten eine Öde sein soll: Wegen seiner Gewalt gegen die Söhne von Judah und das Vergießen von unschuldigem Blut in ihrem eigenen Land.«

Der Aufstieg des neoassyrischen Reiches und seine von unvergleichlicher Brutalität gekennzeichneten Attacken gegen seine Nachbarn, waren den biblischen Propheten bestens bekannt, manchmal in erstaunlichen Einzelheiten, die sogar assyrische Hofintrigen beinhalteten. Die assyrische Reichsausdehnung, zuerst nach Norden und Nordosten, hatten die Länder Westasiens zur Zeit von Shalamneser III. (858-824 v.Chr.) zum Ziel. Auf einem seiner Gedenkobelisken zeichnete er die Plünderung von Damaskus auf, die Hinrichtung von König Hazael und den Erhalt von Tributzahlungen von Hazaels Nachbarn Jehu, dem König von Israel (Samaria). Die Inschrift wurde begleitet von einer Darstellung, die Jehu zeigt, der sich vor Shalmaneser unter dem Emblem der geflügelten Scheibe des Gottes Ashur verneigt (Abb. 109).

Ein Jahrhundert später, als Menachem, der Sohn von Gadi, König von Israel war, »zog Pul der König von Assyrien gegen das Land und Menachem gab Pul 1000 Silbertalente, damit seine Hand mit ihm sei und das Königtum bewahrt werde.« Diese biblische Aufzeichnung aus II Könige 15:19, enthüllt die eindrucksvolle Vertrautheit von Politik und königlichen Affären im entfernten Mesopotamien. Der Name des assyrischen Königs, der wieder die Mittelmeerländer einnahm, war Tiglat-Pileser (745-727 v.Chr.); und doch hatte die Bibel darin recht, ihn Pul zu nennen, denn dieser König übernahm auch den babylonischen Thron und nannte sich da Pulu – eine Tatsache, die durch die Entdeckung einer Tafel (»babylonische Königsliste B«) bestätigt wird, die sich nun im britischen Museum befindet. Einige Jahre später ging Ahaz, der König von Judäa zur gleichen Taktik über, »nahm das Silber und Gold, das sich im Tempel von Jahwe und der Schatzkammer des Königs befand, und sandte es dem König von Assyrien als Bestechungsgeld.«

Diese unterwürfigen Gesten, so erscheint es in der Rückschau, regten nur den Appetit des assyrischen Königs an. Der gleiche Tiglat-Pileser kehrte zurück und nahm Teile des israelitischen Königreiches in Besitz und vertrieb ihre Bewohner.

722 v.Chr. überrannte sein Nachfolger Shalmaneser V. den Rest des israelitischen Königreichs und verstreute sein Volk über das assyrische Reich; der Verbleib dieser 10 verlorenen Stämme Israels und ihrer Abkömmlinge sind ein bleibendes Rätsel.

Das Exil war, laut den Propheten, von Jahwe selbst wegen Israels Übertretungen beabsichtigt, »sie beherzigten nicht die Worte Jahwes, ihres Elohim, und übertraten Seinen Bund und alles, was Moses, der Diener von Jahwe forderte.« Der Prophet Hosea sah diese Ereignisse in Worten und symbolischen Taten als Bestrafung für Israels »huren« nach anderen Göttern, voraus, gab aber bekannt, daß »einen Streit hat Jahwe mit den Bewohnern der Erde, denn es gibt weder Wahrheit, noch Gerechtigkeit, noch Verstehen, des Elohim auf der Erde.« Jesaias Prophezeiungen machten deutlich, daß Assyrien das Instrument des Herrn zur Bestrafung sei: »Ich, der

Herr, werde den König von Assyrien über euch kommen lassen und all seine Heerscharen«, sagte er als Jahwes Sprecher.

Aber dies, sagt Jesaia, war erst der Anfang. Im »Orakel von Assyrien«, in der diese Macht »der Stock von Gottes Zorn« (10:5) genannt wurde, drückte Jahwe auch seinen Ärger über Assyriens Exzesse aus, deren Hochmütigkeit es zu verdanken war, daß ganze Nationen mit unvergleichlicher Brutalität vernichtet wurden, während es Jahwes Absicht war, durch Bestrafung lediglich zu züchtigen und immer einen Rest zu belassen, der Gnade fand. Assyriens Könige können über nicht mehr freien Willen verfügen, als eine Axt in den Händen ihres Benutzers hat, verkündete Er, und wenn Assyrien ihre ursprüngliche Mission ausgeführt haben wird, wird sein eigener Tag der Abrechnung kommen.

Assyrien erkannte weder, daß es nur ein Werkzeug in den Händen seines Benutzers war, es bemerkte auch nicht, daß Jahwe der Herr war, ein »lebender Elohim«, ungleich den heidnischen Göttern. Die Assyrer demonstrierten diesen Mangel, als sie, nachdem sie das Volk Israel vertrieben hatten, das Land mit Ausländern, die aus ihren Ländern vertrieben worden waren, wieder besiedelten und jeder Gruppe erlaubten, ihre Götter auch weiterhin zu verehren. Die Liste der Götzen, die so installiert wurden, so mag man feststellen, reicht von Marduk aus Babylonien über Nergal von den Kutheern, bis zu Adad von den Palmyriern. Die Neuankömmlinge nach Samaria wurden jedoch von wilden Löwen vernichtet und sahen dies als Zeichen des Ärgers, des »örtlichen Gottes«, Jahwe.

Die assyrische Lösung bestand darin, einen der vertriebenen Priester Jahwes nach Samaria zurückzuholen, der den Neuankömmlingen »die Gebräuche des örtlichen Gottes« lehren sollte. Während ein israelitischer Priester sie nun lehrte »wie man Jahwe verehrte«, war dies nur eine Zufügung eines weiteren Gottes zur polytheistischen Verehrung...

Daß Jahwe sich unterschied und daß Assyrien abhängig von Seinem Willen war, wurde demonstriert, als Sennacherib (704-681 v.Chr.) in Judäa einfiel, Tributzahlungen ignorierte, seinen Genaral Rabshakeh und eine große Armee sandte, um

Jerusalem einzunehmen. Während er die Stadt umrundete, spekulierte Rabshakeh auf Kapitulation, indem er andeutete, der assyrische König führe nur Jahwes Wunsch aus: »Ist es ohne Willen Jahwes, daß ich hierher gekommen bin, diesen Ort zu zerstören? Es war Jahwe, der mir gesagt hat, ›Gehe los und zerstöre dieses Land‹.«

Nachdem sich dies nicht sehr unterschied von dem, was der Prophet Jesaia gesagt hatte, mögen die Menschen von Jerusalem kapituliert haben, wäre da nicht Assyriens wachsende Hochmütigkeit gewesen. Wenn ihr denkt, daß euer Gott Jahwe seine Meinung ändern wird und euch schließlich doch schützen wird, vergeßt es, sagte Rabshakeh. Nachdem er die vielen Nationen, die Assyrien erobert hatte aufzählte, fragte er rhetorisch, »Hat einer der Götter jener Nationen, jeder von ihnen in seinem Land, es vor dem König von Assyrien gerettet? Wer ist dann Jahwe, daß er Jerusalem vor mir retten würde?«

Der Vergleich von Jahwe mit den heidnischen Göttern war solch eine Blasphemie, daß der König Hezekiah seine Kleider zerriß und zur Trauer Sackleinen trug. Er traf sich mit den Priestern im Tempel und sandte nach Jesaia, um ihn zu bitten, Hilfe bei Jahwe zu suchen, »an diesem Tag des Kummers, der Schmähung und der Schande«, ein Tag, an dem ein Gesandter des Königs von Assyrien »einen lebenden Gott« schmähte, indem er ihn mit den Göttern der anderen Nationen verglich, »die keine Elohim sind, sondern vom Menschen aus Holz und Stein gemacht.«

Und Jesaia, der Prophet, sandte zu Hezekiah das »Wort Jahwes« gegen den Hochmut von Sennacherib, der es wagte »seine Stimme zu erheben, um den Gott von Israel zu schmähen, Er, der über den Cherubim thront.« Deshalb, erklärte der Prophet, wird Jerusalem verschont, und Sennacherib wird bestraft.

»Und es geschah in dieser Nacht, daß der Engel des Herrn kam und das Lager der Assyrer niedermetzelte, alle 185 000 von ihnen...

Und Sennacherib kehrte um und ging zurück nach Ninive, und während er sich im Tempel seines Gottes Nisroch niederwarf, erschlugen ihn seine Söhne Adarmelech und Sharezer mit einem Schwert und entkamen ins Land des Ararat; und sein Sohn Esarhaddon wurde nach ihm König.« (Die Art und Weise von Sennacheribs Tod und die Nachfolge durch Esarhaddon werden in assyrischen Chroniken bestätigt.)

Diese Gnadenfrist von Jerusalem war nur temporär. Der göttliche Plan für eine globale Katharsis wirkte noch; aber mit dem Unterschied, daß die Züchtigung sich nun in Assyrien selbst fortsetzen mußte. Der Prozess begann, wie wir erwähnt haben, 626 v.Chr.; und der göttliche Stock, der dies herbeiführen sollte, Babylon errang seine eigene imperiale Reichweite unter dem König Nebukadnezar II. (605-562 v.Chr.).

Seine eigenwillige Art – die soziale Ungerechtigkeit, die unaufrichtigen Opfer, die Anbetung von Götzen – würde ihnen gebührende Strafe einbringen, so warnten die Propheten die Könige und die Menschen von Judäa vor. Sie würde Jahwes Zorn in Form einer »großen und wilden Nation aus dem Norden« über sie bringen. Es war im allerersten Jahr Nebukadnezars, des Königs von Babylon, daß Jeremias das Orakel der Bestrafung gegen die Nation Judäa, die Bewohner von Jerusalem und alle Nachbarnationen ausdrücklich deutlich machte:

So sagt Jahwe, der Herr der Heerscharen:
Weil ihr meinen Worten nicht gelauscht habt,
werde ich nach allen Stämmen des Nordens
senden und sie holen;
Das Wort von Jahwe [wird gehen] an Nebukadnezar,
den König von Babylon, meinen Diener.
Und ich werde sie in dieses Land bringen,
gegen sein Volk
und gegen alle Nachbarnationen.

Babylon war nicht nur ein Werkzeug in den Händen Jahwes – der spezielle König, Nebukadnezar, wurde von Jahwe »mein Diener« genannt!

Die Prophezeiung vom Ende des judäischen Königreiches und der Fall von Jerusalem wurde, wie wir wissen, im Jahr 587 v.Chr. wahr. Aber sogar, als dieses Orakel der Bestrafung verkündet wurde, wurden die folgenden Ereignisse ebenso vorausgesagt:

Dieses ganze Land soll verwüstet werden und in Ruinen liegen,
und diese Nationen sollen dem König
von Babylon 70 Jahre dienen
Und es soll geschehen,
wenn 70 Jahre vollzogen sind
– das ist das Wort Jahwes –
werde ich mich melden und abrechnen mit dem König von Babylon
und dem Land und den Menschen von Chaldäa,
und werde sie immerwährender Verwüstung anheim fallen lassen.

Als Jesaia Babylons bitteres Ende voraussah, als diese Nation gerade ihren Aufstieg nahm, drückte er es so aus: »Babylon, das Juwel der Königreiche, die Herrlichkeit und der Stolz der Chaldäer, wird den Aufruhr des Elohim von Sodom und Gomorrah übertreffen.«

Babylon fiel, wie vorausgesagt, vor der Attacke einer neuen Macht aus dem Osten, der der achämenidischen Perser, unter der Führung ihres Königs Cyrus, 539 v.Chr. Babylonische Aufzeichnungen lassen vermuten, daß der Fall der Stadt durch das Zerstreiten zwischen dem letzten babylonischen König, Nabuna'id und dem Gott Marduk, möglich wurde. Laut den Annalen von Cyrus streckte Marduk, als er die Stadt und ihren heiligen Bezirk einnahm und das innere Heiligtum betrat, seine Hände zu ihm aus, und er, Cyrus »ergriff die ausgestreckten Hände des Gottes.«

Aber falls Cyrus dachte, er habe dadurch den Segen des Allerhöchsten Gottes erhalten, irrte er, sagte der Prophet, denn tatsächlich führte er nur den grandiosen Plan von »Jahwe, dem einen und einzigen Gott, aus.« Während er ihn Cyrus »Mein auserwählter Hirte« und »Mein Gesalbter«, nannte, verkündete Jahwe Cyrus durch Seinen Sprecher Jesaia dieses (Kapitel 45):

Obwohl du mich nicht kennst,

Ich bin derjenige, der dich beim Namen nannte...
Ich bin Jahwe, dein Rufer,
der Gott von Israel.

Ich werde dich befähigen, Könige zu stürzen und Nationen zu führen, ich werde für dich Messingtüren aufstoßen und zerschlage für dich Eisenstangen und gewähre dir versteckte Schätze; all dies, weil du Mein Auserwählter bist, die Kinder Israels zu ihrem Heimatland zurückzubringen – »Zum Wohle meines Dieners Jakob und mein Auserwähltes, Israel, habe ich dich beim Namen gerufen; ich wählte dich, obwohl du mich nicht kennst«, sagte Jahwe.

Es war in seinem allersten Jahr als Herrscher über Babylon, daß Cyrus einen Erlaß herausgab, der die Exilanten aus Judäa in ihr Land zurückrief und die Erlaubnis gab, den Tempel von Jerusalem wieder aufzubauen. Der Kreislauf der Prophezeiungen hatte sich geschlossen; Jahwes Wort hatte sich bewahrheitet.

Aber in den Augen der Menschen blieb Er ein »Unsichtbarer Gott«.

Götzentum und Sternenverehrung

Die biblischen Ermahnungen gegen Götzendienst beinhalteten die Verehrung von Kokhabim, die sichtbaren »Sterne«, die durch ihre Symbole auf Monumenten repräsentiert wurden und als Embleme auf Ständern in Schreinen und Tempeln errichtet wurden. Sie beinhalteten die zwölf Mitglieder des Sonnensystems und die zwölf Sternkreiszeichen.

Unter den allgemeinen Ermahnungen befanden sich einige, die speziell die Anbetung der »Königin des Himmels« verboten – Ishtar, als der Planet Venus, die Sonne und den Mond, und die Sternkreiszeichen, die Mazaloth (»Schicksalszeichen«) genannt wurden, ein Begriff, der vom akkadischen Wort für diese Himmelskörper abstammt.

Eine Passage in II Könige, Kapitel 23, die sich mit der Zerstörung dieser Idolabzeichen beschäftigt, nennt speziell einen

Planeten, »Der Herr« genannt (Der Ba'al), zusammen mit der Sonne und dem Mond und dem Rest der »Heerscharen des Himmels«. Das Buch der Prediger (12:2) benennt ebenso einen Himmelskörper, namens »Das Licht«, wie es zwischen Sonne und Mond erscheint. Wir glauben, daß dies Bezugnahmen auf Nibiru sind, das zwölfte Mitglied unseres Sonnensystems.

Diese zwölf Himmelskörper wurden zusammen von den zahlreichen Symbolen dargestellt, mit Hilfe derer sie in Mesopotamien auf einer Stele von König Esarhaddon, die sich jetzt im Britischen Museum befindet, verehrt wurden. Auf dieser Stele (Abb. 73) wird die Sonne dargestellt durch einen strahlenden Stern, der Mond ist ein Halbmond, Nibiru durch ihr geflügeltes Scheiben-Symbol, und die Erde – der siebte Planet, wenn man von außen nach innen zählt – von dem Symbol der sieben Punkte.

14. Schluss-Schrift

Gott, der Außerirdische.

Wer nun war Jahwe?

War Er einer von ihnen? War Er ein Außerirdischer?

Die Frage, mit der ihr innewohnenden Antwort, ist nicht so unerhört. Sofern wir Jahwe – »Gott« für all jene, die ihr religiöses Glaubenssystem auf die Bibel gründen – nicht als einen von uns Erdlingen erachten, dann konnte Er nur nicht von dieser Erde sein – was »außerirdisch« (»von außerhalb, nicht von der Erde«) bedeutet. Und die Geschichte der Göttlichen Begegnungen mit Menschen – Gegenstand dieses Buches – ist so voller Parallelen zwischen den biblischen Erfahrungen und jenen von Begegnungen mit den Anunnaki durch andere vorgeschichtliche Menschen, daß die Möglichkeit, Jahwe wäre einer von »ihnen«, ensthaft in Betracht gezogen werden muß.

Die Frage und ihre enthaltene Anwort, stellt sich tatsächlich unvermeidlich. Daß die biblische Schöpfungsgeschichte, mit der das Buch der Genesis beginnt, sich auf dem mesopotamischen Enuma elish aufbaut, ist über jeden Zweifel erhaben. Daß das biblische Eden eine Wiedergabe des sumerischen E.DIN darstellt, ist fast selbstverständlich. Daß die Erzählung der Sintflut, Noahs und der Arche, auf den akkadischen Atra-Hasis Texten und der zeitlich früheren sumerischen Sintflut Erzählung im Gilgamesch-Epos beruht, ist sicher. Daß der Plural »uns« in der Erschaffung von »Den Adam Abschnitten«, auf die sumerischen und akkadischen Aufzeichnungen über die Diskussionen der Führer der Anunnaki zurückgeht, die zu der gentechnologischen Anwendung führte, die den Homo sapiens hervorbrachte, sollte offensichtlich sein.

In der mesopotamischen Version ist es Enki, der Meisterwissenschaftler, der die gentechnologische Anwendung vorschlägt, um den Erdling zu erschaffen, der als primitiver Arbeiter dienen sollte, und es muß Enki sein, den die Bibel mit folgenden Worten zitiert »Laßt uns den Adam machen, nach unserer Ähnlichkeit und nach unserem Abbild.« Ein

Beiname von Enki war NU.DIM.MUD, »Er, der gestaltet«; die Ägypter nannten Enki ebenso Ptah – »den Entwickler«, »Er, der Dinge gestaltet«, und stellten ihn dar als einen aus Ton formenden Menschen, einen Töpfer. »Der Gestalter von dem Adam« nannten die Propheten wiederholt Jahwe (»Gestalter«, nicht »Schöpfer«!); und Jahwe mit einem Töpfer zu vergleichen, der den Menschen aus Lehm formt, war ein häufig gebrauchter biblischer Vergleich.

Als Meisterbiologe hatte Enki das Abzeichen der sich windenden Schlangen, was die Doppelhelix der DNA verkörperte – den genetischen Code, der es Enki ermöglichte, die genetische Mischung herzustellen, die »Den Adam« hervorbrachte; und der dann (was die Geschichte von Adam und Eva im Garten Eden darstellt) wiederum genetisch die neuen Hybriden manipulierte und sie zur Fortpflanzung befähigte. Einer von Enkis sumerischen Beinamen war BUZUR; er bedeutete sowohl »Er, der Geheimnisse löst« und »Er von den Minen«, denn die Kenntnis der Mineralogie wurde als Kenntnis über die Geheimnisse der Erde betrachtet, der Geheimnisse ihrer dunklen Tiefen.

Die biblische Geschichte von Adam und Eva im Garten Eden – die Geschichte der zweiten Genmanipulation – weist der Schlange die Rolle des Auslösers für ihren Erwerb von »Wissen« zu (der biblische Begriff für sexuelle Fortpflanzung). Der hebräische Begriff für Schlange ist Nahash; und interessanterweise bedeutet das gleiche Wort auch Wahrsager, »Er, der Geheimnisse löst« – genau die gleiche zweite Bedeutung von Enkis Beinamen. Mehr noch, der Begriff stammt von derselben Wurzel wie das hebräische Wort für das Mineral Kupfer, Nehoshet. Es war eine Nahash Nehoshet, eine Kupferschlange, die Moses formte und dazu ausersah, eine Epidemie zu stoppen, die die Israeliten während des Exodus befallen hatte; und unsere Analyse läßt keine andere Möglichkeit zu, als darauf zu schließen, daß das, was er herstellte, um einen göttlichen Eingriff herbeizurufen, ein Zeichen Enkis war. Ein Passus in II Könige 18:4 offenbart, daß diese Kupferschlange, der die Menschen den Spitznamen Nehushtan gaben (ein Wortspiel mit der dreifachen Bedeutung -Kupfer-Schlange-

Löser von Geheimnissen), im Tempel von Jahwe in Jerusalem beinahe sieben Jahrhunderte, bis zur Zeit König Hezekiahs, aufbewahrt wurde.

Relevant in diesem Zusammenhang mag die Tatsache sein, daß das erste Wunder, das mit dem Schäferstab, den Moses benutzte und der von Jahwe in einen magischen Stab verwandelt worden war, vollbracht wurde, darin bestand, den Stab in eine Schlange zu verwandeln. War Jahwe dann ein und derselbe wie Enki?

Die Verbindung von Biologie und Mineralogie, zusammen mit der Fähigkeit, Geheimnisse zu lösen, gibt Enkis Status als Gott des Wissens und der Wissenschaft über die verborgenen Metalle der Erde wider; er war derjenige, der den Minenabbau im südöstlichen Afrika aufbaute.

All diese Aspekte waren Attribute von Jahwe. »Es ist Jahwe, der Weisheit gibt, aus seinem Mund kommt Wissen und Verstehen«, behauptet das Buch der Sprüche (2:6); und Er war es, der Salomon unvergleichliche Weisheit gewährte, wie Enki sie dem Weisen Adapa gegeben hatte. »Das Gold gehört mir, und das Silber gehört mir«, verkündete Jahwe (Haggai 2:8); »Ich werde dir die Schätze der Dunkelheit geben und die verborgenen Reiche der geheimen Plätze«, versprach Jahwe Cyrus (Jesaia 45:3).

Die deutlichste Übereinstimmung zwischen den mesopotamischen und biblischen Erzählungen findet man in der Geschichte über die Sintflut. In der mesopotamischen Version ist es Enki, der von seinem Weg abgeht, um seinen treu ergebenen Anhänger Ziusudra/Utnapishtim vor der kommenden Katastrophe zu warnen und ihn instruiert, die wasserdichte Arche zu bauen, ihm ihre speziellen Daten und Ausmaße gibt und ihn anleitet, den Samen tierischen Lebens zu retten. In der Bibel wird all dies von Jahwe getan.

Die Gleichsetzung Jahwes mit Enki wird gestärkt, prüft man die Hinweise auf Enkis Hoheitsgebiet. Nachdem die Erde unter den Enliliten und Enkiiten aufgeteilt war (laut der mesopotamischen Texte), wurde Enki die Herrschaft über Afrika gewährt. Seine Bereiche schlossen den Apsu (was vom Sumerischen AB.ZU stammte), das Goldminen Gebiet, wo sich Enkis Hauptwohnsitz befand (zusätzlich zu seinem »Kultzentrum« Eridu in Sumer), ein. Der Begriff Apsu, so glauben wir, erklärt den biblischen Begriff Apsei-eretz, der normalerweise mit »Die Enden der Erde« übersetzt wird, das Land am Rand des Kontinents – Südafrika, wie wir es verstehen. In der Bibel ist dieser abgelegene Ort Apsei-eretz da, wo »Jahwe richten wird« (I Samuel 2:10), wo er regieren soll, wenn Israel wiederhergestellt ist (Michäas 5:3). Jahwe wurde auf diese Art mit Enki in seiner Rolle als Herrscher über den Apsu gleichgesetzt.

Dieser Aspekt der Ähnlichkeit zwischen Enki und Jahwe wird noch eindringlicher – und in einer Hinsicht für die monotheistische Bibel vielleicht sogar peinlich – wenn wir die Passage im Buch der Sprüche erreichen, in der die unübertroffene Größe Jahwes durch rhetorische Fragen zum Ausdruck kommt:

Wer ist zum Himmel aufgestiegen,
und auch abgestiegen?
Wer hat den Wind in seine Hände gefaßt,
und die Wasser wie einen Umhang gebunden?
Wer hat den Apsei-eretz errichtet -
Wie heißt er,
und wie sein Sohn –
wenn du ihn nennen kannst?

Laut den mesopotamischen Quellen bewilligte Enki, als er den afrikanischen Kontinent unter seinen Söhnen aufteilte, den Apsu seinem Sohn Nergal. Der polytheistische Wortgebrauch (den Namen des Apsu- Herrschers und den seines Sohnes zu erfragen) kann nur durch eine redaktionell unbeabsichtigte Beibehaltung eines Passus des sumerischen Originaltexts erklärt werden – es handelt sich um den gleichen Wortgebrauch wie bei der Verwendung von »uns« in »laßt uns den Adam machen« und in »laßt uns hernieder kommen«, in der Geschichte vom Turm zu Babel. Der Wortgebrauch in Sprüchen (30:4) ersetzt offensichtlich Enki durch »Jahwe«.

War Jahwe dann Enki in biblisch-hebräischem Gewande?

Wäre es so einfach... Wenn wir die Erzählung von Adam

und Eva im Garten Eden genau unter die Lupe nehmen, werden wir bemerken, daß, während es die Schlange ist – Enkis Schlangengestalt, als Kenner der biologischen Geheimnisse – die den Erwerb der sexuellen »Kenntnisse« bei Adam und Eva auslöst, die ihnen ermöglichen, Nachkommen zu haben, sie nicht Jahwe, sondern Jahwes Gegenspieler unterstellt (wie Enki dies von Enlil wirklich war). In den sumerischen Texten war es Enlil, der Enki zwang, einige der neu-gestalteten primitiven Arbeiter (die erschaffen waren, um in den Goldminen des Apsu zu arbeiten) zum E.DIN in Mesopotamien für Land- und Schafzuchtarbeiten, zu senden. In der Bibel ist es Jahwe, der »den Adam nahm und ihn in den Garten Eden brachte, damit er sich darum kümmern und ihn bewahren würde.« Es ist Jahwe, nicht die Schlange, der als Herr von Eden dargestellt wird, wie er mit Adam und Eva spricht, entdeckt was sie getan haben und sie ausweist. In all dem setzt die Bibel Jahwe nicht mit Enki, sondern mit Enlil gleich.

Tatsächlich herrscht in der eigentlichen Erzählung – in der Erzählung über die Sintflut – wo die Gleichsetzung von Jahwe mit Enki am deutlichsten wird, ziemliche Verwirrung. Die Rollen werden getauscht, und plötzlich spielt Jahwe nicht die Rolle von Enki, sondern von seinem Rivalen Enlil.

In den mesopotamischen Origianltexten ist es Enlil, der unglücklich ist über die Art, in der sich die Menschheit entwickelt hat, und nach ihrer Zerstörung durch das ankommende Unheil trachtet. Er ist es, der die anderen Anunnaki-Führer schwören läßt, all dies vor der Menschheit geheim zu halten. In der biblischen Version (Genesis, 6) ist es Jahwe, der seiner Unzufriedenheit mit der Menschheit Ausdruck verleiht und die Entscheidung trifft, die Menschheit vom Angesicht der Erde hinwegzufegen. Am Ende der Erzählung, als Ziusudra/Utnapishtim auf dem Berg Ararat Opfer darbringt, ist es Enlil, der angezogen wird von dem angenehmen Geruch des gerösteten Fleisches und der (mit einiger Überredung) das Überleben der Menschheit akzeptiert, Enki vergibt und Ziusudra und seine Frau segnet. In der Genesis errichtet Noah einen Altar für Jahwe und opfert Tiere darauf, und es war Jahwe, »der das angenehme Aroma roch.«

War dann nun Jahwe Enlil?

Für diese Gleichsetzung spricht eine bemerkenswerte Sache: Wenn es, soweit es die beiden Halbbrüder, Söhne von Anu, betrifft, einen *primus inter pares* (»Ersten unter Gleichen«) gab, so war dies Enlil. Obwohl Enki der erste war, der auf die Erde kam, war es EN.LIL (»Herr des Befehls«), der der Chef der Anunnaki auf Erden wurde. Es war eine Situation, die der Aussage in Psalmen 97:9 entspricht. »Denn du, oh Jahwe, bist der Höchste über der ganzen Erde; der Höchste bist Du über all die Elohim.« Die Anhebung Enlils auf diesen Status wird im Atra-Hasis Epos in den einführenden Versen, vor der Meuterei der Anunnaki in den Goldminen, beschrieben:

Anu, ihr Vater, war der Herrscher;
Ihr Kommandant war der Held Enlil.
Ihr Krieger war Ninurta.
Ihr Versorger war Marduk.
Sie alle schlugen die Hände zusammen,
zogen Lose und trennten sich:
Anu stieg zum Himmel auf;
Enlil bekam die Erde zum Gegenstand.
Das begrenzte Reich der See
gaben sie dem fürstlichen Enki.
Nachdem Anu zum Himmel hinauf gegangen war,
ging Enki hinunter zu dem Apsu.

(Enki, der in den mesopotamischen Texten wahlweise auch E.A. – »dessen Zuhause das Wasser ist« – genannt wurde, war somit der Vorgänger des Meeresgottes Poseidon der griechischen Mythologie, der Bruder von Zeus, der der Kopf des Pantheon war).

Nachdem Anu, der Herrscher von Nibiru, nach seinem Besuch auf der Erde nach Nibiru zurückgekehrt war, berief Enlil die Ratsversammlung der Großen Anunnaki ein, wann immer größere Entscheidungen getroffen werden mußten, und führte den Vorsitz darüber. Zu verschiedenen Zeiten wichtiger Entscheidungen – wie »Den Adam« zu erschaffen, die Erde in vier Regionen zu teilen, das Königtum als Puffer und Kontakt zwischen den Anunnaki-Göttern und der Menschheit zu errichten, wie auch in Krisenzeiten der Anunnaki untereinander, als ihre Rivalitäten in Kriegen, sogar unter Gebrauch nuklearer Waffen, gipfelten – »beratschlagten die Anunnaki, die die Geschicke bestimmen«. Typisch war die Art, in der eine Diskussion teilweise beschrieben wird: »Enki richtete Worte des Lobes an Enlil: ›Oh, einer der der Erste unter Brüdern ist, der Stier des Himmels, der die Geschicke der Menschheit in Händen hält‹.« Mit Ausnahme der Zeiten, wo die Debatten zu hitzig wurden und zu verbalen Schlachten ausarteten, verlief der Ablauf, in dem Enlil sich an jedes Mitglied der Versammlung wandte, um seine oder ihre Meinung einzuholen, ordentlich.

Der monotheistischen Bibel unterläuft einige Male der Fehler, Jahwe in ähnlicher Art zu beschreiben, wie er den Vorsitz über geringere Gottheiten führt, die normalerweise Bnei-elim – »Söhne der Götter« genannt werden. Das Buch Hiob beginnt ihre Geschichte vom Leiden eines rechtschaffenen Mannes mit der Beschreibung, wie der Test seines Glaubens in Gott das Ergebnis eines Vorschlages von Satan war, »eines Tages, als die Söhne der Elohim zusammenkamen, um sich Jahwe vorzustellen.« »Der Herr steht in der Versammlung der Götter, unter den Elohim richtet Er«, lesen wir in den Psalmen 82:1. »Gebet Jahwe, Oh Söhne der Götter, gebet Jahwe Herrlichkeit und Macht«, sagen die Psalmen 29:1, »beuget euch zu Jahwe, der grandios ist in seiner Heiligkeit.« Die Erfordernis, daß sich sogar die »Söhne der Götter« vor dem Herrn verbeugen, findet ihre Parallele in den sumerischen Beschreibungen, über den Status von Enlil als dem ausübenden Kommandant: »Die Anunnaki unterwerfen sich unter ihn, die Igigi verbeugen sich willentlich vor ihm; sie sind seinen Anweisungen treu ergeben.

Ein Abbild Enlils, das mit dieser Begeisterung übereinstimmt, findet sich im Lied der Miriam, nach der wundersamen Überquerung des Roten Meeres: »Wer ist wie du unter den Göttern, Jahwe? Wer ist wie du, mächtig in seiner Heiligkeit, überwältigend in den Lobpreisungen, der Vollbringer von Wundern?« (Exodus 15:11).

So weit Charaktereigenschaften betroffen waren, war Enki, der Gestalter der Menschheit, geduldiger, weniger durchsetzungsstark, sowohl bei Göttern, als auch Sterblichen. Enlil war strenger, ein »Gesetz und Ordnung«-Typ, kompromißlos, nicht zaudernd, Strafen aufzuerlegen, wenn Bestrafung nötig war. Vielleicht kam dies daher, daß, während Enki es schaffte, mit sexueller Promiskuität gut davon zu kommen, Enlil sich nur einen Übertritt leistete (als er eine junge Pflegerin vergewaltigte, von der er, wie sich herausstellte, verführt worden war), und zum Exil verurteilt wurde (seine Verbannung wurde aufgehoben, als er sie zu seiner Gemahlin Ninlil machte). Er stand den Mischehen zwischen den Nefilim und den »Töchtern des Menschen« ablehnend gegenüber. Als die Übel der Menschheit überhand nahmen, beabsichtigte er, sie durch die Sintflut umkommen zu lassen. Seine Strenge mit anderen Anunnaki, sogar seinen eigenen Nachkommen, wird veranschaulicht durch seinen Sohn Nannar (der Mondgott Sin), der die unmittelbar bevorstehende Zerstörung seiner Stadt Ur durch die tödliche Nuklearwolke, die vom Sinai herüberdriftete, beklagte. Grob teilte ihm Enlil mit: »Ur wurde tatsächlich ein Königtum gewährt, von einer immerwährenden Regentschaft war jedoch nicht die Rede.«

Enlils Charakter wies jedoch zur gleichen Zeit eine andere Seite auf. Wenn die Menschen ihre Pflicht erfüllten, wenn sie strebsam waren und gottesfürchtig, kümmerte sich Enlil seinerseits um die Notwendigkeiten aller, und stellte den guten Zustand und den Wohlstand des Landes und seiner Menschen sicher. Die Sumerer nannten ihn liebevoll »Vater Enlil« und »Hirte der wimmelnden Massen.« Eine Hymne auf Enlil, den Allerwohltätigen sagt aus, daß ohne ihn »keine Städte gebaut wären, keine Niederlassung gegründet; kein Stall gebaut, keine Schafställe aufgestellt würden, kein König erzogen würde, kein Hohepriester geboren.« Die letzte Aussage erinnert an den Umstand, daß es Enlil war, der die Auswahl der Könige genehmigen mußte, und von dem die Abstammungslinie der Priesterschaft sich vom heiligen Bezirk bis zum »Kultzentrum« Nippur erstreckte.

Diese beiden Charaktereigenschaften von Enlil – Strenge

und Bestrafung für Übertretungen, Milde und Schutz, sofern man es verdiente – ähneln denen, wie Jahwe in der Bibel beschrieben wurde. Jahwe kann segnen, und Jahwe kann verfluchen, sagt das Deuteronomium ausdrücklich aus (11:26).

Wenn die göttlichen Gebote befolgt werden, werden die Menschen und ihre Nachkommen gesegnet sein, ihre Ernte wird zahlreich sein, ihr Vieh wird sich vermehren, ihre Feinde werden besiegt werden, sie werden erfolgreich sein, in jeder Art Handel, den sie auswählen; aber wenn sie Jahwe und seine Gebote verlassen, werden sie, ihre Heime und ihre Felder verflucht sein und sie Leiden, Verluste, Entbehrungen und Hunger erleiden (Deuteronomium 28). »Jahwe, dein Elohim ist ein gnädiger Gott«, besagt das Deuteronomium 4:13; Er ist ein rachsüchtiger Gott, sagt das gleiche Deuteronomium ein Kapitel später aus (5:9)...

Es war Jahwe, der bestimmte, wer die Priester seien; Er war es, der die Regeln für die Königsherrschaft aufstellte (Deuteronomium 17:16) und klar machte, daß Er es ist, der die Könige auswählen würde – wie dies tatsächlich Jahrhunderte nach dem Exodus der Fall war, um mit der Auswahl von Saul und David zu beginnen. In all diesen Dingen ähnelten Jahwe und Enlil einander.

Bedeutend für solch einen Vergleich war auch die Wichtigkeit der Zahlen sieben und fünfzig. Sie sind keine physiologisch auffälligen Zahlen (wir haben keine sieben Finger an der Hand), noch stimmt ihre Kombination mit natürlichen Phänomenen überein (7 × 50 ergibt 350 und nicht die 365,25 Tage eines solaren Jahres). Die »Woche« aus sieben Tagen entspricht ungefähr der Länge eines Mondmonats (etwa 28,5 Tage), wenn man sie mit Vier multipliziert, aber woher kommt die Vier? Und doch hat die Bibel die Zählung nach der Sieben, vom Urbeginn der göttlichen Aktivität an, eingeführt und die Heiligkeit des Siebten Tages als den heiligen Sabbath. Die Verfluchung von Kain sollte sieben Mal sieben Generationen lang anhalten; Jericho sollte siebenmal umkreist werden, damit seine Mauern einstürzten; viele der priesterlichen Riten mußten siebenmal wiederholt werden oder sieben Tage andauern. Durch ein länger bestehendes Gebot mußte das

Neujahrsfest absichtlich vom ersten Monat Nisan auf den siebten Monat Tishrei verschoben werden, und die Hauptfeiern sollten sieben Tage dauern. Die Zahl 50 war das numerische Hauptmerkmal bei der Konstruktion und Ausstattung der Bundeslade und des Tabernakels, und ein wichtiges Element beim zukünftigen Tempel, der Hesekiel vorschwebte. Sie war eine kalendarische Anzahl von Tagen in priesterlichen Riten; Abraham überredete den Herrn Sodom zu verschonen, wenn dort 50 aufrechte Männer gefunden würden.

Wichtiger noch, es wurde ein größeres, soziales und wirtschaftliches Konzept über ein Jubiläumsjahr erstellt, in dem die Sklaven freigelassen würden, Grundeigentum an die Eigner zurückgegeben würde, usw. Es ereignete sich im 50. Jahr: »Ihr sollt das 50. Jahr heiligen und Freiheit für das ganze Land verkünden«, war das Gabot in Levitikus, 25.

Beide Zahlen 7 und 50 wurden in Mesopotamien mit Enlil assoziiert. Er war »der Gott, der Sieben ist«, denn als der Anunnaki-Führer mit dem höchsten Rang auf Erden hatte er das Kommando über den Planeten, der der Siebte Planet war. Und in der zahlenmäßigen Hierarchie der Anunnaki, in der Anu den höchsten Zahlenwert 60 innehatte, hielt Enlil (als sein vorgesehener Nachfolger für Nibiru) den numerischen Rang von 50 (Enkis Rangordnungswert war 40). Bedeutsam ist, als Marduk ca. 2000 v.Chr. die Vormacht auf Erden übernahm, war einer der Maßstäbe, der seinen Aufstieg zum Ausdruck brachte, der, ihm fünfzig Namen zuzusprechen, die seine Machtübernahme des 50. Ranges kundtaten.

Die Ähnlichkeiten zwischen Jahwe und Enlil erstrecken sich auch auf andere Aspekte. Obwohl er auf Rollsiegeln dargestellt sein kann (was nicht sicher ist, da es sich auch um seinen Sohn Ninurta handeln kann), war er über weite Strecken ein unsichtbarer Gott, verborgen in den innersten Räumen seines Zikkurat, oder ganz weg aus Sumer. In einer vielsagenden Passage, in der Hymne an Enlil, den Allerwohltätigen, wird folgendes über ihn gesagt:

Wenn er in seiner überwältigenden Größe die Geschicke bestimmt,
wagt kein Gott, ihn anzublicken;

Nur seinem hochgeachteten Gesandten, Nusku,
tut er den Befehl, das Wort
aus seinem Herzen, kund.

»Kein Mensch kann mich sehen und weiterleben«, sagte Jahwe Moses in einer ähnlichen Stimmung; und Seine Worte und Gebote wurden durch Botschafter und Propheten bekannt gemacht.

Bevor all diese Gründe, Jahwe und Enlil gleichzusetzen, in den Ohren der Leser neu klingen, lassen sie uns beeilen, den gegenteiligen Nachweis zu erbringen, der auf andere, unterschiedliche Identifikationen hinweist.

Einer der mächtigsten, biblischen Beinamen für Jahwe ist El Shaddai. Auf der Grundlage einer unsicheren Etymologie ging davon eine mysteriöse Aura aus, und in Zeiten des Mittelalters wurde es zu einem Kodewort für kabbalistischen Mystizismus.

Frühe griechische und lateinische Übersetzer der hebräischen Bibel machten Shaddai zu »omnipotent«, was zu der Übersetzung von El Shaddai in der König-James-Übersetzung von »Gott der Allmächtige« führte, wenn das Epithet in den Geschichten der Patriarchen und anderer auftauchte, (wie in der Genesis 17:1): »Und Jahwe erschien Abram und sagte zu ihm: ›Ich bin El Shaddai; gehe vor mir und sei du perfekt‹«, oder bei Hesekiel, in den Psalmen oder verschiedenen anderen Malen, in anderen Büchern der Bibel.

Aber Fortschritte im Studium der akkadischen Sprache in den letzten Jahren weisen darauf hin, daß das hebräische Wort verwandt ist mit shaddu, was im Akkadischen »Berg« bedeutet; so daß El Shaddai einfach »Gott der Berge« bedeutet. Das dies ein echtes Verstehen des biblischen Ausdrucks darstellt, wird angedeutet durch einen Zwischenfall, über den in I Könige, Kapitel 20 berichtet wird. Die Aramäer, die beim Versuch Israel (Samaria) einzunehmen besiegt wurden, glichen ihre Verluste wieder aus und planten ein Jahr später einen zweiten Angriff. Um zu gewinnen, schlugen die Generale des aramäischen Königs eine List vor, um die Israeliten aus ihren Festungen in den Bergen zu einem Schlachtfeld in den Küstenebenen zu locken. »Ihr Gott ist ein Gott der Berge«, teilten die Generale dem König mit, »und deshalb siegten sie über uns; aber wenn wir sie in der Ebene bekämpfen, werden wir die Stärkeren sein.«

Nun gibt es keine Möglichkeit, daß Enlil »Gott der Berge« hätte genannt werden können, oder als solcher galt, denn es gibt keine Berge in der großen Ebene, die Mesopotamien war (und noch immer ist). Im Hoheitsgebiet der Enliliten war das Land, das »Bergland« genannt wurde, Kleinasien im Norden, angefangen mit dem Taurus (»Stier«) Gebirge; und dies war das Gebiet von Adad, Enlils jüngstem Sohn. Sein sumerischer Name war ISH.KUR, was »Er vom Bergland« bedeutete (und sein »Kulttier« war der Stier). Das sumerische ISH wurde im Akkadischen mit shaddu übersetzt; so daß Il Shaddu zum biblischen El Shaddai wurde.

Gelehrte sprechen von Adad, den die Hethiter Teshub (Abb. 80) nannten, von einem »Sturm Gott«, der immer dargestellt wird mit Blitz, Donner und Wind, und der demnach der Gott des Regens ist. Die Bibel stattete Jahwe mit ähnlichen Attributen aus. »Wenn Jahwe Seine Stimme erhob«, sagte Jeremias (10:13), »da ist ein Grollen von Wasser im Himmel und Stürme kommen vom Ende der Erde; Er macht Blitze mit dem Regen und bläst einen Wind von seinen Ursprüngen.«

Die Psalmen (135:7), das Buch Hiob und andere Propheten bestätigen Jahwes Rolle als Geber oder Verweigerer des Regens, einer Rolle, die ursprünglich den Kindern Israels während des Exodus dargelegt wurde.

Während diese Attribute die Ähnlichkeiten zwischen Jahwe und Enlil beflecken, sollten sie uns nicht davon abbringen, davon auszugehen, daß Jahwe, wenn überhaupt, das Spiegelbild von Adad war. Die Bibel erkannte die Existenz von Hadad (wie sein Name im Hebräischen buchstabiert wurde) als einen der »anderen Götter« anderer Nationen, nicht von Israel, und erwähnt zahlreiche Könige und Prinzen (im aramäischen Damaskus und anderen benachbarten Hauptstädten), die Ben-Hadad (»Sohn von Adad«) genannt wurden. In Palmyra (dem biblischen Tadmor), der Hauptstadt des östlichen

Syrien, war Adads Beiname Ba'al Shamin, »Herr des Himmels«, was die Propheten veranlaßte, ihn lediglich als einen der Ba'al Götter der Nachbarnationen zu betrachten, die in den Augen Jahwes eine Abscheulichkeit darstellten. Deshalb gibt es keine Möglichkeit, daß Jahwe und Adad derselbe gewesen sein können.

Die Vergleichbarkeit von Jahwe und Enlil wird ebenfalls geschmälert durch ein weiteres, wichtiges Attribut von Jahwe, dem eines Kriegers. »Jahwe geht voran wie ein Krieger, wie ein Held schürt Er Seine Rache; Er wird brüllen und schreien, und über Seine Feinde wird Er siegen«, sagte Jesaia (42:13), und wiederholte damit die Verse im Lied von Miriam, das besagt: »Ein Krieger ist Jahwe« (Numeri, Kapitel 15). Unaufhörlich bezieht sich die Bibel auf Jahwe als den »Hern der Heerscharen« und beschreibt ihn als solchen; »Jahwe, der Herr der Heerscharen, befehligt eine kriegsführende Armee«, erklärt Jesaia (13:4). Und Numeri 21:14 bezieht sich auf ein Buch der Kriege Jahwes, in dem die göttlichen Kriege aufgezeichnet wurden.

In den mesopotamischen Aufzeichnungen gibt es nichts, das für solch ein Image Enlils sprechen würde. Der Krieger par excellence war sein Sohn, Ninurta, der Zu bekämpfte und besiegte, sich in den Pyramidenkriegen mit den Enkiiten engagierte und mit Marduk kämpfte und ihn in der Großen Pyramide einsperrte. Seine ständigen Beinamen lauteten »der Krieger« und »der Held« und Hymnen auf ihn priesen ihn als »Ninurta, der Erste Sohn, Träger göttlicher Macht... Held, der in seiner Hand göttliche glänzende Waffen trägt.« Seine Bravourleistungen als Krieger wurden in einem epischen Text beschrieben, dessen sumerischer Titel Lugal-e-Ud-Melam-bi, lautete, das die Gelehrten »Das Buch der Leistungen und Heldentaten« von Ninurta genannt haben.

War es, so fragt man sich, das rätselhafte Buch der Kriege Jahwes, von dem die Bibel sprach?

Mit anderen Worten, konnte Jahwe Ninurta gewesen sein?

Als erster Sohn und Erbanwärter von Enlil, trug Ninurta ebenso den numerischen Rang von 50 und konnte sich somit genauso wie Enlil, als der Herr, der das Fünfzig-Jahr-Jubiläum und andere, von Fünfzig abgeleitete Aspekte, die in der Bibel erwähnt sind, verordnete, ausweisen. Er war im Besitz eines bekannten Göttlichen Schwarzen Vogels, den er sowohl für Kriege, als auch für humanitäre Missionen verwendete; es konnte das Kabod-Fahrzeug sein, das fliegen konnte, das Jahwe besaß. Er war aktiv in den Zagros Bergen, östlich von Mesopotamien, dem Land von Elam, und wurde da als Ninshushinak verehrt, »Herr der Stadt Shushan« (die elamitische Hauptstadt). Einmal vollzog er große Dammarbeiten in den Zagros Bergen; ein andermal baute er Dämme und leitete Regenkanäle aus den Bergen zur Sinai Halbinsel, um ihre gebirgigen Teile für seine Mutter Ninharsag zu kultivieren; in gewisser Weise war auch er ein »Gott der Berge«. An seine Verbindung mit der Sinai-Halbinsel und das Kanalisieren seines Regenwassers, das nur im Winter in Massen auftrat, in ein Bewässerungssystem, erinnert man sich bis zum heutigen Tag: das größte Wadi (ein Fluß, der sich im Winter füllt und im Sommer austrocknet) auf der Halbinsel wird noch immer Wadi El-Arish genannt, das Wadi von Urash – dem Pflüger – ein früherer Spitzname von Ninurta. Eine Assoziation mit der Sinai-Halbinsel, ihrer Wasseranlagen und der Residenz seiner Mutter dort, bietet ebenso Verbindungen zu einer Identifikation mit Jahwe.

Ein anderer interessanter Aspekt von Ninurta, der Ähnlichkeit mit dem biblischen Herrn aufweist, kommt ans Licht, auf einer Inschrift des assyrischen Königs Ashurbanipal, der einmal Elam einnahm. Darin nannte ihn der König »Der mysteriöse Gott, der in einem geheimen Ort verweilt, wo niemand sehen kann, was es mit seinem göttlichen Dasein auf sich hat.« Ein unsichtbarer Gott!

Aber Ninurta war kein sich-versteckender-Gott, so weit es die früheren sumerischen Texte betrifft; und graphische Darstellungen von ihm waren, wie wir gezeigt haben, nicht gerade selten. Dann stoßen wir beim Konflikt einer Jahwe-Ninurta Gleichsetzung, auf einen frühgeschichtlichen Text, der sich mit einem größeren und unvergeßlichen Ereignis beschäftigt, dessen Eigenarten uns zu erzählen scheinen, daß Ninurta nicht Jahwe war.

Eine der entscheidensten Handlungen, von nachhaltigem Effekt und unauslöschlicher Erinnerung, die in der Bibel Jahwe zugesprochen wird, war die Umwälzung von Sodom und Gomorra. Das Ereignis war, wie wir in »Die Kriege der Menschen und Götter« ausführlich gezeigt haben, in den mesopotamischen Texten beschrieben und in Erinnerung gerufen und machte damit einen Vergleich mit den Gottheiten, die daran beteiligt waren, möglich.

In der biblischen Version waren Sodom (wo Abrams Neffe und seine Familie lebte) und Gomorra, die Städte in der grünen Ebene südlich des Salzsees, sündenhaft. Jahwe »kommt hernieder« und besucht, begleitet von zwei Engeln, Abram und seine Frau Sarai in ihrem Lager bei Hebron. Nachdem Jahwe voraussagt, daß das betagte Paar einen Sohn bekommen würde, brechen die beiden Engel nach Sodom auf, um das Ausmaß der »Versündigung« der Städte zu prüfen. Jahwe enthüllt Abram dann, daß die Städte und ihre Bewohner zerstört werden würden, wenn sich die Sünden bestätigten. Abram fleht Jahwe an, Sodom zu verschonen, wenn fünfzig rechtschaffene Menschen darin gefunden würden, und Jahwe stimmt zu (die Anzahl wurde von Abram auf zehn herunter gehandelt) und geht weg. Die Engel warnen Lot, seine Familie zu nehmen und zu fliehen, nachdem sie herausgefunden haben, daß die Städte tatsächlich von Übel sind. Lot bittet um Zeit, bis er die Berge erreicht hat, und sie stimmen zu, die Zerstörung hinauszuzögern. Schließlich ereilt die Städte das Schicksal, als »Jahwe auf Sodom und Gomorra schwefliges Feuer regnen ließ, der von Jahwe aus dem Himmel kommt; und Er brachte jene Städte in Aufruhr und die gesamte Ebene und alle Bewohner davon, und alles, was am Boden wuchs... Und Abram ging früh am Morgen zu dem Ort, wo er vorher mit Jahwe gestanden hatte und blickte in die Richtung von Sodom und Gomorra, über die Ebene und er sah von der Erde Dampf aufsteigen, wie aus einem Hochofen« (Genesis, 19).

Das gleiche Ereignis ist bestens dokumentiert in den mesopotamischen Annalen, als der Höhepunkt im Kampf Marduks, die Vormacht auf Erden zu erhalten. Im Exil lebend, beauftragte Marduk seinen Sohn Nabu, die Menschen im westlichen Asien zur Anhängerschaft Marduks zu bekehren. Nach einer Reihe von Gefechten waren die Streitkräfte Nabus stark genug, Mesopotamien einzunehmen und es Marduk zu ermöglichen, nach Babylon zurückzukehren, wo er seine Absicht kundtat, es zum Tor der Götter zu machen (was der Name Bab-Ili beinhaltet).

Alarmiert traf sich die Ratsversammlung der Anunnaki zu einer Krisensitzung unter Vorsitz von Enlil. Ninurta und ein entfremdeter Sohn Enkis, mit Namen Nergal (aus dem südafrikanischen Hoheitsgebiet), empfahlen drastische Maßnahmen, Marduk Einhalt zu gebieten. Enki sprach sich vehement dagegen aus. Ishtar hob hervor, daß Marduk Stadt für Stadt einnahm, während sie debattierten. Wächter wurden entsandt, um Nabu zu ergreifen, aber er entkam und versteckte sich unter seinen Anhängern, in einer der »sündigen Städte«. Schließlich wurden Ninurta und Nergal authorisiert, aus einem versteckten Ort ungeheure Nuklearwaffen zu entnehmen und sie für die Zerstörung des Raumflughafens im Sinai (damit er nicht in Marduks Hände fiele), sowie des Gebiets, wo sich Nabu versteckte, zu verwenden.

Das sich abspielende Drama, die hitzigen Diskussionen, die Anklagen und die abschließende drastische Handlung – den Gebrauch von Nuklearwaffen 2024 v.Chr. – sind ausführlich in einem Text beschrieben, den die Gelehrten das Erra Epos nennen.

In diesem Dokument spricht man von Nergal als Erra (»der Heuler« und Ninurta wird Ishum genannt (»der Versengende«). Als ihnen der Vorwärts-Befehl gegeben war, entnahmen sie »die ungeheuren sieben Waffen, die unvergleichlich waren« und gingen damit zum Raumhafen, in der Nähe des »Allerhöchsten Berges«. Die Zerstörung des Raumhafens wurde von Ninurta/Ishum ausgeführt: »Er hob seine Hand; der Berg wurde zerschlagen; danach löschte er die Ebene beim Allerhöchsten Berg aus; bei dieser Kraft blieb kein einziger Baumstumpf stehen.«

Nun waren die sündigen Städte daran, in Aufruhr versetzt zu werden, und die Aufgabe wurde von Nergal/Erra ausgeführt. Er gelangte dahin, indem er dem Königsweg folgte, der den Sinai und das Rote Meer mit Mesopotamien verband.

Dann, in Nachahmung von Ishum,
folgte Erra dem Königsweg.
Den Städten brachte er ihr Ende,
in Verwüstung stürzte er sie.

Der Gebrauch von Nuklearwaffen zerstörte die Sandbarriere, die noch immer teilweise in Form einer Zunge (El Lissan genannt) existiert, und das Wasser des Salzsees floß nach Süden und überflutete die tiefliegende Ebene. Der frühgeschichtliche Text berichtet, daß Erra/Nergal »durch den See grub und seine Ganzheit teilte.« Und die Nuklearwaffen verwandelten den Salzsee zu der Wassermasse, die heute das Tote Meer genannt wird: »Das was darin lebt, ließ er verwelken, und das, was eine gedeihende und grünende Ebene war, wie mit Feuer versengte er die Tiere, verbrannnte ihr Korn, daß es wie Staub wurde.«

Wie beim klar umrissenen Fall der göttlichen Akteure in der Sintflut-Erzählung, so finden wir hier, im Zusammenhang mit der Zerstörung von Sodom, Gomorra und den anderen Städten dieser Ebene zu beiden Seiten der Sinai Halbinsel, einerseits jemanden, auf den Jahwe paßt, aber genausogut jemanden, mit dem Jahwe nicht übereinstimmt, wenn man den biblischen und den sumerischen Text vergleicht. Der mesopotamische Text bringt klar Nergal und nicht Ninurta, mit der Zerstörung der sündigen Städte in Verbindung. Nachdem die Bibel geltend macht, daß es nicht die zwei Engel waren, die die Situation abklärten, sondern Jahwe selbst es war, der Zerstörung auf die Städte regnen ließ, konnte Jahwe nicht Ninurta gewesen sein.

(Der Hinweis in der Genesis, 10, auf Nimrod als denjenigen, der beauftragt war, das Königtum in Mesopotamien zu beginnen, was wir füher erörtert haben, wird von einigen als ein Hinweis auf keinen menschlichen König, sondern einen Gott verstanden und damit auf Ninurta, dem die Aufgabe, die ersten Königtümer aufzubauen, zufiel. Wenn dem so ist, dann macht die biblische Aussage, daß Nimrod »ein mächtiger

Jäger vor Jahwe war« ebenso die Möglichkeit zunichte, daß Ninurta/Nimrod Jahwe hätte sein können.

Aber auch Nergal war nicht Jahwe. Er wird namentlich erwähnt als Gottheit der Kuthäer, die sich unter den Fremden befanden, die von den Assyrern herübergebracht worden waren, um die Israeliten, die vertrieben waren, zu ersetzen. Er wird aufgelistet unter den »anderen Göttern«, die die Neuankömmlinge verehrten und für die sie Götzen aufstellten. Er konnte nicht gleichzeitig »Jahwe« und »Jahwes Abscheulichkeit« zur gleichen Zeit sein.

Wenn Enlil und zwei seiner Söhne, Adad und Ninurta, nicht in den Kreis derjenigen kommen, die mit Jahwe gleichzusetzen sind, wie steht es dann mit Enlils drittem Sohn Nannar/Sin (dem »Mondgott«)?

Sein »Kultzentrum« (wie Gelehrte es nennen) in Sumer war Ur, genau die Stadt, von der aus die Wanderung Terahs und seiner Familie begann. Von Ur, wo Terah priesterliche Dienste leistete, gingen sie nach Harran am oberen Euphrat – einer Stadt, die ein Duplikat (wenn auch von geringerem Ausmaß) von Ur, als Kultzentrum von Nannar, darstellte. Die Wanderung zu dieser speziellen Zeit, war verbunden, so glauben wir, mit religiösen und königlichen Veränderungn, die die Verehrung Nannars beeinflußt haben können.

War er dann die Gottheit, die den Sumerer Abram angewiesen hatte, mit Hab und Gut Ur zu verlassen?

Dadurch, daß er Frieden und Wohlstand nach Sumer gebracht hatte, als Ur seine Hauptstadt war, wurde er in Urs großem Zikkurat (dessen Überreste sich bis zum heutigen Tage eindrucksvoll erheben), zusammen mit seiner geliebten Frau NIN.GAL (»Große Dame«) verehrt. Zur Zeit des Neumondes drückten die Hymnen, die diesem göttlichen Paar gesungen wurden, die Dankbarkeit der Menschen ihnen gegenüber aus; und die Dunkelheit des Mondes wurde als Zeit angesehen, »des Geheimnisses des großen Gottes, eine Zeit von Nannars Orakel«, als er »Zaqar, den Gott der nächtlichen Träume«zu senden pflegte, um sowohl Anordnungen zu treffen, als auch Sünden zu vergeben. In den Hymnen wurde er beschrieben als »Entscheider von Bestimmungen im Himmel und auf Erden, Führer der lebenden Kreaturen... derjenige, der Wahrheit und Gerechtigkeit verursacht«.

Dies alles klingt nicht unähnlich einigen der Preisungen, die von den Psalmisten über Jahwe gesungen wurden...

Der akkadisch/semitische Name für Nannar war Sin, und es kann kein Zweifel daran bestehen, daß es aus Verehrung von Nannar als Sin geschah, den Teil der Sinai Halbinsel, der in der Bibel »Wildnis von Sin« genannt wurde und dann die ganze Halbinsel nach ihm zu nennen. In diesem Teil der Welt, wo sich der »Berg der Götter« befand, erschien Jahwe Moses zum ersten Mal, fand die größte Gotteserscheinung, die es jemals gegeben hatte, statt. Darüberhinaus wird der Hauptlebensraum der zentralen Ebene des Sinai, die sich in der Nachbarschaft dessen befindet, was wir für den echten Berg Sinai halten, auf arabisch nach der Göttin Ningal, Nakhl genannt, deren semitischer Name Nikal ausgesprochen wurde.

Läßt dies alles auf eine Gleichsetzung von Jahwe mit Nannar/Sin schließen?

Die Entdeckung von ausführlicher kanaanitischer Literatur (»Mythen« für die Gelehrten) vor einigen Jahrzehnten, die sich mit ihrem Pantheon beschäftigte, enthüllte, daß, während ein Gott, den sie Ba'al (der Gattungsname für »Herr«, als persönlicher Name verwendet) nannten, die Dinge leitete, in Wirklichkeit nicht völlig unabhängig von seinem Vater El (ein Gattungsname, der »Gott« bedeutete und als persönlicher Name verwendet wurde) war. In diesen Texten wird El als Gott dargestellt, der sich zurückgezogen hat und sich mit seiner Ehefrau von den bevölkerten Gebieten entfernt, an einem ruhigen Ort lebt, wo »die zwei Gewässer sich treffen« – ein Ort, den wir in unserem Buch »Stufen zum Kosmos« an der südlichen Spitze der Sinai Halbinsel identifizierten, wo die beiden Golfe, die vom Roten Meer ausgehen, sich treffen.

Diese Tatsache und andere Überlegungen haben uns zu dem Schluß kommen lassen, daß der Kanaanite El, der Nannar/Sin war, der sich zurückgezogen hatte; diese Gründe, die wir darlegten, sind auch in der Tatsache enthalten, daß ein »Kultzentrum« von Nannar/Sin an einer lebendigen Kreuzung im vorgeschichtlichen Nahen Osten existiert hat und dies sogar heute noch tut. Die Stadt ist uns als Jericho bekannt, aber ihr biblisch/semitischer Name ist Yeriho, was »Die Stadt des Mondes/Mondgottes« bedeutet; und die Übernahme des Allah als dem Gott des Islam von Stämmen aus dem Süden – »El« im Arabischen – wird durch den Halbmond des Mondes repräsentiert.

In den kanaanitischen Texten als zurückgezogene Gottheit beschrieben, gab es tatsächlich Gründe, die El als Nannar/Sin in den Ruhestand gezwungen haben mögen: Die sumerischen Texte handeln von den Auswirkungen der nuklearen Wolke, die ostwärts driftete und Sumer mit ihrer Hauptstadt Ur erreichte. Sie enthüllen, daß Nannar/Sin – der sich weigerte seine geliebte Stadt zu verlassen – von der tödlichen Wolke befallen wurde und teilweise gelähmt war.

Die Vorstellung von Jahwe, speziell in der Periode des Exodus und der Besiedelung von Kanaan, d.h. nach – nicht vor – dem Untergang von Ur, klingt nicht nach einer zurückgezogenen, befallenen und müden Gottheit, die Nannar/Sin zu dieser Zeit geworden war. Die Bibel malt ein Bild einer aktiven Gottheit, beharrend und hartnäckig, die Befehlsgewalt völlig ausübend, den Göttern von Ägypten trotzend, Seuchen verhängend, Engel entsendend, die Himmel durchstreifend, allgegenwärtig, Wunder vollbringend, ein Wunderheiler, ein göttlicher Architekt. Nichts davon finden wir in den Beschreibungen über Nannar/Sin.

Sowohl Nannar/Sins Verehrung als auch seine Furcht vor ihm, stammen von der Assoziation mit seiner himmlischen Entsprechung, dem Mond; und dieser himmlische Aspekt dient als ein entscheidendes Argument gegen eine Gleichsetzung von ihm mit Jahwe: In der biblischen göttlichen Ordnung war es Jahwe, der der Sonne und dem Mond angeordnet hat, als Beleuchtung zu dienen; »Sonne und Mond preisen Jahwe«, erklärte der Psalmist (148:3). Und auf Erden symbolisiert das Einstürzen der Mauern von Jericho durch die Trompeten Jahwes die Vormacht Jahwes über den Mondgott Sin.

Dies war auch der Fall bei Ba'al, der kanaanitischen Gottheit, deren Anbetung ein permanenter Dorn im Auge von Jahwes Getreuen war. Die entdeckten Texte enthüllen, daß Ba'al ein Sohn von El war.

Seine Wohnstatt in den Bergen des Libanon ist noch immer bekannt als Baalbek – »Das Tal des Ba'al« – der Ort, der das erste Ziel Gilgameschs auf seiner Suche nach Unsterblichkeit war. Der biblische Name dafür war Beit-Shemesh – das »Haus/die Wohnstatt von Schamasch«, und Schamasch, wir erinnern uns, war der Sohn von Nannar/Sin. Die kanaanitischen »Mythen« auf Tontafeln widmen den Unarten zwischen Ba'al und seiner Schwester Anat viel Raum; die Bibel listet in der Gegend von Beit-Shemesh einen Ort auf, der Beit Anat genannt wurde; und wir sind ganz sicher, daß der semitische Name Anat abgeleitet war von Anunitu (»Anus Geliebte«) – ein Spitzname von Inanna/Ishtar, der Zwillingsschwester von Utu/Schamasch.

All dies legt nahe, daß wir im kanaanitische Trio El-Ba'al-Anat die mesopotamische Triade Nannar/Sin-Utu/Schamasch-Inanna/Ishtar wiederfinden – die Götter, die mit dem Mond, der Sonne und der Venus in Verbindung gebracht werden. Und keiner von ihnen konnte Jahwe gewesen sein, denn die Bibel ist voll mit Ermahnungen gegen die Anbetung dieser drei Himmelskörper und ihrer Abzeichen.

Wenn weder Enlil, noch einer seiner Söhne (oder sogar Enkel) sich als Jahwe qualifizieren, muß sich die Suche in eine andere Richtung bewegen, zu den Söhnen Enkis, wohin einige Merkmale ebenso weisen.

Die Anweisungen, die Moses während des Aufenthalts auf dem Berg Sinai gegeben wurden, waren zum großen Teil medizinischer Natur. Fünf ganze Abschnitte in Levitikus und viele Abschnitte in Numeri sind den medizinischen Prozeduren, Diagnosen und der Behandlung gewidmet. »Heile mich, oh Jahwe, und ich werde geheilt sein«, rief Jeremias (17:14) aus; »Meine Seele segnet Jahwe... der all meine Gebrechen heilt«, sang der Psalmist (103:1-3). König Hezekiah wurde von Jahwe wegen seiner Frömmigkeit nicht nur von einer schlimmen Krankheit geheilt, sondern ihm wurden fünfzehn weitere Lebensjahre gewährt (2 Könige, 19). Jahwe konnte nicht nur heilen und das Leben verlängern, er konnte (durch seine

Engel und Propheten) die Toten wieder zum Leben erwecken; ein extremes Beispiel wurde durch Hesekiels Vision von den verstreuten trockenen Knochen, die lebendig wurden, geboten, ihr Tod wurde kraft Jahwes Willen rückgängig gemacht.

Über die biologisch-medizinischen Kenntnisse mit solchen zugrunde liegenden Fähigkeiten verfügte Enki, und er übertrug diese Kenntnisse auf zwei seiner Söhne: Marduk (als Ra in Ägypten bekannt) und Thoth (den die Ägypter Tehuti und die Sumerer NIN.GISH.ZIDDA nannten – »Herr des Lebensbaumes«). Bei Marduk beziehen sich viele Texte auf seine heilenden Fähigkeiten; aber – wie seine eigene Beschwerde bei seinem Vater enthüllt – wurde ihm zwar die Kenntnis zu heilen gegeben, aber nicht die, die Toten wieder zum Leben zu erwecken. Andererseits, war Thoth im Besitz solcher Kenntnisse und setzte sie bei einer Gelegenheit auch ein, um Horus, den Sohn des Gottes Osiris und seiner Schwester-Frau Isis wiederzubeleben. Laut dem hieroglyphischen Text, der sich mit diesem Zwischenfall beschäftigt, wurde Horus von einem giftigen Skorpion gebissen und starb. Als seine Mutter an den »Gott der wundersamen Dinge« um Hilfe appellierte, kam Thoth in einem Himmelsboot aus dem Himmel herunter auf die Erde und brachte den Jungen ins Leben zurück.

Als das Tabernakel in der Wildnis des Sinai und später in Jerusalem konstruiert und ausgestattet wurde, zeigte Jahwe eindrucksvolle Kenntnisse über Architektur, heilige Ausrichtungen, dekorative Details, die Verwendung von Materialien und Konstruktionsverfahren – sogar bis zu dem Punkt, den Erdlingen verwickelte maßstabsgerechte Modelle von dem zu zeigen, was er entworfen hatte oder wünschte. Marduk wurde nicht mit solch einer allumfassenden Kenntnis ausgestattet; Thoth/Ningishzidda aber schon. In Ägypten wurde er als der Bewahrer der Geheimnisse des Pyramidenbaus angesehen, und als Ningishzidda war er zu Lagash eingeladen, um Materialien des Tempels, der für Ninurta gebaut wurde, auszurichten, zu entwerfen und auszuwählen.

Ein anderer Punkt großer Übereinstimmung zwischen Jahwe und Thoth war die Angelegenheit des Kalenders. Thoth wird der erste ägyptische Kalender zugesprochen, und als er von Ra/Marduk aus Ägypten ausgewiesen wurde und (nach unseren Nachforschungen) nach Mittelamerika ging, wo er »Die geflügelte Schlange« genannt wurde, (Quetzalcoatl), arbeitete er dort den aztekischen und den Maya-Kalender aus. Wie die biblischen Bücher Exodus, Levitikus und Numeri klarmachen, schob Jahwe das Neue Jahr nicht nur zum »siebten Monat«, sondern richtete die Woche ein, den Sabbath und eine Reihe von Feiertagen.

Heiler, Wiederbeleber der Toten, der in einem Himmelsboot herunter kam; ein göttlicher Architekt; ein großer Astronom und Entwickler von Kalendern. Die Eigenschaften, die Thoth und Jahwe gemeinsam haben, scheinen überwältigend.

War also Thoth Jahwe?

Obwohl in Sumer bekannt, wurde er dort nicht als einer der großen Götter angesehen, und somit paßte der Beiname »Der Allerhöchste Gott« ganz und gar nicht, den Abraham und auch Melchizedek, der Priester von Jerusalem, bei ihrer Begegnung verwendeten. Darüberhinaus war er ein Gott von Ägypten, und (sofern nicht ausgeschlossen, durch das Argument er sei Jahwe) war er einer jener, über die Jahwe urteilte. Berühmt im vorgeschichtlichen Ägypten, gab es keinen Pharao, der über diese Gottheit nicht informiert sein konnte. Und doch, als Moses und Aaron vor den Pharao traten und ihm sagten, »So sagte Jahwe, der Gott von Israel: Laß Mein Volk gehen, daß sie Mich verehren in der Wüste«, sagte der Pharao: »Wer ist dieser Jahwe, daß ich seinen Worten gehorchen sollte? Ich kenne keinen Jahwe, und die Israeliten werde ich nicht gehen lassen.«

Wäre Jahwe Thoth, hätte nicht nur der Pharao so etwas nicht antworten können, sondern die Aufgabe von Mose und Aaron wäre leicht und erreichbar gewesen, hätten sie doch nur zu sagen brauchen, Warum – »Jahwe« ist nur ein anderer Name für Thoth – und Moses, der am ägyptischen Hof aufgezogen wurde, hätte keine Schwierigkeit gehabt, dies zu wissen – wenn es so gewesen wäre.

Wenn Thoth nicht Jahwe war, scheint der Prozess der Auslese nur noch einen Kandidaten übrig zu lassen: Marduk.

Daß er ein »allerhöchster Gott« war, steht auf fester Grundlage; der Erstgeborene von Enki, der glaubte, daß seinem Vater ungerechterweise die Vormachtstellung auf der Erde vorenthalten würde – eine Vormachtstellung, deren rechtmäßiger Nachfolger eher er, Marduk, wäre, als Enlils Sohn Ninurta. Seine Eigenschaften schlossen zum größten Teil – fast gänzlich – alle Eigenschaften Jahwes ein. Er besaß einen Shem, eine Himmels-Kammer wie Jahwe; als der babylonische König Nebukadnezar II den heiligen Bezirk von Babylon wieder aufbaute, errichtete er eine speziell verstärkte Einfriedung für den Himmelswagen von Marduk, dem obersten Reisenden zwischen Himmel und Erde.«

Als Marduk schließlich die Vormacht auf der Erde erwarb, diskreditierte er die anderen Götter nicht. Im Gegenteil, er lud sie alle dazu ein, in eigenen Pavillons innerhalb des heiligen Bezirks von Babylon zu residieren.

Es gab nur einen Haken: Ihre speziellen Kräfte und Eigenschaften mußten an ihn übergeben werden – wie dies auch für die fünfzig Namen (d.h. Ränge) von Enlil galt. Ein babylonischer Text, teilweise lesbar, listete demnach die Funktionen anderer großer Götter auf, die Marduk übertragen wurden:

Ninurta	= Marduk von der Hacke
Nergal	= Marduk von der Attacke
Zababa	= Marduk vom Zweikampf
Enlil	= Marduk von der Herrschaft und vom Rat
Nabu	= Marduk der Zahlen und des Zählens
Sin	= Marduk der Erleuchter der Nacht
Schamasch	= Marduk von der Justiz
Adad	= Marduk vom Regen

Das war nicht der Monotheismus der Propheten und der Psalmen; es war das, was Gelehrte als Henotheismus bezeichnen – eine Religion, in der die höchste Macht von einer Reihe von Göttern auf einen anderen in Folge übergeht. Außerdem regierte Marduk nicht lange als Höchster Gott. Bald nach der Initialisierung von Marduk als Gott der Babylonier wurde er übertroffen von ihren assyrischen Rivalen, durch die Initialisierung von Ashur als dem »Herrn aller Götter.«

Abgesehn von den Argumenten, die wir im Fall von Thoth

erwähnten, die einer Identifikation mit irgendeiner höheren ägyptischen Gottheit (und schließlich war Marduk der große ägyptische Gott Ra) widersprechen, schließt die Bibel selbst jede Gleichsetzung von Jahwe mit Marduk aus. Nicht nur wird Jahwe, der in Teilen mit Babylon zu tun hat, als größer, mächtiger und erhaben über die Götter der Babylonier dargestellt – ihr Untergang wird unter Namensnennung ausdrücklich vorausgesagt. Jesaia (46:1) und Jeremias (50:2) sahen den Fall und Zusammenbruch von Marduk (der auch als Bel durch seinen babylonischen Beinamen bekannt war) und seinen Sohn Nabu, vor Jahwe beim Jüngsten Gericht voraus.

Solche prophetischen Worte zeichnen die beiden babylonischen Götter als Antagonisten und Feinde von Jahwe; Marduk (und in diesem Zusammenhang, Nabu) konnten Jahwe nicht gewesen sein.

(So weit es Ashur betrifft, legen die Götterlisten und andere Nachweise nahe, daß er ein wiederauflebender Enlil war, der von den Assyrern in »Der Allsehende« umbenannt wurde; und als solcher, konnte er nicht Jahwe gewesen sein).

Nachdem wir bei unserer Suche nach einem passenden »Jahwe« so viel Ähnlichkeiten und auf der anderen Seite entscheidende Unterschiede und widersprechende Aspekte in den alten Pantheons des Nahen Ostens finden, können wir nur weitermachen, indem wir das tun, was Jahwe Abraham sagte: »Erhebe deine Augen zum Himmel... «

Der babylonische König Hammurabi zeichnete die Legitimation für Marduks Vormacht auf Erden so auf:

Hoher Anu,
Herr der Anunnaki,
und Enlil,
Herr von Himmel und Erde,
der die Geschicke des Landes bestimmt,
Bestimmt für Marduk, den Erstgeborenen von Enki,
der Enlil-wirkt über die gesamte Menschheit
und machte ihn groß unter den Igigi.

Dies stellt klar, sogar Marduk erkannte, als er die Vormacht auf Erden erzielte, daß es Anu war und nicht er, der der »Herr der Anunnaki« war. War er der Allerhöchste Gott«, von dem Abraham und Melchizedek sich gegenseitig grüßten?

Das Keilschrift-Zeichen für Anu (AN im Sumerischen) war ein Stern; es hatte die vielfältige Bedeutung von »Gott, göttlich«, »Himmel«, und dem persönlichen Namen des Gottes. Anu blieb, wie wir aus den mesopotamischen Texten wissen, im »Himmel«; und zahllose biblische Verse beschreiben Jahwe ebenso als den »Einen, Der Im Himmel Ist«. Es war »Jahwe, der Gott des Himmels«, der ihm gebot, nach Kanaan zu gehen, sagte Abraham (Genesis 24:7).

»Ich bin ein Hebräer, und es ist Jahwe, der Gott des Himmels, den ich verehre«, sagte der Prophet Jonah (1:9). »Jahwe, der Gott des Himmels befahl mir, für ihn ein Haus in Jerusalem, in Judäa zu bauen«, sagte Cyrus in seinem Erlaß, der den Wiederaufbau des Tempels von Jerusalem betraf (Ezra 1:2). Als Salomon die Konstruktion des (ersten) Tempels in Jerusalem fertigstellte, betete er zu Jahwe, um ihn vom Himmel zu hören, daß er den Tempel als Sein Haus segne, obwohl Salomon zugab, es sei kaum möglich, daß »Jahwe Elohim« auf der Erde wohnen würde, in diesem Haus, »wenn der Himmel und der Himmel-der-Himmel dich nicht enthalten können« (I Könige 8:27); und die Psalmen besagten wiederholt, »Aus dem Himmel sah Jahwe hernieder auf die Kinder Adams« (14:2); »Vom Himmel erblickte Jahwe die Erde« (102:20); und »Im Himmel errichtete Jahwe seinen Thron« (103:19).

Obwohl Anu die Erde etliche Male besuchte, lebte er auf Nibiru; und wie der Gott, dessen Wohnstatt sich im Himmel befand, war er wahrhaftig ein unsichtbarer Gott: unter den unzählbaren Darstellungen von Gottheiten auf Rollsiegeln, Statuen und Statuetten, Einritzungen, Wandgemälden, Amuletten – erscheint sein Abbild nicht ein Mal!

Nachdem Jahwe auch unsichtbar auf Bildern nicht vertreten war und im »Himmel« lebte, erhebt sich die unvermeidliche Frage: Wo befand sich die Wohnstatt von Jahwe? Bei so vielen Ähnlichkeiten zwischen Jahwe und Anu, hatte Jahwe auch ein »Nibiru« auf dem er lebte?

Die Frage und ihre Bedeutung für Jahwes Unsichtbarkeit stammt nicht von uns. Sie wurde sarkastischerweise vor beinahe 2.000 Jahren von einem Ketzer an einen jüdischen Weisen, den Rabbi Gamliel, gestellt; und die Antwort, die gegeben wurde, ist wirklich erstaunlich! Der Bericht der Unterhaltung, wie er von S.M.Lehrman in »The World of the Midrash« übersetzt wurde, liest sich so:

Als Rabbi Gamliel von einem Häretiker gefragt wurde, ihm genau anzugeben, wo sich Gott befände, nachdem die Welt so unermeßlich ist und es sieben Ozeane gibt, war seine Antwort nur: »Dies kann ich dir nicht sagen.«

Woraufhin der andere spöttisch erwiderte: »Und das nennst du Weisheit, täglich zu einem Gott zu beten, dessen Verbleib du nicht kennst?«

Der Rabbi lächelte: »Du verlangst von mir, den Finger an genau die Stelle Seiner Gegenwart zu legen, obgleich die Tradition besagt, daß die Entfernung zwischen Himmel und Erde einer Reise von 3.500 Jahren bedürfte. So darf ich dich dann über den genauen Verbleib einer Sache befragen, die immer bei dir ist, und ohne die du keinen Moment leben kannst?

Der Heide war fasziniert. »Was ist dies«, fragte er begierig.

Der Rabbi antwortete: »Die Seele, die Gott in dich gepflanzt hat; nun sage mir, wo genau befindet sie sich?«

Er war geschlagen und schüttelte seinen Kopf.

Nun war es am Rabbi, erstaunt und amüsiert zu sein.

»Wenn du nicht weißt, wo deine eigene Seele sich befindet, wie kannst du erwarten, den genauen Ort von dem Einen zu erfahren, der die ganze Welt mit seiner Herrlichkeit ausfüllt?«

Lassen Sie uns sorgfältig die Antwort von Rabbi Gamliel zur Kenntnis nehmen: Entsprechend der jüdischen Tradition, sagte er, der genaue Punkt in den Himmeln, wo Gott seinen Wohnort hat, ist so entfernt, daß es einer Reise von 3.500 Jahren bedürfe...

Wie näher kann man den 3.600 Jahren, die Nibiru braucht, um einen Orbit um die Sonne zu vollziehen, noch kommen?

Obwohl es keine speziellen Texte gibt, die von Anus Wohnstatt auf Nibiru handeln oder sie beschreiben, kann man indirekt doch eine gewisse Vorstellung aus solchen Texten, wie der Erzählung von Adapa, gelegentlichen Bezugnahmen in verschiedenen Texten und sogar von assyrischen Darstellungen, davon bekommen. Es war ein Ort – lassen Sie uns dabei an einen königlichen Palast denken – der durch eindrucksvolle Tore betreten wurde, die von Türmen flankiert waren. Ein Götterpaar (Ningishzidda und Dumuzi werden in einem Fall erwähnt) stand an den Toren Wache. Im Inneren saß Anu auf einem Thron; wenn sich Enlil und Enki in Nibiru befanden, oder wenn Anu die Erde besucht hatte, flankierten sie den Thron und hielten die himmlischen Abzeichen empor.

(Die Pyramiden-Texte des alten Ägypten, die den Aufstieg des Pharaos zur himmlischen Wohnstatt im Leben nach dem Tode, in dem sie von einem »Emporsteiger« hinaufgetragen wurden, beschrieben, verkündeten dem weggehenden König: »Die Doppeltore des Himmels sind für dich geöffnet, die Doppeltore des Himmels sind für dich geöffnet« und sahen vier zepterhaltende Götter, die seine Ankunft auf dem »Nie untergehenden Stern« verkündeten«).

In der Bibel wird Jahwe auch als auf einem Thron sitzend beschrieben, der von Engeln flankiert wird. Während Hesekiel beschreibt, das Gesicht des Herrn zu sehen, das wie Elektrum schimmert, als er auf einem Thron im Inneren eines fliegenden Fahrzeugs sitzt, behaupten die Psalmen (11:4), »der Thron von Jahwe ist im Himmel«; und die Propheten beschrieben, Jahwe auf seinem Thron in den Himmeln sitzen zu sehen. Der Prophet Michaiah (»Wer ist wie Jahwe?«), ein Zeitgenosse von Elias, sagte dem König von Judäa, der um ein göttliches Orakel ersuchte (I Könige, Kapitel 22):

Ich sah Jahwe auf seinem Thron sitzen,
und die Heerscharen des Himmels standen bei Ihm,
an Seiner Rechten und an Seiner Linken.

Der Prophet Jesaia zeichnete (Kapitel 6) eine Vision, die er hatte, auf, »in dem Jahr, in dem König Uzziah starb«, in der er Gott auf seinem Thron sitzen sah, begleitet von strahlenden Engeln:

Ich erblickte meinen Herrn auf einem hohen und grandiosen Thron sitzen,
und die Schleppe Seiner Robe füllte die große Halle.
Seraphen standen in Seiner Nähe,
jeder von ihnen trug sechs Flügel:

mit zweien bedeckte jeder sein Gesicht,
mit zweien bedeckte jeder seine Beine,
und mit zweien pflegte jeder zu fliegen.
Und einer rief zum anderen:
Heilig, heilig, heilig ist der Herr der Heerscharen!

Die biblische Bezugnahme auf Jahwes Thron ging noch weiter: Sie gaben sogar an, wo er sich befand, an einem Ort namens Olam. »Dein Thron ist für immer errichtet, von Olam bist du«, erklärten die Psalmen (93:2); »Du Jahwe bist gekrönt in Olam und dauerst über die Zeiten«, besagen die Klagelieder (5:19).

Nun ist dies nicht die Art, wie diese Verse und andere, normalerweise übersetzt wurden. In der Martin-Luther-Version, zum Beispiel, wird der zitierte Vers aus den Psalmen übersetzt mit, »Von Anbeginn steht dein Thron fest, du bist ewig«, und die Verse in den Klageliedern sind wiedergegeben »Aber du, Herr, der du ewiglich bleibst und dein Thron von Geschlecht zu Geschlecht«. Moderne Übersetzungen machen Olam vergleichsweise zu »immerwährend« und »für immer« (The New American Bible) oder zu »Ewigkeit« und »auf ewig« (The New English Bible), und enthüllen dabei eine Unentschiedenheit, ob sie den Begriff als Adjektiv oder Nomen verwenden sollen. Nachdem die »Jewish Publication Society« jedoch erkannt hatte, daß Olam eindeutig ein Hauptwort ist, übernahm die allerneueste Übersetzung »Ewigkeit«, ein abstraktes Nomen, als Lösung.

Die hebräische Bibel, die streng auf die Exaktheit ihrer Terminologie achtet, hat andere Begriffe, um den Status »für immer andauernd« auszudrücken. Einer ist Netzah, wie in Psalm 89:47, wo gefragt wird, »Wie lange, Jahwe, willst du dich verstecken – für immer?« Ein anderer Begriff, der exakter »für alle Zeiten« bedeutet, ist Ad, was normalerweise auch mit »für immer« übersetzt wird, wie in »seine Saat werde ich für immer dauern lassen« aus Psalm 89:30. Es gab keine Notwendigkeit, einen dritten Begriff einzuführen, der das Gleiche ausdrückte. Olam, oft begleitet von dem Adjektiv Ad, um seine immerwährende Natur zu betonen, war selbst kein

Adjektiv, sondern ein Nomen, abgeleitet von der Wurzel, die »verschwindend, auf rätselhafte Weise versteckt« bedeutet. Die zahlreichen biblischen Verse, in denen Olam erscheint, weisen darauf hin, daß es als physikalischer Ort angesehen wurde und nicht als Abstraktion. »Du bist von Olam«, heißt es in den Psalmen – Gott ist von einem Ort, der versteckt ist (und demzufolge war Gott unsichtbar).

Es war ein Ort, den man sich als physikalisch existent vorstellte: das Deuteronomium (33:15) und der Prophet Habakkuk (3:6) sprachen von den »Hügeln von Olam.« Jesaia (33:14) bezog sich auf die »Hitzequellen von Olam.« Jeremias (6:16) erwähnte die »Pfade von Olam« und (18:5) »die Gassen von Olam«, und bezeichnete Jahwe als »König von Olam« (10:10), wie dies auch die Psalmen in 10:16 taten.

Die Psalmen, in ihren Aussagen eingedenk an den Hinweis auf die Tore von Anus Wohnstatt (in den sumerischen Texten) und an die Tore des Himmels (in alten ägyptischen Texten), sprechen auch von den »Toren Olams«, die sich öffnen und den Herrn Jahwe begrüßen sollten, wie er da auf seiner Kabod, seinem Himmelsboot ankommt (24:7-10):

Erhebt eure Köpfe, oh Tore von Olam,
so daß der König auf der Kabod hereinkommen kann!
Wer ist der König der Kabod?
Jahwe, stark und kühn, ein mächtiger Krieger!
Erhebt eure Köpfe, oh Türen von Olam,
und der König der Kabod wird hereinkommen!
Wer ist der König der Kabod?
Jahwe, der Herr der Heerscharen, ist der König der Kabod.

»Jahwe ist der König von Olam«, erklärt Jesaia (40:28), und wiederholt damit die biblische Aufzeichnung in der Genesis (21:33) über Abrahams »Rufen im Namen von Jahwe, den Gott von Olam.« Kein Wunder, dann, daß der Bund, symbolisiert durch die Beschneidung, »dem himmlischen Zeichen«, vom Herrn »der Bund des Olam« genannt wurde, als er ihn Abraham und seinen Abkömmlingen auferlegt hatte:

Und mein Bund soll in eurem Fleisch sein,
der Bund des Olam.(Genesis 17:13)

In nach-biblischen Diskussionen der Rabbiner, sowie im modernen Hebräischen ist Olam das Wort, das für »Welt« steht. Tatsächlich basierte die Antwort, die Rabbi Gamiel auf die Frage nach der Göttlichen Wohnstatt gab, auf den Meinungen der Rabbiner, daß sie von der Erde durch sieben Himmel getrennt sei, in denen sich jeweils eine unterschiedliche Welt befände; und daß die Reise von einer zur anderen 500 Jahre erfordert, so daß die vollständige Reise durch sieben Himmel von der Welt namens Erde zu der Welt, die die Göttliche Wohnstatt ist, 3.500 Jahre dauert. Dies kommt, wie wir hinwiesen, dem 3.600 (Erden) Jahre dauernden Orbit von Nibiru so nahe, wie man erwarten kann; und nachdem die Erde für jemanden, der aus dem Raum kommt, der siebte Planet wäre, wäre Nibiru für jemanden von der Erde tatsächlich sieben himmlische Räume entfernt, wenn es auf dem Weg zu seinem Apogäum ist.

Solch ein Verschwinden – die Ur-Bedeutung von Olam – erzeugt natürlich das »Jahr« von Nibiru – eine ungeheuer lange Zeit für menschliche Begriffe. Die Propheten sprachen in ähnlicher Weise, in zahlreichen Passagen, von dem »Jahr von Olam« als einer Maßeinheit für eine sehr lange Zeit.

Ein deutliches Gefühl für Periodizität, als Ergebnis für das periodische Erscheinen und Verschwinden eines Planeten wurde übermittelt durch den dauernden Gebrauch des »von Olam zu Olam«, als bestimmtes (wenn auch extrem langes) Maß an Zeit: »Ich hatte euch dieses Land von Olam zu Olam gegeben«, wurde der Herr bei Jeremias (7:7 und 25:5) zitiert. Und ein ausschlaggebender Faktor zur Gleichsetzung von Olam mit Nibiru war die Aussage in der Genesis 6:4, daß die Nefilim, die jungen Anunnaki, die von Nibiru auf die Erde gekommen waren, »Leute von den Shem« waren (die Leute von den Raketen), »jene die von Olam waren.«

Bei der offensichlichen Vertrautheit der Bibelverfasser, der Propheten und der Psalmenschreiber mit den mesopotamischen »Mythen« und der Astronomie, wäre es merkwürdig, kein Wissen über den wichtigen Planeten Nibiru in der Bibel zu finden. Es ist unsere Vermutung, daß sich die Bibel durchaus Nibirus voll bewußt war – und ihn Olam, den »verschwindenden Planeten« nannte. Bedeutet all dies, daß deshalb Anu Jahwe war? Nicht notwendigerweise...

Obwohl die Bibel Jahwe, wie Anu, in seiner himmlischen Wohnstatt regierend darstellte, betrachtete sie ihn auch als »König« über die Erde und allem darauf – wohingegen Anu klar das Kommando auf Erden an Enlil abgetreten hat. Anu besuchte zwar die Erde, aber vorhandene Texte beschreiben die Gelegenheiten meistens als zeremonielle Staats- und Inspektionsvisiten; es gibt daran nichts vergleichbares zur aktiven Beteiligung von Jahwe an den Angelegenheiten der Nationen und Einzelpersonen. Darüberhinaus registrierte die Bibel einen Gott, der anders war als Jahwe, einen »Gott anderer Nationen«, An genannt; seine Verehrung wird vermerkt in der Auflistung (2 Könige 17:31) der Götter der Fremden, die die Assyrer in Samaria wiederangesiedelt hatten, wo er als An-melekh (»Anu der König«) aufgeführt ist. Ein Eigenname Anani, eine Verehrung an Anu und ein Ort, Ananot genannt, sind ebenso in der Bibel aufgelistet. Und die Bibel konnte für Jahwe nichts aufführen, was dem Stammbaum von Anu entsprechen würde (Eltern, Ehefrau, Kinder), seinen Lebensstil (Mengen von Konkubinen), oder seine Vorliebe für seine Enkelin Inanna (deren Verehrung als die »Königin des Himmels«-Venus in den Augen von Jahwe als Abscheulichkeit angesehen wurde).

Und so gibt es, trotz der Ähnlichkeiten, zu viele wesentliche Unterschiede zwischen Anu und Jahwe, als daß die beiden ein und der selbe sein könnten.

Mehr noch, aus biblischer Sicht war Jahwe eher »Herr« als »König« von Olam, während Anu König von Nibiru war. Er wurde mehr als einmal als El Olam, der Gott von Olam (Genesis 21:33) und El Elohim, der Gott der Elohim (Josua 22.22, Psalmen 50:1 und Psalmen 136:2), gepriesen.

Die biblische Vermutung, die Elohim – die »Götter«, die Anunnaki – hätten einen Gott, scheint im ersten Augenblick völlig unglaubhaft, aber ziemlich logisch, denkt man darüber nach.

In der Schlußbetrachtung unseres ersten Buches, »Der Zwölfte Planet«, worin die Geschichte des Planeten Nibiru erzählt wird und wie die Anunnaki (die biblischen Nefilim), die von ihm auf die Erde kamen, die Menschheit »erschuf«, stellten wir die folgende Frage:

Und wenn die Nefilim die »Götter« waren, die den Menschen auf Erden »erschufen«, erschuf dann die Evolution auf dem Zwölften Planeten die Nefilim alleine?

Technologisch fortgeschritten, Hunderttausende von Jahren vor uns, fähig, durch das Weltall zu reisen, am Beginn zu einer kosmologischen Erklärung für die Erschaffung des Sonnensystems und, wie wir gerade beginnen, fähig über das Universum nachzudenken und es zu verstehen – die Anunnaki müssen sich über ihre Herkunft ausführlich Gedanken gemacht haben und bei dem angekommen sein, was wir Religion nennen – ihre Religion, ihre Vorstellung von Gott.

Wer erschuf die Nefilim, die Anunnaki, auf ihrem Planeten? Die Bibel selbst hält die Antwort bereit. Jahwe nennt sie, war nicht nur »ein großer Gott, ein großer König über all die Elohim« (Psalmen 95:3). Er war da, auf Nibiru, bevor sie zu ihm gekommen sind: »Vor den Elohim saß Er auf Olam«, erklärte Psalm 61:8. Ebenso wie die Anunnaki sich vor »Dem Adam« auf der Erde befanden, so war Jahwe dies vor den Anunnaki auf Nibiru/Olam. Der Schöpfer ging den Erschaffenen voraus.

Wir haben bereits erklärt, daß die augenscheinliche Unmoralität der Anunnaki-»Götter« hauptsächlich in ihrer extremen Langlebigkeit bestand, die von der Tatsache herrührte, daß ein Nibiru-Jahr 3.600 Erdenjahren entsprach; und daß sie in Wirklichkeit geboren wurden, alt wurden und sterben konnten (und dies auch taten). Eine Zeitmessung, die auf Olam anwendbar ist (»Tage von Olam« und »Jahre von Olam«), war den Propheten und Psalmisten bekannt; was eindrucksvoller ist, ist ihr Erkennen, daß die zahlreichen Elohim (die sumerischen DIN.GIR, die akkadischen Ilu) in Wirklichkeit nicht unsterblich waren – Jahwe – Gott – aber schon.

So sieht Psalm 82 Gott ein Urteil über die Elohim sprechen und erinnert sie, daß sie – die Elohim! – ebenso sterblich sind: »Gott steht in der göttlichen Versammlung, unter den Elohim urteilt Er«, und teilt ihnen dies mit:

Ich habe gesagt, ihr seid Elohim,
alle von euch Söhne des Allerhöchsten;
Aber ihr werdet sterben wie Menschen,
wie jedweder Prinz werdet ihr fallen.

Wir glauben, daß solche Aussagen unterstellen, daß der Herr Jahwe nicht nur den Himmel und die Erde erschuf, sondern auch die Elohim. Die Anunnaki-»Götter« haben Anteil an dem Rätsel, das Generationen von Bibelgelehrten im Unklaren gelassen hat. Es ist die Frage, warum die allerersten Verse der Bibel, die von den Uranfängen berichten, nicht mit dem ersten Buchstaben des Alphabets beginnen, sondern eher mit dem zweiten. Die Bedeutung und der Symbolismus, den Anfang mit dem beinahen Anfang zu beginnen, muß für die Bibelverfasser offensichtlich gewesen sein; und doch, hier ist das, was sie auswählten, uns zu übermitteln:

Breshit bara Elohim
et Ha'Shamaim v'et Ha'Aretz
was gemeinhin mit »Am Anfang schuf Gott die Himmel und die Erde.«

Da die hebräischen Buchstaben numerische Werte haben, trägt der erste Buchstabe Aleph (von dem das griechische Alpha stammt) den numerischen Wert »eins, der Erste« – der Anfang. Warum dann, so haben sich Gelehrte und Theologen gefragt, beginnt die Schöpfung mit dem zweiten Buchstaben Beth, dessen Wert »zwei, der Zweite« ist?

Während der Grund unbekannt bleibt, wäre das Ergebnis, den ersten Vers im ersten Buch der Bibel mit Aleph beginnen zu lassen, erstaunlich, denn der Satz läse sich so:

Ab-reshit bara Elohim, et Ha'Shamaim v'et Ha'Aretz
Der Vater-des-Anfangs erschuf die Elohim,
die Himmel und die Erde

Durch diese leichte Veränderung, nur durch den Beginn mit dem Buchstaben, der allem vorangeht, taucht ein omnipotenter, allgegenwärtiger Schöpfer von Allem aus dem urzeitlichen Chaos auf: Ab-Reshit, »der Vater des Anfangs.« Die besten modernen wissenschaftlichen Größen, die mit der »Big Bang«-Theorie, über den Anfang des Universums aufkamen – müssen aber immer noch erklären, wer den »Big Bang« verursacht hat. Hätte die Genesis da begonnen, wo sie dies hätte tun sollen, hätte uns die Bibel – die eine exakte Erzählung der Evolution anbietet und an der vernünftigsten Kosmogonie festhält – ebenso die Antwort geben können: Der Schöpfer, der da war, alles zu erschaffen.

Und auf einmal nähern sich Wissenschaft und Religion, Physik und Metaphysik in einer einzigen Antwort an, die dem Credo des jüdischen Monotheismus entspricht: »Ich bin Jahwe, es gibt niemanden außer mir!« Es ist ein Credo, das die Propheten und wir mit ihnen von der Arena der Götter zu dem Gott, der das Universum umarmt trugen.

Man kann nur spekulieren, warum die Bibelherausgeber, die, wie Gelehrte glauben, die Torah (die ersten fünf Bücher der Bibel) während des babylonischen Exils kanonisierten, das Aleph wegließen. Geschah es, um die Beleidigung ihrer babylonischen Exilgewährer zu vermeiden (weil der Anspruch, daß Jahwe die Anunnaki-Götter erschaffen hatte, Marduk nicht ausschloß)? Was aber, wie wir glauben, nicht bezweifelt werden kann, ist, daß irgendwann das erste Wort im ersten Vers der Bibel mit dem ersten Buchstaben des Alphabets begann. Diese Sicherheit basiert auf den Aussagen im Buch der Offenbarungen (»Die Apokalypse des hl. Johannes«, im Neuen Testament), in dem Gott dieses verkündet:

Ich bin Alpha und Omega,
der Anfang und das Ende,
der Erste und der Letzte.

Die Aussage, die dreimal wiederholt wird (1:8, 21:6, 22:13), verwendet den ersten Buchstaben des Alphabets (mit seinem griechischen Namen) für den Anfang, für den göttlichen Ersten; und den letzten Buchstaben des (griechischen) Alphabets für das Ende, denn Gott ist der Letzte von Allem, wie er der Erste von Allem ist.

Daß dies am Beginn der Genesis der Fall war, ist, wie wir glauben durch die Sicherheit, daß die Aussagen in der Offenbarung auf die hebräischen Schriften zurückgehen, von denen aus Jesaia (41:6, 42:8, 44:6) vergleichbare Verse genommen wurden, bestätigt. Es handelt sich um die Verse, in denen Jahwe Seine Absolutheit und Einmaligkeit bekannt gibt:

Ich, Jahwe, war der Erste,
und der Letzte werde ich auch sein!
Ich bin der Erste,
und ich bin der Letzte;
Es gibt keine Elohim ohne mich!
Ich bin Er,
Ich bin der Erste,
Ich bin ebenso der Letzte.

Es sind diese Aussagen, die den biblischen Gott durch die Antwort, die er selbst gab, wenn er gefragt wurde, zu identifizieren helfen: Wer, Oh Gott, bist du?

Es war, als Er Moses aus dem brennenden Busch ansprach und sich selbst nur als »der Gott deines Vaters, der Gott von Abraham, der Gott von Isaak und der Gott von Jakob«, zu erkennen gab. Nachdem Moses seine Aufgabe übergeben worden war, wies er darauf hin, daß, wenn er zu den Kindern von Israel kommen und sagen würde, »der Gott eurer Vorväter hat mich zu euch gesandt, und sie ihn fragen würden: Wie lautet sein Name? – was soll ich ihnen dann sagen?«

Und Gott sprach zu Moses:
Ehyeh-Asher-Ehyeh –
das ist es, was du sagen sollst
zu den Kindern von Israel:
Ehyeh sandte mich.
Und Gott sprach weiter zu Moses:
Das sollst du sagen zu den Kindern von Israel:
Jahwe, der Gott deines Vaters,
der Gott von Abraham, der Gott von Isaak,
und der Gott von Jakob,
hat mich zu euch gesandt;
Dies ist mein Name in Olam,
dies ist meine Anrede in allen Generationen.
(Exodus 3:13-15)

Die Aussage Ehyeh-Asher-Ehyeh war Gegenstand von Diskussionen, Analysen und Interpretationen über Generationen von Theologen, Bibelgelehrten und Sprachwissenschaftlern. Die König-James-Version übersetzt es »Ich bin, daß ich bin... Ich bin hat mich zu euch gesandt.« Andere Übersetzungen übernehmen »Ich werde sein, der ich sein werde... ›Ich werde sein‹ hat mich zu euch gesandt«.

Die neueste Übersetzung durch die *Jewish Publication Society* zieht es vor das Hebräische intakt zu lassen, und versieht es mit der Fußnote »Bedeutung des Hebräischen unklar«.

Der Schlüssel, die Antwort, die bei dieser Göttlichen Begegnung gegeben wird, zu verstehen, liegt in der Grammatik, die hier zum Ausdruck kommt. Ehyeh-Asher-Ehyeh wird nicht im Präsens, sondern im Futur verwendet.

Mit einfachen Worten besagt es: »Wer immer ich sein werde, werde ich sein.« Und der Göttliche Name, der einem Sterblichen zum ersten Mal offenbart wird (in der Unterhaltung wird Moses mitgeteilt, daß der heilige Name, das Tetragrammaton YHWH, noch nicht einmal Abraham enthüllt wurde), die drei Zeiten, von der Wurzel, die »Sein« bedeutet – Derjenige, der war, der ist und der sein wird – zusammenfaßt. Es ist eine Antwort und ein Name, denen das biblische Konzept von Jahwe als ewiglich existierend gebührt – Einer, der war, der ist und der fortfahren wird, zu sein.

Eine häufig verwendete Form, diese immerwährende Natur des biblischen Gottes kundzutun, ist der Ausdruck »Du bist von Olam zu Olam.« Es wird normalerweise übersetzt mit, »Du bist immerwährend«; dies übermittelt zweifellos den Sinn der Aussage, aber nicht ihre präzise Bedeutung. Wörtlich genommen unterstellt es, daß die Existenz und Regierungszeit von Jahwe sich von einem Olam zu einem weiteren erstreckt – daß er »König«, »Herr« nicht nur für den einen Olam war, dem Gegenstück zum mesopotamischen Nibiru – sondern von anderen Olams, von anderen Welten!

Nicht weniger als elfmal bezieht sich die Bibel auf Jahwes Wohnstatt, Herrschaftsgebiet und »Königreich« und verwendet den Begriff Olamim, den Plural von Olam – ein Hoheitsgebiet, eine Wohnstatt, ein Königreich, das viele Welten umfaßt. Es ist eine Ausdehnung von Jahwes Herrschaft, jenseits der Annahme eines »nationalen Gottes«, zu dem eines Richters aller Nationen, über die Erde und Nibiru hinaus, von den »Himmeln des Himmels« (Deuteronomium 10:14, I Könige 8:27, 2 Chroniken 2:5 und 6:18), was nicht nur das Sonnensystem umfaßt, sondern sogar die entfernten Sterne (Deuteronomium 4:19, Ecclesiasten 12:2).

DIES IST DAS BILD EINES KOSMISCHEN REISENDEN.
Alles andere – die himmlischen, planetarischen »Götter«, Nibiru, das unser Sonnensystem erneuerte und die Erde bei seiner nahen Passage erneuert, die Anunnaki »Elohim«, die Menschheit, die Nationen, Könige – alles sind seine Manifestationen und seine Instrumente, die einen göttlichen und universellen, immerwährenden Plan ausführen. In gewisser Weise sind wir alle seine Engel, und wenn die Zeit für die Erdlinge gekommen ist, den Weltraum zu bereisen, und den Anunnaki auf einer anderen Welt nachzueifern, werden auch wir nur eine vorbestimmte Zukunft erfüllen

Es ist das Abbild eines universellen »Herrn«, das am besten in dem hymnischen Gebet Adon Olam zusammengefaßt wird. Es wird als hoheitsvolles Lied bei Festen im jüdischen Synagogengottesdienst, am Sabbath vorgetragen und an jedem Tag des Jahres:

Herr des Universums, der herrschte
ehe alles, was existiert, überhaupt erschaffen war.
Wenn durch Seinen Willen alle Dinge wirken,
dann wird Sein Name »Allmächtiger« sein.
Und wenn alles sich zur rechten Zeit vollendet,
wird Er wahrlich noch in Herrlichkeit herrschen:
Er war, Er ist – wahrlich, Er wird immer sein,
Er wird sein in Herrlichkeit immerdar.
Unvergleichlich, einmalig ist Er,
Keiner kann Seine Einheit teilen:
Ohne Anfang, ohne Ende.
Die Macht der Herrschaft ist Sein zu tragen

1

Sumerische Tafel

2

Homo erectus mit Tieren

3

Ninti, die den neugeborenen »Adam« hochhebt

4

Knum, nachgebildeten/geformten Menschen (fest)haltend

5a

Sumerisches Symbol ineinander verschlungener Schlangen

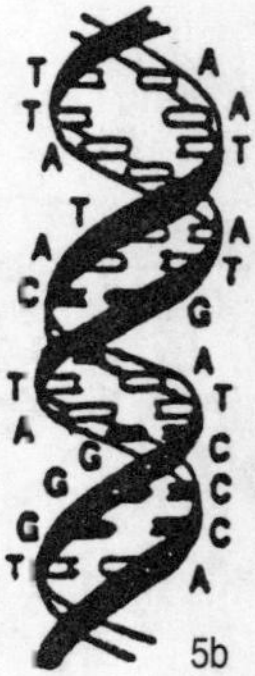

5b

DNA

5c

Ningishzidda mit ineinander verschlungenen Schlangen

5d

Der Stab des Hermes

Karte von El-Baz
des alten »Kuwait« Flusses

6a

Sitzendes Paar im Garten Eden
mit Schlange und Baum des Lebens

6b

Göttliche Begegnung im Garten Eden

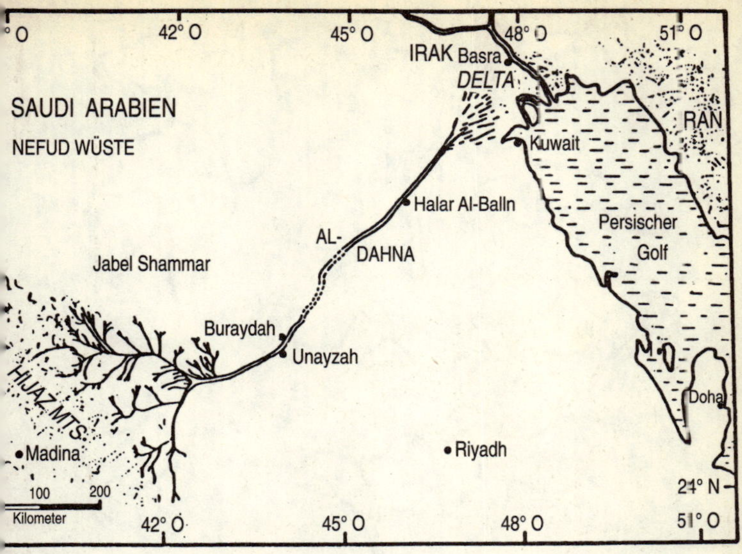
° O
42° O
45° O
48° O
51° O
IRAK
Basra
DELTA
SAUDI ARABIEN
NEFUD WÜSTE
RAN
Kuwait
Halar Al-Balln
Persischer
Golf
AL-
DAHNA
Jabel Shammar
Buraydah
Unayzah
HIJAZ MTS.
Doha
Madina
Riyadh
100
200
Kilometer
24° N
42° O
45° O
48° O
51° O
7

DIN
GIR
=
DINGIR
8a

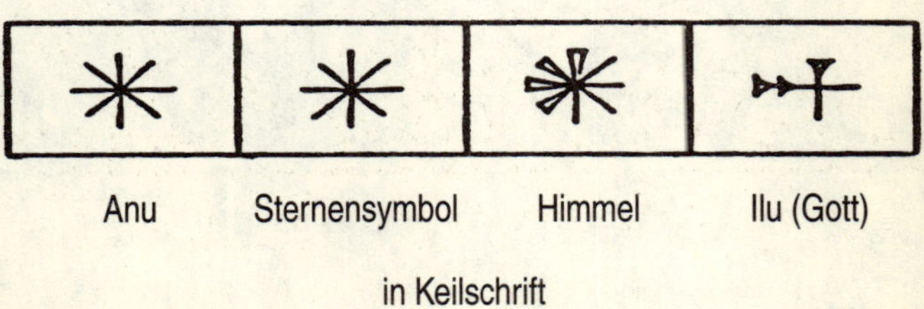
Anu
Sternensymbol
Himmel
Ilu (Gott)
in Keilschrift
8b

9

Prähistorische Höhlenkunst: Tiere, Vögel

10a

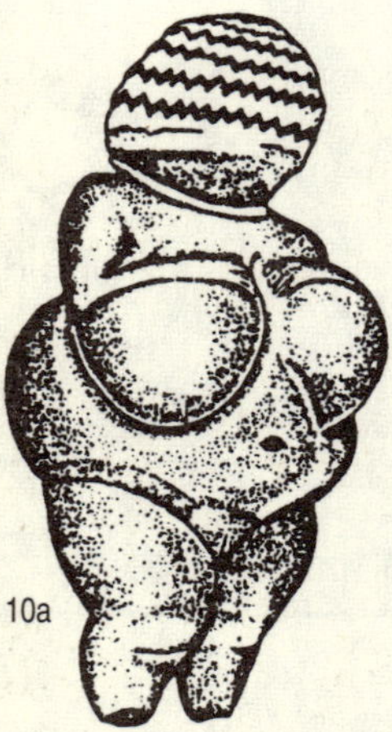

Venus von Willendorf

10b

Venus von Frankreich

11

Venus von Laussel, Halbmond haltend

12

Höhlenkunst: UFO-Darstellungen

13a

Zylindrisches Siegel: Überreichung des Pfluges

Das Sonnensystem; Siegel mit Saturn
(Kapitel 3: »Vor Kopernikus und NASA«, S. 76)

13b

Von einem Ochsen gezogener Pflug

14

Exekution / Hinrichtung von Zu

15 a

15 b

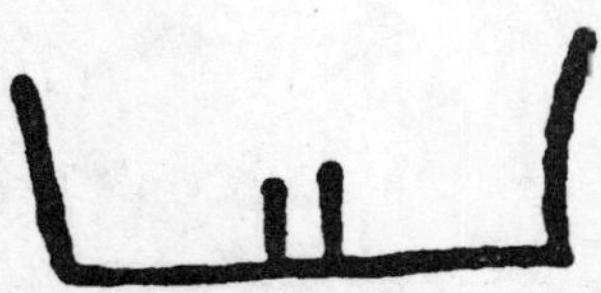

15 c

Höhlenkunst: Darstellung von Booten (Abb. 15a–c)

16a

Eine von Adlermenschen begrüßte Rakete

16b

Das von Adlermenschen bewachte Tor von Anu

16c

Ein von Adlermenschen flankierter Baum des Lebens

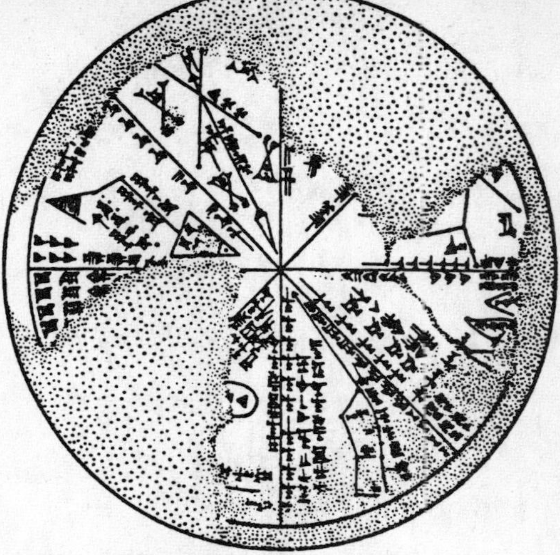

17a

Himmelskarte: Weg von Nibiru zur Erde

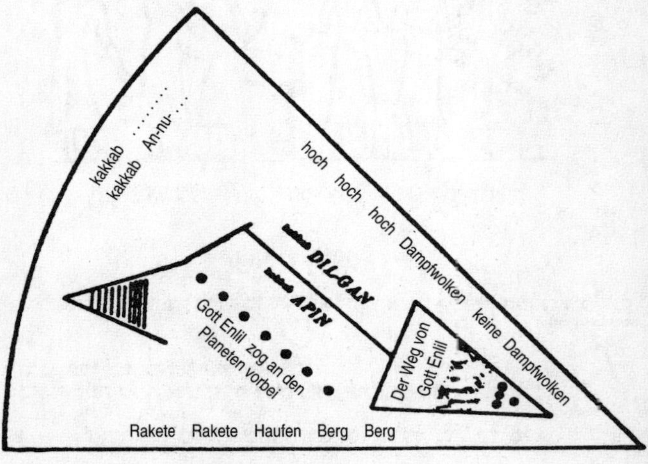

17b

Himmelskarte: vergrößerter Teil

18

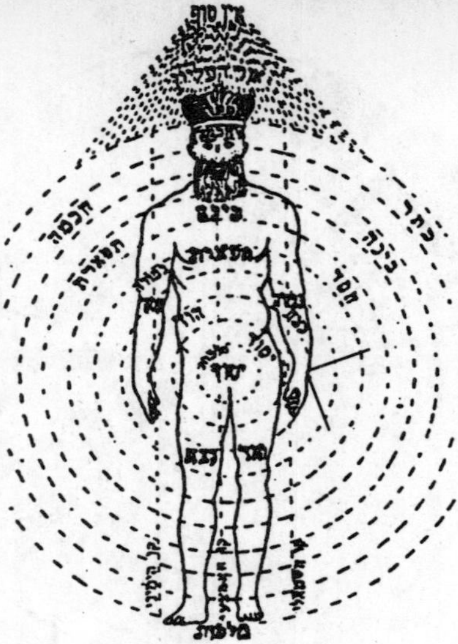

Die auf Kadmon gelegten zehn Himmel (Sefirot)

19

Nimah mit Gruppe von Krankenschwestern

Kapitel II

20

1 הא באדין חשבת בלבי די מן עירין הריאנתא ומן קדישין הויזא ולנפילנין

2 ולבי עלי משתני על עולימא דנא

3 באדין אנה למך אתבהלת ועלת על בתאנוש אנותתי ואמרת

4] זאנא ועד בעליא במרה רבותא במלך כול עולמים

»Nefilim«-Text aus dem Buch Noah

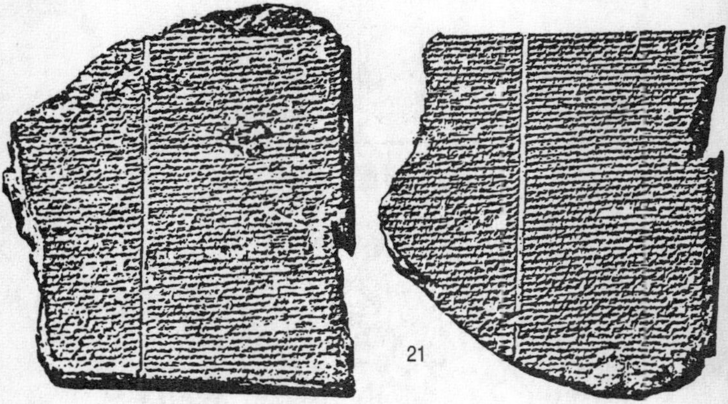

21

Tafeln des Epos von Gilgamesch (Abschnitt über die Sintflut)

22

Aus dem Verborgenen Anweisungen gebender Enki
als Schlangengott

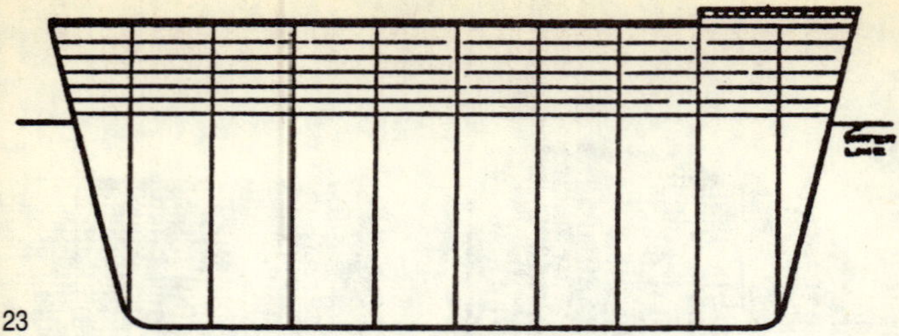

23

Die Arche Noah von Paul Haupt

24a

Enki mit Seefahrern im Boot

24b

Enki als Wassermann

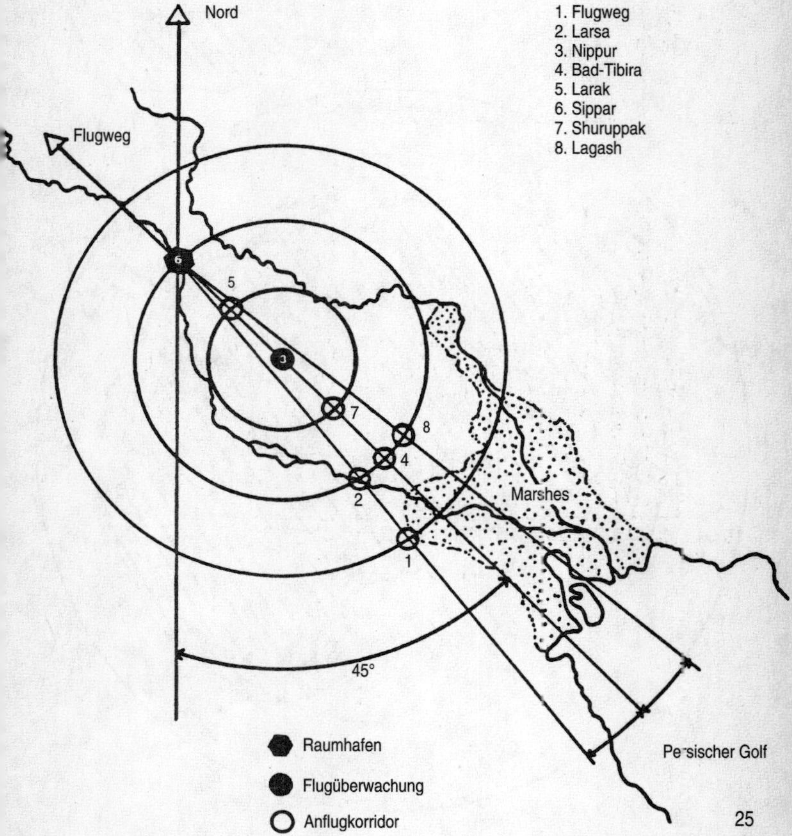

25

Anlage eines Weltraumhafens aus dem Vor-Diluvium

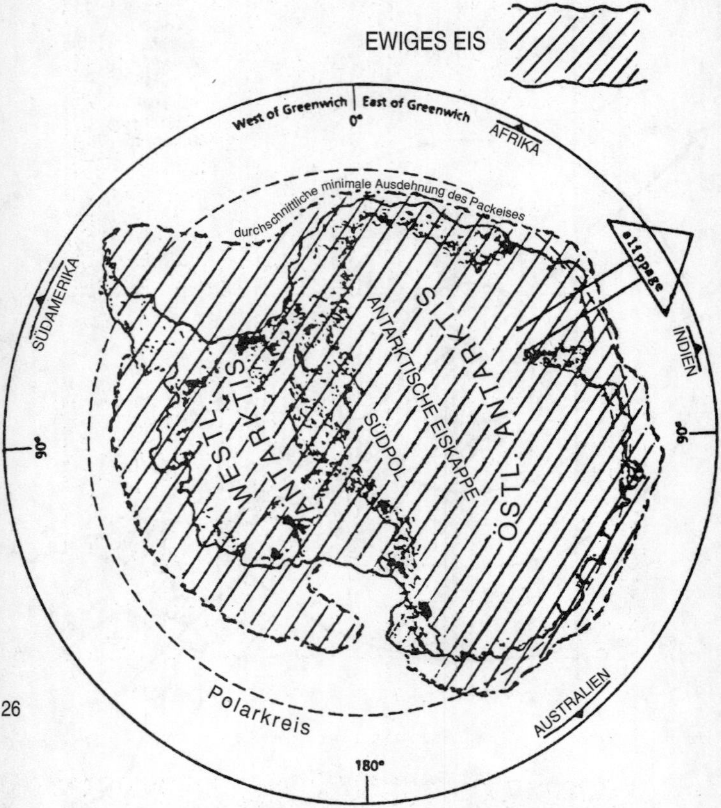

26

Karte der Antarktis mit Eisschicht und Richtung der Flutwelle

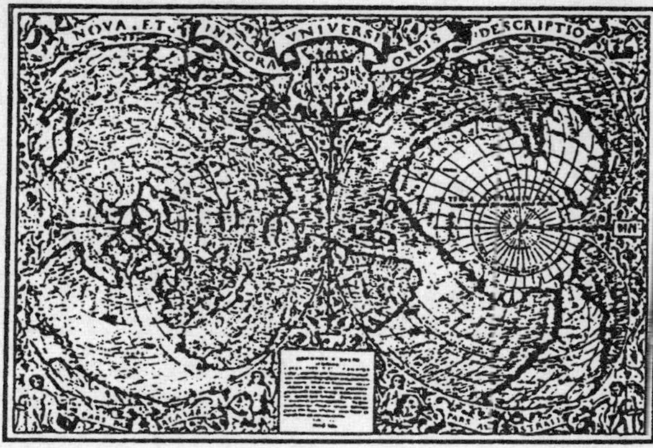

27

Orontius Finaeus mapa mundi

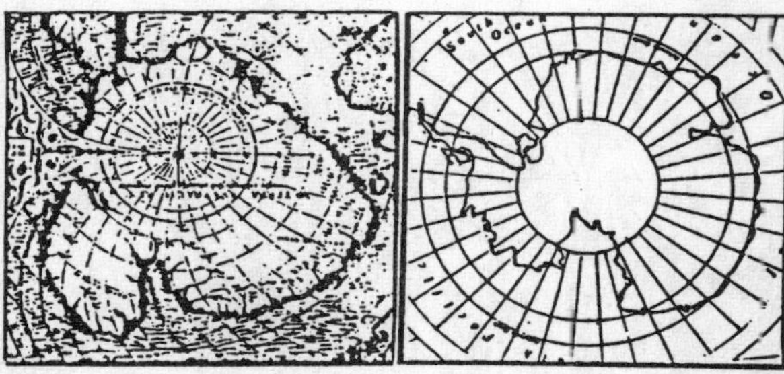

28

Vergleich der Höhe des Himmels zur Antarktis

29

Bogen haltender Gott in den Wolken

30

Zylinder-Siegel-Abbildung von Etana auf einem Adler

31

32

Raketenschiff in unterirdischem Silo

Ishtar als Pilot

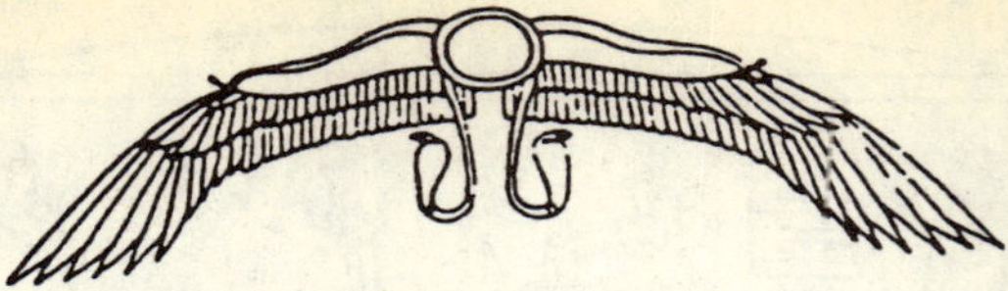

33

Das Wahrzeichen /
Emblem der Himmelsscheibe (ägyptisch)

34a

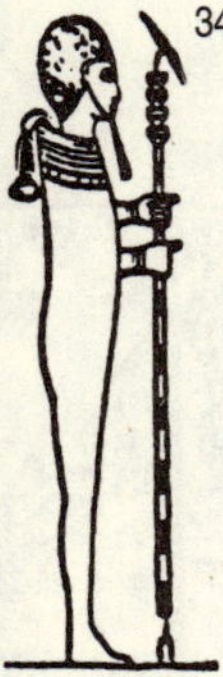

Ptah,
mit Stab

34b

Ra,
mit Stab

35

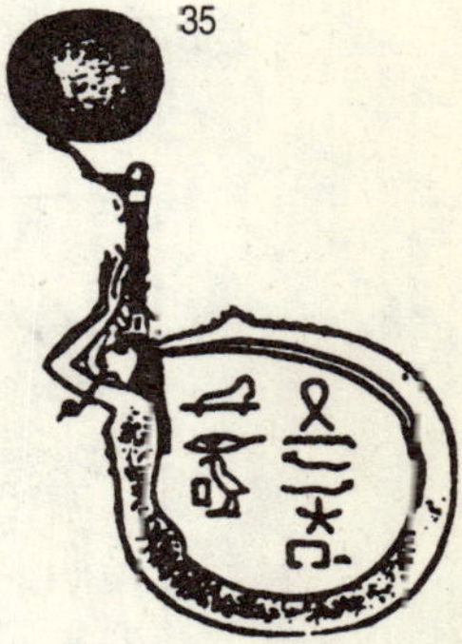

Der Duat als abgeschlossener Kreis

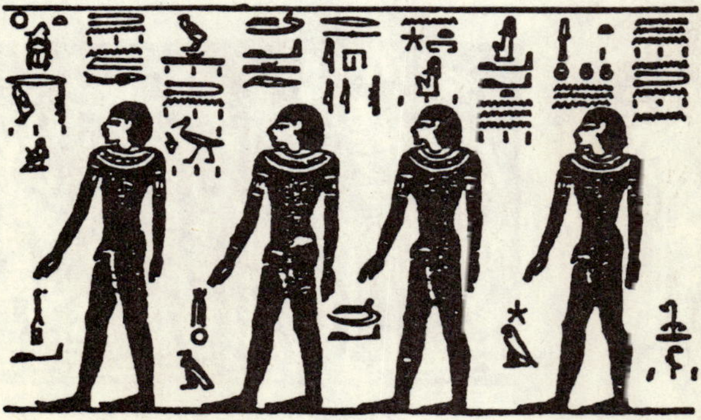

36

Die göttlichen Ruderer des Ra

37

Ägyptischer König mit Ded und Götter

38

Ägyptischer König mit Gemahlin
im Feld des Lebens

39

40

Gilgamesch

Zylinder-Siegel-Darstellung:
Die Erschaffung von Enkidu

41

Das mechanische Ungeheuer im Zederngebirge

42

Ishtar in einer Himmelskammer

43

Gilgamesch und Enkidu mit Ishtar und Huwawas abgeschlagenem Kopf

44a

Geflügelter Abgesandter,
Enkidu führend

44b

Strahlen aussendender
göttlicher Wächter

45a

Gilgamesch mit den Löwen kämpfend: mesopotamische Darstellung

45b

Gilgamesch mit den Löwen kämpfend:
hethitische Darstellung

45c

Gilgamesch mit den Löwen kämpfend:
kassitische Darstellung

45d

Gilgamesch mit den
Löwen kämpfend:
ägyptische Darstellung

46

Raketenmenschen mit tödlichen Strahlenwaffen

47

Riesige Steinblöcke in Baalbek

48 Riesige Steinblöcke, noch im Boden

49

Byblos-Münze mit Rakete
auf einer Plattform

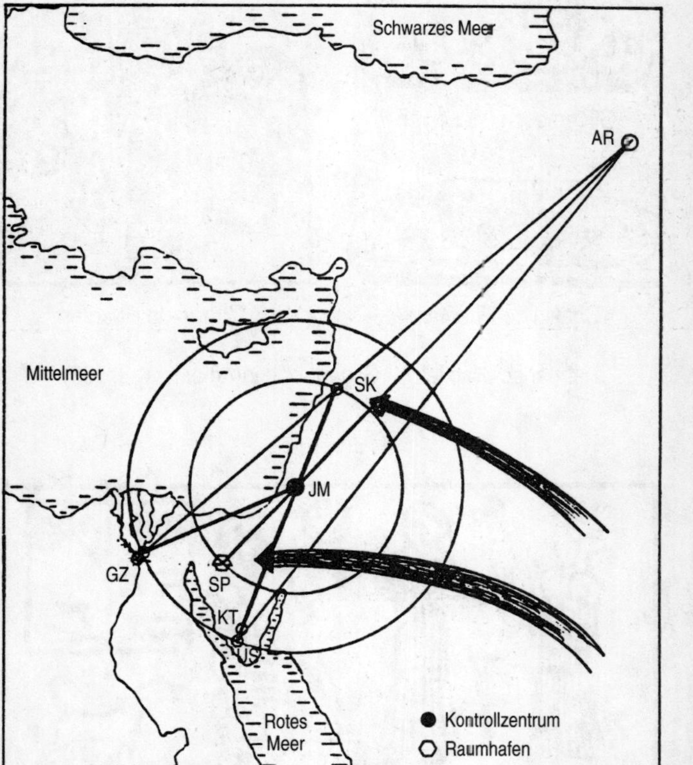

Anlage eines Weltraumhafens aus dem Nach-Diluvium
mit zwei Wegen des Gilgamesch

a

Gilgamesch mit Löwen

b

Chavin de Huantar

c

Chavin de Huantar

Tiahuanac (Kapitel 7: »Gilgamesch in Amerika«, S. 165)

51

Utu/Shamash und seine Gemahlin Aia

52

53

Die Göttin Ninsun

Ninurta und seine Gemahlin Bau

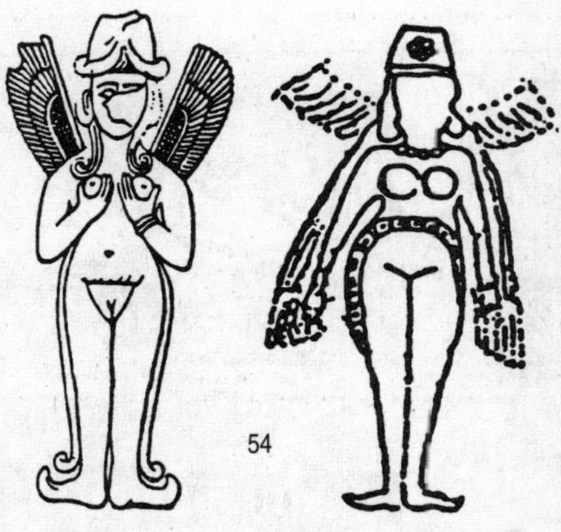

54

Ishtar als nackte Zauberin, mit Flügeln

55

Göttliche Geburt (pharaonische Darstellung)

56

Tempel der Hatshepsut, Deir-el-Bahari

57

Hatshepsut an göttlicher Kuh saugend

58

Amenophis II an göttlicher Kuh saugend

a

Ninharsag als »Alte Kuh«

b

Hathor als Kuh

(Kapitel 8: »Als Götter alt wurden«, S. 188)

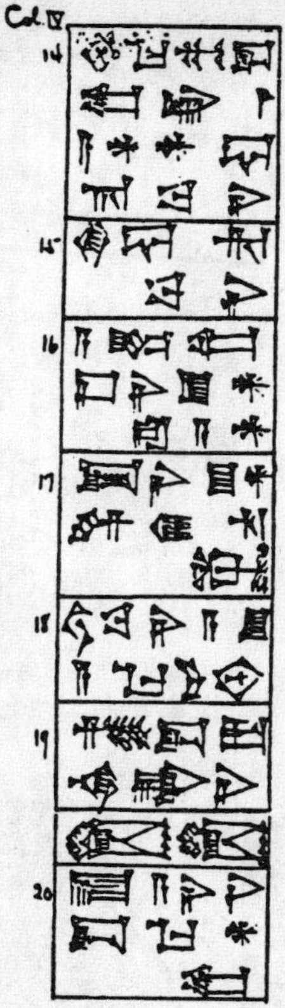

59a

Gudea cyl. A IV: 14–20

59b

Gudea cyl. A V: 2–10

60a

Gudea-Statue mit Tafel
auf dem Schoß

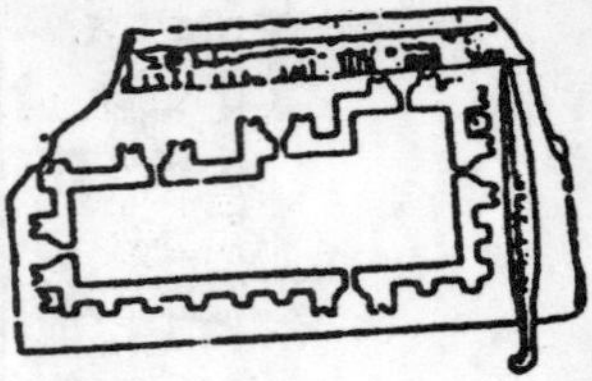

60b

Plan der Gudea-Tafel

61a

König, Werkzeuge eines
Baumeisters tragend

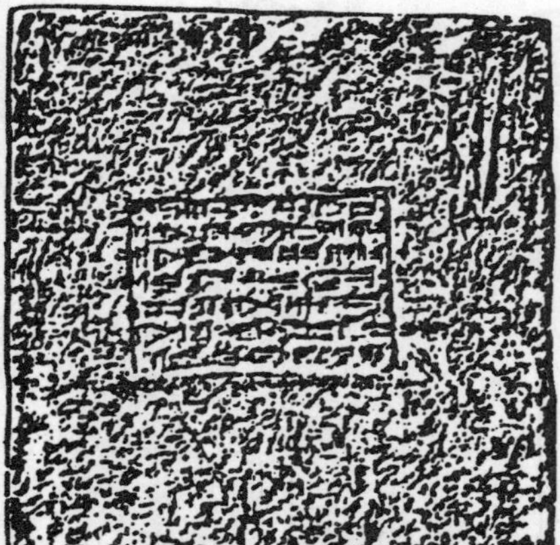

61b

Ziegelstein mit geprägter Inschrift

61c

Silberne Vase
mit Tibu-Vogel

62

Assyrische Bankettszene

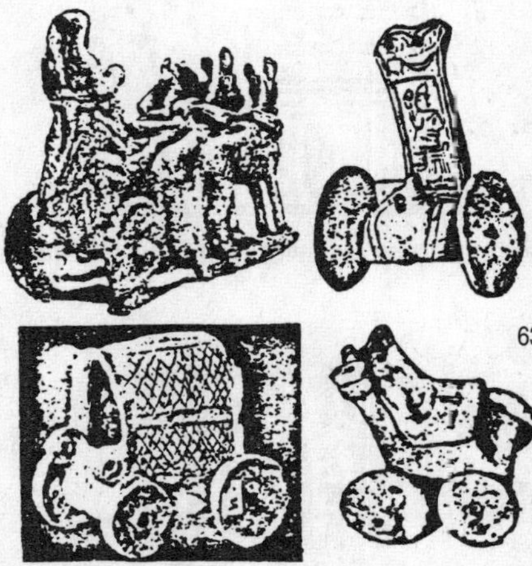

63a

Maßstabgetreue Modelle: sumerisch

63b

Maßstabgetreue Modelle: ägyptisch

64a

Maßstabgetreue Modelle: Göttin und König vor Ziggurat

64b

Maßstabgetreue Modelle: schmückende Priesterin

64c

Maßstabgetreues Modell eines erhöhten Schreins

65

65

65

Verschiedene Tempelgerätschaften und Altar

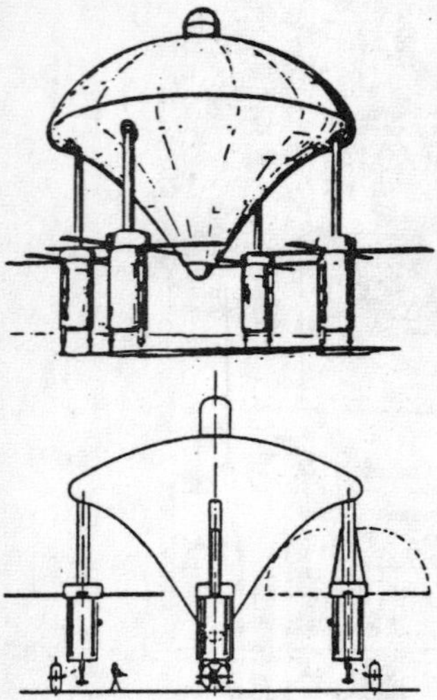

66a

Das Raumschiff
in der Vision Ezekiels

66b

Chinesisches Raumschiff

67

Gemälde / Bild von Kain und Abel mit der Hand Gottes

68

Ein Stab und Schnur überreichender Gott

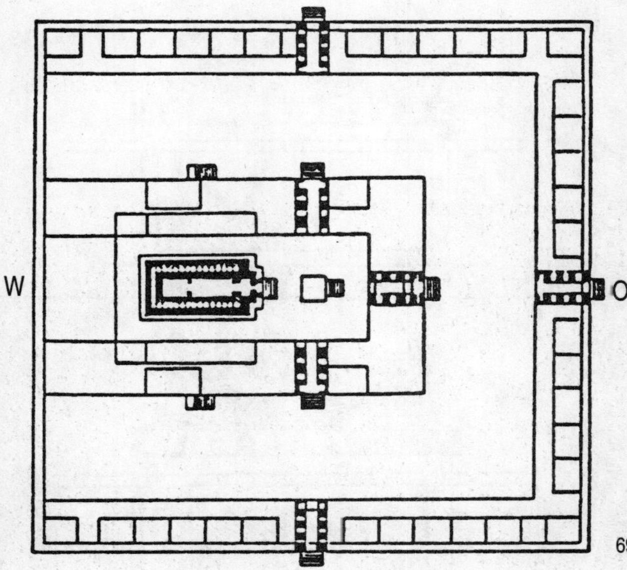

69

Tempelplan Ezekiels

70

Mittelalterliche Abbildung des Traums Samuels

71
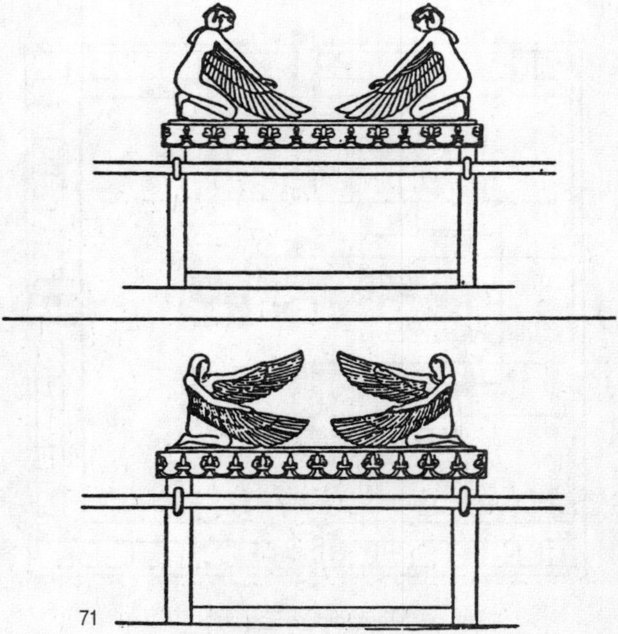
Cherubim auf der Bundeslade

72

UFOs von Tell-Ghassul

73

Stele von Asarhaddon mit planetarischen Symbolen

74

Statue von Amenemhet III.

Hieroglyphentext der Hungersnot Zosers 75

76

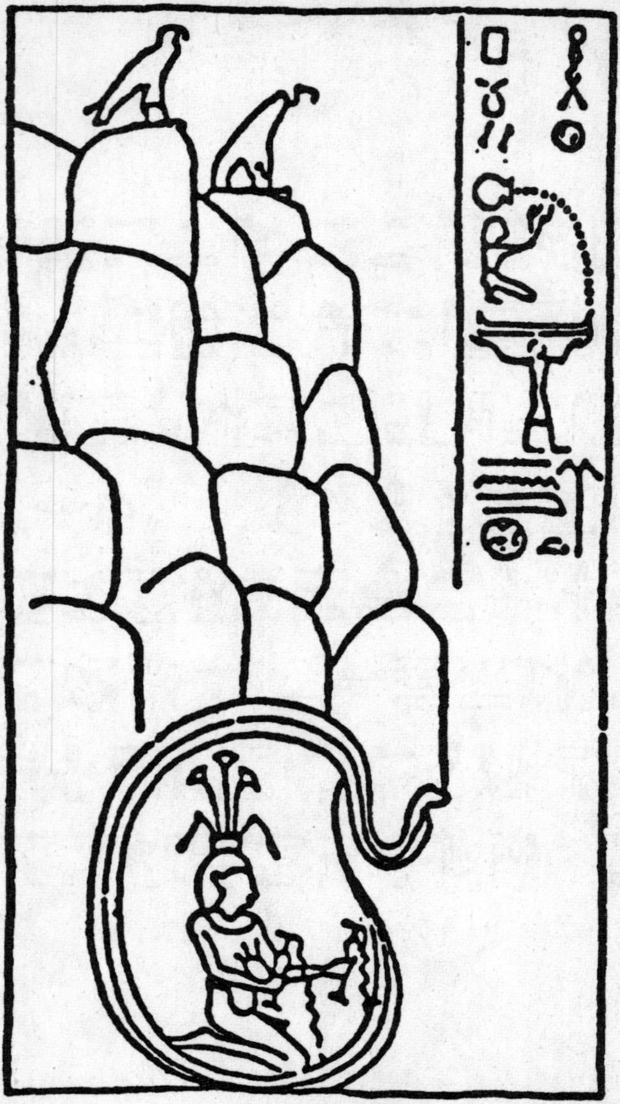

Ptah an den Schleusen des Nils

77

Stele von Tothmes IV. an der Sph nx

78 Sphinx, begraben im Sand (napoleonischer Holzschnitt)

79

Ishtar krönt Zimri-Lim

80

Teshub mit Blitzwaffe

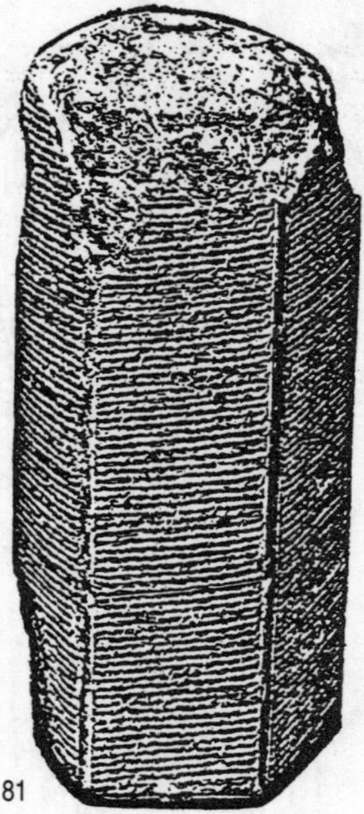

81

Prisma von Assurbanipal

82

Ishtar als Kriegsgöttin

83

Der Gott Assur in der geflügelten Scheibe

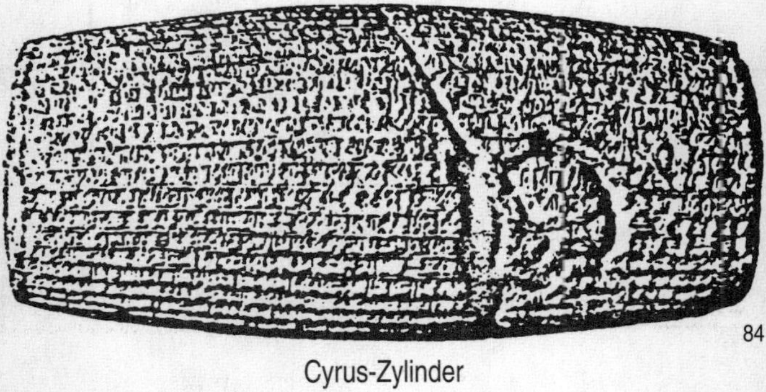

84

Cyrus-Zylinder

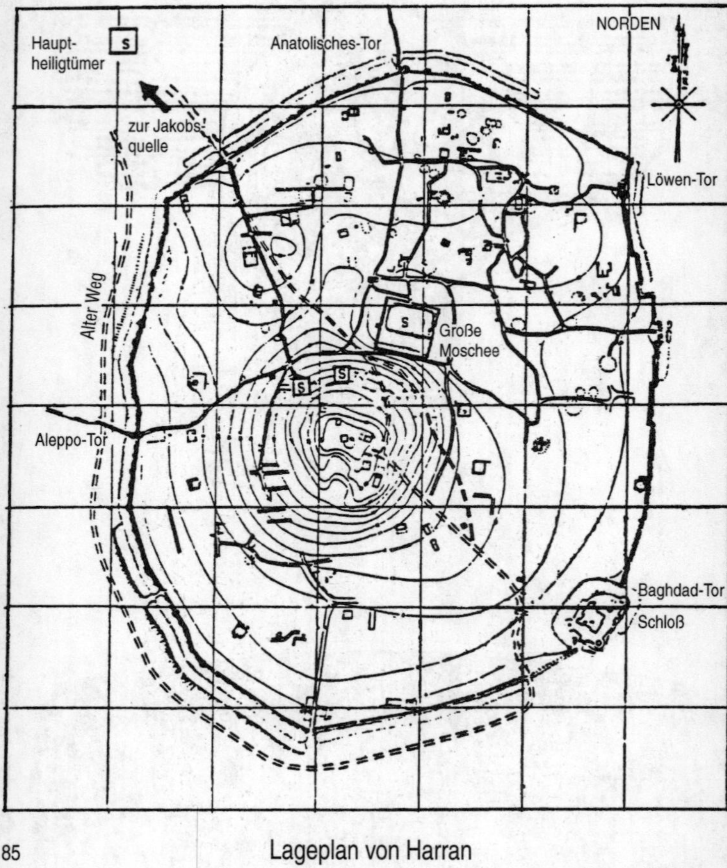

85 Lageplan von Harran

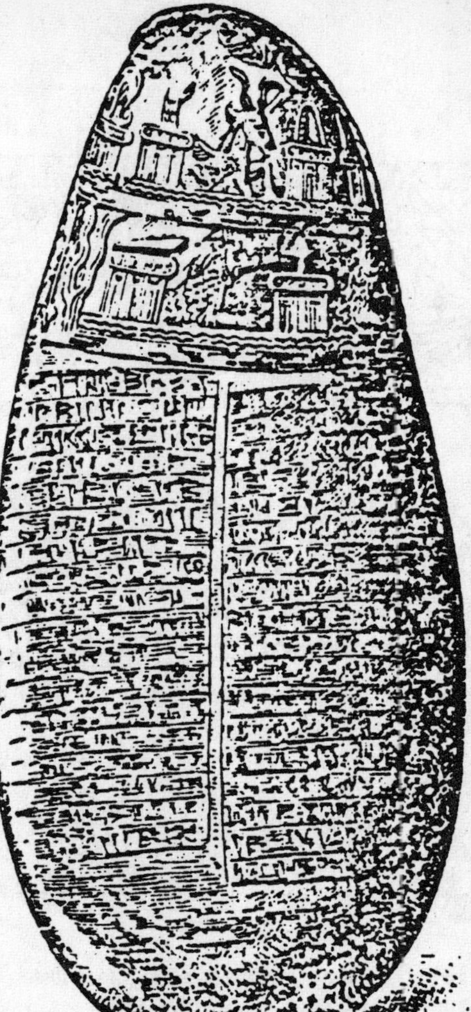

86

Kudurru

Karte: Haupt- und patriarchalische Straßen / Wege in biblische Zeiten

87

»Engel« dargestellt wie im alten Nahen Osten

88a

»Engel« in hethitischen Abbildungen

88b

»Engel« in Tiahuanacu (Peru / Bolivien)

89

Geflügelter Utu / Shamash

90

Geflügelte Inanna / Ishtar

91a

Hethitisches (Yazilikaya) Felsrelief:
12 Abgesandte / Boten

91b Hethitisches (Yazilikaya) Felsrelief: Zweite Gruppe

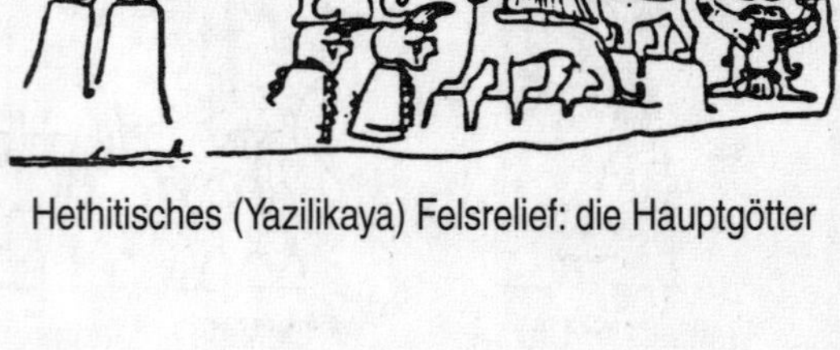

91c

Hethitisches (Yazilikaya) Felsrelief: die Hauptgötter

92a

Hethitische Hieroglyphe für »Gott«

92b

Augenschrein

92c

Augen-Götter

93

Abgesandter mit Schutzbrille und Zauberstab

94

Der zweigesichtige Abgesandten-Gott Usmu

95a

Inanna als Astronaut
(Vorderseite)

95b

Inanna als Astronaut
(Rückseite)

96a

Android /
Abgesandter

96b

UFO und Besatzung

97

Griffin

98

Lilith

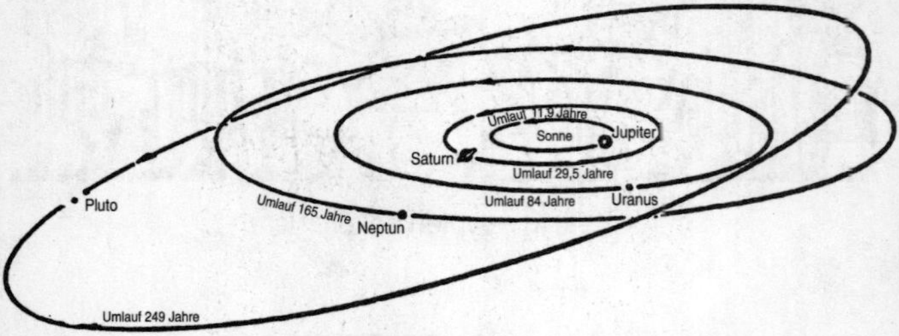

Die Umlaufbahn der Planeten

(Kapitel 11: »Der zweigesichtige Pluto«, S. 277)

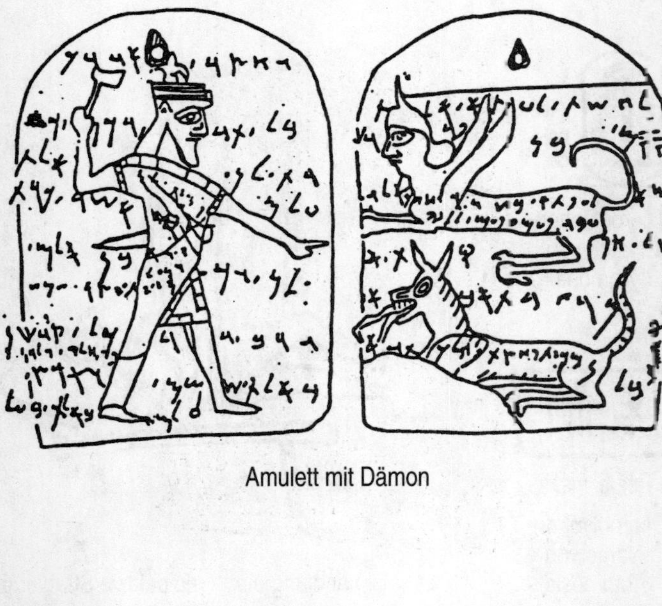

99

Amulett mit Dämon

100

Asiaten, in Ägypten ankommend

101 Yy A Q B hr

Hieroglyphen-Inschrift: Yy A Q B hr

Aäh
ms
s

102a

Hieroglyphen-
Name von
Ahmose

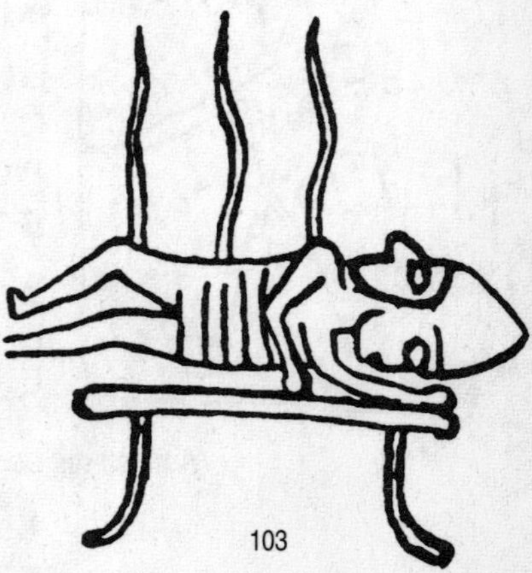

103

Behandlung durch radioaktive Strahlung

Tehuti. ms. s 102b

Hieroglyphen-
Name von
Tuthmosis

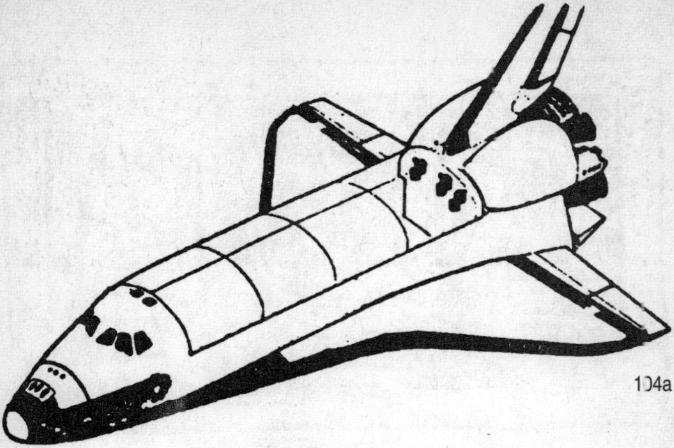

104a

US / NASA Shuttle

104b

»Shuttle«-Figurine, entdeckt in der Türkei

104c

Raketenschiff mit bärtigem Gott, Mittelamerika

104d

Raketenschiff mit bärtigem Gott, Mittelamerika

Beschneidungsszene, Ägypten

(Kapitel 12: »Beschneidung – ein Zeichen der Sterne«, S. 307)

Ptah Ra-Amen Thoth Seker / Osiris Isis mit Horus Nephtys Hathor

Die Götter mit ihren Attributen:

Ra/Falcon Horus/Falcon Seth/Sinai Ass Thoth/Ibis Hathor/Cow

Die Götter Ägyptens

ENLIL

NINURTA

NANNAR/Sin

IŠHKUR/Adad

NERGAL

GIBIL

MARDUK

INANNA/Ishtar als große Frau, mit Flügeln, Wächter, Pilot

106 Die Götter der Sumerer

107

Verleihungszeremonie, Shamash

108a

Die Mesha-Stele

108b

Die Mesha-Stele,
YHWH aufweisend

109 Obelisk Shalmaneser III.: Jehu, sich verneigend

SCHWARZES MEER
KASPISCHES MEER
TROY
HATTUSHA
HATTI (HITTITE) LAND
ARARAT
KRETA
TAUROS GEBIRGE
CARCNEMISH
HARRAN
NINEVE
ASSYRIEN
ASHUR
ZYPERN
LIBANON
KADESH
MARI
MESOPOTAMIEN
TIGRIS
ZAGROS GEBORGE
MITTELMEER
BAALBEK
EUPHRAT
DAMASKUS
KANAAN
JERICHO
JERUSALEM
TOTES MEER
AGADE
SUSA
BABYLON
NIPPUR
ELAM
SUMER
ERECH
UR
ERIDU
HELIOPOLIS
GIZEH
MEMPHIS
SINAI
EL FAYUM
PERSISCHER GOLF
NIL
DENDERA
ÄGYPTEN
THEBES
KARNAK
ROTES MEER
EDFU
SYENE (ASWAN)

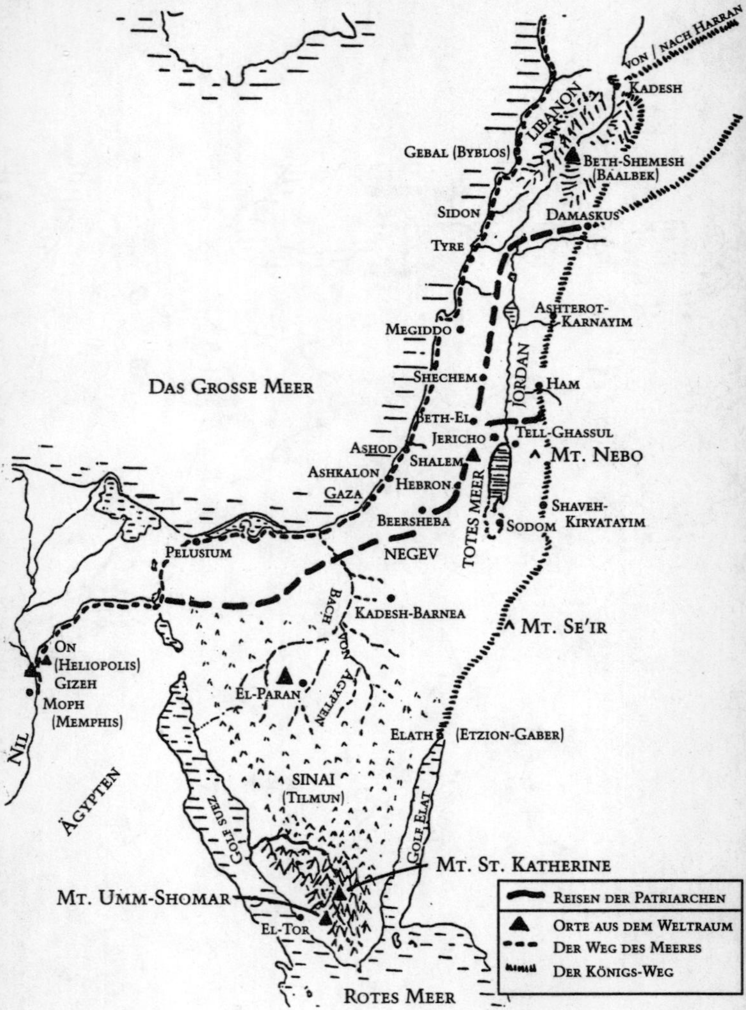
von / nach Harran
Kadesh
Libanon
Gebal (Byblos)
Beth-Shemesh (Baalbek)
Sidon
Damaskus
Tyre
Ashterot-Karnayim
Megiddo
Jordan
Shechem
Das Grosse Meer
Ham
Beth-El
Tell-Ghassul
Jericho
Ashod
Shalem
Mt. Nebo
Ashkalon
Hebron
Gaza
Totes Meer
Shaveh-Kiryatayim
Beersheba
Sodom
Pelusium
Negev
Bach von Ägypten
Kadesh-Barnea
Mt. Se'ir
On (Heliopolis)
Gizeh
El-Paran
Moph (Memphis)
Elath (Etzion-Gaber)
Nil
Sinai (Tilmun)
Ägypten
Golf Suez
Golf Elat
Mt. St. Katherine
Mt. Umm-Shomar
El-Tor
Rotes Meer
Reisen der Patriarchen
Orte aus dem Weltraum
Der Weg des Meeres
Der Königs-Weg